근현대 동아시아 지역주의

지은이

송병권 宋炳卷, Song Byong Kwon

고려대학교 사학과를 졸업하고, 일본 토쿄대학 대학원 총합문화연구과 지역문화연구전공 박사(학술)학위를 받았다. 현재 상지대학교 아시아국제관계학과 교수로 재직중이다. 주요 논문으로 「연합국 최고사령관 총사령부의 한일 점령과 통치구조의 중층성」(2020), 「해방 / 패전 직후 한국과 일본의 민족주의 교육 비교 연구」(2020), 「보편을 향한 폭력?-총력전체제하 미일 인종주의의 삼중폭력구조」(2019), 역서로 『일본근대는 무엇인가-정당정치, 자본주의, 식민지제국, 천황제의 형성』(미타니 타이치로 저, 2020) 등이 있다.

근현대 동아시아 지역주의
한미일 관계를 중심으로

초판인쇄 2021년 4월 20일 **초판발행** 2021년 4월 30일

지은이 송병권 **펴낸이** 박성모 **펴낸곳** 소명출판 **출판등록** 제13-522호

주소 06643 서울시 서초구 서초중앙로6길 15, 1층

전화 02-585-7840 **팩스** 02-585-7848 **전자우편** somyungbooks@daum.net **홈페이지** www.somyong.co.kr

값 30,000원 ⓒ송병권, 2021

ISBN 979-11-5905-614-7 93910

이 책은 2017년 정부(교육부)의 재원으로 한국연구재단의 지원을 받아 수행된 연구임(NRF-2017S1A6A3A01079581)

연세
근대한국학HK+
연구총서
004

근현대
동아시아
지역주의

한미일 관계를
중심으로

송병권 지음

MODERN EAST ASIAN REGIONALISM
CENTERING AROUND KOREA, JAPAN,
AND UNITED STATES

  동아시아 국제정치의 문맥에서 '지역주의'에 관한 논의는 이제는 새롭지도 않고, 한중일을 포함한 여러 나라에서 이루어진 다양한 동아시아 공동체론 속에서도 상당한 연구가 축적되어 있기도 하다. 그러나, 이 논의는 전후의 맥락에 집중되어 있고, 전전과의 관계는 그 기능적 유사성이란 측면만을 고려하고 있지는 않은가라는 생각이 들기도 한다. 그리고 전후에 다양한 형태로 등장한 동아시아 공동체론에서는 이론이 가진 기능적 장점이 선명하게 드러나기도 하지만, 거기에는 여전히 '대동아공영권'의 망령이 모습을 바꾸어 배회하고 있다. 한편, 한국사의 문맥에서 지역주의는 익숙한 담론이 아니며, 식민지제국 일본과 식민지 조선 사이의 양자관계만이 중시되는 약점이 있지만, 전전과 전후의 연속과 단절 문제가 중요한 연구 주제이기도 하다. 또한 '대동아공영권'의 문맥에서, 동아시아 지역을 침략한 제국일본에게, 그 식민지였던 조선이 놓인 상황과 역할이 어떠한 것이었느냐는 문제를 해명할 필요성이 요청되었는데, 그것은 전후에 한반도의 역사에 드리워진 그림자의 실태를 밝히는 작업이기도 했다. 이러한 작업 속에서, 식민지 착취론과 개발론이 충돌하였고, 식민지 근대화론이 등장했다. 이렇게 국제정치의 문맥과 한국사의 문맥은, 식민지 조선의 상황과 역할에 대한 문제군을 절반씩 나누어 가진 양태를 보이는데, 이는 양자 사이의 대화가 절실하다는 것을 보여주기도 한다. 이 양자가 상대하는 시공간으로서, 필자는 1940년대를 중심으로 동아시아 지역에 주목했다. 아시아태평양전쟁의 한복판의 시기였던 전반기와 연합국최고사령관 총사령부가 일본과 남조선을 점령 지배했던 후반기는, 바로 전시기와 전후의 구상이 충돌하는 공간이기도 했다. 이 공간의 충돌 속에서 전시기의 지역주의 구상인 '대동아공영권'론과 전후의 동아시아 지역통합 구상의 역사적 접점을 찾아보고자 했다.

이러한 문제의식에서, 이 책은 근현대 동아시아 지역주의를 한미일 관계를 중심으로 다루고 있다. 구체적으로는 일본에서의 식민지 조선에 대한 인식과 전후로 확장되는 연속성을 분석한 후, 미국 측의 전후 정책 구상과 점령기에 이루어진 변용 과정을 다루고 있다. 식민지 조선과 일본의 경제관계에 대한 인식은 이미 전전에 형성되어 있었고, 이는 미일 양국에 공통된 인식이기도 했다고 생각된다. 이들이 공유한 인식은, 조선 경제가 일본과의 식민지 관계에서 발생한 경제적 채산성을 초월한 정치·군사적인 특수관계를 바탕으로 발전해왔다는 것이다. 이 인식은 전후에 조선경제의 자립가능성에 대한 부정적 평가로 이어지는 것이었다. 또한 이 인식에 대한 미국과 일본의 해석과 반응은, 양국의 전후 구상과 정책에 따라 서로 다른 내용으로 전개되었다.

이제 이 책의 전체적 구성과 흐름을 개략적으로 정리해보려 한다. 먼저 전전에 형성된 일본의 동아시아 지역의 정치경제 인식과 국제질서 인식을 정리하면서, 동아시아 지역을 대상으로 한 지역주의적 인식이 존재했다는 것을 밝혔다. 이를 통해 식민지 조선의 정치경제에 대한 인식은 일본과의 '경제적 내선일체'라는 논리에 바탕한 지역주의적 인식 틀 내에서 존재하였다고 할 수 있다. 즉 식민지 조선의 경제는 제국일본의 강고한 경제적 지배를 통해서만 발전할 수 있었다는 문맥을 통해, 식민지 조선의 성공신화로서 분석했다. 이어서 패전한 일본은 동아시아 지역과의 경제적 관계의 재개를 구상하면서, 조선 경제에는 일본과의 경제적 제휴가 필요할 것이라는 인식을 온존시킨 채, 일본경제재건 구상을 수립하는 과정을 분석한다. 한편, 조선 경제에 대한 미국 측의 인식은, 기본적으로는 일본 측과 동일한 것이었지만, 동아시아 지역에 대한 미국의 전후 구상에는 일본의 재군비를 저지하려는 목적이 있었고, 이를 위해 미국 측은, 식민지 조선 경제의 성공신화를 반전시켰다. 미국 측은 조선 경제의 발전이 일본 경제를 지원·보조하는 요소가 있다는 점을 중시하여, 일본 경제의 약화를 위해서는 일본에서 조선 경제를 분리해야 한다는 구상을 전개했던 것이다. 마지막으로, 점령기라는 과도기에 동아시아 국제관계의 변용과 함께, 그 분리 구상도 변용하는 과정을 같이 분석한다. 즉, 한국과 일본의 경제를 통합하는 방향으로 변용하는 과정이다. 단, 전후의 일본은 전전처럼 동아시아 지역의 역내 패권국으로서가 아니라, 어디까지나 미국의 역외 패권하에서 그 하위 파트너라는 역할을 요구받았다고 생각된다.

1940년대에서 1950년대를 거쳐 1960년대까지 이어지는 동아시아 지역주의의 흐름을 파악하기 위해 마지막으로 미국과 일본 사이에 이루어진 대일원조 반환 교섭 과정을 분석하여, '조선채권'을 둘러싼 원조 반환 교섭 논리와 미국의 대응을 파악하면서, 1960년대까지 이어진 동아시아 지역주의의 동향을 다루어볼 것이다. 미국과 대일원조 반환 교섭이 진행되던 바로 그 시기에, 일본은 한국과 국교정상화 교섭을 진행하고 있었다. 미국과 한국에 대한 일본의 교섭 전략은 서로 통하는 부분이 존재했고, 여기서도 일본에는 동아시아에서 일본이 주도하는 지역

구조를 형성하려는 전략이 깃들어 있었다고 생각할 수 있다.

이 책은 1940년대를 중심으로 동아시아 지역주의를 다루고 있지만, 1930년대 이전과 1950년대 이후의 동아시아 지역주의 연구가 필요하다는 것은 말할 나위도 없을 것이다. 동아시아 지역주의의 이론은 물론 역사적 연구에 이 책이 기여할 수 있다면 다행일 뿐이다.

　제2차 세계대전의 종결은 한반도, 일본, 중국을 포함한 동아시아 지역에 새로운 상황을 창출했다. 패전으로 인해 일본은 동아시아 지역에 대한 주도권을 상실하였다. 뿐만 아니라 미국에 의한 실질적인 단독 점령하에 놓이게 되었고, 간접 점령 방식을 바탕으로 비군사화와 민주화 정책을 기조로 하는 '점령 개혁'을 받아들이지 않을 수 없게 되었다. 조선은 일본의 식민지 지배로부터 해방되었으나, 미국과 소련에 의해 분할 점령되었다. 게다가 직접 군정이 설치되어 조선인에 의한 자치기구 수립을 둘러싼 운동은 좌절되었다. 중국은 일본과의 15년간이나 계속된 전쟁에서 가까스로 승리를 거두었지만, 국공 내전의 불씨는 여전히 꺼지지 않고 있었다. 전후 동아시아 각국 및 지역의 개별적인 상황은 제국, 식민지, 반식민지라는 19세기부터 20세기로의 '세기 전환기'부터 형성되어 온, 근대 동아시아의 지역구조의 근본적인 재구축[1]으로 귀결되었다. 그리고 이 배경으로서 이미 전시 중에 미국의 동아시아에 대한 전후 구상에서 지역 단위의 재편을 전제로 한 논의가 이루어지고 있었고, 일본에서도 일본 재건 구상 속에서 기존의 지역 구조를 재편하고자 하는 구상이 논의되고 있었다는 점에 주목할 필요가 있다. 본 연구는 동아시아를 둘러싼 지역주의의 대두와 그 논의 과정을 고찰하고자 한다.

　1940년대 이후 동아시아에서는 세 개의 지역주의 또는 지역주의 구

1　본 연구에서 표현하는 재구축이라는 것은, 기존의 것을 그대로 복원하는 것보다는 기존의 것을 재편하는 형태로 새로운 구조를 구축하는 것을 의미한다.

상 유형이 연속적으로 나타났다.[2] 먼저 1940년대 전반의 제1기 지역주의, 즉 전전의 '대동아공영권'이라는 '일본 제국'이 패권을 쥐는 '일종의 왜곡된 지역주의'가 존재하고 있었다.[3] 일본이 주도하고 그 중심이 되는 수직적 산업 분업을 통한 불균등 발전 구조를 그 특징으로 한다. 이 부정적 유산은 전후에도 그 그림자를 드리우게 되었다. 이른바 '경제적 내선일체'를 바탕으로, '일본(조선을 포함)·만주·중국日·滿·支'을 하나의 경제공동체로 하고, 동남아시아를 자원 공급 지역으로, 남양을 국방권으로 상정했던 '대동아공영권' 자체는 일시적인 존재였고, '상실'한다고 해도 일본에 그다지 심각한 사태를 초래하는 것은 아니었다고 할 수 있다. 그러나 '대동아공영권'에 포괄되는 지역 중에도 조선, 타이완, 그리고 '만주'와 같은 이른바 '외지外地'가 일본의 지배로부터 이탈하는 것은, 당시까지 일본의 경제성장에 절대 불가결한 것으로 간주되었던 자원과 시장을 '상실'하는 것을 의미하고 있었다고 존 W. 다워John W. Dower는 지적하고 있다.[4] 조선과 중국은 일본제국의 경제적 배후지로서 기능하고 있었던 것이다. 이러한 인식은 일본과 미국 양측에서 모두 공유되고 있었다. 아직 냉전이 본격화되기 이전인 전시중과 일본의 패전=조선의 해방 직후에는 동아시아 지역에 대한 구상을 숙성시키고 있던 미국에서 다양한 논의가 이루어지고 있었으며, 일본에서도 패전에 대비

---

2   본 연구에서는 지역주의의 개념을 유연하게 해석하고자 한다. 지역에서의 산업 분업 / 산업 연관 문제와 관련해서 이해하고, '중심의 주변에 대한 지배=주변의 중심에 대한 종속'이라는 불균등 발전과 같은 개념과 더불어 패권적 중심이 없는 균등 발전의 개념도 포함하여 고찰하고자 한다.

3   油井大三郎, 『未完の占領改革—アメリカ知識人と捨てられた日本民主化構想』, 東京 : 東京 大学出版会, 1989, 291쪽.

4   ジョン・w・ダワー, 三浦陽一 역, 『敗北を抱きしめて』下, 東京 : 岩波書店, 2001, 139쪽.

하여 일부에서나마 다양한 재건 구상에 대한 논의가 전개되고 있었다.

이러한 경위에서 일본이라는 패권적 중심을 제거한 지역주의 구상이 미국의 전후 구상과 초기 배상정책 구상에 등장했다. 제2기의 지역주의 유형이었다. 이것은 동아시아 지역 경제의 균등 발전을 전제로 한 수평적인 산업분업의 형태로서 구상되었다. 이 구상은 어떻게 형성되었고, 그 인식의 근거는 어떠한 것이었을까? 다시 말하면, 그것은 전전의 일본 중심의 동아시아 지역질서를 어떻게 재구축하고자 했던 것일까라는 물음이기도 했다. 일본의 패전 직후의 동아시아 지역 질서 구상을 분석하는 작업은, 단지 동아시아 냉전의 전사를 발굴하는 것에 그치지 않고, 20세기 전반의 역사적 경험과 그 인식이 켜켜이 쌓여 형성된 동아시아 지역의 역사를 통괄하고, 새로운 지역 질서의 재구축을 전망하기 위한 시도였다고 생각할 수 있다. 즉, 미국이 주도하는 동아시아 지역의 재편성 과정은 현재 존재하는 지역 질서를 일본이 아니라 미국이 재구축함으로써, 새로운 전후 지역주의를 형성하는 것이었다. 조선에서는 신탁통치가 실시될 예정이었으므로 신탁통치를 앞둔 점령기는 신탁통치의 실시를 준비하는 기간이었고, 제2기 지역주의 구상의 기조를 포함시켜 과도기적으로 제1기 지역주의를 관리하는 것이 필요하다고 인식하였던 것이다. 즉 이 시기는 일본이 배제된 공간을 미국 점령군이 관리하고, 제2기 지역주의 구상의 질료로서 재구성하는 단계였다고 할 수 있다. 본 연구의 주요 고찰 대상은 바로 이 시기이다.

제2기 지역주의를 준비하는 시기는 냉전과 복잡하게 얽혀있으며, 동아시아에서의 냉전 심화는 이 지역을 또다시 격변의 소용돌이 속에 두어, 제2기 지역주의 구상을 제3기 지역주의 유형으로 변용시켰다. 중국

대륙에서는 공산 중국이 승리를 거두어 장제스의 국민정부는 타이완으로 패주했다. 동아시아에서 장제스 정권이 지배하는 중국에 일정 정도의 역할을 기대했던 미국은 제2기 지역주의 구상을 최종적으로 포기하지 않을 수 없었다. 분단된 남북 조선은 각각 동서 양 진영에 편입되어 동아시아 열전의 전쟁터가 되어 버렸다. 미국의 대일정책은 '비군사화 · 민주화'의 기치를 높이 올린 '점령개혁'에서 '레드 퍼지(Red Purge)'와 '경제부흥'으로 전환하였고,[5] 일본을 동아시아 지역의 중심에 두게 되었다. 그러나 이것은 제1기 지역주의로의 회귀는 아니었는데, 제2기 지역주의 구상에서 드러난 미국의 주도성이 견지되어 있었기 때문이다. 즉 역외 패권을 장악한 미국의 통제하에서 일본은 미국의 하위 파트너[6]로서 편입되어 갔다. 동북아시아 지역은 일본의 패전에 더해 냉전이라는 새로운 국면을 맞아 또다시 변천되었다. 전후 얼마 되지 않아 동아시아

5　타케마에 에이지는 '용공적 정책으로부터 반공적인 정책 내지 경제자립화로 바뀌었다'는 점을 '역코스'라고 인식했다(竹前栄治, 「占領研究40年」, 『現代法学』 8, 2005. 1, 32~33쪽). 이러한 전환의 경위에 관한 연구는 다음 연구를 참조했다.
　　ハワード・ションバーガー, 「ウィリアム・ドレイパー将軍、第八〇連邦議会, および日本の『逆コース』の起源」, レイ・ムーア 편, 『天皇がバイブルを読んだ日』, 東京 : 講談社, 1982; 五十嵐武士, 「ジョージ・ケナンと対日占領政策の転換-『国家安全保障会議決定十三ノ二』」, 위의 책.

6　하위 파트너라는 것은, 패권국과는 대등하지 않으나 지역 내에서 가장 유력한 파트너로서 이익이 기대되는 국가라는 개념으로 사용하고자 한다. 극동에서는 메가 지역주의(Mega-regionalism)를 억제하고, 역외국(域外國)인 미국과의 2국간 동맹에 의존시킴으로써 일본 파워의 봉쇄를 실현시켰다고 해석한 허렐(Andrew Hurrell)의 개념을 뒤집어서 이해한 것이다 (アンドリュ・ハレル, 「地域主義の理論」, L・フォーセット / A・ハレル 편, 菅英輝・栗栖薫子 역, 『地域主義と国際秩序』, 福岡 : 九州大学出版会, 1999, 52~53쪽). 한편, 이종원은 전후 미국이 아시아 대륙부에의 직접적인 관여를 회피하고자 했던 아시아 정책의 저류를 지적하면서, 미국 자신의 직접적인 관여를 최소한으로 억제하면서 미국에 바람직한 지역질서를 형성・유지하고자 했던 논리적 귀결로서 아시아 지역에서 '주니어 파트너'를 축으로 한 세력균형체제의 구축을 목표로 하였고, 지역내 협력자를 통해 지역내 세력관계를 원격조종함으로써 최소한의 자원 투입으로 소기의 정책목표를 달성하고자 했다고 분석하고 있다(李鍾元, 『東アジア冷戦と韓米日関係』, 東京 : 東京大学出版会, 1996, 292쪽).

냉전의 확산과 함께 또다시 미국의 통제를 전제로 하면서, 하위 파트너로서 일본을 중심에 두는 수직적 산업분업에 바탕을 둔 지역경제통합 구상이 안출되었던 것이다. 이렇게 1940년대의 동아시아 지역에서는 다양한 지역주의의 움직임이 연쇄적으로 존재했던 것이다.

루이즈 포세트Louise Fawcett는 '지역주의는 제2차 세계대전까지는 아직 국제관계론의 술어vocabularies에 들어 있지 않았다'라고 회상한 후, 1960년대부터 1970년대 초기까지, 그리고 1980년대를 지역주의 연구의 주요 대상 시기로 거론하였다.[7] 그러나 동아시아 지역구조에 관한 연구가 진척됨에 따라, 1940년대에도 그러한 술어를 사용할 수 있는 상황이 발생하고 있었다는 점이 밝혀지게 되었다.

마츠무라 후미노리松村史紀는 미국이 '세력균형이란 사고'와 '비공식 제국'으로서 자기 이미지를 근저에 가지고 있었다고 지적한 뒤, 전후 아시아 지역질서 구상 속에는 다음의 두 가지 조류가 존재하고 있었다고 지적했다.[8] 첫 번째 조류는 '루즈벨트 형 구상'이라는 '전후'의 구상으로, 미국·영국·소련이 서로의 세력권을 상호 승인한 후에 대국 중심으로 전후 세계의 관리를 그리고 있었다. 중국은 전후 동아시아 지역의 세력 균형을 유지하는 정치·군사대국으로서 자리매김되었다. 마츠무라는 동아시아 지역은 탈식민지로서 국민국가를 형성하게 되는 여러 나라가 모여 있는 지역으로서 인식되고 있었다고 분석하였다. 두 번째 조류는 '방위선형 구상'이라는 '전전'의 구상이다. 마츠무라는 향후 다가올 공

---

7 ルイーズ・フォーセット, 「地域主義の歴史」; L・フォーセット / A・ハレル 편, 앞의 책, 14쪽.
8 松村史紀, 「米国の戦後アジア地域秩序構想と中国 − 『戦後』から『戦前』へ」, 『早稲田政治公法研究』 74, 2003, 3~4쪽.

산주의 국가와의 새로운 전쟁을 예견하고, 그 전야를 국가 간의 권력정치의 장으로서 인식하여, 동아시아 지역은 미국의 국익, 안전보장의 확보를 위해 '자기'와 '타자'로 분리되어, 경계선＝방위선이 그어진 지역으로서 포착되고 있었다고 분석하면서, '전후로부터 전전으로' 회귀하는 구조로 이해하고 있다.

동아시아에서의 한일 간 지역주의에 관한 연구는 1960년대 미국의 개입에 의한 일본 중심의 지역통합regional integration 구상 속에서 한일 국교 정상화를 분석한 허버트 P. 빅스Herbert P. Bix의 연구가 포세트가 정의한 지역주의 연구사 속에 자리매김 될 수 있을 것이라고 생각한다.[9] 이 시기보다 더 거슬러 올라가서 한국전쟁 이전에 한일 간 지역주의 구상의 존재를 지적한 것은 이종원과 오오타 오사무太田修의 연구이다.[10] 그러나 지역주의 문제는 더욱 거슬러 올라갈 필요가 있다. 전후 동아시아 지역주의 문제를 분석할 때, 동아시아 냉전에 의해 형성된 측면만이 아니라 '세기 전환기'로부터 형성되어 온 동북아시아 지역의 지역구조가 아시아태평양 전쟁을 경계로 재구축되었던 측면도 고려할 필요가 있는 것이다. 게다가 미국의 동아시아 지역 내 중국 대국화 구상[11]과 일본의 비군사화 및 민주화 구상이라는 커다란 정책 구상 속에서 조선은 어떻게 자리매김되어 있었던가, 그리고 이런 조선의 위상에 대해 일본 측과

---

9 Herbert P. Bix, "Regional Integration—Japan and South Korea in America's Asian Policy"; Frank Baldwin ed., *Without Parallel—The American-Korean Relationship Since 1945*(New York : Pantheon Books, 1973).

10 李鍾元, 「戰後アジアにおける米国の『地域統合』構想と韓日関係, 1945~1960」, 東京大学法学部助手論文, 1991; 太田修, 「大韓民国樹立と日本」, 『朝鮮学報』 173, 1999.10.

11 중국 대국화 구상에 대해서는 馬曉華, 『幻の新秩序とアジア太平洋—第二次世界大戦期の米中同盟の軋轢』, 東京 : 彩流社, 2000, 155~238쪽 참조.

미국 측은 어떻게 인식하고 있었는가를 면밀히 고찰할 필요가 있다. 동아시아 지역질서의 재구축을 구상할 경우, 조선이 해당 지역의 중심 지역이었다고는 할 수 없으나 동아시아 지역을 단위로 한 구상 속에서는 빼놓을 수 없는 존재였기 때문이었다.

아시아 지역의 지역주의 구상에 대한 선행 연구는 이종원도 지적한 것처럼 일본과 연결시킬 지역으로서 동남아시아 지역과 '만주', 조선 등을 포함한 동북아시아 지역으로 나누어 논의되어 왔다.[12] 이종원은 "한일관계가 결락된 채, 미일, 한미 관계가 각각 개별적으로 형성되어, 미국을 매개로 양자가 통합"되는 것으로 묘사된 한국 · 일본 · 미국의 3국 체제의 구조를 극복하고, 동아시아에서의 지역주의 구상을 석출하는 데 성공했다.[13] 1947년 이전 일본의 배후지로서 '만주'와 (북)조선이 고려되었던 동북아시아 지역 중심론이 동아시아 냉전과 함께 '만주'와 북조선 지역을 제외함으로써, 동남아시아 지역 중심론으로 전환되었다는 것은 자연스럽다고 하면 자연스러운 흐름이었다고 할 수 있다. 동북아시아 지역에 남겨진 경제적 배후지로서의 남조선 지역은 '만주', 북조선 지역과 분리된 채로는 일본의 배후지로서 충분한 기능을 발휘할 수

12　동남아시아에 주목한 연구로는 다음과 같은 것을 들 수 있다. John W. Dower, *Empire and Aftermath −Yoshida Shigeru and the Japanese Experience, 1878−1954*(Cambridge, MA : Harvard University Press, 1979); Michael Schaller, *The American Occupation of Japan −The Origin of the Cold War in Asia*(New York : Oxford University Press, 1985); William S. Borden, *The Pacific Alliance −United States Foreign Economic Policy and Japanese Trade Recovery, 1947− 1955*(Madison, WI : The University of Wisconsin Press, 1984).
　한편 동북아시아 지역에 주목한 연구로는 다음과 같은 것이 있다. Bruce Cumings, *The Origin of the Korean War vol.2 −The Roaring of the Cataract, 1947−1950*(Princeton, NJ : Princeton University Press, 1990); Ronald L. McGlothlen, *Controlling the Waves −Dean Acheson and U.S. Foreign Policy in Asia*(New York : W. W. Norton & Company, 1993).
13　李鍾元, 앞의 글; 李鍾元, 「戦後米国の極東政策と韓国の脱植民地化」, 『岩波講座 近代日本と植民地 8−アジアの冷戦と脱植民地化』, 東京 : 岩波書店, 1993, 3~38쪽; 李鍾元, 앞의 책.

없게 되었으며, 배후지는 점차 동남아시아 지역으로 이전하게 되었다고 많은 선행 연구들에서는 지적하고 있다. 일본을 중심에 놓은 지역주의 구상은 이러한 경제적 배후지 문제와 깊은 상관관계를 가지고 있었다고 생각할 수 있다.

그러나 실제로는 동북아시아 지역에서의 지역주의 구상을 분석해보면, 그것이 반드시 일률적으로 일본을 중심으로 형성되었다고 말할 수 없는 측면이 존재한다. 전중기 미국의 대일배상구상과 폴리 배상사절단의 배상안 등을 살펴보면 오히려 일본이라는 중심을 제거하고 미국이 개입하는 형태로 보완한다는 구상이 형성되고 있었다는 점을 확인할 수 있다. 수직적인 산업분업이라는 전전의 구조를 수평적인 산업분업이라는 구조로 재구축함으로써, 아시아 지역경제의 균등발전을 도모하고 있었다는 측면도 있었던 것이다. 따라서 전후 아시아 지역주의의 양상은 다양한 버전이 존재했으며, 일본은 물론 남북 조선과 '만주'도 포함한 동아시아 지역 단위에서도 존재하고 있었던 것이다.

이상으로 이들 선행연구를 포함하여 본 연구는 전전기부터 형성되어 온 동북아시아 지역의 지역구조가 아시아태평양전쟁을 경계로 하여 재구축되었던 경위의 분석을 시도할 것이다. 분석 방법으로서 당시의 경제구조의 '실체'를 분석하는 것보다 오히려 당시의 경제구조가 어떻게 인식되고 있었는가라는 문제에 주목하고자 한다. 즉, 지역주의 구상을 둘러싼 담론이란 측면에 주목하고자 하는 것이다. 전전에는 '경제적 내선일체' 또는 '내지의 대륙으로의 연장'이라고 간주되었던 것처럼, 조선 경제는 일본 경제에 대한 완전한 편입과 종속상태에 놓여 있었다는 종류의 담론이 존재했다. 한편, 조선의 식민지 경제가 발전한 요인으로서 일본의 블록 경제적·전시경제적 요청과 '만주사변' 이후, 조선의 배후지로서 '만주'라는 시장이 형성되었던 것이 조선 경제의 내재적 발전 요인보다 중요했다는 등의 담론도 존재했다. 이러한 담론들은 당시의 일본이 가지고 있었던 인식이었지만, 또한 일본 측에서 생산한 자료를 바탕으로 조선의 식민지 경제를 분석하고 있었던 미국 측에서도 공유되고 있었다. 일본이 패전하고 조선이 해방되자마자 이러한 인식이 전면적으로 부정되고, 불식되었다고 생각할 수는 없는 것이다. 따라서 동아시아 지역주의를 부감할 때, 경제적 채산성만이 아니라 비경제적 측면, 즉 정치·군사적 이익이 더욱 우선되었다는 식민지 경제 운영의 특수성이 전후 한일 관계의 지역주의적 재편과정에도 여전히 영향을 주고 있었다는 점을 밝히고자 한다. 왜냐하면, 이러한 특징은 동아시아 지역에 미국이 개입할 경우에도 유지되고 있었기 때문이었다. 미국이 동아시아 지역의 중심으로서 중국과 일본, 어느 쪽을 선택할 것인가는 경제적 이점보다는 소련의 아시아 지역으로의 세력 확대를 억지하고자 하는 봉쇄정책이라는 정치·군사적 측면에 바탕하고 있었다. 그 목적을 위해서 해당 지역의 경제적 자원의 동원, 또는 미국의 지원이라는 점에 미국의 동아시아에 대한 경제 정책의 주안점이 놓여 있었던 것이다.

　동아시아 지역 재편의 중심을 국민당의 중국에서 일본으로 환치시키는 전환은 조선과 일본의 관계를 재구성하는 문제에 커다란 변화를 초래하게 될 것이라고 예측할 수 있다. 중국 중심으로 동아시아를 재편할 경우에는 조선과 일본에 대한 경제적 분리를 엄격하게 적용하게 된다. 왜냐하면 일본의 경제적 성장과 재건에 식민지 경제 구조를 앞으로도 유지할 수는 없기 때문이다. 그러나 일본을 중심으로 동아시아를 재편할 경우에는 조선은 일본의 경제부흥 및 성장에 도움이 되도록 재편되어, 전전기의 '경제적 내선일체'라는 지역주의 구조가 참조될 것이라고 예측 가능하다. 게다가 조선과 일본의 경제 관계의 재편 문제를 논의할 때, 남조선 지역과 일본에 국한된 논의와 한반도 전체를 시야에 넣고 이루어지는 논의 사이에는 일정 정도의 차이점이 존재하고 있다. 식민지 조선의 경제구조는 남조선 지역에서는 식량생산 및 경공업, 북조선 지역에서는 중화학공업이라는 인위적인 분업이 강제되고 있었다는 점을 고려해야 한다는 것이다. 또한 전시체제기에 전쟁 수행을 위해 채산성을 초월하여 인위적으로 형성된 북조선 지역의 중화학 공업 구조가 전후에도 순조롭게 운영될 것인가라는 점은 의문이 여지가 존재한다. 그러나 인위적으로 형성된 식민지 경제의 경제적 채산성에 바탕을 둔 조선 경제가 전후 그 채산성의 상실로 인해 새로운 조정국면readjustment에 들어갈 것이라고 인식되었던 것은 명확하다.

다음으로는 각장의 내용을 개략적으로 이야기해 보고자 한다.

제1장에서는 일본의 전시기 동아시아 정치경제 인식을 '동아광역경제론'을 중심으로 살펴보며, 지역주의 구상으로서의 '동아광역경제론' 속에서 식민지 조선 경제의 위상을 재조명하고자 한다. '대동아공영권'론은 일본 제국주의가 점령한 동남아시아 지역에 대해 정치경제적으로 큰 기대를 가지고 있었음에도 여전히 개발을 요한다는 시기적, 지역적 한계를 가지고 있었다. '동아광역경제론'은 이런 시간적, 공간적 한계를 보완하기 위해 동북아시아 지역에 존재하는 개발지역에 대한 의미를 강조한 것이기도 했다. 이 지역은 공업의 중심인 일본 본토와 연결될 지역으로 '만주'와 '조선'이 경합하고 있었지만, '동아광역경제론'의 입장

에서는 '대동아공영권'론에서 높은 가치를 부여한 동남아시아 지역의 시공간적 공백에 대응할 수 있는 동북아시아 지역의 가치를 재인식해야 한다는 논의 속에서 '만주'와 '조선'의 공업화 지역을 지역주의적으로 통합적인 인식으로 이끌었다고 할 수 있다. 여기서 대륙병참기지이자, 대륙전진기지로서의 식민지 조선 공업화의 의미가 재조명되었다는 점을 고찰했다.

제2장에서는 일본의 전시기 동아시아 국제질서 인식을 지역주의론의 입장에서 살펴보며, '대동아국제법질서'론이 가진 지역질서 인식에서 식민지 조선의 위치가 가진 자기모순성을 드러내 보고자 한다. '대동아국제법질서'론은 지역주의, 국가의 상대적 평등, 지도국 문제에 직면했다. 여기에는 국가 권력의 크기와 비례하여 발생하는 지역 내 이해관계와 책임의 크기에 대한 문제로 파악할 수 있는 근대 패권국가적 이해 방식과, 전근대적 인식에 속하는 일본 고유의 '천하관'이 가진 위계적 지역질서 인식이 양립하고 있었다. 전시기에 국가의 상대적 평등 관념 속에서 지도국으로 자임하려는 일본의 자기 해석과 함께 패전 이후 일본이 패권국가 미국의 피지도국으로 자신을 파악하는 아이덴티티의 해석이 사실은 동일한 국제질서 인식틀이었다는 점을 드러내고자 했다. 여기에 또 하나의 문제군으로서 전시기 일본의 상대적 주권 평등관념 속에서 지역주의를 형성하려는 움직임에 동요하는 아시아 여러 지역에 대응하여 제국내 식민지 부재론을 통해 조선의 식민지성을 부정하려는 자기모순이 드러났다고 할 수 있다.

제3장에서는 패전 직후 일본의 전후 경제재건 구상에 나타난 조선인식의 연속성 문제를 고찰한다. 패전 직후 일본이 동남아시아에의 경제

적 '진출'을 도모하는 것은 어려웠다고 판단되었다. 왜냐하면, 동남아시아 지역은 서구 열강의 식민지였으며, 전후에 독립을 달성했다고 해도, 서구 열강 특히 영국의 강력한 경제적인 영향하에 놓이게 될 것이라고 하는 인식이 지배적이었기 때문이다. 따라서 일본에서는 장제스 정권이 지배하는 중국과 해방된 조선으로부터 일본 경제 재건의 돌파구를 찾을 필요가 있다는 정세 판단의 흐름이 존재하고 있었다. 전전부터 일본이 주도하는 형태에서 운영되어 온 동북아시아 지역에는 구 식민지 경제관계를 어떻게 재편하고, 일본과의 경제적인 결합을 유지시키는 것이 일본 경제 재건의 열쇠로서 부상해 왔다. 일본 경제 재건의 활로를 전전의 지역질서를 재활용하는 방법으로 개척하고자 했으므로, 이를 위해 구 '외지' 연구가 이루어지게 되었다. 그때 구 '외지' 연구를 주도한 것은 조선에서 귀환한 조선 관계자 그룹이었다. 이러한 경위에서 조선 인식은 전쟁 말기부터 패전 직후에 걸쳐 일본 정부의 경제재건 계획에 영향을 미쳤던 것이다. 여기에 스즈키 타케오鈴木武雄의 조선경제론이 들어갈 여지가 있었다는 것을 분석했다.

제4장에서는 패전 직후에 일본의 조선 경제에 대한 평가와 전망을 전전부터 전후에 걸쳐 한일 경제 관계의 결합을 강조하고 있었던 전 경성제국대학 교수였으며 조선총독부와 일본 정부의 정책 구상 과정에도 관여한 스즈키 타케오의 언설을 분석하여, 해방 후의 조선에 대한 경제관계의 재구축으로의 전망을 고찰한다. 전전의 조선 경제 전망이 일본과의 '경제적 내선일체론'에 바탕을 두고 있었다고 하는 스즈키의 조선경제론은 식민지 지배와 전시 경제, 그리고 아우타르키Autarkie경제 구조에서의 '인위적 채산성'을 형성한 일본 중심의 수직적 분업구조를 특징

으로 한다. 패전 후 '경제적 내선일체'를 다루고 있었던 스즈키의 조선 경제론을 바탕으로 형성된, 전전의 조선경제의 자립가능성에 대한 비관적인 전망은 전전의 식민지 조선 경제의 성공 신화를 뒤집은 것이기도 했다. 또한 일본 경제와의 연계 없이는 조선 경제의 자립 가능성이 낮을 것이라는 평가는 전후에도 조선 경제가 일본과의 경제적 제휴를 필요로 할 것이라는 전망에도 영향을 주었다는 점을 분석하였다.

제5장에서는 미국 측으로 분석 대상을 옮겨, 미국이 전후 구상에서 아시아 정책을 지역 단위로 구성해 나가는 과정을 추적하고, 조선에 대한 신탁통치 구상이 가진 경제적 의미를 분석한다. '경제적 내선일체'를 구성하고 있었던 식민지 조선 경제의 '상실'이 일본 경제에 커다란 타격을 줄 것이라는 미국 측의 인식에 바탕을 둔 전후 한일 간 경제 분리 정책의 형성과정과 그 변용의 계기도 고찰한다. 그러나 조선 경제의 자립 가능성에 대한 위구危懼는 조선 신탁통치 구상의 경제적인 근거도 되었다. 또한 점령으로부터 신탁통치로 그리고 독립이라는 3단계 이론 중에서 조선에 신탁통치를 실시하기까지의 점령기에, 미국이 남조선과 일본을 동시 점령하고 있었던 현실을 반영하여, 경제적 분리 정책에도 불구하고 점령기의 경제적 통합운영이 가능했다고 판단하게 되는 경위를 고찰한다. 이러한 통합 운영은 주조선 점령기구와 주일 점령기구의 점령 행정상의 편의를 도모하는 과정 속에서도 존재하고 있었다는 점을 밝히고자 한다.

제6장에서는 동아시아 전후 지역주의의 재구축과정을 미국의 대일 배상 구상과 그 정책을 통해서 밝힌다. 전시기에 형성되어 전후 폴리 사절단의 배상안에 반영된 미국의 초기 대일배상 정책 구상을, 대일 징벌

적 성격과 함께 동아시아 지역 질서의 재구축이라는 측면에서 고찰한다. 배후지로서의 일체성을 요구하는 전전형 동아시아 지역주의 구조는 일본을 중심으로 한 수직적 분업 형태를 가지고서 기능하고 있었다. '비군사화', '민주화' 정책과 궤를 같이하는 대일배상정책 구상은, 미국이 동아시아 지역주의 구조를, 그 중심을 제거하여 수평적 산업구조로 전환시킴으로써 동아시아 지역의 안정을 도모하고자 했던 문맥 속에서 부상하게 되었다. 이 구상을 가지고 전전과 전후에 걸쳐 일본 중심의 지역주의 구상과 다른 새로운 형태의 지역주의적 구상이 부상할 수 있는 공간이 드러나게 되었던 것이다. 그러나 초기 대일배상정책 구상을 실행할 중요한 대상으로 상정되었던 '만주'와 북조선 지역이 미국이 통제 가능한 지역에서 제외되어 있었다는 점이 냉전의 등장과 함께 동아시아 지역의 재통합구상을 위태롭게 하는 원인을 제공하게 되었던 과정을 분석한다.

제7장에서는 점령기의 한일 간 경제통합 구상이란 제3기 지역주의로 이어지는 경험으로 점령기구의 통합운영의 사례연구로서 정부무역을 다룸으로써 한일 경제의 통합운영의 양태를 분석한다. 양 지역을 점령한 미국은 기본정책에서는 양 지역을 분리하는 정책을 수립하였지만, 전중기까지 이루어지고 있었던 블록경제 구조를 곧바로 절단할 수 없었다. 통합된 양 지역 경제의 절단은 특히 조선 경제의 재건을 위태롭게 할 위험성이 있었던 것이다. 이러한 경험에서 연합국 최고사령관 총사령부의 통제하에서 양 지역 경제를 통합운영하는 정부무역이라는 형태가 등장하게 되었던 것이다. 연합국 최고사령관 총사령부의 지령에 의해 운영되었던 정부무역이, 민간물자공급계획과 대한원조, 그리고

대일원조와 함께 삼위일체가 되어 통합적으로 운영되었던 상황을 밝힐 것이다. 미국의 동아시아 경제정책 속에서 이 구조를 부감하고, 미국의 지역 경제 통합 구상의 원형이 형성되는 계기를 석출할 것이다.

제8장에서는 10년에 걸쳐 진행된 미일원조반환교섭과정을 1960년대까지 이어지는 동아시아 지역주의의 흐름 속에서 파악하며, 미국의 대일원조반환의 교섭과정이 동아시아 지역 특히 한반도 문제와도 긴밀한 관련 속에서 이루어지고 있었음을 분석한다. 이 문제는 미국이 시행한 원조자금 반환과 연합국 등의 대일청구권 요구와 결합된 것이기도 했다. 미일원조반환 교섭과정에서 주요 문제로 부상한 '조선채권' 문제는 한반도 남부를 점령한 주한미군정은 물론 한국정부에 대한 미국의 원조와 연계된 문제군이었다는 것을 밝혔다. 최종적으로 체결된 반환금의 사용처에 한국이 포함되었다는 사실을 통해, 1965년 국교정상화로 이어지는 미국 주도의 한일간 지역주의적 접근의 단초를 여기서 확인해볼 수 있을 것이다.

제1장
일본의 전시기 동아시아 정치경제 인식

'동아광역경제론'

1. 머리말

만주사변 이후 일본과 조선, 그리고 '만주', 화북으로 전선을 넓혀가면서 '일만지日滿支 블록경제론'을 제시하고 있었던 일본 제국주의는 태평양전쟁의 발발과 함께 동남아시아로 침략해 들어갔다. 이에 따라 '대동아공영권'론이 광역 지역질서 구상에서 우세를 점하게 되었다. 동북아시아 지역에 대한 일본의 정치경제 인식은 동남아시아 지역과의 관련 속에서 재정립되게 되었다. 제1장에서는 전시기 동북아시아 지역에 대한 일본의 정치경제 인식을 '동아광역경제론'을 중심으로 정리해보고자 한다. 또한 기존에 존재했던 정치경제 인식에 대해 개별 담론들의 문제의식을 공유하면서도, 광역경제라는 개념을 통해서 각 담론들에 통일성을 부여함으로써, 전시기 일본의 동북아시아 지역에 대한 정치경제 인식을 이론과 실무적인 논의들에 결부시켜 파악하고자 한다. 즉, 당시에 이루어졌던 이론적인 접근과 실무적인 접근을 모두 흡수하여 이를 통일적으로 파악하고자 하는 것이다. 또한 동북아시아 지역의 공업 중심이었던 조선과 '만주' 지역에 대한 일본의 정치경제적 인식을 분석하는 도구로서 조선 재계의 주요 시국 경제단체의 하나였던 경성경제간화회京城經濟懇話會[1]가 개최한 좌담회 기록(1942년 2월 15일)을 통해 태평양전쟁의 발발과 함께 나타난 동남아시아 지역 즉 '남방공영권南方共榮圈'[2]과 동북아시아 지역 사이의 관계 재설정에 대한 조선 재계의 논의를 통해, '대동아공영권' 속에서 동북아시아 지역에 역할에 대한 당시의 인식이 변화하는 모습을 살펴보고자 한다.

1940년대 일본의 동아광역경제권에 대해 착목한 송병권은 경제적 비교우위론에 입각한 블록경제론에 대한 비판으로 채산성을 초월한 광역경제론에 등장하게 된 논리를 밝혔다.[3] 일본 제국주의가 제시한 광역경제론의 이론형성사적 측면에 대해서는 야나기사와 오사무柳澤治[4]가 일본의 광역경제론이 나치의 그것과 깊은 영향 관계에 있음을 구체적으

---

1 경성경제간화회는 조선은행, 조선식산은행, 경성전기주식회사 등 경성에 본점이나 지점을 가진 주요 은행과 회사에 근무하는 중견 행원 및 사원들로 구성되어 있었으며, 조선총독부, 경성부청과 같은 조선 통치기구 실무그룹, 그리고 경성상공회의소, 조선상공회의소, 경성제국대학, 조선문인협회, 녹기연맹, 전기협회 등 외곽단체 구성원, 마지막으로 경성일보, 토요케이자이신포東洋經濟新報 등 조선에서 활동했던 일본계 언론기관 인사가 참여하고 있었다. 참석자들은 대체로 조선 '재계'의 실무진들로 구성되어 있었다고 할 수 있다. 대략 1939~1940년경에 설립된 것으로 추정된다. 이 좌담회를 개최할 당시인 1942년에 60여 명 정도의 회원을 보유하고 있었다. 時局研究會 編,『第二十輯 南方共榮圈と朝鮮經濟(座談會速記)』, 京城, 1942, 44쪽(이하『南方共榮圈と朝鮮經濟』).
2 이 장에서 다루는 동남아시아에 대한 명칭은 당시의 서술 용어에 따라 '남방', '남방권', '남양', '남방공영권'으로 사용하도록 하겠다.
3 송병권,「1940년대 스즈키 다케오의 식민지 조선 정치경제인식」,『민족문화연구』37, 2002.12.
4 柳澤治,『戰前・戰時日本の經濟思想とナチズム』, 東京 : 岩波書店, 2008.

로 밝혔다. 일본 제국주의의 북방경제권 내 '만주'와 조선의 관계에 관해서, 임성모는 경쟁이란 측면에서, 송규진은 협력이란 측면에서 각각 그 경쟁과 협력 문제를 규명했다.[5]

제1장에서는 1940년대 조선의 재계가 직면한 문제의식과 이에 대한 반응을 '광역경제론'이라는 개념 속에서 분석하고자 한다. '대동아공영권'에 대한 경제적 인식의 다양성과 지역적 이해관계의 차이를 드러냄으로써, 이 시기 동북아시아 지역의 입체적인 모습을 드러낼 수 있을 것이다. 이론적 차원에서의 동아광역경제론의 문제의식을 드러내고, 그것이 실무적 차원에서의 동아광역경제론과 연관하여 논의를 전개하고자 한다.

2. 동아협동체론, 동아경제블록론 비판

동아광역경제론은 기존의 동아시아 지역질서를 이론적으로 개념화한 '동아협동체론'과 '동아경제블록론'에 대한 비판 속에서 동아시아 지역의 새로운 지역질서론으로 제시되었다. 대표적인 동아광역경제론자인 나라사키 토시오楢崎敏雄와 타니구치 요시히코谷口吉彦[6]는 대표적인 동

---

5 임성모, 「중일전쟁 전야 '만주국'·조선 관계사의 소묘－'日滿一體'와 '鮮滿一如'의 갈등」, 『역사학보』 201, 2009; 송규진, 「일제하 '선만 관계'와 '선만일여론'」, 이내영·이신화 편, 『동북아 지역질서의 형성과 전개－역사적 성찰과 정치·경제적 쟁점』, 아연출판부, 2011.

6 나라사키 토시오는 츄오대학中央大學 경제학부 교수로 당시의 대표적인 동아광역경제론자였다. 이 논문에서 다루는 『東亞廣域經濟論』(千倉書房, 1940) 이외에도 『東亞交通論』(千倉書房, 1939), 『航空政策論』(千倉書房, 1940), 『廣域經濟と南方經濟』(ダイヤモンド社, 1943), 『廣域經濟と全球經濟』(ダイヤモンド社, 1943) 등의 저서를 남겼다. 타니구치 요시히코는 쿄토제국대학 경제학부 교수로, 신체제 경제연구와 광역경제론을 주도하고 있었다고 평가된

아협동체론자인 미키 키요시三木淸의 주장[7]에 대해 비판적 견해를 제시
했다. 그들이 보기에 미키는 민족적 전체주의를 동아시아 즉, 일본, '만
주', 중국에서 발전시키고자 시도한 것으로 파악되었다. 즉, 추상적 세
계주의에 대한 부정의 계기라는 의미에서 민족주의의 발전 이유를 찾
았다는 것이다. 민족은 극히 자연적인 공동사회이며, 종래의 여러 사회
형태 중에 전체주의를 가장 직관적으로 보여주기 때문에, 전체주의가
민족주의로 먼저 구현되었다는 것이다. 전체주의는 이제 민족을 넘어
선 동아협동체라는 한층 더 큰 전체로 확충되어야 하는데, 그 확충으로
서 동아사상東亞思想은 의의가 있다는 것이다. 동아협동체론에서 제시된
전체성은 각 구성 국가의 독자성과 자주성을 승인하면서, 개인주의, 평
등주의, 자유주의를 바탕으로 성립된 것으로 파악하였다. 즉, 일본, '만
주', 중국 등 삼국이 협동사상에 기반을 두더라도, 결국 각각은 자유·평
등의 입장에서 그리고 각자의 이기적 입장에서, 단지 각자의 이익을 조
장하기 위한 수단으로서만 '신동아질서'를 건설하고자 할 것이라고 주
장하였다. 이러한 동아협동체의 행동원리는, 지역적인 제약 속에서 동
양문화·동양주의에 집착하지 않고, 비제국주의적, 개방적, 세계문화
적, 공공적, 지성적이어야 한다는 논리로 귀착된다. 그러나 일본, '만주

다. 타니구치는 1940년 1월에 초판을 낸 후 1941년 1월 현재 280쇄를 찍을 정도의 주목을 받았
던 『新體制の理論』(東京 : 千倉書房, 1940)을 저술했으며, 동아종합체에 대한 자신의 연구성
과를 정리한 『東亞綜合體の原理』(東京 : 日本評論社, 1940)를 간행하였고, 다시 이를 남방경
제권 관련 논문들을 포함하여 증보 개정한 『大東亞經濟の論理』(東京 : 千倉書房, 1942)를 간
행하였다.

7 미키 키요시의 동아협동체론은 문화주의적 혁신론이란 측면에서 일본의 '자기혁신'에 대한
요구를 전면에 내세웠지만, 식민지·민족문제에 대한 사고에서 일본주의를 극복하지 못했다
고 지적할 수 있다(임성모, 「대공아공영권에서의 '지역'과 '세계'」, 이내영·이신화 편, 앞의
책, 58~59쪽).

국', 중국의 민중을 지도한다는 선언적 용어로서 동아협동체론은 부족할 뿐 아니라, 각각의 이익과 이해관계가 일치하는 동안에만 존속할 수 있고, 만약 상호이익이 충돌할 때에는 즉시 해체될 것이라고 전망하였다. 동아협동체론은 협동체 전체를 규율할 강력한 광역경제 정책이 결여되어 있었다는 점에서 결정적인 한계를 가지고 있었다. 따라서 실제적인 측면을 확보하기 위해서는 강력한 광역경제의 방책이 필요하다는 점을 강조했다.[8]

동아블록경제론 혹은 일만지 블록경제론의 대표적 논자는 타카하시 카메키치高橋龜吉였다. 타카하시는 일만지 블록 전체를 정치경제적으로 가장 효과적으로 발전시키기 위해 블록의 중추인 일본을 중심으로, 블록 내에서의 자급자족 정책을 확립하고, 상호 경제유통을 최대한 확보해야 한다고 주장했다. 일만지 블록 단위의 종합적 구상력求償力을 이용하여, 블록 이외 지역과의 무역을 가장 유리하게 운영하는 것을 블록경제론의 중심과제로 삼았다.[9] 블록 경제는 블록 구성원에게 결성 이전보다 큰 이익을 확보할 수 있어야 유지 가능한 체제이므로, 블록 내 이익을 조정할 필요가 있었다. 자국만이 아니라 블록 구성원 전체에 이익을 확보할 수 있는 지도적 역량이 있는, 동아시아 지역의 유일한 국가인 일본이 블록경제의 중심이 되어야 한다는 점을 강조했다. 반면 동아블록경제를 구성하는 중국은 블록 구성원을 지원할 경제력과 자본력을 보유하고 있지 못할 뿐 아니라, 반식민지 상태로 구미 열강의 각축장에 불

---

8   楢崎敏雄, 『東亞廣域經濟論』, 東京 : 千倉書房, 1940, 130~131쪽; 谷口吉彦, 『東亞綜合體の
    原理』, 東京 : 日本評論社, 1940, 128~133쪽.
9   高橋龜吉, 『東亞經濟ブロック論』, 東京 : 千倉書房, 1939, 22쪽.

과하기 때문에 일본을 대신할 수 없다는 것이다. 게다가 일본 중심의 블록경제권에서 이탈하여 다른 블록 지역과 연계할 가능성도 희박하다고 진단했다. 이미 식민지 자원을 확보한 구미 열강에게 중국은 자원 면에서 매력적인 존재가 아니며, 또한 중국의 낮은 구매력은 미국이나 소련 등과 블록경제를 결성할 근거도 낮다는 것이다. 따라서 식량 및 원료생산과 함께 이제 겨우 경공업 단계에 도달한 중국은 일본의 기술력, 자본력의 결합을 통한 블록 결성으로 나아갈 수밖에 없으며, 이것이 일본과 중국 모두에게 이익이 되는 방향이라는 것이었다. 타카하시는 이를 일만지 블록경제 또는 동아블록경제라고 표현했던 것이다. 그 구체적인 내용은 일본을 중심으로 일만지 경제블록을 창설하여, 일본은 중공업 및 정밀공업을 담당하고, 중국에 경공업, '만주'에는 중공업을 배치하는 산업분포를 결정하여 블록내 물류와 유통력을 높인다는 것이었다. 그러나 블록경제 내에서의 삼국 간 관세철폐나 관세동맹을 설정할 것에 대해서는 반대하였다. 불균등한 산업 발전 상태에 있는 일본, '만주', 중국에서 관세철폐는 도입할 필요가 없고, 관세동맹도 블록 바깥의 제3국을 불필요하게 자극할 우려가 있다는 것이었다. 오히려 중국이 일본의 생산품을 비경제적인 이유로 배척하지 않는다면, 지리적 근접성, 생활 습관의 유사성, 저렴한 가격 경쟁력 등을 고려할 때, 구미 제품과의 자유경쟁에서 일본이 우위를 점할 것으로 예측하였다.[10]

나라사키와 타니구치는 위에서 서술한 블록경제론을 비판하면서, 광역경제론을 주장하기 시작했다는 점에서 공통점을 가지고 있었다.

---

10 楢崎敏雄, 앞의 책, 133~135쪽.

나라사키는 '블록'이라는 용어 자체에 대해 문제를 제기하였다. 블록 개념은 세계 대공황에서 헤어 나오기 위해 전통적인 자유무역 체제에서 이탈한 영국이 자국 식민지인 인도 등의 희생을 밟고 활로를 개척하고자 했던 본국 중심의 제국주의 경제시스템이라는 것이다. 게다가 소극적, 방어적인 어감이 강하여, 일본 중심의 신동아를 건설하기 위해서는 '대일본'(즉, 滿鮮一體)과 중국의 경제적 합작이 필요한 상황에서 배외적인 블록 개념은 어울리지 않는다는 것이었다. 또한 장래의 경제권역 확장 가능성을 고려할 때, 동아광역경제라고 하는 편이 적절할 것이라고 주장했다.[11]

타니구치는 한층 본격적으로 블록경제론을 비판하였다. 광역경제권으로서의 대동아공영권과 블록경제를 대비하면서 세 가지 차이점을 가지고 설명하고 있다. 먼저 블록경제는 1930년대의 세계 대공황 타개를 목적으로 성립하였지만, 대동아공영권은 중일전쟁과 태평양전쟁을 계기로 한 세계 구질서의 붕괴 위에 건설되어야 할 신질서의 이념으로서 제기된 것이므로, 양자는 역사적 단계가 전혀 다르다는 것이다. 두 번째로 블록경제는 세계 구질서의 정치 관계와 식민지 예속관계를 유지한 채, 세계 대공황을 타개하려는 목적이 있었으므로, 반드시 전쟁을 통해 블록경제를 건설할 필요는 없는 것이었다. 그러나 대동아공영권은 기존의 정치관계를 타개하고, 영미 중심의 구질서로부터 동아시아를 해방하려는 신질서 수립을 목표로 삼고 있다는 점에서, 반드시 전쟁을 거쳐야 한다는 점에서 다르다고 할 수 있었다. 즉, 중일전쟁과 태평양전쟁,

---

11 楢崎敏雄, 앞의 책, 136~137쪽.

세계대전에서 승리해야만 가능할 과제라는 것이다. 세 번째로 블록경제는 세계 구질서를 유지하고자 하는 영국 중심의 '현상유지'를 위해 결성되었다는 것이다. 그러나 대동아공영권은 세계 구질서에 대한 '현상타파'를 위해 성립한 것이었다. 따라서 평화국가의 존재를 전제로 한 블록경제과 달리 광역경제는 국방국가 체제를 정비할 필요가 있다는 것이었다. 다시 말하면, 광역경제는 국방국가의 완성을 현실의 목표로 삼고 있다는 것이었다. 결론적으로 블록경제는 세계 구질서의 최후의 단계이자, 영국 자본주의의 최후의 단계로서 영미적 성격이 현저한 경제체제이므로 대동아공영권 건설이념으로 삼을 수 없다는 것이었다.[12]

3. 동아광역경제론의 구조와 성격

이제 논의를 광역경제 자체로 옮겨가고자 한다. 광역경제를 다룬 사상과 정책은 제1차 세계대전 이후에 시작된 것이었다. 제1차 세계대전에서 패배한 독일은 국외 식민지를 상실하였고, 자국 주변의 경제적으로 깊은 관계를 맺은 국가들과 상호 보완할 수 있는 광역경제[13]를 구상했다. 특히 스웨덴의 철과 루마니아의 석유 등 북유럽이나 발칸 지역과의 광역경제 관계를 설정하고자 했다. 일본도 「경제신체제확립요강經濟

---

12 谷口吉彦, 『大東亞經濟の理論』, 東京 : 千倉書房, 1942, 45~58쪽.
13 광역Großraum 또는 광역경제Großraumwirtschaft라는 개념은 제1차 세계대전 이후에 등장하였고, 세계영역Weltgebiete, 대륙블록Kontinentalblöcke, 영향권Einflußsphären, 이익권Interessensphären 등과 같은 단어와 함께 여러 가지 방식으로 쓰였다. 칼 슈미트, 최재훈 역, 『대지의 노모스―유럽 공법의 국제법』, 민음사, 1995, 280쪽.

新體制確立要綱」(1940)에서 일만지日滿支를 일환一環으로 하고, '대동아'를 포함한 자급자족적인 공영권의 확립, 그 권역 내 자원에 기초한 국방경제 자주권의 확립, 그리고 관민협력하에서 중요산업을 중심으로 한 종합적 계획경제의 수행를 목표로 하였다. 야나기사와 오사무의 해석처럼 나치스 독일의 영향을 깊게 받은 아우타르키적 광역 국방경제 구상이었던 것이다.[14]

독일에서 형성된 광역경제론은 단지 독일의 발전만을 위해서 구상된 정책이었다는 점에서 한계가 있었다. 광역경제의 각 구성국 관계는 독일을 위해서만 유의미한 관계일 뿐, 구성국들의 입장에서는 반드시 광역경제를 구성해야 할 필연성이 없었다는 것이다. 즉, 독일과 통합할 상대 구성국과의 관계는 상호 공생적인 방식이 아니었다는 것이다. 독일에는 단지 숙주가 필요할 뿐이다. 이렇게 호혜적reciprocal이지 않고 일방적인 이익 문제를 다룬다는 점은 독일 광역경제의 약점으로 파악되었다.

동아광역경제론은 이런 약점에 대처해야 했다. 일본—'만주'—중국의 연계에 의한 동아광역경제는 숙명적이고 유기적인 관계를 강조했다. 일본은 식민지 조선, '만주국'을 통해 중국과 육지로 연결되어 있기

---

14 柳澤治, 앞의 책, 162~178쪽. 이러한 국방광역경제 구상은 전쟁 수행을 위한 '공익우선원칙'과 지도자원리, 그리고 경제단체 조직화를 그 특징으로 하였다. 그러나 공익 우선의 원칙이라는 것이 사적 영역을 부정하는 원칙은 아니었다. 즉 경제활동을 국가가 통제하여 사적인 영리활동을 억제하는 방향성을 가지고 있었지만, 사적 소유와 그에 기초한 개인적 사적 이니셔티브, 그 독창성과 책임을 부정한 것은 아니었다. 즉 공익우선원칙에서의 '공익'과 '사익'의 관계, 즉 '사익'을 승인하고 '사익'과 결부된 사적 이니셔티브를 통한 창조적 경제활동을 촉진하는 면과 '공익'이란 관점에서 그것을 통제한다는 방향성의 대립을 품고 있는 것이었다. 개인의 활동을 용인하고 기존의 모든 경제단체, 은행·회사 내지 사업경제 관계를 용인하면서 동시에 지도자원리에 기초하여 일정한 목적과 방향을 가지고 경제계를 유기적으로 재편성하고자 했다.

때문에, 자원국이면서 경공업국인 중국과 중공업국이면서 정밀공업국인 일본은 상호보완적이라고 파악되었다. 동아광역경제는 구성원 국가 간의 밀접한 산업연관에 기초하고 있다는 것이다. 두 번째로 정치, 산업, 자본력, 근대적 문화 등 모든 면에서 앞서 있는 국가가 광역경제의 지도국이 되어야 한다고 전제한다. 물론 이러한 조건이 충족된다면 중국도 지도국이 될 수도 있겠지만, 당시의 일본이 광역경제의 지도국이라는 점에는 차이가 없었다. 당시의 일본과 동아광역경제권을 구성하는 여타 나라들 사이에 존재하는 불균등 발전 상황을 전제하면서도, 각 구성국은 정치적 독립성, 산업적 독자성은 유지해야 한다는 것이다. 동아광역경제는 일단 일본, '만주국', 중국으로 구성되지만, 여기에 프랑스령 인도차이나, 네덜란드령 동인도, 태국으로 확장가능성이 있고, 나아가 말라야 지역의 식민지, 버마, 인도, 호주, 기타 남양각지, 아프가니스탄, 이란, 소련 등도 동아광역경제의 구성원이 될 수 있었다. 광역경제는 그 경제권 내에 주요 도시 간 항공로, 철도(東京—京城—奉天—北京—南京—西南地方—중앙아시아—近東), 자동차 도로, 해로 등을 포함한 뛰어난 교통기관의 설비가 동반되어야 한다. 이렇게 형성된 동아광역경제론의 개념을 통해, 동아협동체나 블록경제론의 개념을 대신하여 일본, 중국, '만주국'의 국책상 기본이념이 형성될 것이고, 나아가 동아시아의 전 지역이 육지로 연결된 광역경제에 참여하게 할 것이라는 것이다.[15]

동아광역경제론을 동아블록경제론과 대비하면서 그 내용을 파악해보고자 한다. 먼저 지구횡단적인 블록경제에 대해 광역경제는 지구를

---

15 楢崎敏雄, 앞의 책, 138~140쪽.

종단하며 형성되는 경향을 보인다. 자본주의적 성격을 가진 블록경제와 달리, 광역경제가 국방국가적 성격을 가지고 있기 때문에 발생한 결과였다. 지구를 횡단하는 영국의 제국주의적 블록과 달리, 전쟁을 통한 현상타파를 목적으로 하는 광역경제는 열대지방부터 한대지방에 이르기까지 자원과 노동, 시장을 모두 확보해야 하므로 지구종단적이 될 수밖에 없다. 따라서 필연적으로 지구횡단적인 블록경제와 충돌할 수밖에 없다는 것이었다. 두 번째로 블록경제는 본국에 대한 식민지 예속관계를 온존시킨 정치체제에 기반하고 있지만, 광역경제는 독립국 사이의 상호관계를 유지하면서도 지도자원리에 입각한 지도와 협력을 중심에 둔 새로운 정치관계를 바탕으로 하고 있다는 것이다. 세 번째로 블록경제는 대공황 타개를 위해 본국과 식민지 사이에 설정된 특혜관세 등을 기본으로 하는 무역문제에 중점을 두었지만, 광역경제는 생산부분까지 포괄하는 종합경제 성립을 목표로 한 것이었다. 즉 광역경제를 통한 국방국가 체제의 완성은 국방자원 개발을 중심문제로 삼기 때문에, 상품, 노동, 자본 등 경제의 전면적 이동을 포괄한 것이었다. 네 번째로 신질서의 광역경제에서는 무역협정을 통한 상호 무역량의 직접 통제를 목표로 한다. 동아시아 지역 전체에 대한 종합계획 속에서 통제경제를 상정하고 있었다. 마지막으로 공황 타개를 위한 경제문제 해결에 국한된 블록경제와 달리, 대동아공영권에서의 광역경제론은 정치, 경제는 물론 문화 질서의 문제까지도 포함하고 있었다.[16]

나라사키의 동아광역경제론은 일본이 동남아시아 지역을 침략하기

---

16 谷口吉彦, 앞의 책, 51~54쪽.

직전인 1940년에 간행되어 동북아시아 지역 중심의 동아광역경제론을 다루고 있었다. 그러나 동아광역경제의 1차 구성원에 북방권 즉, 일본 (조선을 포함한), 중국, '만주' 등을 포함시켰지만, 2차 및 3차 구성원에 남방권을 이미 설정하고 있었다는 점에서 광역경제권의 구상 자체는 태평양전쟁으로 확전하기 이전에 이미 형성되어 있었다고 할 수 있다.[17]

한편, 타니구치의 동아광역경제론은 동남아시아 지역 침략 이후인 1942년에 등장한 만큼 '남방공영권'도 포함하고 있다. 그러나 타니구치에게 남방 지역에 대한 관심의 확대는 북방 지역의 몰각을 의미하는 것은 아니었다. 오히려 북방 지역의 수비를 전제로 해야만 남방 지역의 진출이 확보될 수 있다고 강조하고 있다. '대동아의 국방국가 완성'에는, 남방과 북방 지역 사이의 경제적, 자원적 상호 보완관계가 필요하다는 것이다.[18]

이 동아광역경제권 내에서의 남방과 북방 양 지역의 상호 보완관계에 대한 해석은 '적지적업適地適業'[19]이란 문제를 제기했다. '대동아공영권' 내에서의 적지적업 문제는 일본의 세력권으로 새로 확보된 남방경제권을 포함한 동아광역경제권에서, 동북아시아 지역 산업의 분업 및 배치를 '대동아' 지역 수준에서 재설정해야 할 문제가 발생했다는 것을 의미했다.

이에 대해서는 당시에도 논란이 있었던 것으로 보인다. 먼저 카다 테

---

17 楢崎敏雄, 앞의 책, 3~4쪽.

18 谷口吉彦, 「大東亞戰爭と北方問題」, 『大東亞經濟の理論』, 472~473쪽.

19 '대동아공영권' 경제건설의 통합원칙으로 제시된 '적지적업 유무상통(適地適産, 有無相通)' 과 같은 개념으로 이해하고자 한다. 總力戰研究所, 『【機密】大東亞共榮圈建設原案(草稿)』, 1942, 71쪽, 일본 防衛省 防衛研究所 소장, 국사편찬위원회 소장.

츠지加田哲二(慶應義塾大學 경제학부 교수)는 막강한 해군력을 배경으로 한 해양적인 대동아공영권을 건설해야 한다는 입장에 서 있었다. 경제적 활동과 기능을 중심에 둔 '이익사회적 결합'에 기반한 '경제협동체'로서 동아협동체론東亞協同體論을 주창했던[20] 카다는 국제 분업의 이익을 최대한 확보하기 위해서는 지역단위에서 생산성이 떨어지는 부분을 억제하면서, 비교우위를 확보한 부분에 집중해야 한다고 생각했다. 이에 따라 자원적인 우위라는 측면에서, '대동아공영권' 내에서의 '남방공영권' 지역이 가질 중요성을 강조하였다.

반면, 야마다 유조山田雄三(東京商科大學 교수)는 국가라는 정치 주체가 자기 목적에 따라 경제 질서를 변경하는 과정을 중시하였다. 야마다는, 국가가 경제 질서에 대한 효과를 고려하면서 그 변경조건을 추구하는 과정에서 발생하는 계획 영역을 인정해야 한다고 주장하였다.[21] 그는 '적지적업', 즉 국제 분업상의 이익 문제에 대하여 비판적인 입장에 서 있었다. 자유주의 경제학이 상정했던 보이지 않는 손에 의한 자연적 조화라는 신앙에서 벗어나 경제질서를 인위적이고 가변적인 것으로 파악해야 한다고 주장한 야마다는, 오히려 자유경제마저도 개인적인 차원의 계획성이 항상 전체의 움직임을 예상하여 행동하여야 한다는 불안정함을 포함한 질서로 인식하였다. 따라서 경제질서를 지탱하는 생산·소비·분배·계산에서의 가변성을 음미함으로써, 다양한 경제형태의

---

20 石井知章, 「加田哲二の〈東亜共同体〉」, 石井知章·小林英夫·米谷匡史 편저, 『一九三〇年代のアジア社会論』, 東京 : 社會評論社, 2010, 148~149쪽; 高橋久志, 「〈東亜共同体論〉─蝋山政道, 尾崎秀実, 加田哲二の場合」, 三輪公忠 편, 『日本の一九三〇年代─国の内と外から』, 東京 : 彩流社, 1981, 76쪽.
21 宮田喜代藏, 「山田雄三著『計畫の經濟理論』」, 『一橋論叢』 11-2, 1943.2, 185쪽.

대립을 '계획' 속에서 고찰하고자 했던 것이다. 이렇게 경제질서를 인위적이고 가변적인 것으로 보고, 동시에 거기에서 인위적인 조작을 한정하는 조건이나 법칙을 추구하는 것에서 계획적인 견해가 발생할 수 있다는 것이었다.[22] 이런 견해를 바탕으로 국제분업을 통한 이익이라는 것이 무조건적 이익이 된다는 보장은 없다는 입장에서, 실제로는 국가가 국제분업 구조에 정책적이며 인위적으로 개입하고 가공함으로써 국가 이익을 창출한다고 주장하였다. 야마다는 경제적인 범주만이 아니라 정치적, 사회적 견지를 동시에 고려하면서 국제적 분업 문제에 접근한다면, '적지적업'에는 커다란 제한 사항이 존재할 것이라고 주장했던 것이다.[23] 이렇게 정치적, 사회적 견지를 고려할 때 가장 중요한 제한 사항은 바로 전쟁 수행을 위한 국방국가 건설이라는 문제였다. 이 점에 대해서는 카다도 동의하고 있었던 것으로 보인다. 태평양전쟁의 수행이 동남아시아에서 미국의 생명선을 절단하는 것이라는 점을 강조한 카다는, 대미 경제 전쟁이란 측면에서 남방공영권의 문제를 중요하게 다루었다.[24]

동아광역경제권 내에서의 상호보완관계를 고려할 때 북방의 역할이란, 동북아시아 지역에서 전개되는 전쟁수행 능력을 확보하는 문제와 함께, 동아광역경제권이란 전체지역 차원의 전쟁 수행에 필요한 물자의 생산과 분담이란 부분을 지칭하는 것이었다. 먼저 일본제국주의의 동남아시아 침략/점령과 함께 일본 경제는 '남방공영권'을 편입함으

22　山田雄三, 『計畵の經濟理論[序說]』, 東京 : 岩波書店, 1942, 序文 2-5, 3~4쪽.
23　相川尚武(朝鮮銀行) 발언, 『南方共榮圈と朝鮮經濟』, 4~5쪽.
24　加田哲二, 『太平洋經濟戰爭論』, 東京 : 慶應書房, 1941, 64~65쪽.

로써 자주적 경제건설이 가능해졌으며, 이는 동북아시아 지역 경제블록을 통해 확보한 자주적 경제건설보다 훨씬 완벽에 가까워진 것으로 평가할 수도 있었다.[25] 그러나 다른 한편 외연의 확장을 통한 자원과 시장의 확대에는 시차 문제가 발생하는 것으로 이해되었다. 즉, 동남아시아 지역을 점령했지만, 완전하고 안정적인 남방공영권 수립을 확보하기 위해서는 개발과 건설에 드는 시간이 필요하다는 점을 고려하여야 한다는 것이었다. 따라서 대동아공영권 즉 동아광역경제권의 완성은 상당히 먼 미래에나 달성될 것이라는 인식이었다. 동남아시아 지역 개발의 시차 문제는 식량자원 확보 문제에서도 드러난다. 남방의 식량생산 지역을 확보함으로써, 북방지역의 식량증산 정책은 이제는 그 유효성을 상실할 것으로 생각하기 쉽지만, 사실은 그렇지 않다는 것이다. 질소비료가 충분하지 못한 동남아시아 지역에서 미곡의 증산 요구는 결국 질소비료 생산을 위한 수력발전 시설의 증설을 요구할 것인데, 질소비료 공장과 수력발전 시설을 완비하는 데는 대략 30년 정도의 시간이 소요될 것이라는 점에서 동남아시아 지역의 점령이 즉각적으로 식량자원의 확보로 이어지지 않으리라는 것이었다. 게다가 전쟁 지역으로 전화한 동남아시아 지역에서, 군인, 군속을 포함한 미곡 소비인구의 증가, 난민 구제 문제, 비농업인구의 증가로 인해 미곡의 추가적인 대일 수출 능력은 높지 않을 것이므로, 인도차이나 지역의 미곡 자원을 일본으로 가져올 여력은 그다지 높지 않을 것으로 평가했다.[26] 즉 일본이 동남아시아 지역을 침략하여 점령하였지만, 남방경제권이 곧바로 확립

---

25 相川尚武(朝鮮銀行) 발언, 『南方共榮圈と朝鮮經濟』, 3~4쪽.
26 岩田龍雄(朝鮮殖産銀行) 발언, 『南方共榮圈と朝鮮經濟』, 9~12쪽.

되어, 일본의 광역경제를 위한 즉각적이고 직접적으로 기능은 당분간은 어렵다는 점을 먼저 명확히 해야 했던 것이었다.

이를 광역경제론의 측면에서 다시 살펴본다면, 일본과 동남아시아 지역이 직접 연결됨으로써, 동남아시아 지역에 관한 관심이 집중되는 상황을 비판적으로 파악하고, 동북아시아 지역이 기존에 일본에 광역경제권 내에서 맡았던 역할의 일부를 여전히 분담해야 한다는 논리로 전개되었다고 할 수 있다. 이는 광역경제권에서의 역할 재조정 논의에서 동북아시아 지역이 가진 정치경제적 이해관계와 연결된다고 할 수 있었다.

4. 동아광역경제론 내 동북아시아 지역의 역할 분담론

– 식민지 조선 재계의 인식을 중심으로

동아광역경제론 내에서의 동북아시아 지역의 역할 분담론을 구체적으로 분석하기 위해 식민지 조선 재계의 주요 시국단체 중 하나였던 경성경제간화회京城經濟懇話會의 좌담회 기록(1942년 2월 15일)을 이용하고자 한다. 경성경제간화회가 주최한 좌담회는, 일본의 진주만 공격 이후 동남아시아로 전선이 확대되는 과정에서, 동북아시아 지역의 공업 중심이었던 조선과 '만주' 지역에 대한 일본의 정치경제적 인식을 드러냈다는 점에서 중요한 의미가 있다. 조선 재계의 경영자 그룹을 주요 회원으로 구성된 주요 시국단체였던 시국연구회時局研究會에서 『제20집 남방공영권과 조선경제(좌담회속기)第二十輯 南方共榮圈と朝鮮經濟座談會速記』라는 제목으로 간행된 이 좌담회 기록을 통해 태평양전쟁의 발발과 함께 나타난 동남아시아 지역 즉 '남방공영권'과 동북아시아 지역의 관계 재설정에 대한 조선 재계의 논의를 확인할 수 있을 것이다. '대동아공영권' 즉 동아광역경제권에서 동북아시아 지역 특히 식민지 조선의 위상은 '북방전진기지'라는 것이었다.[27]

중일전쟁 발발 이래 일본제국주의가 구상한 조선경제의 개발방침은 '농공병진주의農工竝進主義'였다. 그 논리적 근거로 제시되었던 것은 조선이 일본과 바다로 분리되어 있다는 점이었다. 물론 식민지 조선은 당연히 일본 경제의 지배와 통제하에서 기능해야 한다는 점을 부정한 것은 아니지만, 바다로 인한 자연 지리적 분리로 말미암아 일정한 경제단위로서 조선이 가진 개별성을 확보해야 한다는 점을 강조했다. 이에 따라 조선의 재계에는, 일본의 지방경제local economy 기능보다는 조선 경제의 독자적인 종합적 경제 육성을 주장하는 목소리가 있었다. 그런데 남방경제권의 편입에 따라 '대동아공영권' 내에서의 '적지적업' 문제 즉 일본의 세력권으로 확보한 남방 지역을 포함한 광역경제권 내에서의 지역적regional 분업에서 조선 경제의 위상을 재설정해야 한다는 문제가 발생했다는 것이다. 일본제국주의의 동남아시아 지역 확보라는 새로운 상황에 맞추어, 이번에는 '대동아공영권' 지역 내의 다른 바다와 비교하면 조선과 일본은 오히려 '지속地續' 즉 육지로 연결된 것이나 마찬가지라는 것이다. 따라서 조선을 오히려 일본 '내지의 일환一環'으로서 대동아

---

27 나라사키는 "일본 - '만주 - 북지'라는 라인을 그리면서 조선과 타이완을 언급한 부분이 있다. 즉, 조선은 '북방전진기지', 타이완은 '남방전진기지'로서 표현하였다(楢崎敏雄, 앞의 책, 151쪽).

공영권의 중추를 이루도록 경제의 종합적 육성을 도모해야 한다는 논리를 내세워, 그동안 조선에서 추진되었던 중점주의를 새로운 '내선일체적 각도'에서 재해석하여 수행해야 한다고 주장하였다.[28]

태평양전쟁의 발발에 반응하여 경성경제간화회 그룹의 관심은 다음과 같은 것이었다. 먼저 동남아시아 지역 '개발'이 초래할 향후 일본 경제의 변화에 대한 전망에 대한 문제였다. 이에 이어서 일본 경제에 연계된 조선 경제의 변화에 대한 전망을 분석하는 것이었다. 그리고 동남아시아 '획득'을 통해 일본의 광역권 내에서의 자주적 지역경제 질서 건설이 가능해졌다는 인식, 즉 일만지 블록 범위 내에서의 자주적 건설보다도 더욱 완벽에 가깝게 되었다는 인식에 대해, 조선 재계의 대응 방안에 관한 문제 등이었다. 이런 기본인식을 바탕으로 남방경제권의 편입 이후 식민지 조선 경제가 일본 경제의 일환으로서 어떠한 영향을 받을 것인지에 대해 전망을 내놓고 있다. 먼저 동남아시아 지역이 가진 수출 여력에 대한 회의에 더하여 국방상의 견지에서도 대일 이출 미곡 확보와 조선 내 식량 자급 문제를 해결하기 위해서는 조선에서 미곡 증산이 여전히 필요하다는 점을 강조했다. 특히 전시체제라는 특수성을 참작하여 미곡은 경제적 수익 여부를 떠나 과잉생산에 빠지더라도 반드시 자급을 확보해야 할 과제가 있으므로, 식량자급률이 높은 일본과 조선, 타이완을 한 단위로 하여 '전시하 국민 생활의 안정'을 도모해야 한다. 조선, 타이완, 일본은 각각 생산력 차이와 함께 바다를 경계로 지리적으로도 격리되어 있으므로, 각 지역별로 일정한 소비계획에 따른 필요 최소

---

28 相川尚武(朝鮮銀行) 발언, 『南方共榮圈と朝鮮經濟』, 5~6쪽.

한도의 자급책을 강구할 필요가 있다는 것이다[29]. 따라서 증산과 함께, 생산된 미곡의 적절한 광역 내 분배를 위한 소비계획 수립이 중요한 문제이고 이를 기초로 식량정책을 수립해야 한다고 지적했다.[30]

먼저, 남방지역을 일본이 획득함으로써 조선의 '중공업' 부문이 위축되지는 않으리라고 전망하였다. 남방지역의 중화학 공업 부분 성장 가능성을 낮게 보았기 때문이었다. 조선의 중화학 공업이 남방지역에 직접적으로 기여할 수는 없다는 점도 명확히 하였다. 다만 조선의 중화학 공업은 일본이 남방지역을 확보하는 데 필요한 일본 경제력의 발전/확충을 위한 기초산업에 해당한다는 점을 강조하였다.[31] 즉, 북방권과 남방권의 산업연관 상에서 일정 정도의 격절 문제를 다루고 있다고 생각한다.

남방공영권에서 자원이 들어오면 조선 산업이 쇠퇴할 것이라는 비관론도, 채산성 자체를 떠나 자원은 많으면 많을수록 좋다는 입장으로 강화되었다.[32] 예를 들면 철광석의 경우 채산성이 떨어지는 일본 본토, 조선, '만주', 화북지방의 철광 자원도 모두 개발해야 한다는 것이다. 4,000~5,000톤 정도로 예상되는 당시 일본의 철광석 수요 중, 남방에서 공급 가능한 양은 2,000톤 정도에 불과하다는 점을 강조하였다. 즉, 자원은 가격이 아닌 현물의 문제라는 것이다. 또한 근본적으로 경제관이 변경되었다는 점도 중요하다. 또한 남방지역의 철광석은 상당한 매장

---

29 相川尚武(朝鮮銀行) 발언, 『南方共榮圈と朝鮮經濟』, 13쪽.
30 中谷忠治(朝鮮總督府) 발언, 『南方共榮圈と朝鮮經濟』, 9쪽; 藤田文治(朝鮮殖産銀行) 발언, 『南方共榮圈と朝鮮經濟』, 13쪽.
31 藤田文治(朝鮮殖産銀行) 발언, 『南方共榮圈と朝鮮經濟』, 16~18쪽.
32 동아광역경제권에서의 채산성에 대한 문제는 송병권, 앞의 글, 411~413쪽 참조.

량을 가지고 있지만, 이들 지역은 기존 수입 지역이었으며, 또한 일본군의 작전 지역에 편입되어 산출액이 상당 부분 감소한 상태일 것으로 예상하였다.[33]

한편 '대동아공영권' 차원에서 조선 중공업의 장래는 전전과는 전혀 다른 바탕에서 고려되어야 한다고 주장했다. 전비戰備 수요를 감당하기 위해 '대동아공영권' 차원에서 300만 톤 이상의 선철 생산이란 과제가 향후 중공업―광업 부문의 중심을 이룰 것이므로, 조선의 중공업―광업의 장래도 이와 연관되어 있다는 것이다. 중공업 입지 면에서 볼 때, 일본 본토에서 더 이상의 공업화는 불가능하다고 판단된 상황에서, 남방지역보다는 철과 석탄이 모두 풍부한 조선 북부―'만주'―화북으로 이어지는 보하이만渤海灣 중심지역이 가장 유리하다는 것이었다. 남방 자원 개발론의 근거로 활용된 일본 본토의 부존자원 보존론에 대해 향후 일본 경제 규모를 과소 설정한 오류를 지적하고, 제철 능력이 한계에 놓여 있다는 주장에 대한 비판을 통해, 전쟁 후 도래할 세계 정치경제 전망에서 일본 경제의 비약적 발전을 위한 생산력의 방대한 확충을 위해서는 일본 국내의 지하자원은 물론 조선의 지하자원도 적극적으로 개발하여 이용해야 한다고 주장했다.[34]

대동아공영권에서 차지하는 남방지역의 전기 자원은 자원적으로는 약 1,000만 kw 정도가 가능하다는 점에서 개발 잠재성과 가능성에 대해서는 높은 평가를 할 수밖에 없지만, 그것은 어디까지나 개발 이후에나 가능한 것으로 당시 발전 능력은 70만 kw에 불과하다는 점을 강조하였다.[35]

---

33 中根忠雄(日本高周波工業株式會社) 발언, 『南方共榮圏と朝鮮經濟』, 19쪽.
34 西垣菊三(三和鐵山) 발언, 『南方共榮圏と朝鮮經濟』, 21~24쪽.

대동아공영권에서의 조선이 차지하는 위상에 대해서는 다음과 같은 견해를 드러냈다. 동아공영권의 맹주로서의 일본과 자원 공급처로서의 외변인 남양의 중간에, 조선, 타이완, '만주', 화북 지역 등 외지를 주목하면서, 일본이 모두 감당할 수 없는 '대동아공영권'을 부담해야 할 공업화의 압력을 조선이 분담해야 한다고 주장하였다.[36] 대동아공영권에서의 지역 내 생산구조에서 '맹주' 일본의 산업력과 남양의 자원을 결합한 남양지역 개발이라는 구조 속에서 조선의 위치를 재인식해야 한다는 것이다.[37]

종래 '일본' 경제에 의존하던 조선의 평화산업 부문을 단시간 내에 자급자족경제로 확립하는 데는 무리가 따르므로, 우선 생산력 확충에 중점을 두어야 할 것이라고 하였다. 조선의 중소공업에 대한 전망은 산업 재편성과 국토계획에 따라 수출용 잡품공업 부문의 경우는 일본에서 조선으로 이전될 가능성이 크므로, 조선의 기술 및 노동자의 질적 향상을 위한 시책도 강구해야 할 것으로 전망했다. 대동아공영권 내 조선 평화공업의 장래는 조선 내 자급 자족적 소비와 일본이 점령지역에 살포할 군표의 구매품 생산이라는 논리에서 수출용 잡화공업의 발전 가능성을 전망하고 있었다.[38] 먼저, 중화학공업 부문에서는 입지조건의 적정성, 일본과 함께 중화학공업 기지의 역할을 기대할 수 있고, 평화산업의 경우에는 조선 내 자급자족산업과 수출산업으로 발전시켜야 한다고 주장하였다. 이런 전망은 기본적으로 통제경제, 계획경제의 틀 안에서

---

35 岸謙(京城電氣株式會社) 발언,『南方共榮圈と朝鮮經濟』, 25~26쪽.
36 岡林直枝(京城日報) 발언,『南方共榮圈と朝鮮經濟』, 27쪽.
37 岡林直枝(京城日報) 발언,『南方共榮圈と朝鮮經濟』, 27~38쪽.
38 末永力二郎(京城商工會議所, 朝鮮製鐵) 발언,『南方共榮圈と朝鮮經濟』, 29~30쪽.

이루어져야 하는 만큼 쉽게 낙관할 수만은 없을 것으로 평가했다.[39]

향후 무역은 광역경제권에서 이루어지는 것이므로, 동아공영권 내에서 이루어지는 단순 유통에 불과하게 될 것이었다. 물품과 수량은 모두 일원적 계획 속에서 대동아공영권 내의 물동계획에 따라 운용된다는 것이다. 수입이나 수출도 결국은 전쟁에서 승리하기 위한 수단에 불과하므로, 생산은 물론 유통도 일본의 전쟁경제력 강화를 위해 기능해야 한다고 역설했다. 따라서 조선의 무역 문제도 결국 일본의 경제력의 일환이란 측면에서 다루어야 한다는 것이다. 따라서 무역도 결국 물동계획에 따라 할당된 일본을 중심에 둔 공영권 내 물자교류 문제로 귀결되므로, 조선의 경제력은 앞으로 일본의 물동계획에서 어느 정도의 비중을 차지할 것인가 또는 현재 보유하고 있느냐는 측면에서 보아야 하며, 이에 따라 조선의 향후 물자교류라는 문제도 결정될 것이었다. 결론적으로 조선의 무역상의 지위는 북방권에 대한 전진기지라는 한계 내에서, 남방권과의 자원 개발, 물자교류라는 측면에 두어져야 한다고 역설했다. 석유, 고무, 보크사이트, 목재, 설탕, 철광석, 양모(오스트레일리아도 가능하면 포함), 수지, 옥수수 등의 남방권 개발물자가 필요하므로, 조선이 보유하지 못한 자원을 확보하기 위해서는 남방에 유통되는 군표, 엔 계열 통화의 보증으로서 물자공급을 남방에 할 수 있어야 한다는 점을 강조하였다. 따라서 조선의 여성 잉여 노동력을 공출하여 남방의 원료와 결합함으로써, 수출산업으로서 방적업, 식료품공업, 약품 공업을 진흥시켜야 한다고 주장하였다.[40]

---

39 末永力二郎(京城商工會議所, 朝鮮製鐵) 발언, 『南方共榮圈と朝鮮經濟』, 31쪽.
40 緒方朝二(朝鮮貿易振興會社) 발언, 『南方共榮圈と朝鮮經濟』, 31~33쪽.

조선 경제의 광역경제 내에서의 역할은 북변을 지키는 병참기지로서의 한계에서 남방권과의 연계를 모색한다는 점에 두었다.[41]

금융 문제라는 측면에서 남방권과의 관계에 대해서는 조선이 직접적으로 공헌할 방도는 없다는 점을 전제로 생산력과 금융기관의 문제를 다루고 있다. 지금까지의 대중국 금융 공작[42]처럼 일본과 조선의 자금 흐름이 이어지는 차원에서 이루어지던 상황과는 다르다는 것이다. 남방의 장기개발자금은 별도로 '남방개발금고'가 담당하게 되어 자금 관계에서는 일본과 조선 사이의 완벽한 격절隔絶 상태를 유지하고자 한다는 점을 들고 있다. 남방지역에서 유통되는 화폐가 가치를 가지기 위해서는 생산재와 소비재 구매 능력을 갖춰야 하는데, 이러한 재화를 공급하는 문제가 조선에 요청되는 역할이라는 것이다. 즉 조선이 남방에서 필요로 하는 생활필수품, 건설자재 등의 물자를 수출하여 남방지역 진출 금융을 재화 차원에서 보증해 주는 것이 필요하며, 그 대신에 남방에서 설탕, 고무, 광물, 목재 등의 원료를 수입한다는 것이다.[43]

태평양전쟁 발발 전에는 '만주' 측은 일본과 직접 연결하여 조선을 건너뛴다는 기조로 수입통제기구를 수립했던 상황이었는데, 일본 경제가 태평양전쟁의 발발로 인해 '대동아전쟁경제'와 '남방공영권' 개발에 집중하게 되었고, 일본 경제가 북방대륙권을 돌아볼 여유가 없어졌다는 것이었다. 또한 남양권과의 수송문제를 해결하기 위해 선박들이 모두 징발된 상황에서 조선을 건너뛰고 일본과 직접 연결하기 어려운 새

---

41 緒方朝二(朝鮮貿易振興會社) 발언,『南方共榮圏と朝鮮經濟』, 34쪽.
42 일본제국주의가 행한 중국에서의 금융 공작에 대한 연구는, 波形昭一,『日本植民地金融政策史の硏究』東京 : 早稻田大學出版部 , 1985 참조.
43 高田治一郎(朝鮮銀行) 발언,『南方共榮圏と朝鮮經濟』, 34~35쪽.

로운 상황이 나타났고, 따라서 북방권을 일본경제에 연결하기 위해서 다시 조선을 거쳐야 한다는 점이 다시 주목받았다. 이런 의미에서 대륙 병참기지론에서 원래 착안했던 내용이 현실화하였다는 것이다. 대동 아공영권과의 관계에서 먼저 공업 중심이란 측면에서의 역할을 재조명 하였다. 일본 '내지'를 제1중심이라고 한다면, 제2중심은 조선이고, 제3 중심은 '만주'와 화북 지역이 될 것으로 전망했다. 공업입지 면에서 보면, 정밀, 화학, 중공업 등은 열대권보다는 역시 북방권에서 담당할 수밖에 없다는 것이다. 또한 자급자족 경제의 확보라는 측면에서 일정 정도의 농업 / 농촌 인구의 확보가 긴요해졌기 때문에, 일본 '내지'에서도 무한정 공업화를 확장시킬 여지가 적다는 점에서 볼 때 일본 '내지'가 '대동아공영권'을 모두 커버할 수 없으므로, 그 일부를 담당할 수 있는 현실적인 지역은 조선일 수밖에 없다는 것이다.

이것을 모두 포함하는 내용은 바로 '대륙전진병참기지大陸前進兵站基地' 라는 기존의 개념을 재해석하는 것이었다. 즉, 조선 경제라는 것은 전진 방향이 대륙이라는 점, 그리고 병참기지가 전진하여 있는 내지 경제라는 것이다. 따라서 대동아공영권 내에서 일본(내지)에 이은 공업 중심 industrial center이 되어야 할 사명이 있으므로 대동아공영권 내에서 조선 경제의 전도는 결코 비관할 필요가 없다는 것이다.[44]

44 鈴木武雄(京城帝國大學) 발언, 『南方共榮圈と朝鮮經濟』, 38~42쪽.

5. 맺음말

일본의 제국주의화 과정은 동북아시아 지역 침략의 확대 과정이기도 했다. 1910년에 조선을 식민지로 만든 일본은 1931년에 '만주'를 침략하여 '만주국' 수립에 성공하였다. 이를 통해 일본은 기존의 식민지 조선에 이어 자신의 경제적 배후지로 '만주' 지역을 확보하였으며, 1937년에 중일전쟁을 도발하여 중국 관내 지역으로 점점 전선을 확대하여 갔다. 이 과정에서 일본경제론의 외연도 점점 확대되었다고 할 수 있다. '내선일체론內鮮一體論'을 통해 일본은 조선을 통합하여 자신의 경제권 일부로 편입하였고, '만선일여론滿鮮一如論' / '선만일여鮮滿一如'[45]을 통해 '만주'와 조선을 통일적으로 경영하고자 했는데, 이를 '일만경제日滿經濟블록론'을 통하여 동북아 지역의 자신의 배후지 확보를 정당화하고자 하였다. 즉 중일전쟁 이후 일본은 다시 '일만지경제블록론'을 통해 동북아시아 지역을 통합한 경제권을 설정한 경제론을 전개했던 것이라고 할 수 있다. '만주'와 조선 지역 사이에 일본의 광역경제권 내에서의 경합 문제도 발생했다. '일만일체론日滿一體論'과 '선만일여론'의 대립이었다. 이는

---

[45] 鮮滿一如 / 滿鮮一如論에 대한 해석은 두가지로 크게 나뉜다. 임성모는 조선과 '만주'의 갈등 관계와 '만주' 우위라는 측면을 중시하며, 송규진은 조선-'만주'의 통합부분을 중시하고 있다 (임성모, 「중일전쟁 전야 '만주국'·조선 관계사의 소묘-'日滿一體'와 '鮮滿一如'의 갈등」, 『역사학보』 201, 2009; 송규진, 앞의 글, 이내영·이신화 편, 앞의 책). 갈등이란 측면과 통합이란 측면도 사실은 서로 길항하면서도 통합되는 측면을 다루었다는 점에서 양 논점을 통합적으로 이해할 수 있는 측면 또한 존재한다. 특히 일본의 진주만 습격 이래 태평양전쟁하에서 동북아시아 지역에 대한 일본의 위상 점검이란 측면에서 보면 이 두가지는 공존할 수 있는 여지가 있었다. 실제 조선과 '만주'의 협력관계가 형성되어 감과 동시에 일본과 '만주'의 직접적인 협력관계도 또한 가동되고 있었다. 특히 해상의 물류수송에 곤란을 겪고 있던 일본으로서는 바다로 격리된 동북아시아지역이 자급적인 전시경제 시스템을 유지하면서 동북아시아 지역의 전쟁 수행을 뒷받침하는 것은 중요했던 것이라고 생각한다.

'만주비지론滿洲飛地論'을 둘러싼 논쟁이기도 했다. 조선 지역보다 '만주' 지역을 중시했던 관동주와 관동군 측은 일본과 직접 '만주'를 연결하여 '만주'를 동북아시아 지역의 산업중심으로 발전시키고자 했던 것이다. 이에 대해 조선총독부에서는 대륙병참기지론을 통해 조선의 경제적 의미를 부각하면서, '만주비지론'에 대항하여갔던 측면을 보여주고 있다. 그러나 이 경합 문제는 어디까지나 일본의 동북아시아 지역에 대한 경제적 배후지에서의 문제에서 나타난 것이었다.

1941년에 일본이 태평양전쟁을 도발하여 동남아시아로 침략해 들어감에 따라 기존의 동북아시아 지역을 중심으로 했던 경제권은 재설정되어야 했다. 동북아시아 지역에 더하여 동남아시아 지역을 통합시킨 경제권의 확대를 통해 일본은 세계대전의 한복판으로 돌입했던 것이었다. 기존에 구미 열강의 식민지였던 동남아시아 지역의 자원과 시장을 일본이 확보하게 되자, 기존의 동북아시아 지역을 중심으로 주장되었던 '일만지경제블록론'만으로는 동남아시아 지역을 포괄하기 어렵게 되었다. 이에 대한 대응으로 '대동아공영권론'의 등장하게 되었던 것이다. '대동아공영권론'은 동북아시아 지역에 형성된 일본의 광역경제권에 동남아시아 지역을 통합하고자 시도한 것이었다. 또한 '대동아공영권론'은 최종적으로는 자원 중심지로서 동남아시아 지역을 중시한 광역경제론으로 자림매김할 수 있었다. 그렇지만 아시아태평양전쟁이 한창인 상황에서, 동남아시아 지역은 여전히 개발되지 못한 채 남아있었으며, 기존의 동북아시아 지역에 존재하는 자원적 중요성은 당분간 유지되어야 했다. 물론 시간의 흐름에 따라 동남아시아 지역의 자원이 순조롭게 확보된다면 그것의 가공, 생산지역으로서 동북아시아 지역이 재인식되는 단계를 거칠 것이었다. 이런 점은 전시기 미국의 대일배상정책에도 일정 정도 영향을 주었다. 초기에 대일배상을 통해 전개될 아시아의 공업화 중심지역은 북조선과 '만주'지방을 중심으로 한 동북아시아 지역이었던 것이다.

이런 일련의 경제권론들은 각각 일본의 제국주의적 팽창 상황에 대응해서 나타났으며, 동아광역경제론의 자기확대이자 복잡화 과정에 다름 아니었다. 이러한 경제권론은 일본제국주의만의 독특한 경제론 해석은 아니었으며, 오히려 당시 제국주의 열강이 자신의 경제적 영역을 해석하는 일반적인 방식이었다. 따라서 일본의 각종 경제권론은 이들 제국주의 열강의 세계경제 및 지역경제 해석과 전혀 다른 인식론적 틀을 가지고 형성되었다고는 할 수 없다. 그 근본에는 일본을 중심으로 일국적 틀을 넘어서 지역단위의 경제권 형성을 추구했던 일본제국주의의 욕망이 자리 잡고 있었다. 대동아공영권의 단계로 들어가면 광역경제질서론에서 일정 정도의 수직적 분업체계가 형성되었고, 기존에 일본이 맡고 있던 역할의 일부를 조선과 '만주' 등 동북아시아 지역 공업 중심으로 이양하게 되는데, 이는 조선에 대한 대륙병참기지, 대륙전진기지로서의 재인식을 수반한 것이었다. 이런 측면을 고려하면 조선 경제의 1940년대 전반기의 대륙전진기지로서의 역할 중시론은 광역질서 내에서 동북아시아 지역 역할분담론과 관련 속에서 전개되었다고 할 수 있다. 경성경제간화회 좌담회에서 제기된 조선 '재계'의 논의는 이런 역할 분담에 적극적인 공명을 했던 모습을 보여주고 있었던 것이다.

제2장

일본의 전시기 동아시아 국제질서 인식과 전후적 변용

'대동아국제법질서'론과 식민지 문제

1. 머리말

오늘날 다양하게 전개되고 있는 동아시아 공동체 논의는 동아시아라는 초국가적 공간을 설정하고 역사적, 정치적, 경제적, 문화적인 지역주의적 공동체 전망을 그려내고 있다.[1] 초국가라는 개념은 개별국가를 넘어 다양한 수준의 행위자 사이의 중층적인 네트워크와 정체성이 형성과 변용, 그리고 재형성되는 중립적인 'transnational'[2]이란 관념으

---

1 박상수·송병권 편저, 『동아시아, 인식과 역사적 실재—전시기에 대한 조명』, 아연출판부, 2014; 이내영·이신화 편, 『동북아 지역질서의 형성과 전개—역사적 성찰과 정치·경제적 쟁점』, 아연출판부, 2011; 이정훈·박상수 편, 『동아시아, 인식지평과 실천공간』, 아연출판부, 2010; Peter J. Katzenstein, *A World of Regions—Asia and Europe in American Imperium*, Ithaca, N.Y. : Cornell University Press, 2005.

2 Joseph Nye, Jr. and Robert O. Keohane eds., *Transnational Relations and World Politics*, Cambridge, MA : Harvard University Press, 1972, pp.ix~xxix.

로 해석될 수 있지만, 그 내용을 살펴보면 베스트팔렌 체제 이후에 나타난 서구의 국가와 주권의 평등원칙을 전제로 한 근대적 세계질서를 배경으로 한 'international'이란 관념, 개별국가 단위를 초월하는 권위나 권력을 가진 초국가적인 기구를 상정하는 'supranational'이란 관념[3], 국가주의의 극단적 확대 경향을 상정하는 'unltranational'이란 관념[4] 등 세 가지 차원으로 분류가 가능할 것이다. 이 세 가지 관념은 동아시아 지역에서 초국가적 공간을 둘러싼 역사적 경험의 근저에 존재했던 원형적 민족주의를 전제로 한 'proto-national'이란 관념과 근대적 민족주의를 전제로 한 'national'이란 관념[5]을 통해 상호 연관되어 있었다고 할 수 있다. 이를 그림으로 나타내면 다음과 같이 될 것이다.

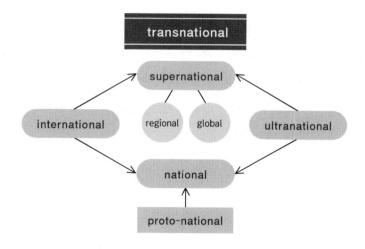

3 E. H. Carr, *Nationalism and After*, New York : Macmillan, 1968, p.11.
4 丸山眞男, 「超国家主義の論理と心理」, 『世界』 5, 東京 : 岩波書店, 1946.
5 E. J. 홉스봄, 강명세 역, 『1780년 이후의 민족과 민족주의』, 창비, 1988.

개별국가가 병존하면서 국가 간의 관계를 형성하였던 경험과 함께 제국−식민지 관계 속에서 초국가적 공간이 존재하기도 했으며, 이러한 역사적 경험이 '과거사'로서 현재의 개별국가 간 관계를 초국가적으로 접근하고자 할 때 상황적, 심리적 배경으로서 작용하고 있다. 동아시아 지역에서 국가 간의 경계를 넘어서고자 하는 아시아주의는 '동양평화론', '동아연맹론', '일만지일체론日滿支一體論', '일선동조론', '동아협동체', '대동아공영권' 등 여러 상상과 기획들로서 나타났다. 이러한 기획들은 개별국가의 상호 존재를 부정하지 않으면서 상위의 국제적 권력기관을 상상하기도 했지만, 패권적 개별국가가 통제하는 블록 단위로 재편된 지역 내 통합이라는 것으로 전개되었다. 과거의 개별적 역사적 상황에서는 'transnational'이란 상황이 전혀 다른 구조를 가지고 있었던 것이다.

구미의 서세동점 이후 일본에서 나타난 아시아주의는 이른바 '지역주의'적 경향 속에서 '평등' 지향과 '맹주' 지향이란 두 가지 가능성이 병존했었다. 아시아태평양전쟁 발발과 함께 형태를 갖추어간 '대동아공영권론'에 이러한 '맹주' 지향성이 직접적으로 연결되었다는 해석은 일면적 파악이라 할 수 있다. 오히려 '대동아공영권론'에서 나타나는 국제질서론은 1920년대 국제연맹과 영미 협조를 기조로 한 '국제주의' 노선을 유지하면서도 일본제국의 '지역주의'적 패권을 확보하겠다는 대외정책론이 배격되면서 등장한 것이라고 할 수 있다.[6] 제1차 세계대전 이

---

6 波多野澄雄, 「戦後日本の「地域主義」と「国際主義」」, 小島勝 편, 『文部科学省研究費補助金重點領域研究総合的地域研究成果報告シリーズ−総合的地域研究の手法確立−世界と地域の共存のパラダイムを求めて−南方関与の論理』27, 1996, 37~38쪽.

후 배타적인 개별 주권국가들 위에 초국가적인 단위의 국제조직으로서 설치된 국제연맹의 운용은 개별 주권국가들의 존중 여부에 달려 있었다. 세계 대공황 이후 세계사는 이른바 '가진 나라와 못 가진 나라의 대립' 문제와 연동하여 지역주의적 세계 분할문제가 본격화되었다. 제1차 세계대전의 전승국의 일원이었던 일본은 아시아 지역의 유일한 강대국으로서 국제연맹에 적극적으로 참가하며, 보편적 국제주의를 지향하였다고 할 수 있다. 일본과 국제연맹과의 균열은 1931년 일본의 만주 지역 침략과 함께 시작되었다. '만주국' 수립과정에서 국제연맹의 '만주사변'에 대한 개입에 반발한 일본이 국제연맹을 탈퇴함으로써 동아시아 국제관계는 새로운 국면을 맞이하게 되었다. 유럽대륙의 신질서 구축을 선언한 독일, 이탈리아와 연대한 일본은 동아시아의 신질서로서 '대동아지역'에서의 지역단위 질서 구축을 주창하였고, 그것은 '동아광역경제론'과 '대동아국제법질서'론의 형성이라는 것으로 귀결되었다.

일본은 동아시아 지역에서의 패권을 확보하기 위하여 국제연맹 외부에 존재하는 개별국가로서의 고립이란 한계를 극복할 지역단위의 국제적 조직을 필요로 하였다. 세계적 규모의 대불황을 타개하기 위하여 유럽 및 미주 지역에서 출현한 지역 블록 형성 흐름에 적극적으로 반응하며, 일본의 제국적 질서에 포섭된 아시아 지역 블록 형성과 그에 대한 국제법적 차원에서의 적극적 정당화 논리로 등장한 것이 '대동아국제법질서'론이었던 것이다.

이 논리는 일본의 국제연맹 탈퇴를 지지하며 동아시아 지역에서의 보편적 국제주의를 부정함과 동시에 동아시아 지역 내에서 대두된 개별적 국가 및 지역의 민족주의에 반대하는 것이었다. 예를 들면, '만주

사변'과 이를 통해 수립한 '만주국' 승인 문제에서, 일본은 국제연맹의
개입에 반대하였고, 중화민국의 민족주의적 저항을 차단하고자 했다.
보편적 국제주의와 민족주의에 대응하기 위해 '지역주의'를 제시했던
것이라고 할 수 있다.[7] 1930년대의 '지역주의' 주장에는 정치적으로도
극단적인 '일본맹주론'은 비교적 적었고, 일본의 기술과 자본, 동아시아
지역의 원료와 시장의 결합이라는 지역 내에서의 수직적 산업분업 강
조가 반드시 폐쇄적인 경제블록이나 아우타르키 경제를 지향한 것도
아니었다는 것이다.[8]

　　1940년대 전반기에 등장한 '대동아공영권론'은 동아시아 지역을 하
나의 지역질서로 간주하고 자신의 지역질서 지배를 정당화하기 위해
일본에서 개발된 이론 틀이었으며, 일본이 중일전쟁과 태평양전쟁 수
행과정에서 제기한 관념이었다. 그 구조는 주로 정책 결정 과정 레벨에
서는 '현대의 국방국가와 공영권 성립'과 연계되는 '자원전쟁'을 도모하
기 위한 것이었다는 점과 '대동아공영권' 구상 자체는 사실상 주권국가
를 구성단위로 하는 국제질서 구성에 불과했다는 점도 지적되고 있다.[9]
이를 통해 "대동아공영권"이라는 광역질서론 속에는 '자원전쟁' 즉 경제
질서적 측면에서 '동아광역경제권론'[10]과 '주권국가를 구성단위로 하는
국제질서 구성'이라는 법질서적 측면에서의 '대동아국제법론'이 두 축

7　三谷太一郎, 『日本の近代とは何であったか―問題史的考察』, 東京 : 岩波書店, 2017, 192~
　　193쪽.
8　波多野澄雄, 앞의 글, 38~40쪽.
9　河西晃祐, 『帝国日本の拡張と崩壊―「大東亜共栄圏」への歴史的展開』, 東京 : 法政大学出版
　　局, 2012, 133・181쪽.
10　송병권, 「1940년대 전반 일본의 동북아지역 정치경제 인식―동아광역경제론을 중심으로」,
　　『史叢』 80, 2013.

을 이루고 있었다는 것을 알 수 있다.

'대동아국제법'론에 대해서는 일본의 근대 국제법 수용과정 속에서 '대동아국제법'의 성립과 구조에 관한 연구나,[11] 근대비판과 초근대의 상극이라는 측면에서의 사상사적 해석을 통해 전전에서 전후로의 전형이라는 부분을 부각한 연구[12], 그리고 보편주의 비판과 그 대응으로서의 지역주의라는 측면에서의 해석[13], '대동아국제법'의 실정법적 부분에 초점을 맞춘 연구[14], '대동아국제법'을 '대동아공영권' 구상의 영토권 개념과 연결시키려는 연구[15]가 이루어졌다. 일본의 국제법학자 그룹이 제기한 '대동아공영권'의 법적 구조 및 그 정당성에 대한 논의가 패전을 전후하여 특히 전시기에 들어서 활발하게 나타났다. 국제법적 질서에 대한 정치동학을 해석하면서 국제정치학 분야가 나타났던 것처럼, 일본제국주의의 국제법 질서론 속에서 상대적 국가평등 원칙을 석출하여, 이를 통해 자국의 지역패권 질서를 정당화하려 한 일본의 국제법학자들의 역할을 분석하고자 한다. 패전과 함께 지역패권 질서 확보의 논리로 작용하였던 상대적 국가평등 원칙은 오히려 연합국의 일본지역 점령과 점령개혁을 정당화하는 논리로 변용되어 전화되지 않을 수 없었다는 점 속에서 일본의 국제법질서론 속에서의 지역패권 확보에의 욕망과 그 한계를 파악해 보도록 한다. 일본의 전시동원체제 속에서 그

11　明石欽司,「『大東亜国際法』理論－日本における近代国際法受容の帰結」,『法学研究－法律・政治・社会』82-1, 2009.

12　佐藤太久磨,「『大東亜国際法(学)』の構想力－その思想史的位置」,『ヒストリア』233, 2012.

13　松井芳郎,「グローバル化する世界における『普遍』と『地域』－『大東亜共栄圏』論における普遍主義批判の批判的検討」,『国際法外交雑誌』102-4, 2004.

14　安田利枝,「大東亜会議と大東亜宣言をめぐって」,『法学研究』63-2, 1990.

15　戸塚順子,「「大東亜共栄圏」構想における領土権概念について－国際法学者松下正壽の議論を題材として」,『人間文化研究科年報』20, 奈良女子大学大学院人間文化研究科, 2004.

지역질서로 제기된 '대동아공영권'론을 대상으로 한 인적 · 물적 자원의 동원 체제에 대한 연구에 비하여 그 정치적 질서에 대한 구상은 우리 학계에서는 아직까지 미개척분야이기도 하다.[16] 일본제국주의가 지구적 패권을 주장하기보다는 지역적 패권을 주장했다는 사실 속에서 '대동아공영권'의 국제정치적 측면이 드러난다고 할 수 있는데, 제2장에서는 일본제국주의가 전망한 지역질서의 내용과 그 정당화 논리를 파악함으로써, 그 연장선상에서 '대동아공영권'론의 입체적인 비판에 일조하고자 한다.

2. 보편주의 비판과 지역주의 등장 – 광역이론

일본의 국제법 이론은 '대동아국제법' 이론의 전사로서 '만주사변' 이후에 대응하는 과정에서 주목되었다.[17] '글로벌리즘' 즉 보편주의를 표방하면서 국가평등 원칙의 형식적 측면을 강조하는 전통적 국제법을 유럽중심주의적 편향이라 비판하면서, 그 대안으로 지역주의를 추구하였다는 것이다. 일본은 중일전쟁 도발 후 1938년에 전쟁목적으로 '동아신질서' 구축을 천명하였다. 이로써 기존의 구미 중심의 국제법 질서의 수정이나 보완원리로 인식되었던 지역주의는 예외적 국지적 질서원리의 제한성을 돌파하여, 세계적 일반적 질서원리로 간주되었다. 세계

---

16 한국에서의 대동아국제법에 대한 관심은 제성호, 김항 정도이다. 松下正壽, 제성호 역, 「국제법 사료 – 대동아국제법의 제문제」, 『국제법평론』 2001 – Ⅱ, 2001; 김항, 「'광역권'에서 '주체의 혁명'으로 – 근대초극, 미완의 법기획, 그리고 한반도」, 『동방학지』 161, 2013.

17 松井芳郎, 앞의 글; 明石欽司, 앞의 글.

는 '구주신질서歐洲新秩序', '미주신질서米洲新秩序' 등 몇 개의 자기완결적인 지역적 공동체가 존재할 수 있는데, 여기에 '동아신질서'를 포함시킨 후, 여러 공동체 위에 선 '세계신질서' 구상이 제시되었던 것이다.[18] 지역주의는 국제사회의 다원적 구성을 옹호하면서, 비록 왜곡된 형태이긴 했지만 국가평등원칙의 실질적 평등 구현 가능성을 가지고 있었다는 것이다. 그러나 문제는 보편주의 비판의 정당성 주장과는 달리 그 비판이 제대로 육성되었는가에 달려있었다. 이를 마츠이 요시로松井芳郎가 제기한 전시기 '대동아공영권' 이데올로기 비판을 통해 확인해보고자 한다.[19] 첫째, '대동아공영권'이 설정했던 '운명적 결합'이나 '의미통일체'의 실체가 불분명했다는 점이다. '대동아공영권'론의 주장이 실체적 근거와 결합된 것이 아니라 일본이 감행한 침략전쟁의 확대 과정에 따라 그 범위가 확대되어 나타났을 뿐이라는 것이다. 유일한 실체는 '전쟁'이었으므로 패전과 함께 '대동아공영권'도 소멸할 수밖에 없었다. 둘째, 자본주의 경제가 국민경제를 초월하는 시대에 보편주의에 대한 비판으로 등장했던 지역주의에도 '주권'이나 '민족자결권' 등과 같은 내셔널리즘을 부정하는 논리가 내재하여 있었다고 할 수 있다. 그러나 동시에 '대동아공영권'론에도 역내 여러 국가와 그 인민의 협력을 '조달'하기 위해서는 내셔널리즘의 '초극'이 아닌 접근이 필요했다고 할 수 있다. 셋째, '대동아공영권'론에서는 배타적인 자급자족 권역 형성을 목표로 하기보다는 권역 외부에 대한 개방이 표방되었다. 그러나 당초 '대동아공영권'론이 상정한 유럽, 미주, 대동아 지역 광역권의 정립鼎立이란 세

---

18 三谷太一郎, 앞의 책, 194~195 쪽.
19 松井芳郎, 앞의 글, 20~21쪽.

계질서 구상은 신기루에 불과한 것이었다. 이를 대체하기 위해 일본제국주의는 '무력행사'에 집중하였고, 이것이 '대동아공영권'의 비극을 낳았다는 것이다. 이런 인식은 구미 제국주의 비판이란 표어 속에서 일본의 아시아 침략을 전개하는 논리와 결합되었고, 일본의 지역 대내외적 자기 완결성 논리로 포장되었다. 구미제국주의 비판이란 일본의 제국주의적 활동에 대한 자기 성찰이 철저히 빠져 있었던 것이다. 따라서 '대동아국제법' 논자들의 주장에는 일본의 아시아 침략전쟁을 정당화하기 위한 '대동아공영권' 이데올로기로서 기능할 가능성이 내재하여 있었다. 지역주의를 주장하는 일본의 국제법 논의에서 구미 제국주의 비판이란 점에서 정당성이 주장되었고, 또한 지역질서의 기반을 저해하는 민족주의에 대한 비판이 전개되었다. 아시아 제 민족을 넘어서는, 일본을 중심으로 한 '지역적 연대'를 주장하면서 이에 저항하는 아시아 특히 중국의 민족주의에 대한 대항으로서 일본의 제국주의 침략전쟁을 정당화했던 것이었다. 이러한 지역주의적 이데올로기는 1940년대 일본의 국제법학자들에게도 영향을 주어 '대동아국제법' 구축을 위한 움직임으로 이어졌다.[20]

'대동아국제법' 논의는 칼 슈미트Carl Schmitt의 광역국제법론에서 라이히Reich 개념이 역외제국의 간섭 금지의 원칙으로 받아들여져,[21] 전통적 국제법의 구미 중심적 성격을 비판하며 출발했다. 야스이 카오루安井郁

---

20 三谷太一郎, 앞의 글, 195~197쪽.
21 칼 슈미트, 김효전 역, 「역외열강의 간섭을 허용하지 않는 국제법적 광역질서—국제법에 있어서 라이히 개념에의 기여(1939년, 제4판 1942년)」, 『정치신학(외)』, 법문사, 1988; 波多野澄雄, 「「国家平等論」を超えて—「大東亜共栄圏」の国際法秩序をめぐる葛藤」, 浅野豊美・松田利彦 편, 『植民地帝国日本の法的展開』, 東京 : 信山社, 2004, 297쪽.

와 같이 아시아 여러 민족의 '해방'을 위해 영미중심주의적인 구 국제질서를 타파해야 한다는 의식이 일관되게 존재했다.[22] 그렇다고 당시 일본의 모든 국제법학자들이 현행 국제법을 전면적으로 부정한 것은 아니었다. 다만 '대동아'의 주체성에 입각해 비판적인 재구성이 가능할 것이라고 보았다.[23] '개국' 이래 근대 국제법 준수라는 입장을 고수했던 일본의 국제법 인식 속에서 나타난 '대동아국제법' 이론의 제기는 기존 국제법의 전면적 부정이 아니라 '전환'으로 이해되었다.[24] 사토 타쿠마佐藤太久麿에 따르면, 그것은 '근대의 초극'을 주장한 일본도 사실은 이미 근대를 경험했다는 자기 이해에 기반하고 있었기 때문이었다. 즉, '대동아국제법'은 기존의 법질서인 근대적 법질서와 결별을 선언한 전혀 새로운 법이론이라기보다는, 근대와 근대 초극이란 두 가지 계기에 의해 구성된 것으로, 기존 국제법과 새로운 법적 이념 사이의 항쟁과 조화라는 양면성을 지니고 있었다고 할 수 있다.[25]

따라서 '대동아국제법'의 중심과제는 국제법학의 이론적 틀 속에 '대동아공영권' 이데올로기를 모순 없이 안착시키는 것이었다고 할 수 있다. '대동아공영권'의 법적 성격은 '미주광역국제법론'이나 '구주광역국제법론'과는 다른 성질을 가진 것으로 상정되었다. 주권 원리에 기초한 '미주광역국제법론'은 국가의 자유의사적 결합인 조약과 동맹관계를 축으로 '자유주의적 계약 사상'에 바탕을 둔 개념으로, 구성국의 임의

22 竹中佳彦, 「国際法学者の「戦後構想」－『大東亜国際法』から『国連信仰』へ」, 『国際政治』 109, 1995.
23 松井芳郎, 앞의 글, 9쪽.
24 明石欽司, 앞의 글, 263쪽.
25 佐藤太久麿, 앞의 글, 52~53쪽.

탈퇴가 가능한 광역질서로 이해되었다. 한편, '구주광역국제법론'은 광역권 내 지도국의 확대 및 연장에서 유럽의 광역질서를 상정하였다. 단일국가의 양적 확대는 지도국이 광역권 속에서 해소되는 결과를 낳아 지도국과 피지도국의 명확한 차이를 설정하기 어려워졌다고 평가되었다.[26] 이렇게 절대주권 원리에 기초한 구미 여러 나라들이 주도하는 국제정치 질서는 '제국주의'를 낳는 온상일 뿐이라는 것이다. 따라서 '대동아국제법'의 기초는 조약도 아니고, 주권도 아니어야 했다.[27] 국가가 독립을 유지하고 생존을 확보하기 위해 '공영권'을 구성해야 한다는 전제를 받아들이면서도, 역내 여러 국가들의 '생존권 단체'로서의 성격을 '대동아국제법'론에 부여하고자 했다.[28] 그러나 조약에 의해 구성되는 '대동아국제법' 개념이 완전히 사라진 것은 아니었다.[29]

아카시 킨지明石欽司는 '대동아국제법론'에 대한 당시 국제법학자들의 인식론을 다음과 같이 정리하였다.[30] 먼저 마츠시타 마사토시松下正壽는 국제법의 전제로서 국가 주체성론를 배치하여, 권리는 객관적·구체적이지만 비존재이므로 의사표시는 실효적으로 이루어져야 한다고 주장하였다. 그는 "나는 너의 생존권을 위해 싸우겠다"라는 주체성을 강조하였는데, 국제연맹을 탈퇴하면서까지 '만주국'의 생존권을 지지했던 점을 들어 '주체성'이란 입장에서 '대동아국제법'을 해석하고자 했다. 또한, 타바타 시게지로田畑茂二郎는 국제법 이론의 '전환'을 강조했다. '국

26　松下正壽, 「大東亞共榮圈の法的基礎及構造」, 『國際法外交雜誌』 41-10, 1942.
27　佐藤太久麿, 앞의 글, 54쪽.
28　松下正壽, 앞의 책.
29　一又正雄, 「大東亞建設條約とその國際法史的意義」, 『法律時報』 16-1, 1944.
30　明石欽司, 앞의 글, 273~279쪽.

가평등원칙'이라는 근대 국제법의 근본적 법이념이 '대동아공영권' 내 여러 국가 사이에 적용되지 않는 상황을 설명하기 위해, 법적 이념의 완전한 전환이 발생했다고 주장했던 것이다. 객관적 가치와 무관하게 당사국의 자유의사의 합치만으로 형성되는 법질서를 부정하는 한편, '대동아공영권' 내 국가 간의 운명적 상호 결합을 충분히 자각하여 '공통의 도의의식'이라는 기본 이념 위에 법질서가 형성될 것이라고 주장했다. 한편, 야스이 카오루는 계층적 법질서론을 주장했다. 일반 국제법과 대립하는 것은 특별 국제법이 아닌 광역국제법이라고 파악하면서, '합의는 준수되어야 한다pacta sunt servanda'라는 명제에 기초한 현실적인 국제법 이론에 반대의견을 제시했다. 현실적 국제법이론은 자연법을 기초로 했을 때 가능하다고 주장하면서, 국제법에는 '규범의 계층성'이 존재하며, 최고위에는 국제헌법이, 그 아래에 '법의 일반법칙'과 통상적인 조약법, 관습법이 존재한다는 것이다. 따라서 실정법으로서의 국제법은 결국 불문국제헌법에 의해 '계층성'이라는 근거를 획득한다는 점을 강조하였다.

이렇게 보편적 국제법 질서와 구별되는 지역주의적 국제법 질서가 존재할 수 있다는 해석은, 필연적으로 지역주의 내에서의 지도국 문제와 국가평등 문제로 이어지게 될 것이었다.

3. 지도국 문제와 국가평등 원칙의 수정

1940년 9월 27일에 일본과 독일, 그리고 이탈리아가 맺은 '삼국조약'

제1조 및 제2조에는 '구주신질서에서의 독일·이탈리아의 지도적 지위'를 인정하면서, 동시에 '대동아신질서에서의 일본의 지도적 지위'를 인정하는 조항이 들어있다.[31] 야스이 카오루는 '구주광역국제법'이 영국 제국의 보편주의에 대항하며 등장하였고, '구주국제법'을 통한 세계지배의 종결을 내면에서 촉진했다는 의미에서 이를 세계사적 의의를 지닌 것으로 평가했다. '구질서하에서의 동아국제법질서'에서 자신을 해방한 일본이 다시 '대동아의 전민족의 해방'을 향해 전진하며, 유럽적 세계 즉 식민지배로부터 해방될 신질서는 일본을 중심으로 독립적인 '대동아공영권'을 구성해야 한다는 것이다. 야스이는 이러한 새로운 아시아에서의 새로운 질서에 부합되는 법질서로서 지도국인 일본의 고유 이념에 의해 지배되는 '대동아국제법질서'를 상정하고, 이것이 '대동아공영권'의 대내외 관계를 규율할 수 있을 것으로 생각하였다.[32]

그러나 지도국 개념과 국가평등 원칙은 상호모순 관계에 있었고, 이 모순에 대해서 어떤 형식으로든지 양립 가능한 개념을 찾기 위한 국제법학자의 여러 해석이 등장했다. 마츠시타는 지도국을 '단순한 실력국'으로서가 아니라 '책임부담' 능력을 갖춘 국가라고 정의하고, '대동아공영권' 내부의 책임부담 능력이 부족한 여타 나라를 대신하여 책임을 부담할 수 있는 실력을 갖추어야 한다고 주장했다. 한편, 카미카와 히코마츠神川彦松는 유럽, 미주, 소련 등 3대 대륙적, 블록적 제국에 항쟁하기 위해서는 맹주로서의 직접적인 실력을 갖춘 강대국이 지도국으로 필요

---

31 「日本國、獨逸國及伊太利國間三國條約」(1940.9.27), 外務省 편, 『日本外交年表竝主要文書』 下, 東京 : 原書房, 1966, 459쪽.
32 安井郁, 『歐洲廣域國際法の基礎理念』, 東京 : 有斐閣, 1942.

하다고 주장하였다.[33]

　'대동아공영권'을 위와 같이 지도국과 피지도국으로 구분한다면, 지도국과 피지도국 간에 발생하는 주권을 둘러싼 국가평등 / 불평등 문제가 발생할 수밖에 없었다. 마츠시타는 '생존권 단체' 개념으로 이 문제를 해결하고자 했다. 생존권Lebensraum이란 영역을 설정함으로써 생존권 외부에 대해서 그에 합당한 생존권과 영역주권을 보장하면서도, 생존권 내부에 대해서는 영역 내 각국의 공존공영 즉 각국의 생존권을 보장하기 위해 자국의 영역을 개방해야 한다고 주장했다. 이렇게 '대동아국제법'에서의 영토권 개념을 주장하며 인접 국가의 생존권 문제와 영역주권 사이의 모순을 해소하고자 했던 것이다. 따라서 마츠시타는 '미주광역국제법론'과 같이 조약에 바탕을 둔 구성국의 임의탈퇴 가능성을 부정했다. '생존권 단체'는 광역권 구성국들이 각각 자신의 생존을 확보하기 위해 자유의지를 초월해서 결성한 운명적 결합이고, 구성국의 탈퇴가 그 자신의 생존 자체를 어렵게 하므로, 각 구성국은 임의탈퇴가 불가능하다는 것이다. 국가평등 즉 주권 문제와 관련해서 생존권에 의한 제약 이외의 자유는 구성국에 보장되므로, 종래 국제법학 상의 주권 개념을 재구성할 필요가 있었다. 국가평등 원칙을 절대적 주권 개념으로 이해할 때, 실질적으로 불평등한 국가에 평등한 이론을 무리하게 적용해서는 안 된다는 것이다. 마츠시타는 절대적 국가평등 개념의 대안으로 '공정의 원칙'을 제시하였다. 여기서 공정함이란 '만방에 각각 그 자리를 얻는다는 것萬邦ヲシテ其ノ所ヲ得シムル'[34]을 의미한다. '대동아공영권'

33　佐藤太久麿, 앞의 글, 58쪽.
34　「日本國、獨逸國及伊太利國間三國條約」, 앞의 책, 459쪽.

은 절대적으로 평등한 국가들의 형식적 결합이 아니라, 현실적으로 불평등한 여러 국가의 유기적 결합이므로, 국제법상으로는 각종 위계가 존재할 것이고, 그 최상위에 공영권을 유지할 책임있는 국가 즉, 지도국이 존재한다는 것이다. 지도국은 "스스로 완전히 국제법상의 권리를 행사하고, 의무를 이행함과 동시에 공영권 내 국가 중 국제법상 권리의 행사 및 의무의 이행 능력이 부분적으로 부족한 경우에 이를 대신하여 법률행위를 하는 국가"로 정의되었다. 이는 지도국을 공영권에 내재하면서도 초월하는 존재로서 규정한 것이었다.[35] 즉, 생존권 내 국가들의 생존권을 보장하는 역할은 '지도국'이 담당한다는 것이었다. 종래의 절대적 주권 즉 절대적 독립권을 대신하여 상대적 주권 즉 상대적 독립권 개념으로 근대적인 절대적 주권론을 초극하고자 했던 것이다. 이러한 상대적 주권 원리의 개발은 지도국 원리를 획득하는 논리적 근거를 제공했다. 즉, 이론상으로는 제국주의적 질서나 주권국가 체제와 차별성을 갖춘 새로운 국제질서를 상상하고자 했던 것이다.[36]

이러한 논리는 타바타의 상대적 평등 관념과도 연결된다. 타바타는 근대 국제법 질서가 서로 다른 법적 가치와 이념의 존재를 전제로 한 다양한 법질서의 존재를 허용하면서 다원적으로 구성되어 있다고 파악하였다. '대동아공영권' 내에서의 국가평등 문제는 근대 국제법의 자연적 평등에 기초한 절대적 평등이 아니라, 구체적인 질서로서 "만국에서 각각 그 자신의 자리를 얻는다"라는 '대동아공영권' 이념이라는 객관적 가치 기준에 따라 인정되는 상대적 평등이어야 한다고 주장했다. 타바타

---

35 松下正壽, 『大東亞國際法の諸問題』, 東京 : 日本法理硏究會, 1942, 11~28 · 34~44쪽.
36 戶塚順子, 앞의 글, 433~444쪽; 佐藤太久鷹, 앞의 글, 54~55쪽.

에 따르면, 법 형성 능력은 공영권 전반의 이해에 비추어 각각의 지위, 능력에 따라 구체적으로 결정될 것이고, 이것이 상대적 국가평등을 정당화할 것이었다. 즉, 국가라고 하면 모두 절대적 주권을 보유해야 한다는 관념은 부정되어야 하며, 동일 능력을 갖춘 자들의 평등이라는 상대적 평등이라는 진정한 평등이 실현되어야 한다는 것이었다.[37] 그러나 그 객관적 가치기준을 누가 확정 짓고, 공동체의 이해는 누가 결정하는 것인가에 대한 문제는 여전히 남았다.

한편, '대동아공영권' 내의 국가평등 문제를 둘러싸고 마츠시타와 타바타가 미묘한 해석 차이를 보이는 부분도 존재한다. 첫째, 마츠시타가 '대동아공영권'의 국가평등 적용 여부를 전면적으로 부정하는 입장을 보였다면, 타바타는 오히려 이를 긍정하면서 '대동아공영권' 내의 상대적 평등을 광역 내에서의 강대국인 지도국 즉 일본의 자의적 활동을 제약할 수 있는 역할을 기대했다고 볼 수 있다고 보았다. 둘째, 마츠시타는 지도국을 '대동아공영권' 내부에 존재하면서도 동시에 이를 '초월'하는 존재로 이해했는데, 타바타는 지도국 문제에서 광역 내 여러 민족·국가의 결합을 전제로 하면서도, 그 결합은 광역권 단위의 이념을 자각적으로 체현함으로써 이루어지는 것으로 파악하여 지도국도 그 이념에 의해 구속되는 것으로 파악했다. 셋째, 마츠시타는 '대동아공영권'을 구성국의 임의 탈퇴를 부정한 운명적 결합이라고 주장했지만, 타바타는 구성국 상호 간의 운명적 결합은 구성국이 자주적으로 그 결합을 충분히 자각하여 내면화함으로써만 달성될 것이라고 파악했다. 타바타는

---

37 田畑茂二郎, 『國家平等理論の轉換』, 東京 : 日本外政協会調査局, 1944, 56~62쪽.

다음 절에서 다룰 시게미츠 마모루重光葵가 구상한 '대동아공동선언'에도 긍정적이었다. 즉, 지도국 개념의 상위에 여러 민족의 통합된 이념을 전제하고, 이에 기초한 '대동아국제기구'가 지도국도 구속할 수 있다는 입장이었다.[38] 그러나 양자의 해석 차이에도 불구하고, '대동아공영권' 내에서의 상대적 주권을 가진 광역권 구성국들과 절대적 주권을 가진 지도국의 결합이라는 점에는 변함이 없었다고 할 수 있다.

지도국 문제를 다룰 때 지역 내 여러 나라에 대한 위계적 구조론은 유기체적 관점의 비대칭성이란 점과 깊은 관련이 있다. 위계적 및 유기체적이란 것은 '신분身分' 즉 몸의 각각의 부분을 각각의 국가가 담당하고 그 기능을 일탈하지 않을 때 전체 구조로서의 몸 즉 '지역'이 정상적으로 기능할 수 있다는 의미로 해석할 수 있다. 실제로도 당시 일본의 국제법학자들 중에는 에도시대의 직분적 신분관에 착안한 사회의 안정성과 비유하는 경우가 존재했다. 개인주의를 부정하고 회귀적인 동양적 가치를 추구하며 근대를 초극하려는 의도가 내재하여 있었다고 볼 수 있다. 이런 해석에 입각하면 '평시' 상황에서는 안정적이고 기능적으로 유기체적 지역질서가 유지될 수 있을 것으로 상상할 수도 있었다. 그러나 실제로 유기체적 지역질서론 자체가 '현상타파'를 위한 '전시' 상황에서 형성되어 주장되었다는 데 주목해야 할 것이다. 즉, 위기적 상황 및 격변의 시기에 전체 지역질서의 유지를 위해 일부의 제거나 희생을 강요할 수 있다는 점이 결락되어 있었다는 것이다. 그 이유는 유기체의 중심을 차지하고 있던 지도국인 일본제국에서 보면, 말단에 위치한 여타 지

---

38 波多野澄雄, 앞의 글, 320쪽.

역 내 국가 및 지방의 제거나 착취를 총체적인 질서 유지와 방어라는 입장에서 정당화할 수 있다고 하겠지만, 개별 피지도국 입장에서는 지역 질서의 유지에 앞서 자신의 생존문제가 걸려있는 상황을 쉽게 받아들일 수는 없는 문제였기 때문이다. 즉 '전시' 격변이란 상황 속에서 지배 / 지도국으로서의 주체와 피지배 / 피지도국으로서의 대상의 확연한 구분을 받아들여야만 유지될 수 있는 구조였던 것이다.

4. '대동아공동선언'을 둘러싼 주권과 국가평등의 갈등

'일만의정서日滿議定書'(1932년 9월 15일)를 통해 '만주국'의 독립을 승인하면서도, '만주국'에 대한 정치, 군사, 경제 등 전권을 확보했던 것처럼, 일본은 상대방의 독립을 형식적으로 인정하면서도 실제 정책 결정은 일본 측이 좌지우지하는 '내면지도'라는 지배형식을 취했다. 전황이 악화한 1943년경부터 일본은 '대동아공영권' 내 구성국들의 전쟁 협력을 확보하기 위해 이들의 내셔널리즘에 친화적인 정책을 추구하기 시작했다. 예를 들면, 1943년 10월 30일에 체결된 '일화동맹조약日華同盟條約' 조문에서는 '도의에 기초한 대동아의 건설'은 여전히 남아있었으나, '각각 그 자리를 얻도록'과 같은 문구는 배제되었고, '주권 및 영토의 상호존중'(제1조), '호혜를 기조로 한 긴밀한 경제제휴'(제3조)가 전면적으로 부각되었으며, 전쟁 종결 후 일본군의 철수를 부속의정서 등에서 제시하여 중국의 주권을 존중하는 자세를 표명하였다.[39] 그러나 군사 및 일반 사항에 대한 일본인 고문은 조약과 별도로 '중국 측의 요청'사항이라는

형식을 취해 '내면지도'는 여전히 유지되었다.[40]

대동아건설심의회에서는 '대동아전쟁' 완수를 지상과제로 삼아 일본의 통제와 지도를 강조하였고, 군사상 중요 사항은 특히 일본이 직접 장악하도록 했다. 산업분업 구상에서는 일본(조선, 타이완 포함)은 정밀공업, 기계공업, 병기공업 등 고도화된 공업에 중점을 두었고, 경공업은 '대동아공영권' 내 타 지역으로 이동시키려 계획했지만, 전황의 악화로 이런 구상마저 실현되기 어려웠다. 따라서 '대동아공영권' 경제는 일본에 의한 일방적인 착취와 광역권 내 여러 나라의 황폐화만을 초래했을 뿐이었다. 이런 상황은 "주는 것 없이 취할 뿐"의 상황이었고, 대동아건설심의회(칙령95호, 1942.2.21) 제4부회에서는 일본의 '착취'를 어떻게 위장camouflage할 것인지에 대한 논의가 이루어졌던 것이다.[41]

'대동아지역'에 대한 '순수한 외교'를 제외한 제반 정무를 시행할 부처로 대동아성이 설치되었다. 식민지성植民地省과 유사한 관청의 설치가 '대동아권' 여러 나라를 종속국으로 취급한다는 인상을 받은 왕징웨이汪精衛 정부의 중국은 물론 타이도 불안감과 불만을 드러냈다.[42] 이런 상황 속에서 일본, 왕징웨이 정부의 중국, 타이, '만주국', 필리핀, 버마, 자유인도임시정부(옵저버)가 참가한 '대동아회의'(1943.11.05~11.06)가 개최되었다. 여기에서 발표된 '대동아선언'의 전문을 보면 여전히 세계 각국이 각기 그 자리를 얻어 상부상조하여 만방 공영을 도모한다고 했지만, 각 조항에는 도의에 기초한 공존공영의 신질서 건설, 자주독립의 존중, 전

39 「日本國中華民國間同盟條約」(1943.10.30), 外務省 편, 앞의 책, 591~593쪽.
40 松井芳郎, 앞의 글, 15쪽.
41 河原宏, 『昭和政治思想研究』, 東京 : 早稲田大学出版部, 1979, 187·285~303쪽.
42 安田利枝, 앞의 글, 382쪽.

통의 존중과 민족의 창조성 촉진에 의한 문화의 향상, 호혜에 기초한 긴밀한 제휴에 의한 경제발전, 인종차별의 철폐, 문화교류의 추진 및 자원의 개방에 의한 세계 진보에의 공헌 등 오히려 내셔널리즘과 주권을 강조하는 모양새를 갖추었다.[43]

참가국들이 주장한 것은 자유, 주권, 독립의 가치였다. 구미 제국주의의 복귀는 물론 일본의 패권도 거부하는 자세를 보여주었던 것이다.[44] '지도국'을 자임했던 일본은 '협력'과 '공동'이란 표현을 삽입함으로써 일본의 실질적인 지도권을 확보할 것으로 기대했지만, 시게미츠에 의해 이런 표현은 모두 삭제되었다. 공영권 내 각국에 완전한 독립과 평등을 부여하고자 했다고 주장했던 시게미츠도 일본제국이 '대동아공영권'의 지도자임은 분명하지만, 이를 표면에 드러내는 것은 득책이 아니라고 했을 뿐, 일본의 지도권을 내려놓으려 했던 것은 아니었다. 다만, 형식적으로는 중국이나 타이 등을 포함한 국가 중에서 능력 있는 나라가 실질적인 지도자가 되는 것뿐이라고 주장했는데,[45] 당시 상황에서 일본이 지도국의 위치에 서게 되리라는 것은 충분히 예상되는 부분이었다.

연합국의 '대서양헌장' 선언에 대항하는 이데올로기로서 조달된 '대동아선언'은 그 항목에서 일본적인 관념은 오히려 배제되어야 했다. 카미카와의 주장처럼, 특수한 일본적 이데올로기로서는 보편적 이념을 표명한 '대서양헌장'에 대항할 수 없다는 것이었다.[46] 이에 따라 '대동아

---

43 「大東亞共同宣言」(1943.11.6), 外務省 편, 앞의 책, 593~594쪽.

44 安田利枝, 앞의 글, 413~414쪽.

45 伊藤隆·渡邊行雄 편, 『重光葵手記』, 東京 : 中央公論社, 1986, 69쪽.

46 외교간담회에서 카미카와 히코마츠神川彦松의 발언(1942.9.26). 「外交懇談會(太平洋憲章, 世

국제법'은 '대동아공동선언' 단계에서 다시 전회轉回하게 되었고, 주권, 독립, 민족, 평등 개념의 재구축을 도모하지 않을 수 없었다. 일본이 대동아공영권 내의 독립국에 대해서는 물론, 프랑스의 현존 식민지에 대해서도 주권 및 영토의 상호존중을 기초로 한 관계에 서 있다거나,[47] '대동아공영권' 구성국들이 친화의 원리에 제약받으면서도 자주독립을 보장받고, 행위의 자유를 향유하며, 독립적 존재로서 국제법의 주체가 되어, 국제법상의 권리 능력 및 행위 능력을 완전히 보유한다는 주장이 개진되었다.[48] 이런 경향은 결국 당시에 일본이 파악한 '미주광역국제법'의 내용에 근접한 것이었다. 즉, '대동아국제법질서'와 '미주광역국제법질서'가 동일한 법적 논리를 보유하고 있다고 주장함으로써, 미국의 아메리카 대륙에 대한 제국주의적 지배를 일본의 '대동아공영권'에 대응시키며, 일본은 미국과 같은 방식의 '식민지 없는 제국주의'로서 동아시아 지배를 전망하고 이를 정당화하고자 했던 것이다.

5. 식민지 문제와 전후의 과제

'대서양헌장'을 전쟁 수행의 일개 수단에 불과한 공수표 발행이라 비판했던 시게미츠는 '대동아선언'을 통해 일본의 전쟁목적이 '동아의 해

界大憲章制定ニ就イテ)」, 大久保達正 외편저, 土井章 감수, 『昭和社會經濟史料集成』 17, 東京 : 大東文化大學東洋硏究所, 1992.

47 田村幸策, 「大東亜共栄圏の国際関係と「モンロー主義」との関係に就て」, 『國際法外交雜誌』 42-9, 1943, 9쪽.

48 松下正壽, 「大東亞獨立國の法理的構成」, 『法律時報』 16-1, 1944, 35쪽.

방, 건설, 발전과 아시아 민족들에 대한 자유 부여 및 수호'에 있다고 주장했다. 즉, '대서양헌장'에서 식민지에서의 주권과 자치를 복구하겠다는 주장이 나치 지배하의 유럽 국가들을 염두에 두고 나온 것임에도 불구하고, 처칠이 영국의 식민지 특히 인도의 독립을 인정하려 하지 않았다는 점을 상기시키며 '대서양헌장'을 공수표라 비판할 수 있다면, '조선과 타이완의 독립'을 부인한 채, '아시아 민족 해방'을 주창한 일본의 '대동아공동선언'도 동일한 비판의 대상이 될 수밖에 없었다. 이렇듯 일본의 여러 국제법학자가 제시한 '대동아국제법'론이 '대동아공영권'론에서 제시된 이데올로기를 액면 그대로 받아들여 그 배후에 있던 일본제국 내 식민지 문제라는 현실을 외면했다는 점에서 문제가 노정되었던 것이다.[49] 식민지 문제 즉, 일본제국의 식민지인 조선과 타이완의 문제가 '대동아국제법'론 논의에는 결락되어 있었다. 일본제국의 영향권 내에 존재하는 피지도국 그룹을 앞에 놓고 정작 자신의 식민지는 일본제국의 한 지방으로 처리하고자 하는 욕망이 존재하고 있었다고 볼 수 있다. '대동아회의'에 참여했으나 피지도국 입장에 서게 될 여타 국가들은 이에 불안감을 느껴, 일관되게 내셔널리즘을 강조하고 주권국가로서의 자기 정체성을 주장했던 것이다. 영미 중심의 식민주의와 소비에트 러시아의 약소민족해방론에 대항할 목적으로 제창된 '아시아 해방론'은 제국 내 식민지 즉 조선과 타이완 문제와 충돌하여, '대동아국제법질서'에 대한 근본적 회의를 유발하는 요인이 되었던 것이다.

한편, 동남아시아의 독립 문제는 식민지적 상황에 대한 조선인의 저

---

49 松井芳郎, 앞의 글, 12·18~19쪽.

항의식을 불러일으켰던 것으로 보인다.[50] 1943년 6월 16일에 토조 히데키東條英機 수상은 제82회 제국의회(임시회) 시정방침연설에서, 버마(지금의 미얀마) 및 필리핀의 독립 부여 의지를 언급하고, 말레이, 수마트라, 자바, 보르네오, 셀레베스(지금의 술라웨시) 지역에 민도에 따른 원주민의 정치참여 조치, 특히 자바의 민도를 고려한 정치참여의 조기실현 노력에 대한 소신을 표명하였다. 이에 대한 조선인의 여론은 '심각한 정신적 고통'에 해당하는 것이었다. 주만주대사 우메즈 요시지로梅津美治郎가 대동아대신 아오키 카즈오青木一男에 보낸 토조 연설에 대한 만주지역 여론 동향 보고에 따르면 일본인들도 토조 시정연설이 만주국 거주 조선인에 중대한 자극을 주었을 것으로 파악할 정도라고 평가했다. 조선인 여론 전반에 대해서는 먼저, 제79회 제국의회 통상회(1942년 1월 21일)에서 토조 수상이 천명한 버마, 필리핀 등에 대한 독립을 고려하겠다는 언급이 조선인 일반에 상당한 충격을 주었던 경험을 반추하였다. 표면상으로는 이미 버마, 필리핀의 독립문제는 조선인과 무관하며, 황국신민으로서 매진하겠다는 의견을 보이고 있다고 전제했지만, 민족의식에 기인한 조선인의 불만 표출을 포착하였다. 구체적으로 이들이 파악한 조선인 여론을 간략히 정리하면 다음과 같다.[51]

---

50 河西晃司, 앞의 책, 258쪽.
51 「東條英機內閣總理大臣 施政方針演説, (帝国)第79回(通常会)」 및 「東條英機內閣總理大臣 施政方針演説, (帝国)第82回(臨時会)」, 『データベース「世界と日本」(代表 : 田中明彦)日本政治・国際関係データベース』, 'http://worldjpn.grips.ac.jp(검색일 2017.05.30)'; 제79회 제국의회(통상회) 및 제82회 제국의회(임시회)에서 행한 토조 수상의 시정연설 국역본은 이규수 편역, 『일본제국의회 시정방침 연설문집』 선인, 2012, 416~429・447~454쪽 참조;「東條首相ノ施政方針演説ニ対スル反響ニ関スル件」(秘第四九三号、昭和十八年七月五日、在滿特命全權大使梅津美治郎、大東亞大臣青木一男宛),『第八十二臨時議会 / 2 昭和18年6月22日から昭和18年7月5日』JACAR (アジア歴史資料センター) Ref. B02031345600, 帝国議会関係雑件 / 議会ニ於ケル総理, 外務大臣ノ演説関係 第九巻 (A-5-2-0-1_2_009) (外務省外交史料館).

- 조선민족을 도외시하고 동아시아 민족정책의 근본적 해결은 없을 것이다.
- 남방 미개 원주민에 독립을 부여하는 이상 당연히 조선인에게도 동일한 영예를 부여하라.
- 수상의 남방민족에 대한 독립성명에는 무관심할 수 없고, 북방민족인 조선, 만주 양 민족에 아무런 언급이 없었다는 것은 유감스럽다.
- 이번 토조 선언이 재만 조선인에 다시 한번 심각한 정신적 고통을 주었다는 것은 부정할 수 없으며, 극심한 우울증을 유발하였다.

즉 동남아시아에 대한 편견이 묻어나는 왜곡된 형태였기는 하지만, 자신보다 민도가 낮은 동남아시아 지역에 대한 독립을 인정하겠다는 선언에도 불구하고 조선의 식민지 상태를 유지하겠다는 것은 일본제국의 '대동아 해방' 주장에 정면으로 배치된다는 것이었고, 이는 조선인의 민족감정에서 용납할 수 없는 것이었다.[52]

식민지 자치나 제한적인 독립으로의 방향성을 억압하고 오히려 일본의 일 지방으로 만들고자 하는 일본제국의 욕망은 황민화운동의 강화로 나타났다. 1945년 패전 직전에 식민지 조선과 타이완에 귀족원 칙선의원을 임명한 것은 '공식제국the official empire' 내에는 식민지가 존재하지 않는다는 픽션을 관철하고자 한 논리였던 것이다.[53] 다른 한편 동남

---

52 清沢洌, 『暗黒日記 昭和17年12月9日−昭和20年5月5日』, 東京 : 評論社, 1979, 208, 494쪽.
53 키요사와 키요시淸沢洌에 따르면, 귀족원의 경우 칙선의원을 조선 및 타이완은 10인 이내, 중의원에는 조선 23명, 타이완 5명을 할당하고, 카라후토에는 귀족원 다액의원多額議員 1명, 중의원 3명을 할당할 것을 추밀원에서 1945년 3월 17일에 결정하고, 법안으로서 의회에 제출되었다. 다만 1개년은 선거 일체정지를 법률화했다고 기록했다. 실제 조선과 타이완에 선거를 시행하기 위해 '중의원선거법중개정안'은 3월 22일에 중의원을, 3월 25일에는 귀족원을 통과했

아시아 지역이 '대동아공영권'의 지도국—피지도국 관계를 받아들일 수 있도록 하기 위해서라도 식민지 조선 및 타이완의 정치적 처우 문제가 일정 정도 재인식되었던 것이기도 했다고 볼 수 있다.

한편, 전후 국제기구론 즉, '대동아' 차원의 평화기구와 광역권을 넘어선 세계적 평화기구에 대한 전망은 '대동아공동선언' 이후 논의가 시작되었다. 광역권 내 지도국과 피지도국 관계, 지도국 이외의 광역권 내 여타 국가들 간의 문제에 대해서는 '대동아회의'와 같은 기구를 수립하거나, 광역 간 관계에 걸친 문제에 대해서는 '최고회의' 같은 기관을 상정하여, 역내 분쟁의 평화적 해결기구로서 역할을 상정하기도 했다. 즉, '대동아공영권' 자체가 완결된 자족적 공간으로 남기 어렵다는 인식 속에서, 지도국 원리와 광역질서 원리 자체가 상대화하였던 것이다. 이러한 논의는 전후 세계질서가 단일한 기구로 통합되기보다는 주요국을 중심으로 한 복수의 지역그룹으로 정립할 것이라는 전망에 기초하고 있었다. 이런 흐름은 연합국이 '단일한 세계'를 지향하는 보편주의적 기구 창설 흐름과 역행하고 있었다.[54]

상대주의 주권 이론은 일본의 패전 이후 그대로 재생되어, 국제정치 레벨에서의 '국가 관념의 상대화'가 다시 호명되었다. 먼저, 마츠시타는 전시기에 켈젠Hans Kelsen이 세계평화 유지의 근간으로 제시한 국제법질

다. 또한 조선인 및 타이완인 칙선의원을 귀족원에 받아들이기 위해 '귀족원령중개정안'도 3월 25일 귀족원에서 가결되었다(淸沢洌, 위의 책, 598 · 727쪽). 조선에는 1945년 4월 3일에 윤치호尹致昊, 창씨명伊東致昊, 박중양朴重陽, 창씨명朴忠陽, 박상준朴相駿, 창씨명朴澤相駿, 이기용李埼鎔, 한상룡韓相龍, 김명준金明濬, 창씨명金田明, 송종헌宋鍾憲, 창씨명野田鍾憲 등 7명이 선임되었고, 중의원 선거는 1946년 9월 총선거부터 적용하기로 했다. 『每日申報』, 1945.4.4~5; 波多野澄雄, 『太平洋戰爭とアジア外交』, 東京:東京大學出版会, 1996, 107쪽.

54 佐藤太久麿, 앞의 글, 60~61쪽; 波多野澄雄, 앞의 글, 321쪽.

서 우위론을 비판하며, 평화유지에 적합한 질서는 국제관계 속에서 압도적 우위를 가진 중심세력의 존재에 있다고 주장했다. 이런 논리 속에서 지도국 개념을 설정하면서 국내법질서 우위론을 해소하고자 했던 마츠시타는 전시기에 지역 맹주로서 일본이 수행했던 역할을 이제는 미국이 수행하고 있다고 파악했다. 모든 국가가 초강대국 미국이라는 '세계'에 포섭될 수밖에 없으므로, 일본이 미국과 동일한 국가평등을 주장한다는 것은 무리일 수밖에 없다는 인식 속에서, 미국의 영향권하에서 일본의 안전을 확보할 수 있는 '정당한 방법'으로 파악하였던 것이다. 이는 마츠시타가 전시기에 제시한 상대주권론의 재해석에 다름 아니었다. 미국에 의존하면서 주권의 제한을 승인하는 논리는 타바타와 같은 국제법학자들에게도 동일한 대응으로 나타났다. 타바타도 상대적 주권론을 통해 '대동아국제법'에서 일본의 '지도국' 역할을 긍정하였고, 이런 연장선상에서 국가평등의 상대성을 국제법사상의 흐름 속에서 정당화했던 것이다.[55] 전시기 일본을 지도국으로 한 '대동아국제법 질서'하의 지역 내 위계적 질서 속에서 정당화되었던 국가평등의 상대성과 지도국 개념은, 패전 이후에 지도국 지위를 상실하여 위계적 질서 내에서 피지도국 지위로 내려앉은 일본이 이제는 미국을 지도국으로 한 위계적 질서를 받아들일 수 있도록 하는 개념적 연속성 속에서 재생되었던 것이다. 이 흐름은 두 가지 방향으로 수렴되었다. 하나는 오히라 젠고大平善梧가 파악한 세계정부론 및 세계법으로의 수렴 가능성에 대한 논의였다. 오히라는 국제법을 민족주의에 기초한 국민국가 단위

---

55 田畑茂二郎, 앞의 책.

의 국가들 관계를 규율하는 법으로 규정하고 국가 간 대립을 전제로 한 권력조절과 세력균형을 목표로 하고 있었다고 파악했다. 이런 국제법질서는 두 번의 세계대전을 거치면서 전쟁을 억제하지 못하였고, 세계평화 건설 및 유지에도 실패하였다고 파악하였다. 따라서 세력균형적인 국제법을 대체하여 국제경찰적인 세계를 반영할 세계법이 등장하리라 전망하였다. 이처럼 오히라는 미국의 세계지배권 확립을 전제로서 파악했다는 점에서 로마의 만민법jus gentium과 같은 존재로서 세계법world law을 상정했던 것이다. 세계법질서 성립은 민주주의의 국제적 확장, 산업주의의 국제적 발전, 원자력 발견에 따른 과학의 획기적 발달에 바탕을 둔 질서였는데, 이는 미국을 모델로 하여 이를 세계로 확장한 개념이었다. 세계법은 국가 주권을 제한하고, 지도자 국가와 피지도자 국가를 구분하는 전시기 동아국제법질서론이 가졌던 문제의식을 공유하는 측면도 존재했다. 세계연합국가제도를 채용하고 연방 구성 국가에 무제한적인 주권의 부여를 부정하며, 연방의 중앙국가만이 완전한 주권을 행사하는 모델로서 계층적인 법률관계의 형성을 전망하였다. 세계법인 연방 구성 국가가 국내법에 우선하는 세계신질서 구상에 미국의 합중국 모델이 원용되고 있었음을 알 수 있다.[56]

또 하나는 국제연합과 지역주의의 통합문제였다. 야스이는 국제연합 성립 이전부터 존재했던 기존의 지역주의 기구가 국제연합이란 세계평화기구 안에서 포섭되어, 평화유지에 기여할 수 있도록 세계기구로 통합integration될 것이라고 전망했다. 야스이는 전시기 일본중심의 동

---

56 大平善梧, 「國際法より世界法へ―米國に於ける世界政府論の展望」, 『國際法外交雜誌』45-10, 1946.

아시아 세계에 대한 언급을 회피한 채, 세계가 기존의 영국 중심의 유럽 세계, 미국 중심의 미주 세계, 소련 중심의 공산주의 세계로 삼분되었다고 파악하였다. 세계대전 이후 유럽과 미주의 통합으로 이제 구미 중심의 자본주의 세계와 소련 중심의 공산주의 세계로 양분된 상태를 상정하였다. 지역기구의 자주성 요구와 세계기구의 양립 문제는 전후 국제질서에 중요한 문제를 제기할 것이었다. 야스이는 여기서 두 세력권이 각축을 벌이는 접경지역으로서 일본에 주목하였다. 접경지역에서의 분쟁은 단순한 지방적 분쟁이 아니라 제3차 세계대전의 유발 가능성까지도 고려해야 하므로 이 지역에 대한 근본적인 재편성을 주장했던 것이다.[57] 이 문제는 동아시아에서는 단지 일본만의 문제가 아니라, 한국전쟁과 베트남전쟁을 통해서 실질적 위기로서 드러났다고 볼 수 있다.

한편, 주권 제한에 대한 명확한 반대의견도 제시되었다. 강대국으로서의 실질적 영향력을 강조했던 국제법학자들은 절대적 주권론으로 회귀하는 모습을 보였다. 상대적 주권과 절대적 주권 문제는, 전시기의 광역권 내 지도국과 피지도국의 관계 설정 방식에 대한 논리 속에서 나타났던 '주권 평등'과 '독립'에 대한 '대동아국제법'론의 전시기적 맥락의 전후적 재해석이기도 했다. 카미카와는 절대적 주권론을 주장하며 자주 헌법의 제정을 요구하였고, 타무라는 대미 의존이란 현실을 인정하면서도 자주 헌법은 제정해야 한다고 주장하면서 절대적 주권론을 제시하였다.[58] 이들 절대적 주권론자들은 전시기 '대동아국제법질서' 내에서도 역내 지도국의 강력한 절대적 주권을 보유한 강력한 일본을

---

57 安井郁, 「國際聯合と地域主義」, 『國際法外交雜誌』45-7 · 8, 1946.
58 佐藤太久麿, 앞의 글, 60~61쪽.

상정하고 있었다. 상대적 주권과 상대적 국가평등에 포섭된 역내 피지도국과는 달리 일본의 절대적 주권론을 포기할 필요가 없었던 것이다. 패전 이후 절대적 주권과 절대적 국가평등의 위기에 직면한 절대적 주권론자들은 전시기 역내 피지도국들이 대동아회의를 통해 요구했던 문제를 역설적으로 주장하게 되었던 것이다.

6. 맺음말

'대동아국제법질서'론에 관한 논의에서 국제주의·보편주의와 지역주의, 그리고 국가 주권의 절대적 혹은 상대적 평등 문제가 중요했다. 지역주의, 국가의 상대적 평등, 지도국 문제가 그것이다. 구체적으로는 지도국과 피지도국의 문제, 지도국의 요건과 기능에 대해 근대 권력의 크기와 비례하여 발생하는 지역 내 이해관계와 책임의 크기에 대한 문제로서 파악하는 근대적 이해 방식과, 전근대적 일본 '고유의' 천하관 즉 각자 자신의 자리에 맞는 역할을 한다는 위계적 지역 내 구조 이해방식이 있었다. 전전 일본의 국제법질서 이해는 이렇듯 보편주의에서 지역주의로, 다시 보편주의로 회귀하는 과정을 보였다. 지역주의와 관련된 문제에서도 보편주의에 열린 지역주의와 폐쇄적인 위계적 지역구조로의 이행, 전쟁 말기에 열린 지역주의로의 회귀 움직임이 나타났다. 국가의 상대적 평등 관념 속에서는 전시기 일본이 자신을 지도국으로 파악하려는 해석에서, 패전 이후 새로운 지도국으로서의 미국을 받아들이고, 피지도국으로서의 일본이란 아이덴티티의 재해석 속에서 미국의 점령을 받아들이거나, 국제연합을 최상위의 국제법질서로 받아들이면서 전후 세계에 자신의 위치를 확보하려는 움직임이 나타나기도 했다.

식민지 문제에 대해서는 주로 전시기 구미 열강의 식민지 문제와 관련되어 이야기되곤 했다. 그러나 '대동아공영권'의 유기적 광역질서의 정당성 여부를 판단할 시금석이라 할 수 있는 일본제국 내부의 식민지 문제에 대해 '대동아국제법'론은 대응 논리를 가질 수 없었다. 일본은 '대동아공영권' 내 피지도국이 상대적 주권과 상대적 국가평등을 감내할 수 있도록 설득하기 위한 논리를 개발하면서, 지도국으로서 일본의 위치를 정당화하고자 시도했다. 그러나 그 지도국 내부의 식민지에 대해서는 자치나 제한적 독립보다는 오히려 제국의 일 지방으로 편입하려는 모습을 드러내면서, '피지도국'의 자발적 동의를 획득하기에는 무리가 있었던 것이다.

제3장

일본의 전후 경제 재건 구상에 나타난 조선 인식의 연속성

1. 머리말

전후 일본이 아시아 여러 나라와 어떠한 경제 관계를 재구축할 것인가에 대해서는 전후 일본의 아시아 외교 또는 아시아 지역주의라는 측면을 둘러싼 분석이 몇 가지 존재하고 있다. 타카세 히로후미高瀬弘文는 전후 일본이 전후 세계에서 자국의 위상과 역할을 재정의한 '일본 이미지'를 아시아 여러 나라가 받아들이도록 하는 데 성공하여 연착륙했다고 평가하고, 일단은 성공사례로서 다루고 있다.[1] 한편 호시로 히로시保城広至는 전후 일본이 수행한 다양한 아시아 지역주의는 좌절로 끝났다고 평가하여,[2] 두 연구자는 상반된 평가를 내리고 있다. 그러나 두 연구

---

1 高瀬弘文, 『戰後日本の経済外交』, 東京 : 信山社, 2008.
2 保城広至, 『アジア地域主義外交の行方－1952－1966』, 東京 : 木鐸社, 2008.

모두 일본의 아시아 외교나 아시아 지역주의에는 미국의 자금 지원이 전제되어 있었다는 점에 주목하고 있다. 이 관점은 적절한 시사점을 제기하고 있다고 여겨진다. 또한 전후의 '아시아 지역주의' 또는 '일본의 경제외교'의 출발이 1952년 이후의 '일미경제협력'에서 시작한다고 보고 있으며, 그 대상이 될 아시아 여러 나라에 대해서는 동남아시아 지역을 중심에 두고 논의를 전개하고 있는 점에서도 공통된 부분을 가지고 있다.

그러나 패전 직후부터 샌프란시스코 강화조약까지, 일본의 '아시아 지역주의'라는 것은 단지 공백기에 불과한 것으로만 보아야 하는 것일까? 당연히 점령기는 현실적인 '외교'라는 것이 허락되지 않았던 시기이고, 일종의 '관념적' 구상에 불과했다고는 하지만 향후 반드시 찾아올 '점령 이후'에 아시아 여러 나라와의 관계 회복에 대비하여, 일본 측은 한층 진지하게 심사숙고하고 있었던 시기는 아니었을까? 그리고 향후의 일본 경제를 재건하기 위해 식민지의 '상실'이 일본 경제에 끼칠 영향을 분석하고, 어떻게 그 극복에 노력을 경주할 것인가? 또는 이를 위해 당시까지의 식민지 통치의 '실적'과 그 평가를 어떻게 할 것인가라는 문제를 진지하게 고민할 필요가 있었던 것은 아닐까?

이러한 문제 제기에 대해서, 이노우에 토시카즈井上寿一는 점령기에 모색되었던 '구상'이 그 후 일본의 아시아 외교에서 일정 정도 영향력을 발휘했다고 평가하면서 논의를 전개하고 있다. 이노우에는 스즈키 타케오의 식민지 경제론이 경제개발을 둘러싼 협조적 상호의존관계의 형성을 구상할 때, 중요한 의미가 있었다고 평가하고, 전후 일본과 동아시아 사이의 경제 관계라는 측면에서 스즈키의 식민지 조선 경제론에 접근했다. 또한 스즈키의 전후 구상이 식민지 비판을 전제로 했음에도 식민지 정책의 연장선상에 존재했다는 객관적인 모순을 지적하는 한편, 구'외지'에 대하여 스즈키가 수행한 논의를 분석하여 전후 아시아 외교의 개념을 석출한 후, 아시아의 후진성을 극복하거나 아시아를 개발한다는 방향성을 가진 것으로, 일본의 전후 아시아주의의 움직임을 묘사하고 있다.[3] 그러나 이노우에는 스즈키의 정치경제론이 전후 일본과 동남아시아의 관계보다는 동북아시아 특히 조선과의 연관에서 주장되었다는 사실을 경시하고 있으며, 동아시아 지역 경제에서 동북아시아와 동남아시아가 가진 역사적 경험을 다르게 이해하고 있었던 스즈키의 문맥을 놓치고 있다.

미국의 조선 정책의 형성 및 변용과정을 살펴보면, 조선총독부 등 통치 당국의 조선 인식이 반영된 참고문헌들이 동아시아 지역 통합 구상 과정에서 많이 활용되었기 때문에, 일본에서 구성된 조선 인식에 짙은 그림자를 드리우게 되었다.[4] 또한 패전 직후 일본 정부는 해방 조선에 대한 정책을 구상하는 단계에서 식민지 통치기구 출신자들의 조선 연구를 주로 참고하고 있었다. 따라서 당시 조선 관계자 그룹의 인식이 해

3　井上寿一,「戦後日本のアジア外交の形成」,『年報政治学1998−日本外交におけるアジア主義』, 東京：岩波書店, 1998, 131~132쪽.

4　미국에서 발간된 한국관련 대표적인 간행물은 다음과 같다.
　Andrew J. Grajdanzev, *Modern Korea −her economic and social development under the Japanese*, New York : International Secretariat, Institute of Pacific Relations, 1944(한국어판으로는 이기백 역, 『한국현대사론』 일조각, 1973년); George M. McCune, *Korea Today*, Cambridge, Mass. : Harvard University Press, 1950.
　태평양문제조사회Institute of Pacific Relations에서 발간된 이들 문헌에서 참조되었던 식민지기 경제 분석의 참고문헌은 주로 『施政年報』,『朝鮮經濟年報』 등 이른바 식민지 당국 측이 발간한 것들이었다. 그리고 전중기부터 전후에 걸쳐 미국의 대한정책 수립에 참여하고 있었던 그룹에는 조선 전문가가 희소했기 때문에, 휴 보튼Hugh Borton, 에드윈 O. 라이샤워Edwin O. Reischauer, U. 알렉시스 존슨U. Alexis Johnson 등 일본 전문가가 다수 포함되어 있었다.

방 후 조선 인식에 중요한 역할을 담당했다는 점은 명확하다고 할 수 있을 것이다. 그중에서도 스즈키의 조선 인식은 주목할 만한 가치가 있다. 스즈키는 1940년대 즉 전시경제기는 물론 패전 후에도 조선에 관한 정치경제론을 저술한 거의 유일한 조선경제 관계의 브레인이었기 때문이다. 제3장에서는 스즈키의 정치경제인식의 논리적 구조를 분석하고 그 구조가 가진 문제점을 검토하고자 한다.

나미키 마사토並木真人는 전후 일본 정부의 조선에 대한 조사를 스즈키가 주도했다는 사실을 규명하고, 일본의 조선 영유가 구미 열강의 식민지 지배 정책과는 다른 '전형적인 식민지 지배 형태에 대한 비판'이고, 일본은 조선 민족과 함께 종래의 식민지 관계를 초월하는 민족 관계, 동포 관계를 구축하고자 했다고 주장하는 스즈키의 논리는 패전 후 일본 정부 및 보수 정치가의 역사인식의 원형을 이룬다고 분석했다.[5] 그러나 나미키는 패전 직후 스즈키의 조선 인식을 한일 관계에만 초점을 맞추어 전후 일본의 동아시아 재편 구상 문제까지는 언급하고 있지 않다.

미야모토 마사아키宮本正明는 나미키의 연구를 더욱 심화시켜, 패전 직후 일본 정부의 조사연구 활동에 조선 관계자 그룹이 어떻게 관여하고 있었는가를 분석하여, 조선 소재 재외재산문제를 둘러싼 배상·정부 보상 문제에 대한 대응에서 조선 관계자 그룹의 식민지 인식이 '작위'적으로 형성되어 간 측면을 규명했다.[6]

---

5   並木真人, 「『日本人の海外活動に関する歴史的調査』朝鮮編」, 井村哲郎 편, 『1940年代の東アジア─文献解題』, 東京 : アジア経済研究所, 1997, 302쪽.

6   宮本正明, 「敗戦直後における日本政府·朝鮮関係者の植民地統治認識の形成─『日本人の海外活動に関する歴史的調査』成立の歴史的前提」, 『財団法人世界人権問題研究センター研究紀要』11, 2006.3.

전후 일본이 전전부터 구축해 온 지역주의적 틀, 즉 '대동아공영권'을 어떻게 재구성하고자 했느냐는 문제 제기에 대해서는 패전 직후부터 당시의 정부 기관과 민간 연구 기관에서 다양한 논의가 존재하고 있었다. 이러한 논의들은 상호 협력하면서 점령기의 '구상'으로서 그 논리를 다듬고 있었다고 생각된다. 제3장에서는 이와 같은 논의 구조에 대한 분석을 통해, 패전 직후 일본의 '조선' 구상의 형성과정을 밝혀보도록 하겠다.

2. 패전 직후 일본의 구 세력권 '유지'에 대한 희망적 전망과 조선

아시아태평양전쟁과 패전으로 일본은 국내의 인적·물적 손실은 물론 조선, 타이완이라는 구 식민지와 '만주국'과 중국에 대한 영향력, 그리고 위임통치하고 있었던 '남양제도'를 '상실'하게 되었다. 그러나 일본의 각층으로부터는 전후 대책에 대한 희망적 관측을 볼 수 있었다. 히로히토 천황의 '종전의 조서' 발표 이후 연합군의 상륙까지의 시간·공간적 공백 속에서 일본 본토는 물론 조선과 같은 식민지까지도 여전히 일본정부 및 총독부의 기능은 건재하고 있었고, 연합군의 상륙 이후 상황에 대비하여 일련의 움직임을 보이고 있었다.

1945년 8월 24일에 종전처리회의에서 내린 결정 사항을 알리기 위해, 외무성에서 조선총독부 정무총감에게 보낸 전보안에서는, 조선에 관한 주권은 어쩔 수 없으므로 일단 휴지休止(전보 초안에는 휴면休眠) 상태에 놓일 것으로 생각하고 있었다.[7]

1. 조선에서의 우리 측 주권의 전이 시기에 관한 건

조선에 관한 주권은 독립 문제를 규정하는 강화조약 비준의 날까지 법률 상 우리 측에 존재하지만, 이러한 조약 체결 이전에도 외국 군대에 의해 점 령되는 등의 사유로 인해 우리 측 주권은 사실상 휴지 상태에 빠진 것으로 해야 한다.

연합군의 진주와 함께 일본의 식민지 조선에 대한 주권 행사는 휴지 혹은 휴면 상태에 놓이지만, 강화조약을 체결할 때까지 일본 정부는 여 전히 법률적으로는 조선에 대한 주권을 보유하고 있다고 주장하고 있 었던 것이다. 나가사와 유코長澤裕子는 이에 대해서 일본은 '조선주권 보 유론'을 통해 연합국 측과 교섭의 여지를 남겨두고자 했던 것이라고 분 석하고 있다.[8]

또 하나의 사례로, 패전 당시 외무대신이었던 시게미츠 마모루는 패 전으로부터 열흘 지난 8월 25일에 보낸 재중 공관에 보낸 전신에서 다 음과 같이 전후 동아시아에 대한 전망을 드러냈다.

충칭[중국]은 현재로서는 전쟁목적을 쟁취하고 영국, 미국, 소련과 함께 전승국에 들어가 있지만, 나는 중국이 그 장래가 편치 못할 것이라는 사실 과, 구극적으로는 일본과 제휴할 필요가 현실화할 것이라고 인식하고 있을 것으로 확신한다. (…중략…) 일본은 [자기 자신의] 과거에 등을 돌리고, [일

7 「【極秘】電報案朝鮮政務総監宛」(1945.8.24),『善後処置および各地状況関係(朝鮮)第7巻』,外 交記録A'-0117, 外交記録公開文書検索システム 'http://gaikoukiroku.mofa.go.jp'.
8 나가사와 유코,「일본의 '조선주권보유론'과 미국의 대한정책-한반도 분단에 미친 영향을 중심으로(1942~1951년)」, 고려대 박사논문, 2007.

본이 행한 일련의 조치를 고칠 준비가 되어 있다. 이러한 마음가짐으로 일본은 일중제휴의 기반을 조장하기 위해 노력할 것이다. 그러나 이러한 목적을 달성하고자 희망하더라도 우리들은 신중하게 우리에게 남겨진 모든 가능한 조치를 취함으로써 기초를 만들어야 한다. (…중략…) 또 하나는 재중 조선인 문제에 대해 한마디 하고자 한다. 물론 조선의 운명을 어떻게 할 것인지에 관한 계획을 세울 수는 없다. 그러나 먼 장래를 생각할 때, 우리는 조선이 제국에 복귀하는 것에 대해 희망을 여전히 품고 있다는 것은 언급할 필요조차 없을 정도이다. 조선과 앞으로의 관계를 강화하기 계획되었던 수단을 조장하기 위해, 우리는 이러한 선에 따라 질 높은 협력 관계를 유지해야 할 것이다.[9](보충은 인용자)

여기에서 주목할 만한 것은 중국이 일본과의 경제제휴를 위해 다가올 것으로 전망하고 나서, 조선이 포츠담 선언으로 일본에서 떨어져 나가리라는 것을 알고 있으면서도 희망으로서는 다시 일본에 '복귀'할 것을 기대하고 있었던 것이다.

또한 전쟁 말기 군부로부터 밀려나 어쩔 수 없이 은거생활을 보내고 있던 요시다 시게루吉田茂도 패전 직후인 1945년 8월 27일에, 히가시쿠니노미야東久邇宮 내각의 국무대신이었던 오바타 토시시로小畑敏四郎에 보낸 서한에서 자신의 전후 구상을 다음과 같이 드러내고 있었다.[10]

9　"Circular Sent out by Foreign Minister Shigemitsu on 25 August", "MAGIC"-Diplomatic Summary, No.1252, 29 August, 1945 in *The MAGIC Documents —Summaries and Transcriptions of the Top Secret Diplomatic Communications of Japan 1938 —1945*(Frederick, M.D. : University Publications of America, c1982), microfilm, reel no.14.

10　「小畑敏四郎宛書翰」(1945.8.27), 吉田茂記念事業財団 편, 『吉田茂書翰』, 東京 : 中央公論社, 1994, 176쪽; 佐藤晋, 「戦後日本外交の選択とアジア地域構想」, 『法学政治学研究』 41, 1999,

경제부문에서는 먼저 만주, 조선, 타이완, 카라후토樺太 등의 우리나라의 구 영토 및 동아 남양 점령지들에는 특혜관세제, 세계 각국 관계에 있어서는 대서양헌장의 적용 실시를 확보하는 데 주력해야 하며, 우리가 먼저 미·영의 자본과 기술을 대대적으로 초치하는 데 진력하여

특혜관세제는 역내 경제를 형성하는 데 핵심적인 내용이었다. 사토 스스무佐藤晋의 분석에 따르면 이 서한은 전시의 '대동아공영권'과 같은 체제의 '비공식적인' 유지, 즉 '특혜관세제'를 유지하면서, 더 나아가 영미 자본주의로부터의 자본 도입을 구상하고 있었다. 또한 자유주의적인 경제 질서하에서 영미협조를 통해 일본에 대한 원조를 기대함과 동시에 전시 중에 연합국 측이 전후 구상으로 제시했던 자유무역 원칙은 각 지역 블록 레벨에서만 적용될 것이라 인식했다는 것에도 주목하고 있었다.[11] 즉 구미로부터의 자본 제휴를 기반으로 패전 시까지 일본이 보유했던 동아시아에서의 지위를 그대로 유지하는 것이 바람직하다고 보고 있었다는 것이다.

이러한 인식은 1945년 9월 25일에 작성된 외무성 내부자료로 추측되는 「종전에 수반하는 외교정책 요강안終戰ニ伴フ外交政策要綱案」에도 "종래의 물자교류 관계의 존속"이 가능하기를 희망하고 있었다는 점은 확인할 수 있다.[12]

175쪽에서 이 서한의 존재를 확인했다.

11 佐藤晋, 위의 글, 175쪽.

12 「終戰ニ伴フ外交政策要綱案」(二〇 · 九 · 二五), 天羽英二日記 · 資料集刊行会 편, 『天羽英二日記 · 資料集』 제4권, 1985, 1211쪽. 이 자료를 인용하고 있는 사토는 아모우 에이지天羽英二가 쓴 것으로 소개하고 있다. 그러나 아모우의 일기에는 자필 일기뿐만 아니라, 본인의 집필문, 신문기사 발췌, 공문서, 공간 기사 등 여러 자료가 다수 첨부되어 있다. 이 8쪽짜리 자료는 아

제3, 포츠담 선언하에서 세계 통상무역 참가가 허용될 때까지의 과도적 조치로서 [제2차 세계]대전 전 제국 영토의 일부를 구성하였던 지역 또는 피아간 경제상 유무상통이 불가분 관계에 있던 조선, 타이완, 카라후토 등 구 영토 및 만주, 북지 등 종래 제국과의 사이에 피아 국민경제 생활상 일체를 이루고 있었던 지역들에 대해서는 상호 국민 생활의 안정상 가능한 한 종래의 물자교류 관계의 존속을 허용해야 할 것이다.(보충은 인용자)

이렇게 패전 이후에도 구 세력권과의 사이에 정치적 지배·피지배 관계까지는 아니라도 경제적인 지배관계는 일정 정도 유지될 수 있을 것이라는 전망 또는 희망이 일본 지배층 사이에 퍼져 있었고, 이러한 인식을 바탕으로 전후 일본의 경제재건을 도모했던 것이다.

3. 일본의 전후 경제재건 구상과 '동아 제국東亞諸國'

패전 직후 일본의 경제재건 문제는 다음과 같이 세 가지 층위로 나누어 생각해 볼 수 있다. 먼저, 일본과 구미 여러 나라와의 관계를 중심으로 하는 세계 자유무역 구상에서 일본이 차지하는 위치설정에 관한 문

모우의 자필이 아니라, 등사 인쇄된 것을 첨부한 것으로, 외무성 내부에서 작성된 공문서의 복사본으로 생각된다. 이 자료가 일기에 첨부되던 시기를 전후한 이력을 살펴보면, 외무차관(1941년 8월~10월), 정보국 총재(1943년 8월~1944년 7월), 외무성 촉탁(1944년 9월~1948년 1월)으로 활동하고 있었다. 또한 1945년 12월부터 1948년 12월까지는 전범용의자 수감된 스가모 구치소에 구류되었다(秦郁彦 편, 『日本近現代人物履歷事典』東京 : 東京大学出版会, 2002, 22쪽). '동아 먼로주의'를 주창한 것으로 유명한 '아모우 성명天羽聲名'(1934년 4월 17일)은 아모우가 외무성 정보부장으로 있을 때 발표한 것이었다(井上寿一, 「天羽声明と中国政策」, 『一橋論叢』97-5, 1987, 75쪽).

제이다. 이것은 국제적인 층위라고도 부를 수 있을 것이다. 다음으로, 일본과 구 '외지'를 포함한 '제국 일본'의 지역경제에 포함되어 있던 지역과 어떠한 관계를 재구축할 것인가에 관한 문제이다. 이것은 지역적인 층위라고도 부를 수 있을 것이다. 마지막으로 일본 본토 경제의 재건 문제이다. 이것은 일국적인 층위라고도 부를 수 있을 것이다. 일본 경제재건을 둘러싼 관료 및 민간 그룹들의 움직임에는 이 세 가지 층위가 개별적이라기보다는 중층적이고 복합적으로 얽혀 작용하고 있었다.

여기서는 패전 이후 일본 경제재건을 둘러싼 민간 및 관료층 등 여러 그룹의 움직임을 따라가면서, 조선을 포함한 동아시아 지역과 일본 경제 재건구상이 어떠한 관계를 맺고 있었는지 분석하고자 한다.

1) 대장성의 '전시경제특별조사위원회'

먼저 아시아태평양전쟁이 한창일 때, 다가올 패전을 현실적인 문제로 받아들이고, 어떻게 전후 일본 경제를 재건할 것인가라는 문제에 착수한 일부의 관료 그룹이 있었다. 먼저, 1944년 7월, 당시 코이소小磯 내각하의 대장성 일부 관료들은 '전시경제특별조사위원회戰時経済特別調査委員会'를 설치하였다.[13] 이 위원회는 그 명칭과는 달리, 실제로는 '전후'의 일본 재건 방책을 고구考究·입안할 것을 목적으로 한 극비 회합이었다. 이 회합은 1944년 10월부터 1945년 4월까지, 매달 2~3회씩, 도합 20회 이상 개최되었는데, 참가자의 한 사람이었던 나카야마 이치로中山伊知郎

---

13 이 '전시경제특별조사위원회'는, 이사바시 탄잔이 당시에 대장대신이었던 이시와타 소타로 (石渡荘太郎)를 설득하여 설립되었다. 그 설립시기에 대해서는 10월설도 있다. 小野善邦, 『わが志は千里にあり―大来佐武郎』, 東京: 日本経済新聞社, 2004년, 46쪽.

의 회상에 따르면, 전후의 식민지 '상실' 문제에 대해 논의가 있었다고 한다. 그 자리에서 나카야마는 전후 일본이 만주와 조선을 '상실'한 상태로는 도저히 지탱할 수 없을 것이라고 주장했다. 즉, 만주와 조선을 계속 보유해야 일본 경제를 재건할 수 있다는 것이었다. 이에 대해 이시바시 탄잔石橋湛山은 "식민지 경영은 의외로 커다란 부담이 간다. 패전의 결과, 이 부담이 일거에 없어진다는 것은 그만큼 일본의 몸이 가벼워진다는 것으로, 장래는 아주 희망적"이라고 반론했다고 한다.[14] 이는 이시바시의 '소일본주의'와도 관련 있지만, 패전과 함께 발생할 '외지의 상실'을 전후 일본 경제재건의 득실관계로 평가하는 논의의 선구적 형태였다.

2) 외무성 조사국 제3과의 '특별조사위원회'

대장성에 조금 늦게 전후 구상 연구회를 설치했던 것은 대동아성 총무국에 적을 두었던 오키타 사부로大来佐武郎 그룹이었다.[15] 전시 중에 패

---

14 멤버는 좌장으로 이시바시 탄잔를 둔 이외에, 아라키 코타로荒木光太郎(토쿄제국대학 교수), 유모토 토요키치油本豊吉(토쿄제국대학 교수), 오코치 카즈오大河内一男(토쿄제국대학 교수), 나카야마 이치로(토쿄산업대학 교수), 이노우에 토시오井上敏夫(일본은행 조사부장), 쿠도 쇼시로工藤昭四郎(일본흥업은행 조사부장), 난바 쇼지難波勝二(요코하마정금은행 조사부장), 야마기와 마사미치山際正道(대장성 총무국장) 등이었다. 전후에 이시바시는 『토요케이자이신포東洋経済新報』 지상에 이시기에 구상했던 일본재건안을 발표하게 된다. 이시바시가 제언한 신일본의 향로는 다음과 같았다. (1) 경제부흥, 경제우선주의이다. 생산제일주의(적극재정)를 바탕으로 배상의 삭감, 재벌 활용을 주장했다. (2) 일본 민주화의 실현이었고, (3) 국제정치 · 경제면에서 대서양헌장, 국제연합, 브레튼우드 체제 등을 주축으로 확립된 새로운 국제질서를 높이 평가하고, 국제경제 면에서는 보호무역주의에서 자유무역주의로 전환을 도모한 것을 가장 환영했다. 왜냐하면, 전후 일본 경제의 발전은 무역의 진전과 일체화하지 않을 수 없을 것이고, 그렇게 한다면, 무역입국 일본으로서는 보호무역체제를 대신할 자유무역체제야말로 사활적인 조건이었던 것으로 파악했기 때문이었다(中山伊知郎, 「達見」, 長幸一 편, 『石橋湛山一人と思想』, 東京 : 東洋経済新報社, 1974, 155~157쪽; 増田弘, 『石橋湛山一リベラリストの真髄』, 東京 : 中公新書, 1995, 145~146쪽).
15 오키타 사부로 그룹이 연구회를 결성하기까지의 상세한 경위에 관해서는 다음의 연구를 참조

전을 상정한 전후경제연구회를 만드는 것은 대장성의 경우처럼 어려운 문제였으므로, '일본본토자활방책연구회日本本土自活方策研究会'라는 이름을 걸고, 첫 회합을 1945년 8월 16일에 대동아성 총무국장실(만철빌딩 소재)에서 열기로 하였다.[16] 그러나 그 전날에 전쟁이 끝나고, 2회째 회합(8월 23일)을 마치고 나자 주최 측인 대동아성마저도 폐지되었다. 오키타 등은 외무성 조사국으로 적을 옮겨, 연구회도 외무성 조사국 제3과 소관의 '특별조사위원회'라는 이름으로 계속 열었다. 40여 차례 논의와 발표를 마친 특별조사위원회는 1946년 3월에 『일본경제재건의 기본문제日本経済再建の基本問題』라는 보고서를 완성시켰고,[17] 9월에는 개정판을

할 것. 浅井良夫, 『経済安定本部調査課と大来佐武郎』, 成城大学経済研究所研究報告 No. 11, 1997. 3, 8~10쪽; 小野善邦, 앞의 책, 46쪽.

16 浅井良夫, 위의 책, 9쪽.

17 참가하고 있던 각 위원은, 오우치 효에大内兵衛(토쿄제국대학 경제학부 교수), 타이라 테이조平貞蔵(평론가), 토바타 세이이치東畑精一(토쿄제국대학 농학부 교수), 나카야마 이치로(토쿄산업대학 교수), 키시모토 세이지로岸本誠二郎(호세이대학 교수→쿄토제국대학 경제학부 교수), 카메야마 나오토亀山直人(토쿄제국대학 제1공학부 교수), 이시카와 이치로石川一郎(화학공업통제회장→화학공업연맹회장), 야마나카 토쿠타로山中篤太郎(토쿄산업대학 교수), 이노우에 하루마루井上晴丸(농림성 식량연구소 기사→농림성 농정국 경영과장), 타카미야 스스무高宮晋, 츠치야 키요시土屋清(아사히신문사 논설위원), 우노 코조宇野弘蔵(미츠비시경제연구소 연구원→토호쿠제국대학 교수), 야마다 모리타로山田盛太郎(토쿄제국대학 경제학부 교수), 토모오카 히사오友岡久雄(호세이대학 교수), 아키 코이치安芸皎一(내무성 토목시험소장), 아리사와 히로미有沢広己(토쿄제국대학 경제학부 교수), 콘도 야스오近藤康男, 이나바 히데三稲葉秀三(국민경제연구협회 이사), 츠루 시게토都留重人(외무성 서기관), 마사키 치후유正木千冬(국민경제연구소 이사), 사사키 요시타케佐々木義武(내각참사관→경제안정본부), 세키모리 사부로関守三郎(외무성 서기관), 야마나카 시로山中四郎(내각 참사관), 스기야마 치고로杉山千五郎(대장성 서기관), 오하라 히사유키大原久之(상공성 철강과장→칸토 지방 상공국 광산부장), 타츠미 요시토모巽良知(외무성 참사관), 이시하라 카네오石原周夫(외무성 서기관), 모리타 유조森田優三(요코하마고등상업학교→요코하마경제전문학교 교수), 스기하라 아라타杉原荒太(대동아성 총무국장→외무성 조사국장→외무성 조약국장), 무카이야마 미키오向山幹夫(외무성 촉탁), 이치카와 타이지로市川泰治郎(외무성 비서관), 사토 켄스케佐藤健輔(외무성 서기관) 등으로, 학자에서 관료까지를 아우르는 참가자였다. 간사로는 오키타 사부로(대동아성 총무국 경제과 기사→외무성 조사국 기사), 고토 요노스케後藤誉之助, 오다 히로시小田寛, 나미키 마사正木正造였다(『日本経済再建の基本問題』 3월판과 9월판). 직력 중→로 표시한 부분은 3월판과 9월판 사이에 일어난 변화를 가리킴.

냈다.[18] 이우치 히로부미井內弘文는 3월판에서 9월판으로의 개정과정에서 주요 변화가 일어났다고 분석하였다.[19] 먼저, '국내개발론'을 중시하여 서술된 3월판에 비해, 9월판에서는 '무역제일주의'를 중시하는 서술이 한층 명확해졌다는 것이다. 3월판에서는 소작제도의 개혁과 경영규모의 확대를 통한 농업의 근대화를 일본경제 재건의 출발점으로 삼고, 산업구조의 고도화 즉 공업화를 이루어야 한다고 주장했다. 즉 농민의 생활수준을 향상시켜 저임금cheap labor 구조를 해소하고, 공업 생산의 기술적 고도화를 도모하여, 최종적으로는 국제경쟁력을 향상시킨다는 전망을 피력한 논의는, 강좌파講座派 마르크스주의 경제학자의 의견이 상당 수준 반영된 결과라고 할 수 있다. 또한 노농파勞農派 마르크스주의 경제학자의 의견을 받아들여, '경제민주화'의 내용에는 주요 산업의 국유화를 포함한 '사회화 정책'도 기술되어 있었다. 이 보고서에서 강좌파 및 노농파 마르크스주의 경제학자들은 국제 분업에의 적극적인 참가에 대해서는 긍정적으로 평가했지만, 과도한 외국자본 유입에 대해서는 경계심을 늦추지 않았다. 오히려 국내의 농·공업 간의 상호발전을 통하여, 국내 시장 확대와 국내 자원 개발을 중시했다. 이러한 경향은 전전의 일본 자본주의가 자신의 내적 모순을 대외적으로만 해결하고자 제국주의로 나아갔던 역사를 반성하는 부분이기도 했다.

한편, 3월판에서는 근대경제학자와 관청 이코노미스트 등의 의견이

---

18 『日本経済再建の基本問題』의 작성은, 엄격한 실물배상을 요구하는 「폴리 중간보고」에 대한 일본 측의 대안이라는 의미를 가졌으며, 미국 정부의 배상방침을 완화시키고자했다는 점도 놓쳐서는 안 된다(浅井良夫, 앞의 책, 1997, 11쪽).

19 井內弘文, 「戦後日本経済再建構想の諸類型」, 『三重大学教育学部教育研究所研究紀要』 21-1, 1970, 1~5쪽.

반영된 부분도 존재했다. 지금까지의 일본경제가 협소한 국내 시장과 고도의 외국무역 의존이라는 문제를 안고 있다고 전제하고, 이러한 구조를 개조하여 국내 시장을 확대함과 동시에 외국무역 의존도를 낮춘다는 것은 사실상 모순된다고 주장하면서, '국내개발론'을 비판하고 있는 부분은, 근대경제학자와 관청 이코노미스트들의 주장이 반영된 부분이라는 것이다. "국내경제의 확대는 국민의 생활 수준의 향상을 전제로 해야만 가능한 것이고, 생활 수준의 향상은 식량 기타 필수 물자의 수입액 증대 즉 무역액 증대를 통해서 달성될" 문제라고 주장했다. 따라서 무역을 확대할 필요가 있다고 주장했던 것이다.

이렇게 3월판에서는 '국내개발론'과 '무역제일주의'가 서로 모순된 부분이 공존했는데, 이에 대해서는, 발표 당시에도 연합군 최고사령관 총사령부General Headquarters, Supreme Commander for the Allied Powers, GHQ / SCAP의 노버트 A. 보그단Norbert A. Bogdan 경제고문으로부터 논리적 일관성이 결여되어 있다는 비판을 받았다. 보그단은 국가 주도의 통제경제에 대한 우려를 표명하며, 노농파 마르크스주의 경제학자들이 주장한 경제민주화와 사회화 구상에 대해 비판하였다. 점령 당국에 의한 무역관리는 앞으로도 장기간 계속될 것이라고 지적하면서, 비군사화 정책과 모순되지 않는다고 GHQ / SCAP이 인정한 섬유공업, 소형기구, 전기기계 제품의 수출 가능성은 적극적으로 평가한 반면, 비료를 포함한 중화학공업제품의 수출이나 기술제휴 등에는 부정적인 견해를 표명했다.[20]

20 「ボグダン氏の『日本経済再建の基本問題』其他に関する談」(1946.6.5),　終戦連絡事務局経済部小野記, 外交記録A'-0051, 有沢広己監修・中村隆英 편, 『資料・戦後日本の経済政策構想 第1卷－日本経済再建の基本問題』, 東京 : 東京大學出版會, 1990, 115~119쪽에 재록. 보그단은 또한 다른 보고서에서 "일본의 관료와 이코노미스트들은, 일본의 재건은 대규모적인 기계공

특별조사위원회는 보그단의 비판을 받아들이는 한편, '무역제일주의'에 한층 더 중점을 두면서 9월판[21] 개정을 서둘렀다. 즉 "일본은 종래부터 한층 고도의 외국무역 의존과 수출 공업의 대규모적인 발전을 필요"(9월판, 198쪽)로 한다고 전제하고, "우선 일본은 저임금과 비교적 고도의 기술을 결합함으로써, 세계분업에서의 지위를 확보하고, 금후의 자본축적을 바탕으로 생산 공정 기계화와 기술 향상을 통해 뒷받침을 튼튼히 하며, 임금 수준의 점진적 향상을 도모할 필요가 있다"(9월판, 199쪽)라고 주장하였다. 또한 농업규모의 확대 등 농업의 근대화에 대해서는 "가까운 장래에 도저히 이러한 일은 기대할 수 없다"(9월판, 237쪽)라고 판정하였는데, 3월판에서는 부정적으로 평가했던 저임금에 기초한 '수출제일주의'를 일본경제의 재건 방책으로 제안하였던 것이다.[22] 이러한 논점의 변화는 같은 시기에 외무성 제3과가 작성한 보고서로서 정리되어 9월판과 완전히 동일한 문장이 서술된 '대동아무역対東亜貿易'에 대한 부분이 극히 많은 『일본의 대동아무역의 장래日本の対東亜貿易の将来』[23]에서도 '국내개발론'은 가장 선명하게 비판받고 있었다.

업을 유지하고, 그것을 경제의 중추에 두어야 한다고 점점 더 강조하게 되었다. 그들은 한술 더 떠 일본은 중기계의 수출을 통해, 중국을 시작으로 근린제국의 공업화에 참가해야 한다고 강조하고 있다. 이러한 견해는 일본의 비군사화라는 기본적인 요구에 반하는 것"이라고 코멘트하며, 중화학공업 중심론에 대해 부정적인 견해를 계속해서 언급했다(Norbert A. Bogdan, "An Economic Program for Japan(Bogdan Report)", 1946.3.3, 大藏省財政史室 편, 『昭和財政史-終戰から講話まで 第20卷-英文資料』, 東京 : 東洋経済新報社, 1982, 501~502쪽).

21 9월판인『改訂日本経済再建の基本問題』의 내용·인용은 有沢広己監修·中村隆英 편집, 『資料·戦後日本の経済政策構想 第1卷-日本経済再建の基本問題』, 東京 : 東京大學出版會, 1990에 따름.

22 井上弘文, 앞의 글, 1970, 3~4쪽.

23 外務省調査局第三課·外務省総務局経済課·終連経済部経済課 편, 『日本の対東亜貿易の将来』調三資料 第15号, 1946.9.20. 전 19항에 걸쳐있는 이 보고서의 본문 중 약 1/4은, 9월판의 「対東亜貿易」 항목의 서술과 일치하고 있다.

따라서 일본경제의 장래에 대해 국내 시장의 협애와 고도의 외국무역 의존이란 성격을 타파하여, 국내 시장을 확대하고 민중의 생활 수준을 높이며, 동시에 외국무역 의존도를 가능한 한 낮게 하자는 의견도 있지만, 이것은 일본경제의 본질적인 부분에서 보아 아마 실현 불가능할 것이다.[24]

이렇게 일본경제의 재건구상에서 무역에 중점을 두게 되자, '동아제국'과의 지역 내 분업이 중요과제로서 등장하게 되었다. 이때 주목할 만한 점은 전후 일본경제가 세계 경제에서 점하는 지위의 특수성이 지적되고 있다는 점이다. 9월판에서는 일본이 세계경제에서 특수한 지위에 놓여있다고 진단하고 있다. 즉 구미와 같은 선진국도 아니지만, '동아제국'과 같은 후진국도 아닌 '중간적 성격'을 가지고 있다는 것이다.[25]

"일본의 공업은 원래 동아 제국에 대하여 고도의 단계에 도달해 있지만, 구미보다는 저위에 놓여있어서 중간적인 성격을 가진다. 장래에도 또한 상당한 장기간에 걸쳐 이런 성격은 지속될 것이다. 따라서 일단 일본은 저임금과 비교적 고도의 기술의 결합을 통해 세계분업에서의 지위를 확보"[26]하여, 선진국에서 제조된 고가의 공업제품 수입을 망설이는 후진국인 '동아제국'에 공업제품을 수출할 수 있을 것이므로, 풍부한 노동력과 부족한 자본이란 상황을 고려하여, '가능한 한 생산에 손이 많이 가고, 생산 공정의 자동화가 곤란한' 공업제품을 동아제국에 수출하고, 자원·원료를 수입할 수 있다고 판단하고 있었던 것이다'(9월판, 197

---

24 위의 책, 3쪽.
25 이점에 주목한 연구로는 高瀬弘文, 앞의 책, 2008이 가장 대표적이다.
26 「改訂日本経済再建の基本問題」, 有沢広己監修·中村隆英 편, 앞의 책, 199쪽.

쪽).[27] "동아의 공업화와 그에 따른 생활 수준의 향상은 구매력을 증대하여 방대한 상품 수요를 낳을 것이므로, 그 결과 저렴한 일본의 공업제품에 대한 수요가 발생할 여지가 상당 부분 남아있을 것"이다(9월판, 151쪽).[28] 따라서 "일본으로서는 항상 동아제국과의 분업 관계 설정에 노력"해야 한다는 것이었다(9월판, 200쪽).[29] 이러한 문맥에서 일본경제 재건을 위해 필요한 무역상대로서 '동아' 지역이 중요하게 부상하게 되었다. 그리고 국내원료에 의한 수출품은 식료품, 도자기, 석탄 등에 국한되어 있으므로, 역시 수입 원료를 가공하는 섬유제품(면제품, 인견제품 등), 기계제품, 화학제품 등의 수출처로서 '동아' 지역이 중시되었다.[30]

이 보고서 작업에 깊이 관여 했던 아리사와 히로미有沢広己는 '국내개발론'도 '무역제일주의'도 점령하에서는 주체적인 추진이 불가능했다는 의미에서 본다면, '관념론'에 불과했다고 지적하고 있다.[31] 또한 기본적인 구상으로서는 획기적이었지만, 이른바 장기경제계획을 세운 것은 아니었다는 한계가 지적되기도 한다.[32] 그러나 이러한 구상은 앞으로 다가올 강화조약 이후에 일본 정부의 대외경제정책은 물론, 아시아 외교 정책마저 구속할 수 있는 방향성을 모색하고 있었다는 점에서 중요한 의미가 있었다.

---

27 「改訂日本経済再建の基本問題」, 有沢広己監修・中村隆英 편, 앞의 책, 197쪽.

28 위의 글, 151쪽. 아사이는 이 부분을 언급하면서, "동아시아의 급격한 공업화를 배경으로 중화학 공업을 담당할 일본과 경공업 담당의 동아시아 제국과의 분업관계가 형성될 것으로 보고 있었다"고 분석하고 있다(浅井良夫, 앞의 글, 1997, 18쪽).

29 「改訂日本経済再建の基本問題」, 有沢広己監修・中村隆英 편, 앞의 책, 200쪽.

30 外務省調査局第三課・外務省総務局経済課・終連経済部経済課 편, 앞의 책, 12~13쪽.

31 有沢広己, 『有沢広己の昭和史-歴史の中に生きる』, 東京, 1989, 75쪽.

32 林雄二郎, 「戦後経済計画の系譜とその背景(Ⅰ)」, 『日本の経済計画一戦後の歴史と問題点』, 東京 : 東洋経済新報社, 1957, 13쪽.

4. 일본의 구 '외지' 연구조사와 조선 관계자 그룹의 역할

한편, 당시에는 '외지'라고 불린 일본의 구 식민지 및 세력권이 결국 일본에서 분리됨으로써, 그 지역에서 전혀 새로운 관계와 이에 따른 여러 가지 문제가 발생할 것이라는 전망 속에서 문제 분석과 그 대책에 관련된 연구가 전후 직후부터 시작되었다. 이러한 문제는 동아시아 지역과의 배상을 둘러싼 문제와 함께,[33] 향후 일본의 아시아 외교에 대한 방향 설정과도 긴밀히 결합되어 있었다. 구 '외지' 문제에 대한 연구조사는 일본 정부의 사무 당국과 반관반민의 경제 연구단체에 의해 중층적으로 이루어졌다. 여기에는 구 '외지'에서 철수引揚げ한 사람들로 구성된 그룹이 적극적으로 참여했다.

1) 외무성 조사국 제3과의 '외지경제간담회'[34]

외무성 조사국 제3과에서 구 '외지' 경제문제에 관한 연구조사를 개시한 것은 패전 직후였던 것으로 보인다. 외무성은 1945년 10월 25일에 「해외자산 상실에 따른 영향과 대책海外資産喪失ニ伴フ影響ト対策」이라는 자료를 작성하였는데, 그 속에서 다음과 같은 연구항목을 설정하고 있었다.[35]

---

33 동아시아 지역과의 배상문제와 관련하여 구 '외지' 문제를 분석한 연구로는 宮本正明, 위의 글이 대표적이다.

34 '외지경제간담회'에 대해서는 外務省調査局, 『外地経済懇談会議事概要 (21.2.8)』 1946년 2월 8일 자료에 의거한다. 무사시대학武蔵大学 도서관에 『外務省資料 Ⅱ』 속에 합철되어 있다. 동 대학의 카와시마 코헤이川島浩平 교수와 무사시대학 도서관 관계 직원이 도움으로 이 자료를 열람할 수 있었다. 여기에 고마운 마음을 표한다. 원래 전전에는 7년제 구제 고등학교의 하나였던 구제 무사시고등학교를 전후에 신제 대학으로 개편하는 데 중요한 역할을 했고, 경제학부장과 대학 학장을 역임한 스즈키 타케오鈴木武雄가 동 도서관에 기증한 자료이다.

35 原朗, 「賠償・終戦処理」, 大蔵省財政室 편, 『昭和財政史―終戦から講話まで 第1巻―総説、賠償・終戦処理』, 東京 : 東洋経済新報社, 1984, 237쪽.

① 상실 해외 자산 총액

② 상실 연수 총액과 '내지인' 1인당 금액

③ '외지' 및 점령지에서의 일본의 기여의 구체적 방법

　: 농업생산력의 증대, 공장, 광산, 운수시설 등의 건설, 교육의 보급

④ 점령지에 대해 일본이 가한 손해의 평가

⑤ 해외자원 상실이 일본경제의 미치는 영향

⑥ 일본의 경제존립 상 취득을 필요로 하는 물자와 그 물자 확보상 유의
　사항

⑦ 취득을 요하는 지역별 주요물자

　조선 : 철광석, 무연탄, 비철금속, 쌀, 흑연

　타이완 : 쌀, 설탕, 장뇌

　사할린 : 목재, 석재, 펄프, 수산물

　만주 : 콩, 콩깻묵, 잡곡, 소금, 마그네사이트, 마그네시아 클링커

　화북 : 점결탄, 소금

　화중 · 하이난 섬 : 철광석

　화북 · 화중 : 유지 원료, 면화

⑧ 주요 해외기업의 장래

⑨ '내지'와 단절된 조선경제의 동향 · 조선경제의 일본 '내지'의존도의 연구

　이처럼 이미 조선경제에 대한 연구를 결정하고 있었고, 그 대강의 방
향성도 이미 제시되어 있었음을 알 수 있다. 이러한 경위를 거쳐 '외지
경제간담회'는 1946년 2월 5일에 첫 회합을 가졌다. 그러나 첫 회합에
제출된 사사오 노부오佐々生信夫(토쿄산업대학 경제연구소 조사원)[36]의 보고

서는 이미 1945년 12월 18일에 탈고되어, 20일에 등사판 인쇄되어 있었
으므로, 외무성으로부터 의뢰가 있었던 것은 9~10월경으로 추측된
다.[37] 따라서 외지경제간담회 구성도 패전 직후부터 구상되었던 것으
로 추정된다. 첫 회합은 타츠미 요시토모異良知 외무성 참사관 주도로 열
렸는데, 간사는 오키타 사부로 외무성 기사技師가 담당했다.[38] 오키타는

---

[36] 1942년에 토쿄상과대학에 입학한 사사오는 1학년 때에는 나카야마 교수에게 경제원론을, 야마
다 유조山田雄三 교수에게 통제경제와 계획경제를 수강하여, 아주 자세한 수강 노트를 남겨놓기도
했다(尾高煌之助, 「戰時體制下の学問と敎育」, 2008.4.1, 社団 法人如水会 一橋フォーラム第68
期フォーラム講義 'https://www.josuikai.net/modules/news/article.php?storyid=500'). 1944년 9
월 전시체제기에 일상화되었던 강제적 조기졸업을 당했으며, 같은 달 교명이 바뀐 모교 토쿄산
업대학 동아경제연구소 조사원이 되었다. 전공은 금융으로, 츠루 시게토都留重人와 함께 일반조
사·금융업 부서에 배속되었다. 외무성으로부터 연구위탁을 받은 1945년 당시에도 토쿄산업대
학 경제연구소(동아경제연구소를 개칭) 조사원으로 근무하고 있었다. 사사오는 1946년도 연구
계획으로 '분배과정의 우리나라 국민소득의 일 문제-공업노동력의 생산성과 임금에 대하여'라
는 프로젝트를 담당하고 있었다. 『昭和二十二年度經濟研究所事業概況』; 『東京産業大學東亞硏
究所彙報』 38, 1944.10; 『東京産業大學東亞研究所事業概況自昭和十九年十月至昭和二〇年三
月』(이 자료들은 一橋大学学制史專門委員会 編, 『一橋大学学制史資料』 第8卷(昭和15-57年經
濟研究所) 第7集, 1982, 26·36·102쪽에 소수). 한편 사사오는 山田雄三編, 『國民所得の分析』(東
京: 日本評論社, 1947)에 「더글라스의 한계생산력 측정ダグラスの限界生産力測定」이라는 논문을 게
재하고 있는데, 이 책이 간행된 1947년 10월에 이미 불의의 사고로 유명을 달리한 것으로 보인다
(宮本正明, 앞의 글, 133쪽).

[37] 「はしがき」, 佐々生信夫, 『經濟的観点から見たる我国朝鮮統治政策の性格と其の問題』 調三
資料第2号, 外務省調査局第三課, 1945.12.20. 사사오가 외지경제간담회 발표용으로 작성한
「經濟的観点より見たる『我か朝鮮統治政策の性格と其の問題』の概要報告」(1946.2.5)에 따
르면 '약 2개월' 만에 집필한 것으로 회상하고 있는 점을 들어 집필의뢰가 있었던 것은 그 이
전에 해당하므로 9~10월 경인 것으로 보인다. 이에 대해 미야모토는 10~11월경이었을 것
으로 추정하고 있다(宮本正明 2006, 117·133).

[38] 첫 회합은 1946년 2월 5일, 외무성 타츠미 참사관실에서 열렸다. 출석자는 아베 이사오阿部勇
(남만주철도주식회사), 스즈키 타케오(전 경성제국대학 교수), 사사오 노부오(토쿄산업대
학), 타히라 테이죠平貞蔵, 키타야마 후쿠지로北山富久二郎(토쿄제국대학 교수, 전 타이호쿠제국
대학 교수), 나미키 마사요시並木正吉, 외무성으로부터는 타츠미 요시토모(참사관), 나카무라中
村(관리국 사무관), 코바야시小林(관리국 사무관), 나카네中根(관리국 조사관), 이치카와 타이
지로市川泰治郎(조사국 조사관), 간사는 외무성 조사국 제3과에서 담당하였는데, 오키타 사부
로(기사), 카와카미川上(조사관), 고토 요노스케後藤誉之助(기사), 오가와 히로시小川寬(과장), 오
다小田(사무관)이었다. 만주, 조선, 그리고 타이완 등 구 '외지' 전문가와 배상과 해외 일본이
재산과 일본인의 활동에 관한 업무를 담당했던 관리국, 그리고 조사국이라는 진용이었다. 外
務省調査局, 『外地經濟懇談会議事概要(21.2.8)』 1946.2.8, 1~2쪽.

『일본경제재건의 기본문제』를 작성했던 「특별조사위원회」의 간사도 겸무하고 있었다. 따라서 외무성 내부에서는 주로 일본경제 재건에 관한 연구조사와 구 '외지' 경제에 관한 연구조사는 긴밀히 연계되어 있었던 것으로 추측된다.

외지경제간담회의 회의 목적은 다음과 같았다.[39]

패전의 결과 우리나라는 조선, 타이완, 카라후토, 남양 군도 등 외지 및 만주, 북지 등의 관계 특히 그 경제적 관계는, 이로 인해 절단됨이 없이, 오히려 종래의 지배, 피지배 관계를 청산한 모습으로 종전보다 한층 심화하여야 하는 측면이 적지 않다.

오늘날 이러한 상호 새로운 관계의 발족에 즈음하여, 과거 이들 지역에 대한 일본의 통치지배 실적을 객관적, 과학적으로 회고하는 것은, 생각건대 금후의 특히 상호 경제의 필연적, 유기적 관계(혹은 그 반대 관계)를 착오 없이 파악하기 위한 첫걸음이다.

회합을 개최하기 전에, 사사오에게 「경제적 관점에서 본 우리나라 조선통치의 성격과 그 문제経済的観点ヨリ見タル我国朝鮮統治ノ性格ト其ノ問題」의 집필을 위촉하였고, 그 보고서를 두고 논의하는 것으로 첫 회합을 시작하였다.[40] 이 보고서에는 11월 경에 집필된 것으로 추측되는 스즈키 타케오鈴木武雄(전 경성제국대학 교수)의 「독후감」이 첨부되어 있었는데, 여기

---

39 위의 책, 1쪽.
40 이 보고서는 『経済的観点から見たる我国朝鮮統治政策の性格と其の問題』로 히라가나로 고쳐, 1945년 12월 20일에 간행되었다.

에는 스즈키가 전후 최초로 조선 문제에 접근하는 시각이 엿보인다. 사사오의 위 논문의 탈고 날짜는 1945년 12월 18일이고, 등사판이 12월 20일이므로, 그 사이에 스즈키는 사사오의 집필논문을 읽었을 것으로 생각된다. 11월에 조선에서 일본으로 돌아온 직후였던 스즈키가 최초로 손을 댄 일 중 하나가 이 독후감이었던 것이다.

원래 외무성 조사국 제3과가 사사오에게 위촉한 과제는 '조선의 분리독립이 금후 우리나라에 미칠 영향 여부'라는 것이었다. 스즈키는 이러한 과제는 '실제적인 문제'이므로, '아카데믹한 논의'는 '실제적인 의도에서 볼 때 무의미한 것'이라며, 사사오의 논의를 비판하고 있다. 그리고 실제 정책에 공헌하기 위해서는 '명확한 해답'이 필요하다고 지적한 후, "일본제국주의에게 조선의 상실이 극히 커다란 손실이라는 것은 분석을 기다릴 필요가 없는 것이며, 그러므로 미국은 이를 우리나라에서 분리하고자 하는 것이기 때문"이라며, 카이로 선언(1943년 11월 27일)과 포츠담 선언(1945년 7월 26일)을 통해 조선을 일본으로부터 독립시키려는 것은, 그것이 일본에 '극히 커다란 손실'을 가져다주기 때문이라고 해석하였다.

따라서 식민정책의 일반론적인 어두운 측면負の部分에 대한 강조는 바람직하지 않으며, 조선통치의 '성과'를 강조해야 한다고 주장했던 것이다.[41] 또한 이 내용은 1946년 2월 5일에 외무성에서 개최된 '외지경제간담회'에서도 사사오와의 토론으로 재현되었다. 첫 회합은 사사오의 발표와 함께 이에 대한 스즈키의 토론이 이루어지는 형태로 열렸다. 이 회

---

41 鈴木武雄, 「讀後感」, 佐々生信夫 『経済的観点から見たる我国朝鮮統治政策の性格と其の問題』 調三資料第2号, 外務省調査局第三課, 1945. 12. 20, 141~143쪽.

합에서 사사오의 논지는 스즈키의 논지와 서로 대립하고 있었다. 사사오는 일본의 식민지 지배를 일반적인 식민지 통치와 본질적으로 동일한 것으로 결론지었다.[42]

종래 우리나라에서는 조선 통치에 대해서 예를 들면, '황민화' 또는 '내선일체' 등의 표현이 보여주는 것처럼 그 특수성만을 너무나 지나치게 강조했지만, 실제로 연구를 진척시켜보면 본질적으로는 역시 예를 들면 영국의 인도 통치에서 가장 대표적으로 볼 수 있는 것처럼 식민지 통치의 일반적 성격을 일본의 조선 통치에도 인정하지 않을 수 없다.

사사오의 보고에 대해서 스즈키는 일반성보다는 특수성을 강조하고 있다.[43]

일본의 식민지 통치 특히 조선 통치가 이른바 제국주의적이었다는 것을 부정하는 것은 불가능하지만, 일본의 통치에서 볼 수 있는 특수한 측면도 역시 무시해서는 안 된다. 특히 종전 후 과거에 있었던 일본의 대륙진출을 모두 제국주의적이었고, 착취였다는 듯이 국외는 물론 국내에서도 이야기 되고 있지만, 반드시 그렇게만 말할 수 없는 것으로, 이는 현지 그쪽 땅에 잔류하고 있는 사람들을 위해서도 또한 금후 평화적으로 다시 대륙으로 진출하지 않으면 안 되는 일본 전체로서도 실제문제로서 일고할 필요가 있는 문제이다. (…중략…) 위와 같이 단지 착취만 했던 것은 아니라고 할 뿐만 아

---

42 外務省調査局, 앞의 책, 3쪽.
43 外務省調査局, 앞의 책, 4쪽.

니라, **보다** 근본적으로는 대륙진출이라는 것 자체도 우리나라로서는 정말로 어쩔수 없었던 측면도 있었던 것으로, 전범용의자 등의 개인은 잠시 두고 '일본'을 변호하기 위해 어떻게든 이것을 어떠한 형태로든 확실히 할 필요가 있다고 생각한다. 그렇게 하지 않으면 지금 듣고 있는 것을 묵인하는 것이 되고, 장래에도 일본인은 필요이상으로 떳떳하지 못한 생각을 하지 않으면 안될 것이다. (강조 원문)

즉, 사사오는 '학구적, 이론적인 입장'에서 논의를 전개하였고, 스즈키는 '정책적, 현실적인 입장'에 중점을 두었다고 의사 개요에서는 정리되어 있다. 얼핏 보면, 사사오의 입장은 영국의 인도 통치와 일본의 조선통치를 비교하여 논의하고 있어, 일본의 제국주의적인 식민지 통치에 대한 자기 비판적인 '제국주의 일반성'을 주장하고 있는 것처럼 보인다.[44] 그러나 구미와 동일한 제국주의적인 식민지 통치였다는 생각에는, 일본은 구미와 동일한 일을 했을 뿐이므로, 구미로부터 점령되어 '점령개혁'을 강제 받고, 일본만이 구 식민지통치의 붕괴를 강요받는 것에 대한 소극적인 저항의식도 묻어나 있다고 볼 수 있었다. 이러한 사사오의 입장은 어디까지나 소극적이며, 자기방어적인 측면이 있었다는 점은 부정할 수 없다. 스즈키가 사사오의 입장에 정반대의 입장으로부터 논의를 편 것은, 이러한 문맥에서 이해할 필요가 있다. 사사오가 점령 당국 또는 연합국 측과의 관계를 고려했다고 한다면, 스즈키는 동아시아 제국과의 관계를 고려하면서 논의를 펴고 있었다.

---

[44] 宮本正明, 앞의 글, 118쪽.

그렇다면 스즈키는 어째서 이러한 '정책적, 현실적'인 입장을 중시해야 한다고 주장했던 것일까? 이런 의문에 대한 해답의 실마리를 위 간담회에 참가하고 있었던 키타야마 후쿠지로北山富久二郎(도쿄제국대학 교수)가 제공하고 있다. 타이베이제국대학 교수를 역임했던 키타야마는 타이완에 관한 자신의 논지를 개진하면서, "타이완인은 현실적이어서 조선인처럼 강렬한 정치의식을 가지고 있지 않다는 점"[45]을 지적하고, 전후가 되어서도 재타이완 일본인이 타이완에 계속해서 거주할 수 있을 것이라 예상하고 있었다.

패전 직후 재외 일본인의 안정적인 귀환보다는 가능한 한 재외 일본인이 구 '외지'에 계속해서 거주할 수 있기를 희망했던 일본정부로서는, 일본의 식민지 통치가 제국주의의 일반성을 가지고 있었다는 평가를 회피하고 싶었던 것이다. 그러나 조선의 경우, 자기 자신이 재조선 일본인 귀환자였던 스즈키로서는 재조선 일본인의 철수는 피할 수 없는 사태였다는 것을 자신의 경험을 통해 숙지하고 있었다. 따라서 식민지 통치에 대한 긍정적 평가는 미국의 대일배상정책에 대응하기 위해서뿐만 아니라, 언젠가 독립국가가 될 '조선' 정부와 장래에 교섭할 때 '필요이상으로 떳떳하지 못한 생각을 하지 않을 수 없게 될 것'이라는 점을 회피할 필요가 있었다는 점을 중시하고 있었기 때문이었을 것이다.

마지막으로 이 간담회는 조사 목적을 다음과 같이 명확히 제시하였다.[46]

일본의 과거에 있어서의 외지 등의 통치, 지배가 올바르게 파악되어 명확

---

45 外務省調査局, 앞의 책, 5쪽.
46 外務省調査局, 앞의 책, 6~7쪽.

하게 되는 것은,

먼저, 첫째로 현재 그들 지역에 여전히 잔류하고 있는 일본인을 위해서,

둘째로는 앞으로 일본이 대륙 등에 진출해야만 한다면 그 경우 전철을 밟지 않기 위해 또한 그것을 반복해서는 안되기 때문에,

셋째로 앞으로 그들 지역과 결합할 필요가 있다고 한다면 오해에 의한 장애를 제거함으로써 보다 결합을 용이하게 하기 위해서,

넷째로 배상 문제 등에 관련하여 반드시 필요하게 되었던 것이다.

즉, ① 잔류 재외 일본인 대책으로서, ② 금후 동북아시아에 '재진출'할 때의 재료로서, ③ 금후 국교 정상화할 때, 교섭을 유리하게 할 재료로서, ④ 배상대책으로서 구'외지' 조사가 필요하다고 역설했던 것이다.

외무성은 사사오의 보고서에 덧붙인 「머리말」에서 사사오의 논리보다는 스즈키의 논리 쪽으로 이미 경사되어 있음을 보여주고 있다.[47]

두 나래[조선과 일본] 외교 관계의 출발점에 선 현재, 과거 일본의 조선 통치의 실적을 과학적으로 회고, 비판－특히 정치문화의 기저로서 경제라는 관점에서－하는 것은 무의미한 것은 아닐 것이다. 우리 괘[외무성 제3괘]에서는 위와 같은 관점을 바탕으로 올해[1945년] 9월 토쿄산업대학 사사오 노부오 씨에게 연구를 위촉하였던바, 최근 보고서의 제출이 있었는데, **필자의 견해에 대해서는 권말에 붙인 전 경성제국대학 교수 스즈키 타케오 씨의 독후감에도 있는 바와 같이 반드시 전면적으로 승복하기 어려운 점도 있지만, 극히**

---

47 「はしがき」佐々生信夫『経済的観点から見たる我国朝鮮統治政策の性格と其の問題』調三資料第2号, 外務省調査局第三課, 1945.12.20.

양심적인 노작임에는 의심할 여지가 없으므로 오히려 등사 인쇄에 부쳐 관계 방면의 참고가 되기를 바랄 따름이다.(강조와 보충은 인용자)

결국 소극적인 저항론을 전개한 사사오의 논의보다는, 앞으로 있을 교섭에 대비하기 위해서 정책적인 문제에 우위를 둔 스즈키의 주장을 선택했던 것이다. 왜냐하면, 원래 외무성이 스즈키에게 「'독립' 조선경제의 장래」에 해당하는 논문만을 위탁했을 뿐이었지만, 사사오에게 위탁한 「일본의 조선 통치 실적의 과학적인 회고·비판」이라는 과제마저 스즈키의 「조선 통치의 성격과 실적-반성과 반비판」으로 대체되었던 것으로 생각되기 때문이었다.[48]

2) 외무성과 대장성 공관共管 '재외재산조사회'

'외지경제간담회'에 관해서는 첫 회합만을 파악할 수 있었지만, 여기에는 외무성 조사국은 물론 대장성 관리국 관료도 참가하고 있었다. 이러한 사실은 대외비문서인 대장성 관리국이 편찬한 『일본인의 해외활동에 관한 역사적 조사日本人の海外活動に関する歴史的調査』(이하 『역사적 조사』)[49]의 집필을 위한 연구조사 그룹과 이들 행정조직과의 인적·조직

---

48 또한 「조선통치의 반성朝鮮統治の反省」(『世界』 1946.5, 東京 : 岩波書店)은, 「독후감」에서 보여준 시각을 본격적으로 정리한 「조선 통치의 성격과 실적-반성과 반비판」을 간결하고 표현을 부드럽게 만든 형태로 요약하여, GHQ / SCAP의 검열을 통과하여 공간公刊된 것이다. 전후에 저작된 스즈키의 조선 관련 저작과 출판물에도 반영될 논리를 공개적으로 보여준 논문이다.

49 전 11편 35책, 1950년 7월 인쇄, 그중에서 조선편은 10분책으로 구성. 이 시리즈는 1970년대에 류케이쇼사龍渓書舍에서 복각하고자 하는 움직임이 있었지만, 당시 대장성의 강력한 반대에 부딪혔다(小林英夫, 『『日本人の海外活動に関する歴史的調査』』, 井村哲郎 편, 『1940年代の東アジア─文献解題』, 東京 : アジア経済研究所, 1997, 298쪽). 대장성은 저작권이 자신에게 있음을 들어 '복각 간행 중지 가처분'을 집행하였고, 이로 인해 재판에서 다투게 되었다. 토쿄 지방재판소(1977년) 및 토쿄 고등재판소(1982년) 그리고 최고재판소(1984년)에서 모두 국가가 승

적 연결을 찾는 실마리가 된다. 또한 '외지경제간담회'와 마찬가지로 『역사적 조사』도 조선, 타이완, 남양군도, '만주와 중국滿支', 카라후토 등을 조사대상에 포함하고 있어, '외지경제간담회'의 조사 목적과 거의 일치하고 있다.

'외지경제간담회'에 참가하고 있던 키타야마 후쿠지로와 스즈키 타케오 역시 『역사적 조사』 사업에 참여하고 있어, 인적인 연결도 있었다. 특히, 스즈키 타케오는 『역사적 조사』 속에서 '총론'과 '조선편' 집필 작업을 주도하고 있었고, 스즈키가 집필한 「조선통치의 성격과 실적—반성과 반비판朝鮮統治の性格と実績—反省と反批判」과 「'독립' 조선경제의 장래「独立」朝鮮経済の将来」가 통권 제11책 제10분책에 들어 있다. 이 두 논문은 외무성 조사국 제3과 자료, 즉 「조삼자료調三資料」의 제7호(1946년 3월 1일) 및 제12호(1946년 6월 20일)로 미리 간행되기도 했다.

이렇게 외무성에서 개시되었던 '외지경제간담회' 활동이 외무성과 대장성이 공관共管하는 '재외재산조사회' 활동과 연결되어, 『역사적 조사』로 수렴·발전되어 갔다고 할 수 있다. 『역사적 조사』는 대장성 관리국[50]이 간행한 것으로 되어 있었지만, 그 집필은 재외재산조사회에서 이

소하여, 결국 복각이 중단되었을 정도로 일본정부로서는 공개되는 것을 꺼렸다. 이 소송이 발생하기 전에 '조선편' 제2책 및 제9책만을 합책·복각하여 『朝鮮における日本人の活動に関する調査』라는 제목으로 코호쿠샤湖北社에서 출판된 적이 있다(宮本正明, 앞의 글, 137쪽). 그러나 한국의 복각업자인 고려서림에서 1985년에 복각판이 간행되어 오히려 일본에 역수입되어 많은 연구자가 이용할 수 있게 되었다. 그러나 복각 간행 당시 일부 쪽의 위치가 잘못되어 있는 등의 문제가 있었다(並木真人, 「『日本人の海外活動に関する歴史的調査』朝鮮編」, 井村哲郎 편, 앞의 책, 299쪽). 현재는 잘못된 부분을 정정하여 2000년부터 유마니 쇼보ゆまに書房에서 복각판이 간행되어 있다(宮本正明, 앞의 글, 137쪽). 유마니 쇼보의 범례에는 이 시리즈를 대장성 재외재산조사회가 작성하였고, 대장성 관리국 이름으로 1950년에 인쇄되어 배부되었다는 기술이 있다. 또한 내용에 대해서도 대장성으로서는 원래 조사 자료는 공간公刊을 위해 집필된 것이 아니었기 때문에, 그 책임을 지지 않는다는 문구가 첨부되어 있다.
50 편자로서 이름을 올린 대장성 관리국은, 대정성의 패전 행정 업무를 일괄하여 담당하는 부서로

루어지고 있었으므로, 이 사업이 대장성 관리국 단독 사업이었다고 할수는 없을 것이다.[51] 재외재산조사회는 외무대신과 대장대신 관리하에 '재외재산의 조사'를 목적으로 하는 기관으로 1946년 9월 1일에 설치되어, 9월 26일에 간사와 위원들의 첫 회합을 했다. 「재외재산조사회규정」(1946년 8월 28일 실시)에 따르면 관제에 의하지 않고 외무성과 대장성 공동의 내부규정에 근거하여 제도상으로는 '비공식'적 기구였다. 회장은 외무대신, 부회장은 대장차관大藏次官이 맡았으며, 서무는 외무성 관리국 경제부와 대장성 특수재무부(이후 관리국)가 공동으로 관장하였다.

재외재산조사회에는 두 가지 과제가 맡겨졌다. 하나는 재외재산에 관한 자료 수집과 평가 추계의 산출이었다. 대장성령 제95호에 근거하여 관계기업이 제출한 재외재산보고서의 처리, 민간 자료의 수집을 담당하였다. 이 작업은 1947년 3월 4일에 일단 수집자료의 추계작업이 종료되었지만, 그 후에도 추계작업이 계속되었다. 1948년 12월 21일에 제20회 추계결과를 대장성이 GHQ / SCAP에 최종적으로 보고하였다. 다른 하나

서 1946년 4월에 설치되었던 특수재무부의 업무 중에서, 배상과의 업무를 1947년 4월에 계승하여 설립되었다. 대장성 관리국은 이 자료를 간행할 당시인 1950년 이전인 1949년 5월에 폐지되었지만, 탈고가 이미 1947년에 종료되었기 때문에, 편자명은 그대로 대장성 관리국으로 하였다고 한다. 또한 편집위원으로는 이노마 키이치猪間驥一, 스즈키, 키타야마, 카네코 시게오金子慈男 등으로, 스즈키는 조선편을 실질적으로 담당했다고 생각된다(小林英夫, 앞의 글, 297쪽). 대장성과 조선사업자회, 그리고 스즈키와의 관계에 대해서는 並木真人, 앞의 글 참조.

51 並木真人, 『日本人の海外活動に関する歴史的調査』 朝鮮篇 補論 —『日本人の海外発展に関する歴史的調査』および『日本人の海外活動に関する研究調査』を中心に」, 井村哲郎 편, 앞의 책, 321쪽. 또한 일본 아시아경제연구소 키시 코이치 컬렉션岸幸一コレクション의 다음과 같은 해제가 참고가 된다. 'http://d-arch.ide.go.jp/kishi_collection/d10.html(검색일 2009.8.2)'.
"실제로 대장성 관리국 『일본인의 해외활동에 관한 역사적 조사』는 '우선 연합국에 대한 배상관계'와 '또한 가능한 시기가 오면 국가의 개인에 대한 보상이라는 관계'에서 '일본 및 일본인의 해외사업의, 최종단계를 목적으로 하여 1946년 외무성·대장성 공관 하에 실시된 조사사업의 보고서'이다. 조사는, '조선', '타이완', '카라후토', '남양군도', '만주', '북지', '중남지', '남방제1(육군점령지역 — 인용자)', '남방제2(해군점령지역 — 인용자)', '구미 기타' 등 10개 부회로 구성되었으며, 보고서는 1947년 초봄부터 연말에 걸쳐 집필된 것으로 보인다."

는 재외재산조사회에서 수치화된 재외재산이 어떠한 경위로 축적되었
는지에 대한 '역사적 생성과정'을 기록하는 작업이었다. 이 작업이 『역사
적 조사』로 결실을 맺었던 것이다. 1947년 6월경에 편집 작업이 시작되
었는데, 『역사적 조사』에 관한 한 대장성 쪽에서 정리했다고 생각된다.[52]

『역사적 조사』의 집필 경위에 대해서는, 우방협회 자료로 가쿠슈인
대학學習院大学 동양문화연구소에 소장되어 있는 『일본인의 해외발전에
관한 역사적 조사日本人の海外発展に関する歴史的調査』 자료와 『일본인의 해외
활동에 관한 연구조사日本人の海外活動に関する研究調査』 자료와의 관련성을
분석한 나미키 마사토와 미야모토 마사아키의 연구가 대표적이다.[53]
1947년 6월 18일에 재외재산조사회 총무부회 및 각 지역부회, 그리고
대장성에서 파견된 대표자가 출석한 제1회 부회회장회의部會會長會議 자
리에서, 편집위원을 총무부회에 둘 것을 결정하였다.

1947년 7월 1일에 열린 제1회 편집회의에서, 스즈키 타케오, 키타야
마 후쿠지로, 카네코 시게오金子滋男, 마츠오 히로시松尾弘 등이 「총론」을
담당하기로 하였다.[54] 스즈키 타케오 등 편집위원들은 『역사적 조사』
「총론」 집필에 임하여 일본의 식민지 경영의 군사적 측면을 부정·축소
하고, 경제적인 측면을 강조하는 쪽으로 방향을 제시하였다. '기본적인
편집방침'으로 "일본의 식민지 발전이나 외지에 대한 시책의 역사는 순
수한 경제활동의 역사로, 일시적으로 또는 일부 국방상 필연적인 발전
과정이 있었다고는 하나, 그것들은 본질적으로는 여기에서 드러낼 정

---

52 宮本正明, 앞의 글, 123~124·136쪽.
53 並木真人, 앞의 글; 宮本正明, 앞의 글.
54 宮本正明, 앞의 글, 124쪽.

도의 의의를 가진 것은 아니었고, 또한 오늘날 불필요한 것"이라는 견해를 밝혔다.[55] 또한 '타이완 영유', '한국병합', '만주사변 발발', '태평양전쟁' 등과 같은 시기구분은 "일본이 무력으로 세력을 신장했던 것처럼" 느껴지므로, '전쟁 이외에 일본 세력이 신장되었음을 보여줄 적당한 사건'으로 시기구분의 기준으로 정하도록 수정했다.

연구 시각에서도 "일본과 동아와의 경제적 관계가 절대적인 것"이었고, "때로는 침략이라는 것이 나타나기도 하고, 전쟁이라는 것이 나타나기도 했지만, 근본적으로는 일본과 동아는 긴밀히 연결되어야하는 것으로 이른바 떼려야 떼어낼 수 없는 관계"를 강조하여야 하며, "전쟁을 방기한 일본이 이후에 동아와의 연결이 어떠한 형태로 나타날 것인지" 여운을 남겨놓아야 한다고 주장했다.[56]

『역사적 조사』에는 조선 전문가였던 스즈키와 같이 이론적인 측면도 포함하여, 조선 관계자 그룹이 조직적인 측면은 물론이고 이론적인 측면에서도 무시할 수 없는 역할을 했다는 점은 주목할 만한 가치가 있다.

예를 들면, 전 조선총독부 재무부장 출신으로 조선부회 회장이었던 미즈타 나오마사水田直昌의 회고에 따르면, 구우구락부旧友俱樂部[57]에서 중단 상태에 빠져있던 조선 통치의 기록 작업을 재외재산조사회 사업으로 전환해, 조선만이 아니라 전 '외지'의 통치 전반을 편찬할 필요성을 역설한 결과, 예산을 획득하여 『역사적 조사』를 편찬하게 되었다고 한

---

55 「總論ノ執筆方針」, 『歷史的調査關係 朝鮮部會』, 『日本人の海外發展に関する歷史的調査』, 友邦文庫 M4-165, 学習院大学東洋文化研究所 소장.

56 「第一回編輯會議記錄」, 『歷史的調査關係 朝鮮部會』, 『日本人の海外發展に関する歷史的調査』, 友邦文庫 M4-165, 学習院大学東洋文化研究所 소장.

57 구우구락부는 식민지기의 구 조선총독부 관계자를 중심으로 조직되어 있던 중앙조선협회를 계승한 단체였다. 宮本正明, 앞의 글, 128쪽.

다. 이렇게 조선 관계자 그룹은 조선이라는 지역단위에서 구상되고 있던 통치기록의 편찬 작업을 구 외지 즉 일본의 세력권 전 지역을 대상으로 한『역사적 조사』로 확대한 원동력이 되었다.[58]

나미키 마사토에 따르면,『역사적 조사』조선편의 집필은 다음과 같이 C→B→A라는 흐름에 따라 이루어졌다.

C : 초고 집필자(「결제보고서」 집필 그룹)에 의한 초고 집필

B : 조선부회 실무담당자(실질적 대표 : 스즈키 타케오)―구우구락부＝조선사업자회[59][야마구치 시게마사(山口重政) 등] : 조선부회 실무 담당자에 의한 편집・감수, 스즈키 타케오를 통해 재외재산조사회에 제출. B・C 단계에서 조선사업자외의 야마구치 시게마사 등의 그룹이 실무 담당.

A : 대장성 관리국―재외재산조사회―각부회 : 대장성 관리국 명의로 발간

나미키는『역사적 조사』속에「조선편」만으로도 1,600쪽에 달하는 방대한 원고를 1947년 6월부터 12월 말까지라는 단기간 내에 완성할 수 있었던 배경으로, 구우구락부와 조선사업자회 등이 상당히 초기 단계에서부터 여러 가지 형태로 집필이 진행되고 있었던 경위가 있었다고

---

58 宮本正明, 앞의 글, 131쪽.
59 조선사업자회는 1945년 12월에 설립되어, 조선, 특히 소련군정하의 북조선 지역에 잔류 혹은 억류 중인 일본인 기업가들의 구출활동과 귀환자들의 구호활동에 종사하고 있었는데, 점차 각 기업이 조선에 남겨놓은 자산에 대한 국가보상을 요구하는 활동을 추진하게 되었다고 한다. 이 그룹이 해외사업 전후대책 중앙협의회 산하 조선부회로 들어갔고, 이 중앙협의회가 재외재산조사회로 들어가면서,『역사적 조사』집필 과정에 참여하게 되었다. 並木真人, 앞의 글, 321쪽.

분석했다.[60] 이런 여러 가지 형태에는 귀환자들의 이익단체에 의한 활동만이 아니라, '외지경제간담회' 자료에서도 확인할 수 있는 것처럼 정부의 사무 레벨에서의 연구 조사 활동도 존재하고 있었다.

미야모토 마사아키는 재외재산을 둘러싼 배상·보상 문제가 『역사적 조사』 작성과정에서 식민지 인식의 내용의 방향을 잡는 데 중요한 역할을 하였다고 분석했다. 배상·보상 문제라는 현실화할 것으로 전망하고 있었던 일본 정부와 귀환자들에게 『역사적 조사』에서 표현된 식민지 인식이라는 '일종의 작위'의 석출이 필요했던 것이다.[61] 그러나 미야모토 자신도 장래의 아시아 여러 나라들과의 경제적 결합을 그들도 전망하고 있었다는 점을 인정하고 있듯이 배상·보상 문제만이 아니라 동아시아 지역과의 결합에 대한 인식에 대한 총괄이라는 의미도 있었다.[62]

3) 재단법인 일본경제연구소의 구 '외지' 연구

구 '외지'연구는 외무성과 대장성뿐만 아니라 이에 평행하여 타카하시 카메키치高橋亀吉가 주도하는 재단법인 일본경제연구소[63]에서도 같은 시기에 진행되고 있었다. 타카하시는 전전에 식민지 조선 경제에 관

---

60 並木真人, 앞의 글, 328쪽.
61 宮本正明, 앞의 글, 130쪽.
62 위의 글, 130~131쪽.
63 1946년에 설립된 경제·사회 문제 해결을 목적으로 하고 있는 경제산업성·문부과학성 관할의 재단법인으로 현재에도 건재하다. 일본정책투자은행(구 부흥금융금고)와 협력관계를 맺고 있다. 창립자이자 초대 이사장은 타카하시이다. 그 외에 미우라 테츠타로三浦銕太郎, 우에무라 코고로植村甲午郎, 아리사와 히로미有沢広己, 히가시 에이지東榮二, 유모토 타케오湯本武雄가 이사로 포진해 있었으며, 자금지원은 츠시마 주이치津島寿一의 협력이 있었다. 高橋亀吉, 『経済学五十年－私の人生とその背景』, 1963, 267~268쪽. 연구계획에 관련된 자료로는 「経済再建に関する研究項目案－日本経済研究所関係」(有沢資料, 東京大学経済学部図書館 소장) 참조.

한 연구 경험[64]을 가진 민간 이코노미스트로 일제시기부터 경제평론 활동을 하며, 경제정책에 대해 정부에 대해 조언도 하고 있었다. 전시기에 '자연소멸 상태'에 빠진 자신의 타카하시경제연구소高橋經濟研究所를 청산한 타카하시는, 1946년 4월에 상공성과 대장성으로부터 자금 지원을 받아 재단법인 일본경제연구소를 설립했다.[65] 일본경제연구소는 설립년도(1946년)의 「본년도사업계획本年度事業計劃」에 따르면 다음과 같이 되어 있다.[66]

별지 제1호 「일본경제재건에 관한 기초적 연구항목안日本經濟再建に關する 基礎的研究項目案」의 선에 따라 기본적인 조사연구를 본 연도 연구계획의 근간으로 하고, 우선 「조선, 타이완, 만주, 카라후토, 남양 등 구 외지상실의 경제적 영향」의 조사연구에 제1차 연구초점을 두고, 목하 제2호 『조선상실에 관한 경제적 영향과 금후의 일선경제관계朝鮮喪失の経済的影響と今後の日鮮 経済関係』와 같은 연구 구상에 의해 조선에 관한 보고를 정리 중

「별지 제1호 ─ 일본경제재건에 관한 기초적 연구항목안」에는 「무역을 통해 본 외지 급 만주 상실의 영향」, 「외지 급 만주 자원 상실의 영

---

64 高橋亀吉, 『現代朝鮮經濟論』, 東京：千倉書房, 1935.
65 高橋亀吉, 『経済学五十年 ─私の人生とその背景』, 1963, 268쪽.
66 「本年度事業計劃」; 「別紙第二号 朝鮮喪失の経済的影響と今後の日鮮関係」. 두 자료 모두 『経済再建に関する研究項目案 ─日本経済研究所関係』(有沢資料, 東京大学経済学部図書館所蔵)에 합철되어 있다. 한편, 1946년도 계획안 속에는 「조선상실의 경제적 영향과 금후의 일선경제관계」 이외에도 「무역을 통해 본 외지 급 만주 상실의 영향」, 「외지 급 만주 자원 상실의 영향」, 「안정적인 판로(외지 급 만주) 상실의 영향」, 「금융면에서 본 외지 급 만주상실의 영향」, 「재정면에서 본 외지 급 만주상실의 영향」 등의 항목을 확인할 수 있다(高橋亀吉, 위의 책, 270쪽).

향」,「안정된 판로(외지 급 만주) 상실의 영향」,「금융면에서 본 외지 급 만주 상실의 영향」,「재정면에서 본 외지 급 만주 상실의 영향」 등의 항목을 확인할 수 있다.[67] 일본경제연구소 최초의 프로젝트로 '정리 중'에 있었던 『조선상실의 경제적 영향과 금후 일선 경제관계』는 실제로 정리된 보고서 목차와 약간의 차이가 있을 뿐, 계획대로 수행되었다.

이 연구계획은 조사·집필 과정에서 구 조선총독부 관료와 기업가 등, 조선에서 귀환한 조선 통치기구 출신들이 연구회를 열어, 스즈키가 코디네이터의 역할을 수행하고 있었다.[68] 즉, 『역사적 조사』 '조선편'을 집필한 조선부회의 멤버도 '조선사업자회' 등 조선에서 귀환했던 멤버들로 구성되어, 두 조사활동은 서로 깊은 관련을 맺고 있었다. 이렇듯 일본경제연구소에서의 구 '외지' 연구도 조선관계자 그룹이 선도하고 있다는 인상을 준다. 그 속에서도 스즈키는 각 부문 전반에 걸쳐 총괄자의 역할을 담당하고 있었다.

스즈키는 일본경제연구소에서도 조사활동을 총괄하는 역할을 담당하고 있었다. 이 연구과제는 일본으로부터의 독립이 조선에 초래할 득실을 논하며 스즈키가 외무성에 제출한 보고서 「독립' 조선경제의 장

---

67 高橋亀吉, 위의 책, 270쪽.
68 저자는 조선의 산업 일반을 담당한 전 조선총독부 식산국장 호즈미 신로쿠로穂積真六郎, 광업관계는 전 조선총독부 기사 카사이 아키라笠井章, 상공성 광산국 광업과 이와타 토모사부로岩田友三郎, 코바야시 광업사장 코바야시 우네오小林采男가 담당하였으며, 화학공업 및 전력관계는 일본질소비료 부사장 시라이시 소죠白石宗城, 화학공업연맹 총무부장 시마 토시히로島敏弘, 전 조선총독부 식산국 전기제1과장 카도나가 키요시角永清가 담당했다. 방적부문은 섬유협회 이사 타가와 신이치田川信一가 담당했으며, 생사 부분은 카타쿠라 공업 취체역 하나오카 마스미花岡真澄가, 철강업 일반은 철강협회 생산부장 시바사키 쿠니오柴崎邦夫가 담당했다. 기계공업일반은 히타치 제작소 취체역 타케우치 카메지로竹内亀次郎가, 금융재정 부분은 전 조선은행 이사 핫토리 다이죠服部岱三가 담당했다. 각부문 전반을 담당한 것은 전 경성제국대학 교수이자 일본경제연구소 평의원 겸 촉탁인 스즈키 타케오였다. 스즈키의 식민지조선 인식은 이 연구의 전제가 되었던 식민지조선 경제에 대한 인식에 영향을 주었다고 생각된다.

래 『独立』朝鮮経済の将来」와는 보완관계에 있었다.

당초 계획으로는 이 보고서를 일본경제연구소 최초의 성과물로 출판할 예정이었지만, GHQ / SCAP의 검열로 '중요한 점의 삭제'를 지시받고서 출판을 단념했다고 한다.[69] 문제가 된 부분은, 구 '외지'와의 관계를 어떻게 재구축할 것인가라는 부분과 관련되었을 것으로 추측된다. 패전 후 일본과 구 '외지'의 '종래'부터의 경제관계는 일본을 중심으로 한 블록경제의 재구축이었기 때문이었다. 자유무역 원칙을 내세우고 있었던 미국의 전후 세계 경제정책하에서는 동아시아 지역에 일본을 중심으로 한 블록경제의 재건은 허용될 수 없는 것이었다.

물론 그것은 패전 후 일본이 미국의 자본원조에 기대는 형태로, '종래'의 블록경제권을 유지하고자 하면서, 요시다가 언급한 '구 외지와의 특혜관세 운영' 구상[70]이나 시게미츠처럼 '장래의 희망을 품는다면 조선이 또다시 제국에 복귀할 것을 기대'하거나[71], 수동적인 어조를 취하긴 했지만, 조선과 타이완 등 구 외지의 주권은 여전히 휴지(혹은 휴면)상태에 있다고 하는 당시 일본정부의 논리[72] 등, 조선을 '일본제국'에 복귀시키고자 하는 구상과 연결될 위험성이 GHQ / SCAP의 검열관의 눈에 걸려든 것이라고 추측된다.

---

69 高橋亀吉, 앞의 책, 270쪽.

70 「小畑敏四郎宛書翰」(1945.8.27), 吉田茂記念事業財団 편, 『吉田茂書翰』, 東京 : 中央公論社, 1994, 176쪽.

71 "Circular Sent out by Foreign Minister Shigemitsu on 25 August", "MAGIC" − Diplomatic Summary, No.1252, 29 August, 1945 in *The MAGIC Documents − Summaries and Transcriptions of the Top Secret Diplomatic Communications of Japan 1938-1945*, Frederick, M.D. : University Publications of America, c1982, microfilm, reel no.14.

72 【極秘】電報案朝鮮政務総監宛」(1945.8.24), 『善後処置および各地状況関係(朝鮮)第7巻』, 外交記録A'−0117, 外交記録公開文書検索システム 'http://gaikoukiroku.mofa.go.jp'.

타카하시는 이를 계기로 일본경제연구소는 '외지 및 세력권 상실'에 관한 연구를 중지하게 되었다고 술회하였지만, 실제로 완료된 보고서 목차와 조금 차이가 날 뿐, 계획대로 진행되어, 최종적으로 이『조선상실의 경제적 영향과 금후의 일선경제관계』는 1946년 11월에 비매품으로 간행되었고, 경제안정본부에 대한 첫 번째 조사보고서로 제출되었다.[73] 조선 연구는 그 후에도 이어져, 1951년에『남북분단의 조선경제 ―그 안정구조연구에의 서론적 고찰南北分断の朝鮮経済―その安定構造への序論的考察』을 간행하기도 하였다.

재단법인 일본경제연구소의 연구계획은, 당시 진행되고 있었던 조선 지역에만 국한된 것이 아니라, 구 '외지' 전역을 그 대상으로 하고 있었다는 점을 고려할 때, 개별적으로 이루어지고 있었던 것이 아니라, 오히려 '외지경제간담회'의 연구조사계획, 그리고『역사적 조사』등의 제 활동이 중층적으로 혹은 서로 시간적인 연관관계를 가지면서 수렴되어 갔다고 판단할 수 있다.

5. 스즈키 타케오와 조선 정치경제연구와의 관련

패전 직후 외무성과 대장성을 중심으로 조선을 포함한 구 식민지 및 세력권에 대한 조사연구 프로젝트가 수립되어 있었고, 또한 타카하시

---

73 日本経済研究所 편,『朝鮮喪失の経済的影響と今後の日鮮経済関係の将来』, 経済安定本部への調査報告書(其ノ一), 1946.11. 그후에도 일본경제연구소 총서 제4집으로서『구외지와의 경제관계의 장래旧外地との経済関係の将来』가 기획되어 있었지만, 실현되지는 않았다. 이에 대해서는 日本経済研究所 편,『貿易再開と各産業の将来』(叢書第3輯), 1947, 序3쪽.

카메키치를 중심으로 설립된 재단법인 일본경제연구소에서도 구 '외지' 연구의 일부로서 조선 연구가 이루어지고 있었다. 스즈키는 외무성·대장성과 조선사업자회·재외재산조사회 조선부회, 그리고 일본경제연구소를 통한 밀접한 인간관계 속에서 패전 직후 관민을 불문하고 구 조선 지배기구 관계자 그룹과 함께 조선 연구에 깊이 관여하고 있었다.

우연히도 천황 히로히토보다 이틀 먼저인 1901년 4월 27일에 태어난 스즈키의 삶은 그가 히로히토로 대표되는 일본의 근현대사의 한복판을 살아왔다는 것을 상징적으로 보여준다. 스즈키의 학생 시절은 일본의 1920년대 타이쇼 데모크라시 시대와 중첩되어 있었고, 타이쇼 교양주의와 사회주의의 세례를 받았다. 1919년 4월부터 1922년 3월까지를 보낸 구제 제삼고등학교旧制第三高等學校 재학 중에 스즈키는 신극활동과 더불어 『키네마준포キネマ旬報』에 영화평론을 투고하는 등의 활동에 열중하는 한편, 구제 제삼고등학고 맞은편에 있는 쿄토제국대학에서 카와카미 하지메河上肇 교수의 '경제원론' 강좌를 청강하거나 크로포트킨의 『상호부조론』을 읽으면서 사회주의에 접하게 되었다. 토쿄제국대학 법학부 정치학과에 진학해서는 급진적 학생서클 '신인회新人會'[74]에 가입하였다. 이시기 그는 노농파계의 사회주의운동에 어느 정도 관여하고 있었다고 보여진다. 1924년 11월에 고등문관시험에 합격하였으나, 대학 졸업 후, 경제학부 대학원으로 진학하였다. 지도교관은 히지카타 세

---

74 신인회에 대한 연구는 다음을 참조. Henry DeWitt Smith II, *Japan's First Student Radicals*, Cambridge, Mass. : Harvard University Press, 1972, 일본어 번역본으로 H·スミス(松尾尊兌·森史子譯), 『新人會の研究-日本學生運動の源流』, 東京 : 東京大學出版會, 1978; 中村勝範, 『帝大新人會研究』, 東京 : 慶應義塾大學出版會, 1997. 신인회 멤버들의 회상록으로는 石堂清倫·竪山利忠 편, 『東京帝大新人會の記錄』(東京 : 經濟往來社, 1976)를 참조

이비土方成美 교수였지만, 노농파계의 재정금융론자 오우치 효에大內兵衛 교수로부터 실질적인 지도를 받으면서 재정학, 화폐금융론, 일본재정사 등에 관한 연구를 개시했다.[75]

스즈키가 조선의 정치경제 연구를 개시했던 것은 1928년 4월 경성제국대학 법문학부에 전임강사로 부임하여 '경제학 제2강좌'(화폐금융론)를 담당하고부터였다(1928년 5월에는 조교수, 1933년 2월부터 1935년 4월까지 유럽과 미국 유학, 1935년 4월에는 교수).[76] 당시 경성제국대학에는 경제학과가 존재하지 않았고, 법학과 안에 재정학과 화폐금융론 강좌가 설치되어 있었다. 이 강좌를 거점으로 조선의 경제연구가 이루어지고 있었다.[77] 1930년대 이후 일본의 대부분의 사회주의적 지식인들처럼 일본

---

75 그의 회고에 따르면, 대학 재학 중 『자본론』을 읽었으며, 일본공산당의 기관지인 『센키戰旗』와, 패전 후 일본사회당 좌파의 지도자가 되는 스즈키 모사부로鈴木茂三郎가 주재한 노농파 계열의 잡지 『타이슈大衆』에 '일본악기쟁의日本樂器爭議'를 취재하여 '나루키鳴木'이라는 필명으로 기사를 게재하는 등 실천 활동에도 가담하고 있다. 또한 노사카 산조野坂參三가 이끄는 사업노동조사소産業勞動調査所에서 일본공산당 고위간부들을 앞에 두고 강좌파인 노로 에이타로野呂榮太郎와 '어전논쟁御前論爭'을 벌이는 등, 이론적으로 쿠시다 타미조櫛田民藏, 이노마타 츠나오猪俣津南雄 등의 영향하에 노농파계에 가담하고 있었다고 한다(鈴木武雄·高橋誠·加藤三郎, 『鈴木武雄—經濟學の五十年』, 東京, 1980, 24~27쪽). 그러나 노농파는, 일본공산당과 조직적으로 강력히 연결되어 있었던 강좌파와는 달리 강력한 혁명조직을 보유하고 있지 못했다는 측면을 고려할 때, 스즈키의 실천 활동은 상당히 제한된 의미에서의 '이론적 실천'이었다는 점을 지적하지 않을 수 없다. 노농파와 강좌파의 조직적 기반에 대한 설명은 다음을 참조할 것. 日高普, 「マルクス經濟學の戰前と戰後」, 日高普 편, 『講座 戰後日本の思想2, 經濟學』, 東京 : 現代思想社, 1962, 23쪽.

76 사회주의적 활동 중에 조선의 식민지 상황에 대한 문제의식은 거의 없었던 것으로 보인다. 식민지시기 제3차 조선공산당 책임비서를 역임했던 김준연도 1919년 신인회 창립 초기 멤버였지만, 그의 회고에 따르면 신인회 내에서 조선의 독립 문제에 대해서는 한 번도 이야기해본 적이 없었다고 한다. 石堂淸倫·竪山利忠 편, 앞의 책, 34쪽

77 스즈키는 경성제국대학에 부임하면서, 토쿄제국대학 시절의 은사로 '식민정책'강좌 담당교수였던 야나이하라 타다오矢內原忠雄가 건넨 "조선 문제의 연구에 경성제국대학이 공헌했으면 한다"라는 말을 마음에 새겼다고 회고하고 있다. 스즈키는 이를 '조선 문제는 조선에 사는 사람이 맡아서 연구했으면 한다'라고 이해하고 있었고, 이에 따라 경성제국대학에 관제상의 기구는 아니었지만, 경제연구실 안에 '조선경제연구소'를 만들어 상당한 자료를 수집했다고 회상했다. 그러나 법문학부에 조선인 교수는 마지막까지 채용되지 않았다. 鈴木武雄·高橋誠·加藤三郎, 앞의 책, 103~105쪽. '조선경제연구소'가 수집한 자료는 현재 서울대학교 중앙

제국주의에 협력하게 되는 '전향'의 길을 걷게 되고,[78] 식민지 조선 통치 기구의 브레인으로 활동하게 된다. 스즈키는, 조선총독부 금융제도준비조사위원회(1930년 2월), 임시조선미곡조사위원회(1940년 8월), 농업계획위원회(1943년 1월), 조선전략평가심의위원회(1943년 4월), 기업정리위원회(1943년 10월)에서의 비상근 촉탁, 패전이 가까워진 시기에는 조선은행 중역실 비상근촉탁으로도 근무하는 등,[79] 조선총독부, 조선은행과 밀접한 관계 속에서 연구하였다.

그는 잡지 『초센교세이朝鮮行政』(帝國地方行政學會朝鮮本部)에 「조선행정강좌 조선금융론朝鮮行政講座 朝鮮金融論」이란 제목으로 연재했던 글(1937.9~1938.7)을 묶은 『조선금융론십강朝鮮金融論十講』[80]을 저작하여 조선금융 전문가로서 인정받고, 식민지시기의 대표작인 『조선의 경제朝鮮の經濟』[81]를 저술하였다. 1938년초부터 1942년초까지 발표한 논문을 모은 『조선경제의 신구상朝鮮經濟の新構想』[82], 그리고 만주상공회의소 중앙회에서 개최한 '결전배급총진군운동'에서 강연(1944.11)한 내용을 출판한 『결전하의 조선경제決戰下の朝鮮經濟』[83]등의 저작을 남겼다. 식민지 지배

도서관 고문헌자료실 소장 '경제문고'로 소장되어 있다. 권태억 외 편, 『서울대학교 중앙도서관 고문헌자료실 「경제문고」 해제집』, 서울대 출판부, 2007.

78 스즈키가 어떤 경로를 통해 '전향'하였는지 정확히 확인할 수 없다. 다만, 일본 사회주의자의 전향 문제에 대해, 조선, 만주 등 외지를 거점으로 '내지' 즉 일본을 개혁할 수 있다고 생각했던 메이지 시대 이래의 일본 사회주의자의 '혁신성'이 군부 파시즘의 '혁신성'과 결합해버린 것으로, 일본의 이익을 위해 조선, 만주를 수단으로 이용하고자 했던 사회주의자들의 내셔널리즘이 존재했다고 비판하는 이시도 키요토모石堂淸倫의 지적은 주목할 만하다. 石堂淸倫 외, 『十五年戰爭と滿鐵調査部』, 東京 : 原書房, 1986, 216쪽.

79 蛯名賢造, 『日本經濟と財政金融一鈴木武雄敎授の所說を中心に』, 東京 : 新評論, 1980, 205쪽; 鈴木武雄・高橋誠・加藤三郎, 앞의 책, 107~109쪽.

80 『朝鮮金融論十講』, 京城 : 帝國地方行政學會朝鮮支部, 1940.

81 『朝鮮の經濟』, 東京 : 日本評論社, 1941.

82 『朝鮮經濟の新構想』, 東京 : 東洋經濟新報社, 1942.

83 『決戰下の朝鮮經濟』, 新京 : 滿洲商工會中央會, 1945.2.

기구의 어용학자로서 스즈키가 1940년대 전반의 저작들에서 알 수 있는 발언한 언설을 살펴보면, 식민지 지배를 소여所與로서 인식하고, 그 체제에서 조선을 전쟁에 어떻게 동원할 것인가라는 것과 그 정당화 문제에 중점을 두고 있었던 것을 알 수 있다.

패전 후 1945년 11월에 조선에서 일본으로 귀환한 스즈키의 행적을 따라가 보면,[84] 해방 후 재건된 조선공산당의 주요 인물이었던 고준석高峻石 등이 서울에 설립한 '조선산업노동조사소'에 개인 장서를 매각하거나,[85] 일본에 돌아올 때까지 '경성내지인세화회京城內地人世話會'(후에 경성일본인세화회로 명칭 변경) 문화국 조사부장으로 활동하고 있었던 것을 확인할 수 있다.[86] 스즈키는 회고록의 성격을 띤 구술기록에서, 일본에 돌아오고 나서는 조선 연구를 계속할 수 없었다고 술회하고 있다.[87]

그러나 제3절에서 이미 확인했던 것처럼 스즈키는 패전 직후부터 조선에 대한 조사연구에 중심적인 역할을 담당했다고 생각할 수 있다. 1940년대 후반의 언설에 나타나는 특징은 일본의 조선 식민지 지배에 대한 반성이라는 것보다는 지배의 긍정적인 측면을 강조하고 있다는 것이었다. 스즈키가 패전 후 조선에 대해서 최초로 언급한 것으로 생각할 수 있는 사사오 논문에 대한 '독후감'에서 이미 조선통치의 긍정적인 부분을 강조할 필요성을 주장하고 있다. 이 견해가 일본 외무성의 식민

---

84 鈴木武雄・高橋誠・加藤三郎, 앞의 책, 114쪽.
85 高峻石, 『朝鮮 1945~1950-革命史への証言』東京 : 社會評論社, 1985, 71~72쪽.
86 패전 직후 조선총독부로부터 내지인세화회 설립에 관한 통달通達에 의해, '경성내지인세화회'는 1945년 8월 25일에 설립되었다. 8월 28일에 결성된 '경성내지인학도단京城內地人學徒團[후에 경성일본인학도단, 단장은 당시 경성제국대학 이공학부 학생이었던 히가미 아유무(樋上涉)]'은 조사부장인 스즈키의 지도하에 있었다. 森田芳夫, 『朝鮮終戰の記録—米ソ両軍の進駐と日本人の引揚』, 東京 : 巖南堂書店, 1964, 134・313~314, 988쪽.
87 鈴木武雄・高橋誠・加藤三郎, 앞의 책, 110~111쪽.

지 지배에 대한 인식과 일치하고 있었다는 것은 이미 언급한 대로이다.

6. 맺음말

지금까지 일본 측의 전후 경제재건 구상과 그 속에서 이루어졌던 '동아 제국'에 대한 자리매김, 그리고 해방된 조선과의 경제관계 재편 문제에 관한 여러 구상들을 분석해 보았다. 패전 직후 일본 측의 전후 경제재건 구상은 아리사와 히로미의 표현을 빌리면 당시에는 '관념론'에 불과했다고 할 수 있다.[88] 아리사와는 점령 초기 일본의 주체적인 무역 자체가 금지된 상황에서 나카야마 이치로中山伊知郎가 주창한 '무역제일주의'가 가진 '관념론'을 비판하는 의미에서 발언했다고 생각된다. 또한 그것은 당시에 아리사와가 지지했던 '국내개발우선'론을 포함한 구상 자체에 대한 총괄적인 평가라고도 할 수 있다. 즉, GHQ / SCAP에 의해 통제받고 있던 일본 정부로서는 당시의 구상을 그대로 당시의 정책으로 실행에 옮길 수는 없었던 것이다. 그런 평가는 호시로 히로시保城宏至가 『일본경제재건의 기본문제』에 대해 "어디까지나 금후의 객관정세에 대한 예측이었던 것으로, 일본의 외교구상이라고 할 만한 것은 존재하지 않았다"라는 평가와 일치한다.[89]

---

[88] "자원이라고 해도 일본은 그다지 자원이 없기 때문이지. 그러나 일본의 국내자원을 가능한 한 이용하지 않으면 안 된다. (…중략…) 외국에 무역, 무역이라고 말해보아도, 무역은 불가능했기 때문에 (…중략…) 그래서 어느 쪽인가 하는 논의는, 사실은 성립할 수 없는 것이었지. (…중략…) 요컨대 관념론이었지." 有澤廣巳, 『有澤廣巳の昭和史 —歷史の中に生きる』 有澤廣巳の昭和史刊行委員會, 1989, 75쪽.

[89] 保城宏至, 앞의 책, 33쪽.

그러나 이러한 구상은 일본의 '지역주의 외교'라고 이름할 구체적인 정책이라고는 할 수 없지만, 구상으로서의 의미는 충분히 있었다고 생각된다. 그러나 그 총괄에서는 식민지 체제의 역사적 의미에 대한 성찰이 완전히 빠져있었다. 이런 구상의 형성과정에서 편찬된 『역사적 조사』의 성립 경위를 새롭게 재조명한 이유는 거기에 있었다.

이렇게 제3장에서는 선행연구를 참고하여 새롭게 발굴한 자료를 분석함으로써, 외무성과 대장성을 필두로 한 일본 정부 측과 일본경제연구소 등의 반관반민의 연구단체가 수행한 조사활동을 분석했다. 또한 일본경제재건 구상 작업과 구 '외지' 경제 연구가 병행되어 이루어지면서, 『일본경제재건의 기본문제』와 『역사적 조사』 그리고 『조선상실의 경제적 영향과 금후의 일선경제관계』 등의 보고서가 정리되었다는 사실을 밝혔다. 그 결과 이들은 전후 일본의 아시아 인식은 물론 조선에 대한 인식의 재구축을 초래했다.

그러나 조선과의 경제관계 재구축 구상의 형성과정은 식민지 조선에서 귀환한 전전부터의 조선총독부 관료, 조선식산은행 등의 사업자 관계자, 경성제국대학 출신의 많은 지식인이 그 과정을 주도함으로써, 전전부터 형성되었던 조선에 대한 인식은, 재구축 과정에서도 여전히 강인한 생명력을 가지고 있었다는 것을 밝혔다. 또한 전전과 전후에 걸친 조선에 대한 경제적 인식의 연속성이란 측면을 구상의 내용과 인적인 네트워크라는 측면을 밝혔다. 이런 인식들은 점령하 일본이 GHQ / SCAP 통제하에서도 일정 정도의 자율성을 확대할 수 있었던 '역코스' 이후, 그리고 샌프란시스코 강화조약 발효 후 외교권을 회복한 이후에는 향후 제기될 것으로 인식했던 배상 문제를 포함해, 아시아에 대한 지역주의적 재진입을 이루겠다는 외교적인 전망을 제시했다고 할 수 있을 것이다.

스즈키의 조선정치경제론은 일제하 식민정책론이라는 지적 계보 속에서만이 아니라, 일본의 사회주의적 지식인의 굴절과 한계 그 자체를 보여주는 것이기도 했다. 스즈키가 적극적으로 주장한 조선 중시론은 '조선' 중시론에 불과했다. 패전 후 스즈키는 식민지 조선경제를 평가하면서, 조선을 무대로 꽃 피운 산업은 어디까지나 일본의 산업이며, 조선의 산업은 아니라고 평가하면서, 조선에서 발전한 '일본'의 산업이었다는 사실을 명확히 보여주고 있었다고 할 수 있다.[90]

---

90 鈴木武雄, 「『独立』朝鮮経済の将来」, 앞의 책, 123쪽.

패전 전후 일본의 조선 경제에 대한 평가와 전망

1. 머리말

제4장에서는 스즈키 타케오와 일본 정부 측이 식민지 시기부터 전후에 걸쳐 조선 경제 인식을 구축하는 과정을 고찰한 후, 패전 직후 조선 '상실'의 경제적 영향과 조선 독립에 동반한 새로운 한일 관계를 어떻게 평가하고, 전망하였는가를 분석하고자 한다. 제1~2절에서는 먼저, 전전부터 전후에 걸쳐 조선 경제에 대해 지속해서 정책적인 발언을 발표한 스즈키 타케오의 식민지 조선 인식을 다룬다. 스즈키의 조선 정치경제 인식을 한일 양 지역 간의 문제만이 아니라, 동아시아와 일본과의 접점으로부터의 이해를 도모한다. 또한 일본제국주의가 '한국병합' 이후, '만주'와 중국, 그리고 동남아시아 지역에 대한 세력 확대 과정에서, 동아시아에서 조선 지역이 가진 특수성을 스즈키가 어떻게 '경제적 내선

일체론'으로 묘사했는지를 분석한다. 또한 스즈키의 저작들과 함께, 제 3장에서도 다루었던 재단법인 일본경제연구소 보고서 『조선상실의 경제적 영향과 금후의 일선경제관계』(1946년 11월)을 통해, 전전과 전후에 걸쳐 조선 '상실' 문제에 관한 일본 측의 생각을 분석한다.

제3절에서는 탈식민지화와 동아시아 재편이라는 문맥에서, 당시에 존재했던 한일 관계의 가능성과 그 한계를 고찰한다. 전후 직후 일본 측의 일본경제재건 구상 속에서 해방된 조선과의 관계 어떻게 재구축하고자 했는지를 분석하고자 한다.

제4절에서는 일본이 '상실'했다고 생각한 자원과 일본이 여전히 필요하다고 생각했던 자원이 통계적으로 표현된 언설이라고도 평가되는, 이나바 히데조稲葉秀三 등을 중심으로 국민경제연구협회에서 편찬된 『일본경제의 현실日本経済の現実』(太平書房, 1947년 12월)과 외무성 조사국 제3과와 외무성 총무국 경제과, 그리고 종전연락중앙사무국 경제부 경제과가 공동으로 편찬한 『일본의 대동아무역의 장래日本の対東亜貿易の将来』(調三資料 제15호, 1946년 9월 20일)를 바탕으로 일본이 어떠한 전망 속에서 전후 한일 관계의 재편을 구상하고 있었는지를 분석하고자 한다.

국민경제연구협회가 수행한 조사는 현상 분석이 아니라 앞으로 타당할 것으로 생각했던 전망을 묘사하고 있는 것이었다. 하야시 유지로林雄二郎는 당시 구상하고 있었던 '당위적인 모습ぁるべき姿'이라는 이상론을 보여준 것이 아니라, 이 협회가 '가능태ぁり得る姿'를 보여주는 현실적인 입장을 보이고 있었다고 평가했다.[1] 국민경제연구협회의 연구 그룹

---

1 林雄二郎, 「戦後経済計画の系譜とその背景(I)−ポーレー的段階ｋらドッジ的段階まで」, 林雄二郎 편, 『日本の戦後計画−戦後の歴史と問題点』, 東京 : 東洋経済新報社, 1957, 13・26쪽.

의 중심인물인 이나바 히데조와 마사키 치후유正木千冬 등이 일본 정부에 새로 설치된 경제안정본부에 참가하면서, 이를 계기로 경제안정본부의 장기경제계획 작성에 깊이 관여하였다는 점, 그리고 그들이 일본 정부의 경제정책과 일정 정도의 네트워크를 가지게 되었다는 점을 고려할 때, 그들의 조사보고서가 전후 일본 측이 한일 경제 관계를 어떻게 전망하고 있었는지를 분석하는 데 유의미한 자료라고 평가할 수 있다. 이 보고서는 일본이 무엇을 '상실'했던 것으로 생각했는지 그 내용을 구체적으로 살펴볼 수 있는 자료「국토 상실과 그 자원적 영향国土喪失とその資源的影響」이 실려 있다.

또한 외무성과 종전연락중앙사무국에서 공동으로 편집된 보고서에는 전후 예상되는 동아시아 지역과의 관계와 그 재편에 관한 전망으로「요수출입국별표要輸入國別表」가 수록되어 있는데, 나라별, 지역별로 전망과 구상의 내용을 보다 구체적으로 살펴볼 수 있다.

2. 전전 일본의 식민지 조선 경제 인식

1) 일본에서 식민지 조선 인식의 이론적 배경

스즈키 타케오의 식민지 조선경제론이 일본 측의 조선 경제에 대한 인식에 많은 영향을 주었다는 것은 이미 밝혔다. 스즈키는 식민지 조선 경제에 대한 일본의 이해관계가 경제적인 측면보다는 정치·군사적 측면이 우위에 있었으며, 조선 경제의 채산성은 블록 내 자급 경향의 강화에 따라 형성되었다는 점을 강조했다.[2] 이점은 그의 조선 경제 분석의 중요한 이론적 배경을 형성하고 있다. 그런데 블록경제의 아우타르키 성에 대한 문제에 대해서는 당시의 수상인 코노에 후미마로近衛文麿에 대한 자문기관인 쇼와연구회昭和研究會 산하 동아블록경제연구회를 중심으로 연구가 진행되고 있었다.[3] 동아블록경제연구회도 블록경제를 단지 경제적인 시각만으로 접근하는 것을 비판하고, 정치적(군사적) 관점을 도입해야 한다고 했다.

그러나 블록 내부의 경제통합보다는 블록 외곽과 블록 간 관계, 즉 인터블록 관계의 중요성에 초점을 맞춘 동아블록경제연구회와 달리, 스즈키는 블록 내부의 아우타르키성에 주목하고 있다.[4] 스즈키는 일본의 혼마루本丸―니노마루二の丸―산노마루三の丸와 같은 일본식 성곽 구조나 태엽의 비유를 통해, '대동아공영권'을 위계적, 단계적으로 나누고, 그 중점지역으로 일본―조선―'만주'―중국을 연결하는 '동아광역경제권'을 중시하고 있었다. 또한 스즈키는 동아블록경제연구회와 달리 '조선' 지역의 중요성을 강조하였다. '대동아공영권'의 주축이라고 할 '일(선)만지'에 정신적인 면뿐만 아니라 '경제적인 내선일체'라는 측면이 현존하고 있으며, '대동아공영권'의 핵심 관계는 '내선일체'라고 강조하였다.

2　鈴木武雄,『朝鮮經濟の新構想』, 東京 : 東洋經濟新報社, 1942, 4쪽.
3　동아블록경제연구회는 加田哲二(위원장), 妹川武嗣, 金原賢之助, 高橋龜吉, 千葉蓁一, 友岡久雄, 松井春生, 三浦鐵太郎, 山崎靖純, 吉田寬, 笠信太郎, 和田耕作, 湯川盛夫, 小林幾次郎, 樋口弘 등을 구성원으로 하여 1938년 9월에 설치되었다. 중일전쟁 후 경제적 측면에 대한 지향과 목표를 연구하는 것이 설치 목적이었다. 1939년 상반기까지 대체로 격주 1회의 회합을 가지고 있었다. 昭和研究會 편,『ブロック經濟に關する研究―東亞ブロック經濟研究會研究報告』, 東京 : 生活社, 1939.
4　昭和研究會 편,「資料五 東亞共同體の思想原理と東亞ブロック經濟」, 앞의 책, 59쪽; 加田哲二,「ブロック經濟の本質に關する研究」, 앞의 책, 41쪽; 鈴木武雄,『朝鮮の經濟』, 309~310 쪽; '廣域經濟論'이나 블록경제론의 배경에는, 점령지에서의 국방자원의 확보, 개발과 이용에 대한 특혜적 대우를 당연한 것으로 여기는 육해군과 물자동원관청의 강한 요청이 존재했다. 波多野澄雄,『太平洋戰爭とアジア外交』, 東京 : 東京大學出版會, 1996, 187쪽.

이것은 식민지 경제의 발전 요인에 대한 스즈키의 설명에서 잘 나타난다. 스즈키는 발전 요인으로 다음 세 가지 요인을 들고 있다.

① 일본의 블록경제적, 전시경제적 요청
② 만주사변 후 조선의 배후지로서 만주의 시장형성
③ 조선 자체의 경제적 실체의 존재

그중에서 대부분의 중화학공업(전기화학공업은 제외)과 '만주사변' 이후 새롭게 발흥한 광공업은 요인 ①의 범주에 넣고 있다. 그리고 조선과 '만주'에 거주하는 일본인을 위한 식료공업을 요인 ②에, 수력발전에 의한 전기화학공업(비료공업 등), 금, 은, 텅스텐 등 광업, 조선 내 민수산업은 요인 ③으로 구분하였다. 그런데, 스즈키에 따르면, 요인 ①과 요인 ②의 범주가 조선 경제의 주요 부문을 차지하는데, 이 부문들은 블록경제와 배후지로서의 '만주'라는 정치, 군사적 환경이 없으면 존립할 수 없었다는 것이다. 다양하지만 저품위의 자원과 원료, 지리적 요인, 노동·경영·자본의 공업 입지적 열세로 인해 조선 경제는 성장의 여지가 적었음에도, '만주사변'이래 이루어진 식민지 조선의 광공업 발전은 일본의 정치적, 경제적 요청에 기인한 기형적 속성을 드러내고 있었다는 것이다.[5] 즉 블록경제의 통제성과 물자동원의 측면, 블록 내부 중시라는 측면에서 조선 경제를 분석하고 있었다는 것을 확인할 수 있다.

스즈키는 일제의 패전을 계기로 이론적 변화를 겪게 되었다고 회고

---

5 日本経済研究所 編, 『朝鮮喪失の経済的影響と日鮮経済関係の将来－経済安定本部への調査報告書(其ノ一)』, 1946. 11, 3~18쪽.

하고 있다. 일제 시기에 지지했던 통제경제, 실물경제, 국민경제의 한계를 인식하게 되어, 자유시장경제, 화폐경제, 국제경제의 중요성을 깨닫게 되었다는 것이다.[6] 그러나 패전의 경험만으로 이러한 인식에 변화가 일어났다고는 볼 수 없다. 1940년대 전반기의 '대동아공영권'에 대한 스즈키의 분석은 양 이론 사이에 점이지대漸移地帶 위에서 형성되어 있었다고 볼 수 있다. 스즈키도 '블록경제는 일반적으로 세계경제와 국민경제 사이의 중간적인 하나의 광역경제'를 상정하고 있었다.[7] '대동아공영권'이라는 광역경제권을 상정할 때, 전시 동원을 위한 전략물자의 확보라는 실물경제, 이를 위한 통제경제라는 측면만이 아니라, 블록 내부의 관세장벽을 제거하거나 낮춘다는 의미에서 국내경제를 넘어서는 동아시아 지역 차원의 블록경제 확대라는 측면도 포함하여 이해하고 있었다. 이것은 '대동아공영권'이 블록 외부와의 경제 관계에서 볼 때, 역외에서는 보호주의를 취한 아우타르키 경제라고 말할 수 있겠지만, 블록 내부에서는 국민경제를 넘어서는 국제경제, 엔을 기축통화로 한 화폐경제를 상정하고 있었는데, 여기에는 일본에 '자유로운' 자유시장경제를 추구할 수 있었던 것이다.

원래 스즈키가 조선 문제에 접근하게 된 것은, 일본의 식민지 인식이 '조선을 결락시키고 있다'라는 비판의 연장선 속에 있었다. 스즈키는 이 인식군認識群을 두 개로 나누어서 '내지연장론'과 '만주비지론滿洲飛地論'으로 분류하였다. '내지연장론'은 조선을 일본의 한 지방으로 인식하여 일본과 조선의 차이를 부인하고 있으며, '만주비지론'은 조선을 건너뛰어

---

6   鈴木武雄·高橋誠·加藤三郎, 앞의 책, 136~142쪽.
7   鈴木武雄, 『朝鮮経済の新構想』, 126쪽.

곧바로 '만주'에 투자하여 개발하자는 논의였기 때문에, 두 인식은 모두 조선을 관심밖에 두어, 조선의 특수성을 몰각하고 있다고 비판하였다. 이런 비판을 통해 스즈키는 '대동아공영권'에서 조선의 위상을 강조하고자 했다.[8]

스즈키의 이에 대한 구체적인 입론은 시게미츠 마모루重光葵와 외무성 '전쟁목적연구회' 그룹의 '동아연맹론'[9] 비판을 통해서 드러난다.[10] 동아연맹론은 조선을 더는 식민지라는 특수 지역으로 간주하지 않고 '내지연장론'과 마찬가지로 일본의 내정지역으로 파악하고자 하는 것이고, '만주비지론'과 같이 '동아연맹체' 구성 요소 속에서 '만주국'만이 일본과 동등한 지위로 상정되어 있었던 것이었다. 따라서 스즈키는 '조선' 중시론의 입장에서는 받아들일 수 없는 것이었다.[11] '대동아공영권' 의 핵심은 일본을 중심으로 한 '일만지 상호연환관계日滿支互助連環關係'이

---

8 鈴木武雄, 『朝鮮の經濟』, 序 1~8쪽.

9 '동아연맹론'에 대해서는 다음 논문을 참조. 波多野澄雄, 「戰時外交と戰後構想」, 細谷千博 외 편, 『太平洋戰爭の終結－アジア・太平洋の戰後形成』, 東京 : 柏書房, 1991.

10 鈴木武雄, 『朝鮮の經濟』, 308~310쪽.

11 시게미츠는 '동아연맹론'의 구현체로서 '대동아회의'의 소집을 구상하였는데, 그 대상은 민족 대표자가 아닌 독립국 대표에 한정되어 있었다. 일본, '만주국', 타이, 중국(왕징웨이 정권), 버마, 필리핀을 구성국으로 하는 '대동아국제기구'를 구상하였다. 여기에는 '내지화'와 '황민화'의 강화를 도모한 조선, 타이완, 그리고 '자치' 이상으로는 진전되지 않은 인도네시아가 제외되어 있었다. 따라서 연합국의 식민지 지역을 포함하는 동남아시아의 해방을 선전하는 데 있어서, 조선과 타이완의 처우 문제는 하나의 딜레마로 인식되었다. 이 문제를 해결하기 위해 1941년 조선과 타이완을 척무성拓務省에서 내무성 관할로 이전시킴으로써 공식제국the formal empire 내에 식민지는 존재하지 않는다는 픽션을 만들어 냈다. 波多野澄雄, 앞의 책, 23~130쪽 당시 조선인, 타이완인의 제국의회에 대한 참정권 부여 등의 '처우개선'을, 총동원체제를 강화하는 조치의 일환으로서의 국내적 요인뿐만 아니라, '탈식민지화'가 아시아에서의 전쟁 수행의 중요한 쟁점이 되어 가는 국제환경의 변화라는 문맥에서, 내무성은 '영미류의 식민주의'를 극복하는 형태로서의 '내지연장주의'라는 틀 내에서 이 조치를 취했지만, 외무성은 대소공작의 일환으로서 '민족해방정책'을 염두에 두고, 독립국으로 나아가는 단계적 조치로서 자리매김했다. 淺野豊美, 「日本帝國最後の再編－『アジア諸民族の解放』と台湾・朝鮮統治」, 早稻田大學社會科學研究所 편, 『戰間期アジア・太平洋の國際關係 研究シリーズ第35号』, 東京 : 早稻田大學出版部, 1996, 249~298쪽.

고 그 심층부에는 다시 '내선일체'에 있다는 것이다. 스즈키는 이러한 관계를 위계적(원문은 階梯的), 단계적 관계라고 부르고 있는데, '대동아 공영권'내의 제민족은 일본의 성곽구조(本丸, 二の丸, 三の丸)처럼 중심에서 주변으로 감에 따라 그 중요도가 변화하게 된다는 생각이었다.[12]

물론 스즈키도 '동아연맹론'에서 제창한 '아시아해방전쟁'이라는 레토릭에 반대한 것은 아니었다. 일본의 아시아 침략을, 서구에 의해 근대적 공업화가 억제되었던 아시아를 근대화시키는 과정으로 정당화한 후, 조선은 서구적 의미에서의 식민지가 아닐 뿐만 아니라, 일본의 조선 지배도 서구적 의미에서의 제국주의 침략과 본질에서 다른 것이라고 주장하고 있다. 조선의 아시아적 후진성은 일본의 제국주의적인 식민 정책의 결과가 아니라, 일본도 아직 아시아적 후진성을 완전히 극복하지 못했기 때문에 생긴 결과로, 오히려 조선의 '외지적 성격'은 '내선일체'의 방향에서 극복해야 할 것으로 보았다.[13]

정신적인 '내선일체'의 요체는 조선인이 아시아 해방운동의 객체가 아닌 주체가 되어야 한다고 주장한 스즈키는, 역사적으로도 일본이 청

---

12 鈴木武雄, 『朝鮮の經濟』, 307~310쪽. 스즈키는 또한 태엽의 비유를 들어서 재차 강조한다. 태엽은 중심에 가까워질수록 스프링의 강도가 높아지게 되며, 탄성도 강력해진다. 이에 따라 태엽이 운동하는 것처럼 태엽의 원주가 확장될 때의 입체적인 모습으로 '대동아공영권'에서의 일본과 동아시아 여러 민족과의 관계를 이해해야 한다는 것이다. 鈴木武雄, 『朝鮮經濟の新構想』, 43~46쪽; 이러한 사고는 우메무라 마타지梅村又次와 미조구치 토시유키溝口敏行의 구 일본제국의 경제권 개념에도 원용되고 있다. 즉 本丸(日本), 二の丸(朝鮮, 臺灣, 사할린), 三の丸('關東州', 滿鐵附屬地), 四の丸('滿洲國')라는 구조를 취하고 있다. 溝口敏行·梅村又次, 「旧植民地の経済構造」, 『旧植民地経済統計－推計と分析』, 東京:東洋經濟新報社, 1988, 3~4쪽.

13 鈴木武雄, 『朝鮮經濟の新構想』, 52~53쪽; 鈴木武雄, 『朝鮮の經濟』, 245~246·289쪽; '동아 신질서'의 강조는 코노에 후미마로그룹의 '대동아공영권' 구상과 일치하는 측면이 많다. 이에 대해서는 外務省外交史料館日本外交史事典編纂委員會 편, 『日本外交史事典』, 1979, 475~476쪽.

일, 러일전쟁을 통해 서양 세력의 (反)식민지 지배로부터 조선을 '구했기' 때문에, 조선은 일본과 마찬가지로 서양 세력의 지배라는 역사를 가지지 않게 되었다는 논리를 통해, 조선은 일본과 손을 잡고 아시아 해방운동의 지도자가 될 수 있는 자격을 갖추게 되었다고 강조했다. '더러움汚れ을 모르는 순결한 일본'[14]인 '내선內鮮'이 진실로 일체가 되어 '대일본인'으로 일어나자고 주장했던 것이다.[15]

2) 식민지 조선 경제론과 '경제적 내선일체론'

전시 중 스즈키는 먼저, '경제적 내선일체'를 일본 본토와 '일만지 경제블록'의 구성영역의 압도적인 부분을 점하고 있는 대륙경제 영역을 연결하는 '대륙루트'의 건설이란 개념속에서 설명했다.[16] '동아광역경제권' 내에서 일본과 대륙을 연결하는 간선적幹線的 블록 루트 위에 조선이 존재한다는 것이다. 즉 일본-조선-'만주'로 이어지는 철도를 이용한 중앙 루트, 그리고 '우라니혼裏日本(즉 동해에 면한 일본지역)'-'북선 4항'-'만주'로 이어지는 '북선루트'[17]가 그것이다. 스즈키는, '본국 이외에

---

14 이러한 청결의 이미지는 전시체제의 일본에서 프로파간다의 정점에 있었던 개념으로, 이를 통해, "일본의 많은 지식인과 문사들에게 있어서 전쟁의 발발이 '정화'의 체험으로서 받아들여졌다. 일본의 머리위에 몇 년간이나 떠다니고 있던 암운을 순식간에 털어서 없애버리는 행위였다. 이것은 (…중략…) 정신을 깨끗이 하고 도덕적인 의식과 행동을 더 높은 수준까지 고양하는 것이었다." ジョン・W・ダワー, 齋藤元一 역, 『容赦なき戰爭ー太平洋戰爭における人種偏見』, 東京 : 平凡社, 2001, 363쪽; 원저는 John W. Dower, *War Without Mercy－Race and Power in the Pacific War*, New York : Pantheon Books, 1986, p. 213.

15 鈴木武雄, 『朝鮮經濟の新構想』, 47~50쪽. 이러한 주장에 덧붙여 조선을 식민지로 인식하는 '편협한 민족사상을 가진 조선인'뿐만 아니라 '경솔한 내지인'도 비판하고 있다. 스즈키는 '내선일체론'의 연장선상에서 '조선자치론'을 지지하고 있었다고 회고하고 있는데, 이것은 프랑스의 지배하에 있던 알제리처럼 '조선' 선출의 대의사代議士를 일본제국의회에 보내는 방식이었으며, 영연방과 같은 형태로 인식되었던 '조선의회'의 형태는 아니었다. 鈴木武雄・高橋誠・加藤三郞, 앞의 책, 106쪽.

16 鈴木武雄, 『朝鮮經濟の新構想』, 56~57쪽.

공업이 발달한 산업적 전위를 육성하고자 하지 않고, 전부 본국의 이익을 위해 원시산업 단계에 머물러 있도록 운명 지운 "착취"영역으로서의 이른바 공식적인 식민지 지배만이 존재하는 영국의 임페리얼 루트'와 달리[18] 일본은 산업적 거점 및 대륙병참기지를 설치함으로써 보다 강력한 루트를 형성하였다고 주장했다. 조선은 '농공병진'이라는 대륙병참기지적 적합성과 대륙에서 가장 '내지적인 산업거점'이라는 성격을 가지고 있으므로, 전시경제 재편성의 주 내용은 공간적으로 조선의 대륙병참기지건설이어야 한다는 것이다. 북진기지로서 조선에 대륙병참기지를 공간적으로 건설해야 한다는 것이다. 북진기지로서의 조선은 '내지'에 있어야 할 병참기지가 바다 건너 대륙의 일각까지 전진 배치되어 있다는 의미에서, '대륙전진병참기지'가 된다. 스즈키는 이를 대륙에 전진한 '내지경제', 즉 물적으로 본 '경제적 내선일체'로 파악하고 있다.[19]

태평양전쟁 발발(1941년) 이후 '만주'와 '북지'를 포함한 '북방대륙경제권'론에 관련된 정책결정자들이 조선의 역할에 기대하기 시작했다고 평가한 스즈키는 자신의 '조선중시론'이 결실을 보았다고 생각하고 있었다. 조선을 무시, 경시하여, '만주'와 '북지'를 직접 일본과 연결하여 통제기구를 수립하고자 했던 당시의 정책 경향을 고려할 때, 커다란 변화였다고 진단했던 것이다.

---

17 스즈키는 '북선루트'라는 용어를 자신이 창조했다고 진술하고 있다. 鈴木武雄·高橋誠·加藤三郎, 앞의 책, 105쪽. 그는 1938년 3월의 북선4항론을 전개한 후, 동년 10월 북선루트론으로, 다시 1939년 8월 대륙루트론으로 발전시킨다. 鈴木武雄, 『朝鮮經濟の新構想』, 125~228쪽.

18 鈴木武雄, 『朝鮮經濟の新構想』, 142쪽.

19 鈴木武雄, 『朝鮮の經濟』, 296~306쪽; 鈴木武雄, 『朝鮮經濟の新構想』, 56~57쪽. 이런 논리는 '만주국'에서 '현지조변現地調辨'을 주장하면서 만주의 공업화를 주장하던 관동군의 논리와 대립하는 것이었다. 선만연락회의 석상에서 '만주국'의 카타쿠라 타다시片倉衷 소좌(관동군 경제참모)와 격론을 벌이기도 했다고 한다. 鈴木武雄·高橋誠·加藤三郎, 앞의 책, 107~108쪽.

일본이 태평양작전의 직접 배후지가 되어, '남방 신지역의 개발'이라는 새로운 과제를 수행함으로써, 북방대륙경제권에 대한 중심이 이전만큼은 아니라고 해도, 북방권과 일본의 직접 공급 루트였던 해상수송이 어려워진 이상, 북방권의 물자교류에서 조선의 육상수송 루트의 중요성이 높아졌고, 선만연락회의, 선몽무역회의가 개최되는 등, 대륙경제권과 면밀히 연결되었다는 사실을 거론하면서, 스즈키는 '대륙인조大陸隣組', '선만일여鮮滿一如'라는 개념을 통해 '조선' 중시론이 현실화되었다고 파악하고 있었다.[20]

스즈키의 '경제적 내선일체'라는 것은 조선이 '대동아공영권'의 공업기반으로서 급속히 '내지화'하는 것이다. '내지화'는 선진공업국인 일본에 근접해가는 것이었다. '대동아공영권' 속에서 원료자원을 소비하고, 공업생산품을 공급하는 생산력은 '내지'만으로는 불충분하므로, '내지'와 함께 고도 공업생산지역인 조선에 그 생산력을 기대해야 한다고 스즈키는 주장했다.[21]

스즈키는 '대동아공영권'이 확립됨에 따라 원료자원 경색에 즉응한 기존의 편성은 재고되어야 하지만, 자급 공업이라는 국방적 견지에서 볼 때, 대용원료代用原料 생산 공업은 물론 쌀이나 철광석도 남방자원 때문에 가치가 상실되는 것은 아니라고 분석했다.[22] 동남아시아를 세력권에 편입함에 따라 동남아시아의 자원을 중심으로 한 공업 중심이 이동하게 되면, 조선의 자원과 공업 입지의 채산성이 사라질지도 모르지

---

20 鈴木武雄, 『朝鮮經濟の新構想』, 52~68쪽.
21 위의 책, 52~55쪽.
22 위의 책, 58~61쪽.

만, 아우타르키 역내 경제의 자급자족이란 측면이 사라지지 않는 한 조선공업의 채산성은 확보될 수 있다는 논리이다. 일본의 실제 정책 자체는 여전히 동북아시아를 중심으로 하고 있다는 것이다.[23]

스즈키는 아우타르키 역내 경제와 무역의 관계에 대해, 일본의 가장 중요한 무역 상대가 조선이라는 사실을 강조하고, 엔블록 수출의 증가라는 측면에서 아우타르키 역내 경제에서 차지하는 조선의 역할이 증대되었다고 분석했다. 1939년 일본의 총수이출입액 중에 조선은 일본의 세계 최대 수이출 지역이며, 두 번째의 수이입 지역으로 일본의 무역 관계에 있어 커다란 비중을 차지하고 있었다. 스즈키에 따르면 1939년은 미국, 영국과 정상적으로 무역을 계속하고 있었던 시기였으므로, 태평양전쟁 발발에 따라 '엔블록 경제'에서의 조선 경제의 중요성은 더욱 커졌을 것으로 추정하였다.[24] 그 구성에서도 조선의 식료품 이출액이 저하하고, 완제품 이입액이 감소했지만, 원료 이입액이 증대하고 있다. 스즈키는 '만주사변'을 계기로 전형적인 식민지 교역 형태인 공업제품의 소비시장, 원료와 식료품 생산시장, 그리고 자본수출 시장이라는 성격에서 점점 벗어나, 가공 공업, 공업적 생산 설비의 확대가 이루어지고 있다는 점에 주목했다.

식민지 조선은 무역에 있어서 일본 편향을 보여주고 있지만, 차츰 엔

---

23 第79回 帝國議會(1942)에서 衆議院支那事變公債委員長인 이노 히로야井野碩哉(척무대신)는 '日滿支'를 중심으로 하는 고도국방국가의 정책은 불변이라고 진술하고 있으며, 남방개발금고법안 심의위원회南方開發金庫法案委員會에서 미우라 쿠니오三浦一雄(농림차관)는, 국방적 관점에서 조선, 타이완, 만주의 쌀을 일본에 공급하고, 타이, 인도네시아, 버마의 남방미는 중국 중부, 홍콩, 필리핀, 말레이, 싱가포르, 자바로 공급할 계획이고, 조선증미계획에 대한 총독부예산이 대장성 사정査定을 통과했다고 보고한다. 鈴木武雄, 『朝鮮經濟の新構想』, 61~63쪽.

24 위의 책, 50~52쪽.

블록 내에서의 교역을 확대해 가고 있었다고 분석한 스즈키는, 공업화를 어느 정도 성취한 조선경제가 '내지' 종속시장에서 벗어나 외국시장에 대해 적극적으로 경제력을 신장해나가고 있다고 평가했다. 스즈키는 특히 조선 산업의 수출액에 주목하여, '내지' 완제품의 중계수출도 증가하고 있지만 조선산 제품이 훨씬 증가하고 있다고 분석했다. 조선의 수출지역별 구성비(1937~1939년, 금액 베이스)은 '관동주'(18.2~8.5%), '만주국'(63.2~76.0%), 중화민국(4.3~12.4%)을 중심으로 한 '엔블록' 수출이 압도적(85.7~96.9%)이었다. 이런 무역구조를 가진 조선 경제에 대해 '동아광역경제권'의 중핵이어야 할 '일만지일체경제'의 구성분자로서의 중요성이 증대하고 있다고 평가했다.[25]

스즈키는, 조선과의 이출입이 일본의 무역통계에 포함되어 있지 않다는 이유로, 교역 대상으로서의 조선을 도외시하는 경향을 경계했다. 각종 자원이 풍부한 남방권이 현실적으로 '대동아공영권'에 편입되어 감에 따라 조선경제의 장래를 비관하고, '대륙전진병참기지'로서의 사명 및 중요성이 감소했다고 생각하는 것은 오류라고 주장했다. 스즈키는, 조선경제가 일본경제에 중요한 의미가 있기 때문에 '대동아공영권'에서도 중요한 의미를 가지고 있는 것이므로, 조선경제의 의미를 과소평가해서는 안 된다고 역설했다.[26]

25　鈴木武雄, 『朝鮮の經濟』, 287~293쪽.
26　鈴木武雄, 『朝鮮經濟の新構想』, 50~52쪽.

3. 식민지 조선경제를 둘러싼 전후 일본의 인식

1) 패전 직후 일본의 식민지 조선경제에 대한 평가

패전 후에도 스즈키의 일제 식민지 지배정책에 대한 평가는 커다란 변화를 보이지 않고 있다. 전후에도 블록 경제에서 식민지 조선경제에 대한 스즈키의 인식은 그대로 이어지고 있었다. 정치적·군사적 요인이 경제적 요인보다 우위에 서 있다는 인식을 바탕으로 조선경제의 발전도 일본의 정치·군사적인 의의 즉 국방상의 필요에 의해 가능했다는 것으로, 인위적으로 '경제적인 채산성을 초월하여' 이루어졌다는 설명이었다.[27] 그러나 세계 자유무역 체제의 재건과 블록 경제의 해체라는 새로운 정세 속에서 인위적인 채산성은 더 이상 확보할수 없다는 평가를 내렸다. 「독후감」속에서, 스즈키는 일본의 조선지배 정책에 대한 평가 방향을 다음과 같이 두었다.

본질적으로는, 식민지 정책(본국의 이익을 위한)이었다는 것을 필자(사사오 - 인용자)는 강조하고 있는데, 동시에 결론에서 필자(사사오 - 인용자)는 그것이 서양의 그것(식민지지배정책 - 인용자)과 다소 다르다는 것도 인정하고 있다. 그런데 전자에 대해서는 상당히 열렬하고, 후자에 대해서는 부언적이다. 지금 실질적으로 강조할 필요가 있는 것은 후자이고, 전자를 이제와서 강조할 필요는 없다.[28]

---

27 鈴木武雄, 「朝鮮統治の性格と實績―反省と反批判」, 外務省調査局 調三資料 第7号, 1946.3, 18~21쪽; 日本経済研究所 편, 앞의 책, 3쪽; 鈴木武雄, 『再建日本経済研究のために』, 51쪽.
28 鈴木武雄, 「讀後感」, 『經濟的觀点より見たる我國朝鮮統治政策の性格と其の問題』(佐々生信夫, 外務省調査局 調三資料第二号, 1945.12), 143쪽.

즉 조선 통치에 대한 평가에서 긍정적인 부분을 강조할 것을 주장하고 있다. 스즈키는 패전 후 양국은 서로 독립국으로서 대등한 관계이고, 그 관계는 과거의 지배−피지배 관계에 대한 조그마한 감정의 잔재도 없어야 할 것이라고 하면서도,[29] 일본의 조선 통치가 구미 열강의 식민지 통치처럼 조선인을 착취하고, 행복을 유린했다는 비난에 대해서는 '정당한' 항변의 여지가 있으며, 일본의 조선 통치는 이른바 식민지 지배를 지향한 것이 아니었을 뿐만 아니라,[30] 오히려 서구 제국주의 열강과 다른 진보적인 면을 가진 것으로 간주하고 있다.[31]

이러한 인식은 일제시기의 동화 정책을 '선의의 악정'으로 표현하는 점에서도 잘 드러난다. 스즈키는 성실한 태도로 동화 정책을 시행하려고 했지만, 결과적으로 조선 민족의 공감을 얻지 못했다는 것이다. 그러나 스즈키는 동화정책의 '선의'의 측면이 전혀 드러나지 않은 채 끝나버렸다고 생각하지는 않았다. 오히려 스즈키는 지리적 근접성과 일본, 조선 양 민족이 인종적, 민족적으로 상당히 가깝다는 이유를 들면서, 동화 정책이 반드시 비판받아야 할 성질은 아니었을 뿐만 아니라, 이른바 '식민 정책'을 부정하고자 했다는 측면이 있었다고 주장했다.[32] 스즈키는 정치상의 차별을 너무 오래 끌었고, 조선 민족에 대한 지나친 경찰 정치가 행해졌으며, '황민화'라는 이름으로 민족으로서의 아이덴티티

---

29 鈴木武雄, 「「獨立」朝鮮經濟の將來」, 外務省調査局 調三資料 第12号, 1946.6, 156쪽.
30 鈴木武雄, 「朝鮮統治の性格と實績−反省と反批判」, 1〜2쪽.
31 日本經濟硏究所 편, 앞의 책, 3쪽.
32 "기차표를 사기 위한 행렬, 버스를 기다리는 승객의 행렬, 영화관 등에서 입장을 기다리는 행렬. 한편으로는 전시하에서 배급품을 사기 위한 행렬─이런 모든 행렬에서 일본인과 조선인이 완전히 섞여 있는 모습, 그 광경을 목격한 여행객이라면 반드시 그곳에는 다른 식민지에서는 볼 수 없는 조선 통치의 진정한 성격을 발견할 것임에 틀림없다." 鈴木武雄, 「朝鮮統治の性格と實績−反省と反批判」, 5쪽.

를 쉽게 부정하려 한 동화 정책의 과도한 시정이라는 점에 대해서는 반성의 여지가 있지만, 재조선 일본인의 참정권도 없었다는 점과 더불어 재일본 조선인의 참정권은 보장되었다는 점을 들면서 정치적 차별은 제거되어 가는 과정이었으며, 경찰 정치에 대해서는 일본에 거주했던 일본 민중도 경찰 행정에 신음하고 있었으므로 마찬가지였다는 것이다. 즉, '황민화정책'의 문제는, 일본이 식민지 경영 경험의 부족 때문에 조선인이 일본인과 운명공동체 의식이 짙어지는 모습을 보고 민족성을 안이하게 무시해버렸다는 데에 있었다고 주장했던 것이다. 일본의 동화 정책은 결코 세련된 식민지 정책이었다고 할 수는 없지만, 근본에는 이른바 식민지 체제를 지양하고자 했던 혁신적, 민주적 성격을 가지고 있었고, 그런 의미에서 세계 식민지 역사상 유례없는 특이한 형태를 대표하고 있었다고 스즈키는 결론을 내렸다.[33]

스즈키는 침략과 식민지 지배에 대한 반성이라는 측면보다는 식민지 조선을 근대화시켰다는 논리가 명확히 드러난다. 스즈키에게 있어서 '조선'은 여전히 수동적인 타자로서, 그리고 객체로서만 존재하고 있었고, 많은 폐해가 있었음에도 일본은 수혜자로서의 역할을 했던 것으로 자기 정당화하고 있었던 것이다. 이러한 논리가 폴리Edwin W. Pauley 배상사절단의 엄중배상정책에 대한 대응에 부심하고 있었던 일본 정부에

---

33 예를 들면, 창씨 제도에 대해, 조선인은 원시적 혈연공동체적 사회관계의 잔존으로서의 성姓만을 가지고 있는데, 이제 소혈연 집단으로서의 가족을 단위로 하는 씨氏를 허락함으로써, 근대적 가족 제도로 이행이라는 전진적인 측면을 가지고 있었다고 강변한다. 또한 스즈키는 교육 제도에 대해서도 민족 분리는 차별 대우가 아니라 교육비 부담에서 차이가 난다는 재정적 이유와 언어의 차이에 따른 것이었을 뿐이었으며, 이것도 1938년 '조선교육령' 개정에 따라, 명칭의 통일과 신설 중등학교에 대해서 '내선공학'을 실행하였다는 것이다. 이는 재조선 일본인의 반발마저 샀던 만큼 식민지적 노예 정책과는 대조적인 태도를 취한 것이었다는 것이다. 鈴木武雄, 「朝鮮統治の性格と實績－反省と反批判」, 9~12쪽.

게 커다란 이론적 지원으로 인식되었을 것은 당연하다. 실제『일본인
의 해외활동에 관한 역사적 조사』시리즈의 편찬이 배상대책의 일환이
었다는 점에서도 재확인할 수 있다.

패전 후 스즈키는 조선공업이 일본 공업과의 유기적인 관련 속에서
발달해 왔다고 총괄했다. 이러한 주장은 조선과 일본의 공장이 결합하
여 일관 작업을 완성하는 구조였다는 점에서 산업 내 분업intra-industrial
division of labour[34]의 형태라고 볼 수 있다. 예를 들면, 미츠이 경금속三井輕金
屬은 일본의 큐슈 미이케 공장九州三池工場에서 제조된 알루미나alumina를
신의주 공장에서 전기 분해하여 알루미늄을 제조하였고, 니혼 제철日本
製鐵은 조선의 청진 공장에서 생산된 선철로 야하타八幡에서 강철을 생
산했다. 스즈키는 조선의 원료산업, 조재산업粗材産業은, 일본 본국의 훨
씬 고차적인 생산 단계의 제조 공업을 시장으로 하고 있고, 기계 공업은
거의 일본에 의존하는 등 자립적 기초를 가지고 있지 못했다고 진단했
다.[35] 실제 해방 직후 조선 공업의 붕괴는 원료부족이란 측면과 함께 일
본으로부터 기계의 수선과 대체가 이루어지지 않았다는 점도 컸다는
점에서 더욱 그러하다.[36] 스즈키는 조선 경제가 일본 국민경제의 유기

---

34 이대근은 산업 간 분업inter-industrial division of labour과 산업 내 분업intra-industrial division of labour을
    구분해서, 국제분업의 패턴을 정리하고 있는데, 식민지-모국 관계의 일반적 형태는 산업 간
    분업이었다고 한다. 즉 식량, 원료 등의 모노컬처 산업을 중심으로 한 식민지의 1차 산업과
    공업제품을 중심으로 한 식민지 모국의 2차 산업 간의 교역이라는 것이다. 이에 대해, 산업
    내 분업은 다국적 기업의 해외진출과 밀접한 관련을 맺는 것으로 크게 제품을 기준으로 하여,
    제품차별화 분업(독일의 소형자동차와 미국의 대형자동차 간의 분업)과 공정을 기준으로 한
    공정 간 분업(제품생산 공정 중 중간단계에서 공정별 특화의 형태)으로 나누어진다고 정리하
    고 있다. 李大根,『世界經濟論』, 까치, 1993, 360~398쪽. 그런데 스즈키는, 식민지 조선-일본
    간의 관계는 쌀의 모노컬처 형태로 특징되는 산업 간 분업에서, 조선의 공업화의 진전에 따라
    산업 내 특히 공정 간 분업으로 변화해가고 있다는 점을 착목했다. 이대근도 스즈키도 산업
    내 분업의 수직적 분업구조의 식민지성에 대해서는 등한시하는 경향을 엿보인다.
35 鈴木武雄,「「獨立」朝鮮經濟の將來」, 126쪽.

적 구조의 일부로 완전히 편입되어, 이른바 국민경제적 성격이 없어졌다고 평가한다. 패전 후 스즈키는 일본이 "내지 동일 주권하의 단일 경제단위로서 통일적·종합적으로 경영이 가능했다"라는 전형적인 식민지 경영논리 속에서 조선 경제를 분석했던 것이다.[37]

패전 후 스즈키는, 미곡 생산 및 대일 미곡 수출지로서의 조선의 위치, 대륙시장이란 배후지의 존재에 의해 가능했던 조선의 공업화, 아우타르키적 블록경제의 존재에 의해 가능했던 자원개발 및 중공업의 발달은, 일본의 패전, 태평양전쟁의 종결, '대동아공영권'의 붕괴, '만주국'의 중국 복귀, 조선의 독립이라는 신정세 하에서는 완전히 소멸할 수밖에 없다고 보았다. 즉 조선 경제의 발달은 조선이 일본의 영토였기 때문에, 그리고 일본을 중심으로 한 아우타르키적 환경에서만 가능했다는 것이다. 스즈키는 일본에서 독립한 조선 경제가 아우타르키적 환경이 존재하지 않는 세계 경제 속에서 발전할 수 있을지에 대해 회의적이었다.[38]

따라서 조선의 분리독립과 포츠담 선언의 제약하에서 재건될 일본 경제의 변모라는 측면을 고려할 때, 조선 산업의 해방 직후의 경제적 구조는 급격한 재편성readjustment이 불가피하다는 것이다.[39] 역내 아우타르키 경제의 해체와 국민경제로의 독립으로, 정치·군사적인 채산성 확

---

36 "Import Needs for South Korea", Bunce Mission Series No.2, Bunce to Sec. of State(Byrnes), 895.50/3-1146, *Records of the U.S. Department of State Relating to the Internal Affairs of Korea, 1945-1949*, Decimal Files, Reel no.7.
37 예를 들면 다음과 같이. ① 계획적 및 선택적인 자원개발의 이용이 가능했다. ② 조선의 공업 입지 조건과 자원 부존 조건에 따른 지역적 분업을 기초로 한 '내선일체적 종합경영'이 가능했다. ③ 조선을 정치적으로 지배함으로써 동일관세권을 형성하여 필요최저한의 안정적인 시장을 공급할 수 있었다. ④ 가장 안전한 자본수출지로서도 가능했다. 日本経済研究所 편, 앞의 책, 3·20~25쪽.
38 鈴木武雄, 「「獨立」朝鮮經濟の將來」, 125쪽.
39 위의 글, 123~132쪽.

보가 불가능해짐에 따라 조선의 경제적 자립구조는 상당히 취약해질 것이라는 예측이었다.

패전 후 스즈키는 엔블록=아우타르키적 광역경제권 교역 체제가 세계 자유통상 체제로 전환함에 따라 식민지기에 존재했던 조선 경제의 무역 규모는 축소되지 않을 수 없다고 전망했다. 즉 전시체제기(1938~1944) 수이출 중 78% 전후를 점했던 대일이출의 비중이 수입관세의 부활에 따라 급격히 감소하리라는 점, 미미하게나마 증가추세에 있던 수출 대상 지역도 엔블록 중심이었다는 점을 고려하면 조선 수출시장의 축소는 피할 수 없을 것으로 진단했다. 또한 반봉건적 농업기구農業機構의 잔존에 따른 빈농층의 존재와 재조선 일본인과 일본 자본의 철퇴에 따라 국내시장의 구매력도 축소할 것이었다. 당시의 시점에서 연합국의 투자 및 원조유치는 정치적으로는 일본보다 유리할 것이라고 분석하기도 했지만, 일본 및 엔블록권 내 교역이라는 폐쇄된 조건에서 개방경제로 이행하는 데 있어서 조선 경제는 취약성을 면치 못할 것이라고 전망하였다.[40]

일본경제연구소는 조선의 '상실'이 일본경제에 미칠 영향보다도 일본 패전으로 인해 새롭게 전개되는 사태가 조선 경제에 미칠 영향이 훨씬 클 것이라고 예상하고 있었다. 조선인의 정치·행정면에서의 경험 부족과 미·소에 의한 분단점령, 산업경영·기술 부문을 독점하고 있던 일본인의 귀환, '내지경제와 불가분한 일체관계의 절단'이 그러한 예상의 전제가 되었다.[41]

---

40 위의 글, 123~132쪽.
41 日本経済研究所 편, 앞의 책, 42~43쪽.

특히, 전후의 식민지 조선 경제에 대한 평가는 스즈키가 표현한 '경제적 내선일체'[42]에 의한 조선 경제의 성공신화success story와 동전의 다른 면을 이루는 것이었다. 즉, 전후 식민지 조선 경제의 기본성격을 '내선일체'적 경제관계, '상호보완 관계', '일체화된 경제적 균형사회'라고 평가했던 것은, 식민지 조선 경제가 일본 경제의 일부로 완전히 편입되어 있었다는 것을 의미했다. 조선 경제는 일본 경제의 특수한 요청, 즉, '일(선)만지'에 걸친 '동아자급경제권'에서의 아우타르키 경제로서 국제비교생산비를 도외시한 개발이 이루어졌다고 평가했던 것이다. 그리고 그 개발은 '일본의 일부분'이라는 입장에서 만주국에 대해 가지고 있던 각종의 경제적 이익 또는 만주국에서 받은 은혜恩惠', 즉 '만주'라는 배후지의 존재를 바탕으로 이루어졌던 것이다.[43] 이러한 독점적인 '일(선)만지' 경제권이 붕괴하자, 이러한 개발은 유지하기 곤란해지거나 불가능해졌기 때문에, '경제적 내선일체' 구조의 해체는 조선만이 아니라 일본에게도 동일한 영향을 끼치는 것이었다.

이러한 일대 발달은 일반 식민지경제에서 볼 수 있는 바와 같이, 조선의 경제 조건이 그 자체로 우수하기 때문에, 영리적인 입장에서 당연히 발달한 것은 반드시 아니었고, 오히려 그 많은 부분은 그 자체 경제 조건은 오히려 적고 취약하여 순 영리적 입장에서 보면 도저히 그 발달이 곤란했던 실정임에도, 일본 영토의 일환이었던 특수 사정으로 말미암아 일본 자신의 특수한 정치경제적 요청상, 단순한 국제적 채산 관계 이외의 입장에서, 그

42　鈴木武雄, 『朝鮮経済の新構想』, 52~55쪽. 이 책 제1장 3. 참조.
43　日本経済研究所 편, 앞의 책, 44쪽.

발달을 촉진시켰기 때문에, 인위적인 정책을 폈다는 사실에 기인하는 바가 많았던 것이다. (…중략…) 조선 경제의 비약적 발전은, 조선 경제 자체의 고유한 호조건 때문에 일본 영토의 일환이 아니게 되더라도 조선 경제 자체에서 필연적으로 발달 가능했던 사정에 기초한 부분은 오히려 작은 부분에 불과하고, 여타 많은 부분은 일본 영토의 일환이었던 것을 그 근간적 원인으로 하는 것이어서, 이러한 것으로서 일본의 특수한 요청(따라서 일본을 대신하여 다른 나라에서는 보전하기 어려운) 내지 이러한 것으로서의 필연적 결과(예를 들면 일본이 만주에 진출했다는 자연적 결과)를 가지고서야 그 발전을 보기에 이르렀던 것이다.[44]

게다가 개발은 미완인 채 중지되었고, 조선의 광공업은 건설 도중에 멈추지 않을 수 없었다고 평가했다.[45] 그 산업발달과정은 민수소비재 산업이 미발달 상태인 데다가, 군수 중심의 광공업이 이상 발달한 변칙성을 특징으로 하고 있었다.

그러면 '내선일체적 경제관계'와 다른 조선 고유의 경제 조건은 존재하고 있었던 것일까? 빈약한 천연자원은 일본의 정치경제적인 '특수요청'에 기반해야만 개발이 가능했다. 조선에서 가장 중요한 자원이었던 미곡(전체 자원의 40%를 점하는)도 완전히 동일한 상황이었다고 평가되었다.

(자원적 조건이 빈약한데도) 농업의 일대 발전은 반드시 그 자원 관계에 기초를 둔 것은 아니고, 오로지 일본의 조선 통치 및 식량자급 정책상의 요

---

44 위의 책, 3쪽.
45 위의 책, 28쪽.

청에 의한 인위적인 시책에 따른 것이 오히려 많았다.[46]

식민지 조선의 광업발달은 조선 고유의 천연자원을 기반으로 한 것보다는 정치경제적 특수요청, 즉 '일본의 전시경제적 내지 블록경제적 요청하에서' 국제적인 비교생산비를 초월하는 개발정책에 의해서만 가능했던 것이다. 따라서 패전으로 '일본의 특수적 요청사항과 절단'되면, 조선 광업은 1/3 가까이 그 생산액이 폭락할 가능성이 크다고 분석되었다. 물론 조선 고유의 유리한 자원적 조건에 바탕을 둔 금, 무연탄, 텅스텐, 흑연, 황화광, 마그네사이트 등의 광산물은, 전후에도 존속 가능성이 있다고 전망하였지만, 일본과의 기술적 경제적 제휴관계가 붕괴함으로써 그 생산도 제한적이 될 것으로 예상하고 있었다.[47]

원래 그 가능성이 빈약했던 조선의 공업화는 일본의 '정치경제적 특수적 요청'을 바탕으로 변태적이고 특수한 발전의 길을 걷게 되었다고 평가되었다. 또한 '대광공업중심'으로 한 발달이 주도하였고, 그 기반이면서 과정이기도 한 '조공적粗工的 중소공업의 발달이 미성숙'한 상태였으며, 또한 조선 공업의 자본·기술·경영 부분은 일본인의 손에 맡겨져, 조선인의 '민족 산업'은 아주 근소한 상태였다고 분석되었다.[48] 즉, 해방 후 조선경제는 급격히 재조정되지 않을 수 없을 것이라는 결론이었다.

---

46 위의 책, 5쪽.
47 위의 책, 7~8쪽.
48 위의 책, 10쪽.

2) 전후 직후 일본의 조선 '상실'과 '독립'의 경제적 영향

전후 한일 관계에서 조선 '상실'과 '독립'의 총괄적인 의미는 조선과 일본 사이의 상호보완적 관계, 즉 일체화된 경제적 균형사회를 형성하고 있었던 일본과 식민지 조선의 관계가 붕괴하고, 상호의존적 관계가 중단되었다는 점에 있고, 그것은 앞으로 '새로운 시점에서 새로운 균형을 추구하면서 재출발'해야 한다는 것을 시사하고 있었다.[49] 여기서 주의해야 할 점은 조선과 일본의 '손득관계損得關係' 즉 득실관계가 반드시 반비례 관계는 아니었다고 생각하고 있었다는 점이다.

전후 직후 일본은 조선 '상실'의 내용을 어떻게 파악하고 있었을까? 먼저, 투자 관계에서 일본 측의 손실은 103억 9,900만 엔에 달할 것으로 예상했다. 그러나 실질적인 투자손실을 산출할 때 이른바 '군사적 수요' 로서 투자된 것은, '앞으로의 세계체제가 자유통상을 근간으로 하게 된다면' 그 투자는 성립할 수 없게 됨에 따라, 조선의 분리가 초래한 손실이라고 하기는 어렵다고 평가했다.[50] 즉 조선의 '독립'에 의해 일본 측이 상실했다고 생각되었던 투자분이 대부분은 조선의 전후 경제재건과 직접적으로는 연결되지 않는다는 것을 의미한다. 투자의 내역은 주로 '군수적 수요'에 바탕을 둔 투자와 비군사적 수요에 바탕을 둔 투자로 나누어 생각해 볼 수 있다. 예를 들면, 태평양전쟁 발발 후에 이루어진 신규 투자액, 즉 '군사적 수요'에 의해 이루어진 투자 중 41억 엔은, 패전으로 인해 '군사적 수요'가 사라짐으로써, 이미 '투하 자본의 가치'를 상실하였고, 조선에 남겨짐으로써 발생할 '실질적 손실'은 아니게 되었다는 것

---

49 위의 책, 28쪽.
50 위의 책, 32쪽.

을 의미하고 있다. 그 이유는 '국제비교생산비를 무시한 기업계획이 많았고, (…중략…) 가령 일본 자신의 손안에 장악되어 있었어도 전쟁이 종료되고 군수 수요가 사라져 상대적으로 저렴한 물자가 자유롭게 수입된다면 어떤 방식으로라도 기업으로서 지극히 유지 곤란한 것이 되어버릴 성질의 투자로 보여지기' 때문이었다.[51]

총투자액의 내역 (단위 : 억엔)				
총투자액	태평양전쟁 이전	52.0		103.9
	태평양전쟁 발발 후 신규투자	유지		
		가능	지극히 곤란	
		10.0	41.0	

자료 : 日本経済研究所 편, 앞의 책, 32~33쪽. 추정치

신규투자 중 10억 엔과 태평양전쟁 이전의 투자액 52억 엔을 합한 62억 엔에 해당하는 이른바 전쟁경제 관련이 아닌 부분은, 재조선 공장이 전쟁 피해에서 벗어나 앞으로 조선 산업의 재건 여부에 따라서는 오히려 일본 산업의 경쟁상대로 등장할 가능성이 있을 것이라고 분석되었다. 그런데, 일본의 투자로 운영된 조선 산업에는 두 가지 커다란 문제가 가로놓여 있었다. 첫째로 이른바 '경제적 내선일체'에 기반한 일관경영형태가 파괴되어, 그로 인해 기업이 '반신불수화半身不隨化'하여, 유지 가능성이 낮아질 경우가 상정되었다.[52] 둘째로 반드시 '경제적 내선일체'에 기반한 경영이 아니라 하더라도 여전히 다음과 같은 문제가 가로놓여 있을 것으로 전망되었다.[53]

---

51 위의 책, 32쪽.
52 위의 책, 32쪽.
53 위의 책, 60쪽.

(A) 조선 자신의 자본 축적이 너무나 적다.

(B) 기술 수준이 낮다.

(C) 조선 민족 스스로 대기업을 경영해본 경험, 능력이 아직 빈약하다.

(D) 국내시장이 극히 협소하다.

(E) 외국과의 경쟁에 노출될 것이다.

　요컨대, 전후 조선 산업의 발전 가능성에 대해서 상당히 부정적인 평가를 했다는 것을 염두에 두면, 일본의 조선 투자에 대한 '상실'은 한정적인 것으로 파악해야 한다고 생각했던 것이다.

　다음으로, 자원 관계의 상실은, 그 영향이 적지는 않을 것이라고 평가했다. 그때, 그 경제적 손실이 의미하고 있는 부분은 세 가지 내용을 포함하고 있었다. 첫째로, 조선 자원의 계획적 개발과 수급 조절을 일본이 '자주적으로' 할 수 없게 된 점이다. 일본에 의한 '정치경제적 특수적 요청'을 가능하게 하고, 조선이 '일본제국'의 경제에 '기여'할 수 있도록 한 기본 구조로서, '정치적 지배에 기반을 둔 단일 경제단위로서 통일적인 경영이 가능했다'라는 점을 들고 있다. 그것은 먼저, '일본의 정치경제적 필요에 맞추어서 조선 경제에 대해 계획적으로 개발하거나 개발하지 않는 것이 가능했다는 것을 의미'하고 있었다.[54] 이렇게 필요한 자원을 필요한 양만큼 자유롭게 취득할 수 있었지만, 이제는 불가능해지기 때문이었던 것이다.

54　전전에 실시된 산미증식계획과 제광물증산계획諸鑛物增産計劃 등은 조선의 내발적 필요보다는 일본 경제의 필요에 맞추어 수립되기도 하고, 폐지되기도 하였으며, 다시 부활하기도 했다. 또한 일본 산업과의 경쟁상태를 피하기 위해 도자기와 같은 잡화공업, 기계공업의 발전은 계획적으로 제한되었다고 한다. 위의 책, 20쪽.

두 번째로, 자원의 개발과 가공 단계에서, '일선日鮮'을 한 단위로 산업 경영'이 가능했다는 것으로, 이 경영에는 '공업에 입지조건, 자원부존의 다과에 따라 지역적 분업'의 형태와 단일 기업이 일본과 조선 양 지역에 걸쳐 '일관경영一貫經營'이 가능한 형태를 들었다.[55] 또한 필요최저한의 안정된 시장의 형성과 가장 안전한 자본수출지로서 조선이 기능하고 있었던 점도 지적되고 있었다. 이렇게 일본과 조선 사이에 입지조건의 장단점만을 취하여 이루어졌던 일관경영이 앞으로는 불가능해졌다는 점이다.

세 번째로, 앞으로는 거래 대가를 일본 엔으로 결제할 수 없게 되어, 대외구매력의 한도가 제한될 것이라는 것이다.[56] 금의 경우에는 조선 이 분리된 후에는 일본 엔에 기반을 두고 형성되었던 동일통화권 내라 는 조건이 사라짐으로써, 완전히 의미가 사라지게 되었고, 공공연하게 이루어질 수 있었던 덤핑 상품의 지배력 상실이 초래할 영향도 크다는 평가를 했다.[57]

전력자원 부문에서는 식민지 조선의 풍부한 전력의 상실과 함께 장 래 조선에서 전력에 기반을 둔 경쟁 산업이 출현함으로써 일본경제가 입을 것으로 예상되는 손실 문제도 제기하고 있었다.[58]

농업 부문에서는 식민지 지배 당시에는 외화가 불필요했고, 농업생

---

55 위의 책, 22쪽. 지역적 분업의 예로서는 조선의 풍부한 전기자원을 이용한 공중질소空中窒素 고 정공업 등을 거론하고 있다. 일관경영 이익 실현의 예로서는 후쿠오키福岡 미이케三池에서 생 산한 알루미나를 조선에서 제련한 동양경금속(주)의 경우를 들고 있다. 이 점은 본국의 원료 자원 공급과 공업생산물 시장이라는 기능만을 요구한 일반적인 식민지 관계와는 다른 점으 로서 제시되었다.
56 위의 책, 34쪽.
57 위의 책, 35쪽.
58 위의 책, 35~36쪽.

산 자체의 수급을 일본 측이 통제할 수 있었다는 점에서 조선의 미곡 등에 대한 농업 부문의 자원지배력이 상실될 것이라고 예상했다.[59] 식민지기에 식량 공급지로서 기여하고, 제국 내 식량자급화 정책의 중대한 일환으로서 기능하고 있었던 조선산 미곡은, 1918년 쌀 소동 이후부터 1939년까지 기여하고 있었지만, 1940년 이후에는 조선 광공업 개발에 대한 요청과 흉작으로 인해 식량 이출량이 격감하고 있었다. 그럼에도 일본경제에 조선이 가장 기여한 부분은 역시 식량(미곡)의 계획적 증산에 기반을 둔 계획적인 이출에 있었다고 평가되었던 것이다.[60]

광공업 부문에서 조선의 기여로서, 일본의 전시경제의 특수한 요구에 대응했다는 점이 평가되면서도, 금과 황화암모늄 등을 제외하면, 그 어느 것도 건설과도기에 속하여, 아직 본격적인 수익단계에 이르지 못했기 때문에, 일본경제에 대한 기여도 그 투자에 비해서는 아직 상당히 빈약했다고 평가되었다.[61] 광공업 부문에서는 아직 건설기의 초기 투자 쪽이 훨씬 컸으며, 그 도중에 손을 놓은 측면이 있었다고 평가되었던 것이다.[62] 아우타르키 경제와 전시경제라는 조건에서만 채산성이 확보되었던 자원에 대해서는 그 '상실'을 한정적으로 파악할 필요가 있었다. 예를 들면, 태평양전쟁 당시에 개발된 조선의 광물자원은 대부분 '평화일본'을 건설하는데 불필요한 것이 되었고, 군수 목적의 광물자원이 아니라 할지라도, 국제비교생산비를 초월하여 경제적 채산성이 떨어지는 경우에는 수입할 수 없을 것이라고 판단되었다.

---

59 위의 책, 36쪽.
60 위의 책, 25쪽.
61 위의 책, 26쪽.
62 위의 책, 28쪽.

판로의 축소라는 측면에서 보면, 식민지 조선은 미국에 다음가는 중요한 무역 시장으로서의 위상을 점하고 있었지만, 분리·독립으로 인해 일본 경제의 동일 단위로서 그 기능을 유지하고 있던 조선의 산업구조가 붕괴하고, 따라서 대외구매력이 격감할 것이라고 전망했다. 여기에 더하여, 미국이 조선 시장을 침식해 들어옴에 때라, 일본의 조선 수출에 차질이 발생할 것이라고 생각하고 있었다.[63] 한편, 조선의 경우에는 곡물류, 생사生絲, 어분魚粉, 해산물처럼, 종래 대일이출품의 수출가능성이 저하하여, 동일통화권이었던 '일－선－만日－鮮－滿' 통화권이 붕괴하여 외국환 문제 등이 발생함으로써 대외구매력이 현저하게 저하할 것으로 예상되었다.[64]

마지막으로 국제수지 부문에서 결제 수단의 상실이 지적되었다. 즉, 일본은 국제수지 부족분을 결제할 편리한 수단으로서 이용했던 조선산 금을 앞으로는 이용할 수 없게 되었고, 또한 조선에서 수입할 때 일본 엔으로 결제할 수 없게 되었다는 점이 지적되었다.[65]

한편, 조선 '상실'로 인해 오히려 일본이 확보할 수 있을 것으로 여겼던 이익에 대해 살펴보고자 한다. 첫째로, 조선의 인구과잉에 의한 실업문제를 회피할 수 있다는 점을 들고 있다. 조선에 대해서는 일본 및 '만주' 등 외국으로부터 약 300만 명의 귀환자가 예상되었다. 여기에 더하여 해방 직후 조선 산업은 광업의 2/3, 공업의 1/2 정도가 쉽게 부흥할 수 없을 것으로 예상되었다. 이에 따라 상업과 교통 부문 종사자도 약

---

63 위의 책, 37~38쪽.
64 위의 책, 57~58쪽.
65 위의 책, 39~40쪽.

1/3 정도로 감소하여, 이를 모두 합하면 200만 명 정도가 실업 상태에 빠질 것으로 예상되었다. 게다가 조선 농업과 수산업 부문에서 이들 실업자들을 흡수할 여력이 없으므로, 해방 직후 조선에서 예상되는 실업자 수는 400~500만 명에 이를 것으로 추산되었다.[66] 조선의 인구잉여 문제를 일본 측이 회피할 수 있다는 점은 당면한 이익[67]으로 간주되었던 것이다.

두 번째로, 일본 측에서는 조선에 대한 군사비, 행정보충비 등 보급금補給金이라는 식민지 경영에 따른 재정부담이 사라진다는 점을 들고 있다. 반대로 조선의 경우에는 재정문제에 직면할 것으로 전망했다.[68]

이상, 지금까지 조선 '상실'에 따른 손익 양상을 고찰해 보았다. 조선의 분리／독립으로 말미암아 일본이 입을 '상실'은 클 것으로 분석되었지만, 반드시 일본이 '상실'한 내용이 조선의 '이익'이 되지만은 않을 것이라는 점을 고려해 볼 때, 이미 식민지 지배관계의 소멸과 전시경제의 붕괴로 인해 채산성이 사라질 부분에 대해서도 인식하고 있었다. 그 점에서 '독립국 상호 간의 관계이자, 절대적으로 평등한 관계'에 기반을 둔, 즉, '쌍방이 이익이 되는 사항을 이익으로 하는 범위 내에서 제휴하고 유무상통하여', 이미 소멸한 '경제적 내선일체'적인 경제체제를 재편하는 형태로 한일 경제제휴에 대한 전망을 드러내게 되었던 것이다.[69]

---

66 위의 책, 55~57쪽.
67 물론 일본 측에서도 해외로부터 귀환자와 산업 파괴에 따른 실업 문제를 가지고 있었음은 물론이다.
68 日本経済研究所 편, 앞의 책, 40~41쪽.
69 위의 책, 65쪽.

4. 패전 직후 일본의 조선 경제 '재통합'에 대한 전망

패전 직후 일본 정부의 연구조사 활동에서 조선 경제 관계의 재구축 구상은 '재통합'을 향한 방향으로 전개되었다. 특히 스즈키는 일본이 조선을 다시 식민지로 삼을 필요도 능력도 없기 때문에, 일본이 조선 경제에 재침투할 우려는 없을 것이라며,[70] 조선과 일본의 재통합을 주장하고 있다. 스즈키는 블록경제적 결합 관계는 지향해서는 안 될 것이라고 단언하였다. 그러나 자유무역 체제의 비교우위에 입각해, 식민지시기와 같은 제1차 산품 수출 및 공업제품 수입이라는 수직적 관계의 재생과 '일선식량협정日鮮食糧協定' 안에서 볼 수 있는 것처럼 일본에 대한 식량 공급국으로 조선을 규정하는 데 아무런 저항감을 가지고 있지 않았다. 따라서 조선과 일본의 경제제휴, 조선에 대한 일본의 경제 진출은 우려하기 보다는 환영해야 한다고 주장했던 것이다.[71] 블록경제를 부정하면서도 수직적 한일 경제관계의 재생, 즉 수직적 지역통합이라는 측면에서 벗어나지 못했던 것이다. 스즈키는 일본 자본주의의 재건 문제와 관련해서, 군사적, 반봉건적 특질을 불식시킨다면, 외국시장 및 식민지가 전혀 필요 없게 되리라는 전망[72]을 비판하면서, 그러한 특질의 해체에 의해 재편될 외국시장 및 식민지의 새로운 의의와 형태의 가능성과 현실성을 시야에 넣어야 할 것이라고 논하고 있다.[73] 그러므로 1940년대 전반기까지 식민지 경제 관계를 형성하고 있었던 조선과 일본의 식

---

70 鈴木武雄, 「「獨立」朝鮮經濟の將來」, 159~162쪽.
71 위의 글, 157~162쪽.
72 川崎巳三郎, 「日本資本主義と外國市場」, 『評論』, 東京 : 河出書房, 1946.8.
73 鈴木武雄, 『再建日本經濟研究のために』, 57쪽.

민지 관계는 자유무역체제 내에서 타파되는 것이 아니라 일본경제 재건을 위해서 오히려 자유무역 체제를 보완하는 형태로 재편되어야 할 것으로 이해하고 있었다.

일본 정부의 연구조사 활동과 관련하여 작성된 보고서류의 공통적인 인식은, 일본에서 분리 / 독립한 조선이 독자적으로 국민경제를 형성하더라도 식민지기 정도의 조선의 국민 생활 수준과 고용 수준을 유지할 수는 없으리라는 것이었다. 따라서 일본 이외에 '도움'을 줄 외국이 필요하게 되리라 전망하면서, 미국, 소련, 중국을 거론하면서 그 가능성을 분석하였다. 미국은 조선에 가장 중요한 국가가 될 것이라고 예상했다. 그러나 미국이 조선에 경제 원조를 할 가능성은 크지만, 미국에 조선은 경제적 가치가 높지 않으므로, 그 경제원조 자체도 제한되어, '조선은 경제적으로 부담만 되는 존재'가 될 것이라고 예상했다. 소련은 조선에 대해 정치적 관심은 많지만, 경제적 이해관계는 미국과 마찬가지로 낮고, 게다가 소련의 경제원조 능력은 미국보다 낮을 것으로 예상했다. 중국은 미·소에 비해 정치적 관심마저 적고, '일—선—만'의 특수 관계도 붕괴했으므로, '만주' 자원에 대한 조선의 구매력도 떨어질 것이라고 진단했다. 요컨대, 조선이 식민지 시기의 대일관계에서처럼, 미국·소련·중국이라는 어떤 특정 국가에 '유기적인 경제제휴 관계'를 맺을 가능성은 극히 낮을 것으로 생각했던 것이다.[74]

한편, 일본과의 관계에 대해서는 미국·소련·중국과는 다른 양상을 보일 것으로 예상했다. 전후 일본에 조선의 '상실'과 '독립'이 초래할 손

---

74 日本経済研究所 편, 앞의 책, 62~64쪽.

해라는 것은 크게 두 가지로 나누어 생각할 수 있다. 하나는 분리로 인해 초래할 손실이다. 다른 하나는 전시경제 및 아우타르키 경제권이 붕괴하여 경제적 채산성이 사라짐으로써 초래할 손실이다. 따라서 전후 한일 경제 관계에 대한 전망은, 전자의 분리로 인해 양 지역에 초래한 손실을 보전하는 것에서 시작될 것으로 파악했다. 향후 한일 경제관계의 기본 원칙을 "쌍방이 이익이 되는 사항을 이익으로 하는 범위 내에서 제휴하고 유무상통하여 공존공영으로 나아간다"[75]라는 것이 제시되어, 탈식민지화한 종래의 지역경제권에서 특수한 경제관계를 재편하여, 세계 자유무역 체제 속에서 이루어지는 교역관계를 목표로 한 것이었다.

조선과 일본의 '경제상의 긴밀화'가 상호 대등한 입장에서 이루어지는 한, 브레튼우즈 협정으로 대표되는 세계 자유무역 체제를 부정하는 것은 아니라고 긍정적인 것으로 파악했다.[76] '독립국 상호 간의 관계이며, 절대적으로 평등한 대등 관계'에 기반을 둔 '산업면에서의 제휴와 협력'이라는 조선과 일본의 경제관계의 재편 구상은 이런 관점에서 도출되었다. 이를 바탕으로 무역관계의 재편에서 조선이 일본에 의존할 가능성이 클 것으로 예상하였다. 조선의 산업에 '전혀 혁명적인 격변이 일어나지 않는 한' 조선에 수출 여력이 있는 물자는 일본을 대상으로 한 것이고, 또한 수입이 필요한 물품 중 식량 이외의 생활필수품은 '중국의

---

75 위의 책, 65쪽.

76 외무성 특별조사위원회는 동일한 입장에서 브레튼우즈 협정을 동아 제 지역과 국제분업 관계를 수립한다는 구상과 양립시킬 가능성에 대해서 논의했다. 일본이 국제수지의 균형을 유지하며 산업 재건을 도모하는 과정에서 빠질 수 없는 부분이었기 때문이다. 이 위원회는 결국 미국의 양해하에 2국 간 바터 협정과 같은 잠정적인 결제방식을 생각하고 있었다. 「ブレトンウッツ協定参加の諸問題」, 外務省特別調査委員會中間報告案, 1947.2.14, 『外務省資料 II』, 武蔵大学図書館 소장.

공업화가 약진하여 상당한 수출 여력을 확보하지 않는 한' 일본제품에 의존할 것으로 예상하고 있었던 것이다.[77]

산업 기술 분야는, 포츠담 선언에서도 금지한 조선 자원과 기업에 대한 일본이 재지배라는 연합국 측의 경계도 있어서, 조선의 국내 산업에 깊이 개입할 위험성을 품고 있는 분야이기도 하다. 따라서 독립한 조선과 일본이 '상호 이익이 되는 산업면에서의 제휴와 협력'을 희망하는 분야를 농업과 광공업으로 나누어서 전망하였다.

조선의 농업 부문은 화학비료, 우량종자, 약품 부분은 미국이 기여할 바가 있을지라도, 미국이나 소련과 같은 대규모 기계농업 방식은 적합하지 않을 것이다. 따라서 농업기구農業機構 관계에서 보면, 일본 쪽이 노동집약적이면서 토지집약적인 농업방식에서 높은 기술력을 보유하고 있으므로, 일본과 경영·기술면에서 제휴와 협력 가능성이 있을 것으로 진단했다.

광공업 부문에서는 '미·소의 기술, 생활양식, 언어 등등과의 거리라는 갭을 메우고, 새롭게 조선인 노무자에 직결된 중간적·말단적 부분을 담당할 자로서는 아마 일본이 가장 적합할' 것으로 예상했다. 게다가 그 생산물도 어느 정도까지는 일본에 판로가 있을 것이므로, 제휴·협력도 가능할 것으로 보고 있었다.[78]

이 문제는 동북아시아 지역에 대한 전전부터의 무역관계를 앞으로 어떻게 재편할 것인가에 대해 서로 다른 의견을 제시한 타카하시 카메키치와 스즈키 타케오의 주장을 통해서 살펴보고자 한다. 먼저 타카하

---

77 日本経済研究所 편, 앞의 책, 67쪽.
78 위의 책, 68쪽.

시는 다음과 같이 주장했다. 전전·전중에는 비교적 고가의 조선 미곡을 이입하는 부담이 존재하였고, 경제적으로는 채산성이 맞지 않아 비합리적이었다. 식민지 경영이라는 특수한 관계를 유지하기 위해, 그리고 경제적 아우타르키 유지라는 목적에서 수행된 역내 교역을 위해서였다는 것이다. 그러나 패전으로 인해 앞으로는 조선은 일본 영토에서 분리되어 타국이 될 것이다. 전전의 관계는 무시할 수 있게 되었고, 일반적인 외국으로 대하면 된다는 것이다. 경제적인 채산성이 없어지게 되어, 조선 미곡보다 상대적으로 더 저렴한 동남아시아산 미곡을 수입하는 것이 가능해졌다는 이유에서였다.[79]

한편, 스즈키는 구 '외지'와의 경제관계를 일반적인 타국과 동일하게 간주하는 것에 반대하였다. 조선산 미곡의 문제도 그 연장선에 있었다. 즉, 전전부터 조선산 미곡은 일본에 이출하기 위해 일본인의 기호에 맞도록 종자개량을 해왔다. 일본산 미곡과 동일한 자포니카 계열의 미곡이었던 것이다. 그리고 앞으로 일본이 조선에 공업제품 등을 수출할 필요가 있는데, 조선은 일본에 미곡을 수출하는 것 이외에 자국의 수입대금을 획득할 대체재가 없다. 일본의 조선 수출을 안정적으로 유지하기 위해서도, 일정 정도의 조선산 미곡을 수입할 필요가 있다. 따라서 전전처럼 식민지 경제관계는 아니라 하더라도, 일본과 조선은 지역적인 경계관계를 안정적으로 유지하기 위해, '일선식량제휴' 등 경제제휴를 맺을 필요가 있다고 주장했던 것이다.[80]

---

79 高橋亀吉, 『新生日本の経済』, 東京 : 投資往來社, 1946, 13쪽.
80 鈴木武雄, 「朝鮮統治の性格と實績 - 反省と反批判」, 148~149쪽. 이 보고서는 大藏省管理局 편, 『日本人の海外活動に関する歴史的調査』 通卷11冊, 朝鮮篇第10分冊 附錄에 재수록되었다.

이러한 스즈키의 한일 경제제휴 구상은 패전 직후 일본정부의 무역구상과 동일한 것이었다. 외무성 조사보고서 『일본의 대동아무역의 장래日本の対東亜貿易の将来』에는 아시아 시장에 적합한 일본 공업을 억제하는 것은, 일본 이외의 동아시아 경제부흥과 발전을 저해하는 것이라는 견해가 표명되어 있다. 수출을 강화하기 위해, 그리고 블록경제의 붕괴로 인해 연약해진 동아시아 지역의 대일구매력을 증대하기 위해서는, 일본정부로서도 동아시아 지역으로부터 수입을 늘릴 필요가 있을 것이라며, 다음과 같이 분석했다.[81]

> 자국의 수출을 증가하기 위해서는 동아 각지의 구매력을 증대할 필요가 있으며, 그를 위해서는 각국의 경제 사정을 고려하여 (…중략…) 가능한 한 다량의 물자를 이들 지역(조선·타이완 – 인용자)에서 수입해야 하는 상태가 발생할지도 모른다.

전전에 아우타르키 경제를 유지하기 위해, 고가임에도 불구하고 미곡의 대부분을 조선과 타이완에서 이입하고 있었던 부담이 있었다는 것을 인정하지만, 전후 세계 각지로부터 가장 저렴한 미곡을 수입하는 것이 반드시 유리하다고 할 수만은 없다는 것이다. 전후 일본도 공업제품의 판로를 동아시아 지역에서 구할 수밖에 없을 것이고, 동아시아 지역도 일본 이외에는 적당한 판로가 없는 미곡과 같은 상품을 일본에 수출할 수밖에 없으므로 양자의 교역은 가능할 것으로 외무성 조사국은 전망하

---

81 外務省調査局第三課, 「日本の対東亜貿易の将来」 調三資料 제15호, 1946.9.20, 6~14쪽.

고 있었다.[82] 이러한 발상은 『일본경제재건의 기본문제』와 마찬가지로 자유무역 경제 내에서 반드시 전 세계에 대해 비교우위를 가지지 못한 일본 경제가 동아시아 지역에서 비교적 우위를 점하고 있는 공업제품을 수출하기 위해서는, 동아시아 지역에서 일정 정도의 구매력을 유지하기 위해 필요하다는 것에서 나온 것이다. 따라서 국제 자유무역 체제에서 조선과 일본의 경제관계를 어떻게 재편할 것인가에 따라 해방 후 조선의 경제재건을 전망할 수 있을 것이므로, 독립한 조선과 민주화된 일본과의 제휴도 부정해서는 안 된다고 스즈키는 주장했다.[83] 식민지기에 조선과 일본은 최대의 수이출 상대였으므로, 조선이 독립한 후에도 밀접한 무역관계를 유지하는 것이 이익이 될 것이라 전망했던 것이다.

8.15 직후 스즈키가 아직 경성에 있을 때, 후에 조선은행 총재가 되었다는 미군 소령[84]이 조선경제 재건에 대한 의견을 물었다고 한다. 스즈키는 먼저, 금융제도의 급격한 미국식 재편보다는 현행 제도를 유지하면서, 차츰 조선인에게 이양하는 방향을 제시했고, 또 하나는 조선의 분할점령과 함께 경제도 분할된 것을 우려하면서, 남북을 포함한 한반도를 경제기반으로 두지 않으면, 남조선은 물론 조선경제의 재건 자체가 불가능할 것이라고 조언하고 있다.[85] 스즈키는 일본과의 그리고 남북의 경제적 분리에 대해서 부정적인 입장을 표현했다고 해석할 수 있다. 식민지기 남북의 경제구조를 포함해 일본과의 경제적 관계를 유지하는

---

82 外務省調査局第三課, 「貿易から見た日本経済の将来」 資料一, 1946.11.30, 13~14쪽.
83 鈴木武雄, 「「獨立」朝鮮經濟の將來」, 134쪽.
84 해군대위 롤란드 D. 스미스(Roland D. Smith)로 추측된다. 그는 임명사령 제15호에 따르면, 1945년 10월 15일 조선은행 총재로 임명된다. 국사편찬위원회 편, 『자료 대한민국사』 제1권, 1968, 256쪽.
85 鈴木武雄·高橋誠·加藤三郎, 앞의 책, 111쪽.

틀은 조선이 해방된 후에도 유지되어야 할 것이었다. 그러나 그것은 정치군사적인 통제경제에서의 틀이 아니라 비교우위에 입각한 자유무역 체제에 입각한 것이었다.

스즈키는 조선과 일본 사이의 수출입 전망을 통해 양 지역 경제관계의 재건을 구상하고 있다. 먼저 일본의 필요물자는, 미곡, 수산물(김 등), 흑연, 텅스텐, 마그네사이트, 운모, 황화암모늄 등인데, 특히 미곡은 가격 측면에서는 버마나 인도차이나산 미곡과 비교우위라는 면에서 볼 때 수출 전망이 희박하지만, 일본인의 기호 측면에서는 어느 정도의 비교우위를 확보할 수 있다는 점을 들고 있다. 조선으로서는 미곡의 최대수입국이 일본 이외에는 존재하지 않는 절박함이 있으므로, 일본의 미곡 수입은 중요한 의미를 가질 것이라고 보고 있다. 따라서 양국이 미곡에 대한 무역협정을 체결하여, 미곡의 최저한 무역량을 결정하여 안정적인 수출입이 가능하도록 해야 한다고 주장하고 있다.[86] 이러한 분석은 사사오 논문에 대한 「독후감」에서, "조선이 식민지가 아니라 독립국이었고, 그 경제정책이 독자적으로 결정되었다 하더라도 당시의 내외 조건에서 조선의 경제적 발전을 촉진하기 위해서는 역시 미곡단종경작형이 채용되었을 것임에 틀림없다"[87]라고 한 식민지 조선의 경제구조에 대한 평가와도 부합된다.

조선의 필요물자는 유연탄, 황화철광, 기계기구, 섬유제품, 잡화류,

---

86 해방 조선의 대일본 쌀 수출 문제에 대한 스즈키의 견해에 최초로 주목한 것은 허은의 연구였다. 그는 일제말 스즈키가 동아 식량기지로서의 조선의 역할을 강조했던 측면이 1946년의 「독립'조선경제의 장래「獨立'朝鮮經濟の將來」에서도 드러나는 것으로 보았다. 또한 스즈키의 논리는 미국의 식량원조가 만주 잡곡을 대신했던 측면을 제외하면, 이승만 정부의 외화획득을 위한 미곡수출 시행 논리와 큰 차이가 없었다고 해석하였다. 허은, 「제1共和國初期 對日米穀 輸出의 歷史的 배경과 성격」, 『韓國史學報』 8, 2000.3, 198쪽.

87 鈴木武雄, 「讀後感」, 佐々生信夫, 『経済的観点より見たる我国朝鮮統治政策の性格と其の問題』, 調三資料 제2호, 外務省調査局第三課, 1945.12.20, 144쪽.

서적류, 채소 종묘, 잠란지蠶卵紙, 감귤류 등인데, 그중 미국 진출이 예상
되는 기계기구 등도 종래의 기계가 일본제품이었던 관계로 당분간 수
입이 필요할 것으로 보고 있다. 일본에서도 대조선 수출을 통해 확보한
대가로 미국산의 필요물자를 수입할 수 있다는 이점이 있다는 것이다.
또한 조선에 기술자를 파견하여, 일본인 기술자의 퇴거로 인해 생긴 기
술의 공백을 메우고, 조선의 기술자 양성 및 재교육도 가능할 것이며,
일본에서도 실업자 대책으로서 큰 의미가 있을 것이라고 보고 있다. 조
선 수출을 통한 대미 수입 자금 확보라는 삼각무역 패턴은 일본의 경제
부흥을 본격적으로 구상하기 시작하는 1947년 이래의 미국의 동아시아
정책기조와 다르지 않았다.[88]

5. 통계로부터 보는 조선 경제의 의미

미야모토 마사아키가 지적했던 것처럼 전전의 조선 통치에 대한 '총
괄'에는 수치화라는 작업을 바탕으로 '객관적'으로 주장할 수 있는 지표
로서 수치 데이터가 중시되었다고 할 수 있다.[89] 제4절에서는 전후 일본

---

88 1947년 중반까지는 일본 부흥을 위한 교역 대상을 동북아시아 즉 조선, 타이완, 만주, 화북지
   방에 두고자 했던 구상과 동남아시아에 두고자 했던 구상이 존재했는데, 중국 공산혁명의 성
   공으로 인해 점차 동남아시아에 중심이 이동하고 있었던 것으로 보인다. Michael Shaller, *The
   American Occupation of Japan − The Origins of the Cold War in Asia*, New York : Oxford Uni-
   versity Press, 1985, pp. 141~148. 삼각무역의 논리에 대해서는 菅英輝, 『米ソ冷戰とアメリカ
   のアジア政策』(京都 : ミネルヴァ書房, 1992), 195~219쪽을 참조.
89 宮本正明, 「敗戰直後における日本政府・朝鮮關係者の殖民地統治認識の形成−『日本人の海
   外活動に關する歷史的調査』成立の歷史的前提」, 『財団法人世界人權問題センター研究
   紀要』11, 2006.3, 131쪽.

이 '상실'했다고 파악했던 자원과 여전히 일본이 필요할 것으로 인식하고 있었던 자원을 '객관적 수치'에서 어떻게 표현하고자 했는지를 분석하고자 한다. 통계를 만들어 내는 구체적인 공정을 파악할 수는 없지만 이미 제시된 통계를 음미하면서 전시체제기에 조선에서 이입되었던 물자의 양과 질의 내용을 분석하여, 일본에게 조선의 '상실'이 가져다준 자원적인 측면의 의미를 패전 직후 일본에서 작성된 당시 통계로부터 구체적으로 고찰해 보고자 한다.

먼저, 〈부표 1〉 '국토상실과 그 자원적 영향國土喪失とその資源的影響'은 재단법인 국민경제연구협회財團法人國民經濟研究協會[90]가 1947년에 편찬한 『일본경제의 현실日本經濟の現実』에 포함되어 있는【국토상실과 그 자원적 영향國土喪失とその資源的影響】(1947년 4월 1일 현재)을 바탕으로 새롭게 작성한 것이다.

이 통계는 일본이 전후에 '상실'한 것으로 파악한 자원을 가장 수치적으로 드러낸 자료라고 할 수 있다. 일본이 '상실'할 것으로 예상한 자원의 보유 지역을 '영토'와 '만주'라는 두 지역으로 나누었다. 패전 이전까

---

[90] 국민경제연구협회는 제2차 세계대전 종결 후에 일본의 경제부흥을 위해 상공성과 농림성, 문부성 등 세 부처가 같이 설립한 싱크탱크였다. 점령기 일본의 경제안정 및 경제부흥을 목표로 설치된 정부기관인 경제안정본부(이후에 경제기획청으로 개편)가 만들어지는데 깊이 관여하였고, 전후 일본의 경제정책 수립과정에 중요한 역할을 수행했으며, 전후부흥기 경제조사 자료를 다수 남기고 있다. 国民経済研究協会 編, 『国民経済研究協会 戦後復興期経済調査資料』全20卷, 東京 : 日本経済評論社, 1998~1999; 국민경제연구협회는 2004년 3월 31일 해산하였다. 해산 후에 홈페이지(http://kkri.or.jp)는 폐쇄되었으며, 전(前) 직원이 개인적으로 만든 홈페이지 (http://home.k07.itscom.net/telecom/)에서 국민경제연구협회에 관련한 문의에 응대하고 있다(검색일 2011.7.23). 당시 국민경제연구협회는 경제안정본부 장관으로 재직 중인 와다 히로오和田博雄가 회장직을 맡고 있었으며, 『일본경제의 현실』 집필에 주도적으로 관여하고 실제로도 주요 집필자로 참여한 이나바 히데조稻葉秀三 역시 경제안정본부에 참여하여 전후 일본의 경제부흥을 목적으로 한 정책형성을 주도하게 된다. 따라서 국민경제협회의, 그리고 집필을 담당한 이나바 히데조의 일본이 '상실'한 자원에 인식은 향후 일본의 경제정책 기획의 바탕을 이루는 것이었다고 할 수 있다.

지의 일본제국의 영토와 식민지로 편입된 영토는 아니지만 그 영향 하에 놓여있던 만주국이라는 두 영역으로 나누고 있다. 그리고 '영토'는 다시 '일본'과 '상실 지역'으로 나누고 있다. '일본'은 일본제국주의가 침략하기 이전 상태의 일본 본토 즉 일본이 '내지內地'라고 불렀던 지역을 지칭하고 있다. '상실 지역'은 일본의 패전으로 말미암아 포츠담 선언에 따라 일본 영토에서 이탈한 지역으로서 '조선', '타이완', '사할린樺太', '남양'을 지칭하고 있다.[91] '상실 지역'과 '만주'를 포함한 지역은 제2차 세계대전에서 패전한 일본제국이 '상실'한 전 지역을 가리킨다고 할 수 있다. 이 지역들은 전시기 일본이 전시경제를 운영하면서 전통적인 주요 자원 획득지역으로 설정한 범주와 일치하고 있으며, 일본의 육해군이 동남아시아 지역으로 침입해 들어간 이후 현지 조달정책으로 전환하기 직전까지의 '대동아공영권'에서의 자원획득 지역과도 대체적으로 일치하고 있다. 이러한 범주 구분을 염두에 두고서 일본이 전후에 '상실'한 것으로 파악한 자원의 내용을 좀 더 구체적으로 분석해 보고자 한다. 〈부표 1〉의 각 비율(%)을 다음과 같이 구분하여 정리하였다.

(n / A) : '상실 구역'에서의 비중

(n / B) : 일본, 조선, 타이완, 사할린, 남양을 포함한 일본 영토에서의 비중

(n / C) : '만주'도 포함한 총계에서의 비중

(n / D) : 일본을 제외한 지역 즉 일본의 '외지' 내에서의 비중

---

91 国民経済研究協会 편,『日本経済の現実』, 東京 : 太平書房, 1947, 14~15쪽. 기준연차는 자원에 따라 1936년부터 1944년에 이르기까지 다양하지만, 그 자원적 영향을 살펴보기에 지장은 없을 것으로 보인다.

이렇게 구분함으로써 (n / C)에서 표현되고 있는 일본의 비중을 통해 패전 후 일본의 자원자립도를 어떻게 인식하고 있었는지를 살펴볼 수 있고, 각 지역의 자원이 차지하고 있는 비중을 음미함으로써, 일본제국이 '상실'한 것으로 파악한 각 지역의 자원적 위상을 확인해 볼 수 있을 것이다. 또한 이 두 가지를 비교하면서 자원자립도와 일본의 자원의존 지역의 관계를 분석할 수 있을 것이다.

다음 표는 (n / C)에서의 각 지역의 자원적 위상을 간단히 정리한 것이다. 자원별 순위를 1~3위까지 검출하여 순서대로 배열하였는데, 그 비율이 5~10%대에 놓여있는 지역은 ' / '로 표시하고, 5% 미만 대에 놓여 있는 지역은 ' // '를 그 지역 앞에 표시하였다.

면적	만주－일본－조선	인구	일본－만주－조선
미곡	일본－조선－/타이완	보리	일본－조선－만주
설탕	타이완－일본－//남양	콩	만주－/조선－일본
옥수수	만주－//조선－일본	소금	만주－일본－조선
가성소다	일본－//조선－만주	소다회	
유지(油脂)	일본－조선－/타이완	황화암모늄	일본－조선－/만주
목재	일본－사할린－만주	펄프	일본－사할린－/만주
보통강 강재	일본－/만주－//조선	선철	일본－만주－//조선
철광석	만주－조선－일본	구리	일본－//타이완－조선
납	일본－조선－만주	아연	일본－만주－조선
금	일본－조선－//만주	시멘트	일본－조선－/만주
석탄	일본－만주－/사할린≒조선	석탄매장량	만주－일본－/사할린
수력발전설비	일본－조선－/만주	화력발전설비	일본－만주－//조선

일본이 제1위를 차지하고 있는 자원은 쌀(65.0%), 보리(51.9%), 가성소다(95.8%), 유리공업의 주원료인 소다회(77.5%), 유지(45.1%), 황산암모늄(67.9%), 목재(67.6%), 펄프(56.5%), 보통강 강재(90.4%), 선철(72.7%), 동

(92.3%), 납(58.6%), 아연(76.3%), 금(46.6%), 시멘트(71.5%), 석탄(61.1%), 수력발전시설(71.1%), 화력발전시설(72.1%)이었다. 가성소다, 소다회, 보통강 강재, 동 등에 대해 일본의 자원자립도가 높았지만, 전시경제를 운영하기 위해서는 일본이 당시 지배하고 있었던 동아시아 지역으로부터의 자원 수입은 여전히 필요했다고 할 수 있다.

일본의 주식인 쌀에 대해 조선이 담당하고 있는 비중은 일본 영토에서의 비중(n / B)이 22.2%, '만주' 지역을 포함한 '엔블록' 지역에서의 비중(n / C)이 21%였다. 쌀에 대한 자급률이 65.0% 정도인 일본에게 수·이입처로서 일본 이외의 식민지 지역에서의 비중(n / A)이 69.8%, 일본을 제외한 지역에서의 비중(n / D)이 60.2%였던 조선 지역이 일본에게는 중요한 위상을 가지고 있었던 것으로 추측할 수 있다. 일본 본토를 제외한 지역의 비중이 아주 높고, 쌀 생산량의 적은 '만주' 지역과는 대체되지 않으면서도, 일본 본토 이외의 식민지 지역에서의 비중과 일본 본토를 포함한 일본 영토에서의 비중도 높다. 따라서 식민지 지역 내에서도 일본 본토의 쌀 산출을 고려하더라도, 쌀이란 자원 면에서 볼 때, 조선의 '상실'은 일본에게는 가장 큰 타격이었다고 생각할 수 있다.

한편, 쌀의 대체 식량이었던 보리에 대해서 조선이 차지하고 있는 비중도 살펴보고자 한다. 만주를 포함한 '엔블록' 지역에서의 조선의 비중(n / C)이 29.4%이었고, 일본 본토를 포함한 일본 영토에서의 비중(n / B)은 36.1%였던 것으로 나타났다. 식민지 지역에서의 조선의 비중(n / A)이 99.7%, '만주'를 포함한 일본본토 제외 지역에서의 비중(n / D)이 61.2%였다. '만주'가 차지하는 통계상 비중(n / C)인 18.6%와 비교해서도 조선산 보리의 자원적 '상실'도 적지 않았다고 파악했음을 알 수 있다.

다음으로 일본의 자급률(n/C)이 6.6%에 불과한 콩에 대한 조선의 자원적 위치를 살펴보면, 총계에 대한 비중(n/C)이 9.2%, 일본 본토를 포함한 일본 영토에 대한 비중(n/A)이 57.8%였다. 따라서 일본 본토를 포함한 일본 영토 내에서 조선은 그 비중이 반 이상을 차지하고 있으며, 일본 본토 이외의 식민지 지역 내에서의 비중(n/A)은 99.2%를 점해, 식민지에서의 조선의 비중은 거의 100%에 가깝다는 것을 알 수 있다. 만주 이외의 식민지 지역에서의 콩의 비중은 조선에 집중되어 있다는 것을 알 수 있다. 그러나 원래 자원적인 위상이 높았던 지역은 역시 '만주' 지역으로, 총계에 대한 비중(n/A)은 84.1%에 달하고 있다. 콩의 자원적인 측면에서 볼 때, '만주'의 '상실'이 가진 의미가 가장 컸다고 말할 수 있다. 요컨대, 식량에서의 조선의 자원적 '상실'이 일본에 끼친 영향이 가장 컸다고 할 수 있다.

질소비료를 생산하기 위한 황산암모늄에 대한 일본의 자원자급률(n/C)은 67.9%였다. 총계에서의 비중(n/C)은 조선이 24.5%를 차지하고 있는데, 일본과 조선 지역만을 합치면 92.4%에 달하고 있다. 즉, 일본 본토 이외 지역에서의 조선의 황산암모늄에 대한 비중이 컸다고 판단할 수 있다. 조선에는 대규모 전기발전 시설과 함께 원산에 대규모 질소비료 공장이 가동되고 있었다. 황산암모늄 생산이 식민지 중에서 차지하는 비중(n/A)은 100%, 만주를 포함한 비중(n/D)에서도 76.6%를 차지하고 있다. 조선에서 생산된 황산암모늄의 '상실'은 엄청난 타격이라고 판단하고 있음을 알 수 있다. 비료 생산시설이 화약제조 시설과 중복되는 군수산업이라는 측면에서 볼 때 연합국이 구상한 엄격한 배상정책의 대상이 될 것이라는 점은 분명했지만, 농업생산력과 직결되는 비료

생산이란 측면에서도 이 점은 중요한 '상실'이었다고 생각할 수 있다. 그러나 이런 비료생산 설비가 조선의 농업생산성과 직결될 수 있다는 점을 고려해 본다면, 조선의 식량생산 부문에 대한 '상실'이라는 측면과도 연결될 여지가 존재했다고 할 수 있다.

철광석에 대한 일본의 자원자급률(n/C)은 18.4%였다. 총계에서 조선이 차지하는 철광석의 비중(n/C)은 22.2%로, 59.4%를 차지한 '만주' 지역과 함께 일본의 주요 철광석 공급처였다는 것을 알 수 있다. 특히 식민지 지역에서의 비중(n/A)은 조선만으로 100%를 점하고 있었다. 일본의 제철공업의 심각한 재조정readjustment을 예상케 하는 대목이다.

일본의 자원자급률(n/C)이 58.6%였던 납에 대한 조선의 비중(n/C)은 27.6%였으며, 식민지 내에서 조선의 비중(n/A)은 100%에 달하고 있다. 한편 '만주' 지역의 비중(n/C)이 13.8%였다. 일본산 납 이외에는 조선산 납이 가장 많이 사용되고 있었던 것으로 평가되고 있었다. 식민지 내에서는 조선이 유일하게 철광석과 납을 보유한 지역이었던 것이다.

일본의 자원자급률(n/C)이 46.2%였던 금의 경우에는 조선의 비중(n/C)이 44.8%로 전체의 약 절반을 차지하고 있다. 식민지 내에서 조선의 비중(n/A)도 89.7%를 점하고 있었으므로, 조선산 금에 대한 일본의 자원의존도가 상당했던 것으로 평가되었다. 특히, 일본의 지금地金, gold bar 수요를 지탱해주었던 금의 상실이란 측면은 경제전반에 걸쳐 중요한 '상실'로 인식되었던 것이다.

주요 동력원이었던 석탄의 일본에서의 자급률(n/C)는 61.1%였다. 총계에서의 비중(n/C)에서 조선은 6.5%를 점하고 있다. 석탄은 일본 이외에는 총계에서 차지하는 비중(n/C)이 22.5%에 달하는 만주에 많은 것을 의존하고 있었지만, 주로 무연탄이었던 조선산 석탄에 대한 수요가 여전히 적지 않았음을 알 수 있지만, 동력원으로서는 역청탄이 주로 사용되었던 당시에는 조선의 자원적 '상실'은 그다지 높지 않았다고 판단되지만, 일본 경제가 조선의 자원과 밀접한 관계 속에서 가동되고 있었다는 점을 드러내고자 하는 점에 있어서는 조선의 자원이 일본에게 얼마나 필요한지 드러내는데 이용되고 있다는 점은 동일했다고 보인다.

이 자료의 집필을 담당하고 있었던 이나바 히데조[92]는 자원의 '상실' 문제에 대해서 다음과 같이 분석하고 있다.

우리나라[일본]는 종전부터 이들 지역에서 상당한 정도의 생활물자의 보급을 기대하고 있었다. 예를 들면, 조선으로부터 쌀, 콩, 비료(황산암모늄─인용자) 등 이외에도 공업 원료로서 무연탄, 철광석, 각종 광물을, 타이완으로부터 쌀, 설탕 등을, 사할린으로부터는 목재, 펄프, 종이, 석탄, 수산물을, 남양으로부터는 설탕, 야자유, 인광석(燐鑛石), 보크사이트 등을 이입(移入)하고 있었다. (…중략…) 만주, 중국에 관해서도 동일한 것을 지적할 수 있을 것이다. 이들 지역은 이른바 '엔 블록'이라고 불렸던 곳으로, 만주로부터는 콩, 유지(oil and fats, 油脂, sic, 실제로는 0%─인용자), 소금과 함께 공업원료로서 석탄, 마그네사이트, 선철, 강재(finished steel, 鋼材), 반

---

92 이나바 히데조는 쿄토제국대학 문학부 철학과 및 토쿄제국대학 경제학부를 졸업하고, 재단법인 협화회[財團法人協和會]를 거쳐 기획원[企劃院]에 들어가 1938년에 기획원 조사관이 되었다. 1941년 기획원 사건에 말려들어 면직과 함께 기소되었던 경력을 가지고 있다. 일본의 패전 이후 1945년 11월에 재단법인 국민경제연구협회의 전무이사가 되어, '부표 1'이 들어있는 『일본경제의 현실[日本經濟の現實]』을 한창 집필 중이었을 것으로 추측되는 1947년 1월에 경제안정본부[經濟安定本部]에 들어가, 같은 해 6월에는 경제안정본부 총재관방 차장으로서 일본 정부의 경제정책의 중추에서 활약하고 있었다. 国民経済研究協会 편, 앞의 책, ⅰ·ⅲ쪽; 秦郁彦 편, 『日本近現代人物事典』, 東京 : 東京大学出版会, 2002, 58·571쪽.

제품 등의 보급을 기대했으며, (…중략…) 중국으로부터는 면화, 양모, 피혁, 소금, 석탄, 철광석 등을 수입하고 있었다. (…중략…) 우리나라는 이들 상대국에 대해 이입에서는 첫 번째 지위를 차지하고 있었지만, 앞으로는 정치적, 경제적 우위를 상실할 것이고, 게다가 이들 지역에서의 공업화의 발전과 여러 다른 나라들과의 경쟁 속에서 극히 곤란한 조건 하에서 '수출'을 통해 얻은 자금으로 이들 필수 물자를 획득할 수밖에 없게 되었다.[93]

이나바가 지적했던 것처럼, 전전에서의 자원의 비중을 산출하는 방식은 전시 중의 아우타르키 경제권을 전제로 하여 일본의 정치적·경제적 우위를 바탕으로 이루어진 것이었다는 점을 염두에 둘 필요가 있다. 자원적인 '상실' 이외에 식민지 경제관계와 '엔블록'의 붕괴에 따른 '유기적인 분업관계'의 붕괴가 미친 영향도 무시할 수 없을 것이다.[94] 즉 전시경제가 만든 인위적인 채산성의 상실이라는 측면도 여전히 고려해야 한다는 점이다. 하지만, '상실'이라는 개념 속에는 동아시아 각 지역이 이제 자신의 보유 자원을 가지고 대등한 교역관계를 유지하면서 각 지역의 경제재건과 부흥, 그리고 발전을 도모해 나간다는 탈식민지적 비전은 보이지 않는다. '상실'이라는 개념을 투여한 이 통계는 패전 직전까지 일본이 주도한 동아시아 지역주의라는 틀 속에서 운영되었던 동아시아 지역 내 자원 이용 가능성 여부가 일본경제의 재건에 중요한 시험대가 될 것이라는 점을 강조하고 있었던 것이고, 따라서 일본이 다시

---

93 国民経済研究協会 편, 앞의 책, 13·16쪽.
94 이 유기적 분업관계라는 것은 원료·식량의 수이입에 대신하여 일본으로부터 섬유제품, 기계, 전기기계기구 등을 수이출하는 관계, 나아가 일본 과잉인구의 방출과 기술자 등의 이주도 이루어지는 밀접한 경제권의 존재를 상정하고 있었다. 위의 책, 16쪽.

동아시아 지역과 교역관계를 형성할 때 여전히 일본이 이전처럼 주도할 것이라는 욕망을 그대로 투여하고 있다는 점을 알 수 있을 것이다. 여기에서 조선은 그러한 지역주의 내에서 기능하는 식량 및 지하자원 공급지역으로 파악되고 있었다는 것을 알 수 있다.

일본의 패전으로 말미암아 일본이 주도하는 동아시아 지역에서의 경제관계는 두 가지 측면에서 붕괴하였다고 볼 수 있다. 하나는 일본의 주도하는 아우타르키 경제권이 붕괴하였다는 점이고, 다른 하나는 전시경제 체제가 붕괴하였다는 점이다. 이 두 가지 요소는 동아시아 지역에서 인위적인 채산성을 만들어 내는 근본적인 요인이었다. 따라서 연합국의 전후 대일정책 및 동아시아 정책에서도 볼 수 있듯이 개방경제 체제와 평화산업으로의 전환이 전후 경제의 기본 방향으로 설정된 이상, 동아시아 지역과의 경제관계는 재편성되어야 했으며, 이에 따라 그 비중도 재해석될 수밖에 없었다. 이러한 재해석의 시도를 보여주고 있는 것으로 판단되는 자료가 외무성 조사국 제3과·외무성 총무국 경제과·종전연락중앙사무국 경제부 경제과가 공동으로 편찬한 보고서인 『일본의 대동아무역의 장래日本の対東亜貿易の将来』(調三資料 제15호, 1946년 9월)에 들어있는 〈참고 1〉【요수출입국별표要輸出入國別表】(1946년9월15일부)이다. 〈부표 2〉는 〈참고 1〉의 데이터를 바탕으로 새롭게 작성한 것이다. 동아시아를 중심으로 한 대외무역량 및 무역액이 1936년 기준 가격으로 정리되어 있다.[95] 이 통계는 인구 8,000만 명을 품고 있는 일본이

---

95 外務省調査局第三課·外務省総務局経済課·終連経済部経済課 편, 앞의 책, 表2. 1931년 당시에는 일본이 조선과 타이완, 그리고 사할린을 식민지로 영유하고 있었던 시기였으므로, 식민지를 상실한 단계에서 1931년 수준을 유지하기 위해서는 패전 이후에 식민지를 가지고 있지 않은 경우에 어떠한 변화가 발생할 것인가에 대해서 생각하지 않으면 안 된다는 문제가 여

만주사변에 돌입하기 직전인 1930년 당시의 생활 수준을 유지하기 위해 일본이 필요로 하는 물자를 분석했던 것인데, 일본의 패전 이후 공식적인 무역관계가 끊겨있긴 하지만, 앞으로의 경제관계 수복을 전망하면서 동아시아를 중심으로 한 대외무역량 및 무역액을 산출할 필요에서 작성된 것이었다. 이 표를 통해서 일본 측이 일본과 아시아 여러 나라와의 분업에 대해 앞으로의 전망에 대해서 어떠한 구상을 하고 있었는지를 보다 구체적으로 살펴 볼 수 있을 것이다. 이 표를 담고 있는 보고서에서는 1932~1936년 동안의 5개년 평균치로서 일본의 수출액의 63%, 수입액의 53%가 아시아를 상대로 한 무역이었으며, 그 아시아 무역의 대부분은 동아시아를 상대로 한 무역이었다고 분석하고 있다.[96]

〈참고 1〉【요수출입국별표】는 연합국 측으로부터 허용받을 것으로 생각했던 일본경제의 재건 수준을 '만주사변' 이전인 1930년 당시의 수준으로 설정하고, 이를 위해 필요한 수입처와 수입액을 계산하고 있다. 예를 들면, 요수출입총액要輸入總額 34억여 엔 중에서 동아시아 지역으로부터 18억여 엔을 계상하고 있으며, 그 비중은 52.5%를 예상하고 있다. 1932~1936년 동안의 평균치에 근접하고 있다. 즉, 점령 초기 일본의 동아시아와의 경제관계 재구축의 결정판이라고도 말할 수 있을 것이다. 따라서 이 표를 통해서 1946년 9월 당시에 외무성이 상정하고 있던 동아시아 여러 나라 중에 조선과의 교역에 대한 위상을 살펴 볼 수 있을 것이다.

〈참고 1〉 및 〈부표 2〉 '요수출입국별표'의 분석을 통해서, 일본이 수입이 필요한 지역으로 간주하고 있었던 동아시아 지역의 위상, 그중에

전히 남아있다는 점도 염두에 두어야 할 것이다.
96 위의 책, 4~5쪽.

서도 동북아시아 지역과 동남아시아 지역의 위상을 고찰하고, 조선의 위상을 석출해 보고자 한다. 그리고 표의 내용 비교를 위해 제시되어 있는 1936년 수입실적과도 비교하여 변동된 내용에 대해서도 분석해 보고자 한다.

먼저, 표에서는 수입을 필요로 하는 자원을 크게 '식량관계', '의료衣料관계', '잡雜' 등 세 가지로 구분하고 있다. 다시 '식량관계'는 인간이 섭취하는 '식량(식량A, food A)'과 일본 국내에서 농·축산업을 경영하는 데 필요한 '사료와 비료류(식량B, food B)'로 세분되어 있다. '의료관계'에는 의류 산업을 위한 원료, 마지막으로 '잡'에는 목재, 석유, 석탄, 금속, 기계류 등이 포함되어 있다.

동아시아 지역으로부터 수입이 필요한 자원의 비중(E / W)을 살펴보면, 식량관계가 86.8%인데, 식량A는 90.2%, 식량B는 71.0%를 차지하고 있다. 의료관계는 40.5%, 잡에는 42.1%를 차지하여 모두 합치면 52.5%를 차지하고 있다. 일본의 패전 직후 일본 측이 생각한 무역에서 동아시아 지역이 차지하는 식량 의존도를 여기에서도 확인할 수가 있다. 비교를 위해 제시되었던 1936년도 실적이 53.6%를 나타내고 있으므로, 그 의존도는 전쟁 이전에 이어서 여전히 높게 유지될 것으로 전망하고 있었던 것이다.

그러나 전전과 전후를 비교해 보면, 동아시아 지역 중에서 동북아시아 지역과 동남아시아 지역의 지위에는 변화가 보이고 있었다. 1936년도 실적과 1946년 전망을 비교해 보면, 먼저 동북아시아 지역은 동아시아 지역에서 69.8%에서 46.4%로 저하하여, 1936년도를 100으로 볼 때 무려 66.5까지 비중이 줄어들 것으로 예상하고 있었다. 한편, 동일 기간의 비교에서 동남아시아 지역은 동아시아 지역에서 차지하는 비중이 30.2%에서 53.6%로 상승하여, 1936년도를 100으로 볼 때 174.1까지 올라갈 것으로 전망하였다. 전전에는 수입처로서 동남아시아 지역보다 위상이 높았던 동북아시아 지역은, 패전 후 동남아시아 지역보다 위상이 낮아지게 될 것으로 보았던 것이다.

그러나 패전 후 일본에게 수입처로서의 동북아시아 지역이 가진 중요성이 없어졌다고 평가하기는 어렵다고 할 수 있다. 1946년 단계에서는 전시경제의 수행을 위해 부설되었던 병참기지와 식민지 지배에 의해서만 그 채산성을 확보할 수 있었던 자원과 아우타르키 경제권 속에서만 그 의미를 유지할 수 있었던 자원들에 대한 '일본의 특수한 요청'이 일본의 식민지 경제체제가 붕괴한 이후에 모두 사라진 것을 염두에 두면서 이 통계를 음미할 필요가 있는 것이다.

1946년 단계의 동북아시아 지역으로부터 일본이 여전히 필요할 것으로 전망한 자원은 무엇이었는지를 분석해 보면, 동북아시아 지역을 중심으로 한 경제구조에서 동북아시아 지역과 동남아시아 지역의 균형을 맞춘 경제구조로 그 의미가 변경되었다는 것을 알 수 있다. 즉, 동북아시아 지역에서 식량관계는 동아시아 지역 내에서 72.9%와 총액 대비에서 63.3%에 이르고 있다. 그 중에서 식량A는 동아시아 지역 내에서 73.8%, 총액 대비에서 66.5%를 점하고 있고, 식량B는 동아시아 지역 내에서 67.8%, 총액 대비에서 48.1%를 차지하고 있다.

의료관계는 동아시아 지역 내에서 6.1%, 총액 대비에서 2.5%엘 불과하다. 한편 동남아시아 지역에 대해서는 의료관계 자원이 가장 요청되고 있었는데, 그 비중은 동아시아 지역 내에서 93.9%, 총액 대비에서는

38.0%를 차지할 것으로 보고 있었다.

잡에 대해서는 동북아시아 지역은 동아시아 지역 내에서 43.3%, 총액 대비에서 18.2%를 점하고 있지만, 동남아시아 지역은 동아시아 지역 내에서 56.7%, 총액 대비에서 23.9%를 차지할 것으로 전망하여, 동남아시아 지역에 조금 더 의존도가 높을 것으로 보았다. 요컨대, 일본이 동북아시아 지역으로부터 기대하고 있었던 가장 중요한 자원은 식량관계였다는 것, 특히 쌀과 콩 등으로 구성되어 있었던 식량A 관계가 가장 요청되고 있었다는 것을 여기에서도 확인할 수 있다.

이러한 경위를 전제로 하여, 조선과의 관계를 더욱 심화시켜 살펴보고자 한다. 〈참고 1〉 및 〈부표 2〉 '요수출입국별표'에서 조선으로부터 수입이 필요할 것으로 생각된 주요 자원으로 식량관계에서는 쌀, 콩, 유지, 유조油糟가, 잡에서는 철광석, 무연탄 등이 제시되어 있다. 조선으로부터 수입이 필요할 것으로 간주한 이들 내역을 각각 총액과 동아시아 지역 내에서의 비중을 통해 재정리해 보았다.

먼저 생산 지역에 따라 가격차가 발생하지 않는 자원을 정리해 보면, 다음과 같다. 여기서는 수입 요망 여부의 국별·지역별 차이라는 점은 오로지 가격조건으로 수입 여부를 판단한다는 점에 근거한 것이었다. 대외수입에서 동북아시아 지역이 100%를 점하고 있는 자원은 콩, 유지, 유조, 쇠고기, 피혁, 점결탄이다. 이 중에서 콩은 만주로부터의 수입(90.4%)와 함께 조선에서도 9.6% 정도 수입할 필요가 있을 것으로 전망하고 있다. 유지도 만주로부터의 수입(60.0%)에 더하여 조선에서 40.0%를 수입해야 할 것으로 보고 있었다. 유조에 대해서는 전체 필요수입액의 1/2을 차지하는 만주, 1/4을 차지하는 만주지역을 제외한 중국 본토 이외에 조선에서 20.0%를 수입해야 할 것으로 전망하고 있었다. 그 밖에 수입을 해야 하는 지역 중에서 동아시아가 100%를 차지하는 자원은 설탕, 유료종실油料種實, 사료, 마류麻類, 생고무, 선철, 연료탄, 주석, 철광석, 무연탄이다. 철광석의 경우, 중국 본토(45.5%)와 말레이시아(18.1%)와 함께 조선에 대해서는 36.4%를 수입해야 할 것으로 전망했고, 무연탄은 프랑스령 인도차이나French Indochina의 53.2%와 함께 조선에 대해서는 46.8%를 수입해야 할 것으로 내다보고 있었다.

다음으로, 생산 지역에 따라 가격차가 발생하는 자원을 살펴보고자 한다. 여기서는 가격조건과는 다른 요망사항이 표현되고 있다는 점을 들 수 있다. 조선의 쌀은 총액 대비(K / W)로서는 수입량이 32.7%, 수입액이 44.7%를 차지하고, 동아시아 지역 대비(K / E)에서는 수입량이 42.1%, 수입액이 54.6%를 점하고 있다. 동북아시아 대비(K / NE)에서도 수입량이 80.0%, 수입액이 81.4%를 차지하고 있다. 이표에서 톤 당 단가가 168엔으로 상정된 조선산 쌀은 타이완(170엔)과 함께 프랑스령 인도차이나(91엔), 타이(112엔) 지역의 쌀값[97]보다 약 1.5~1.9배, 또한 미국산 밀가루 가격(109엔)보다도 약 1.7배가량 비싸게 책정되어 있다. 전후 초기부터 일본은 다른 지역보다 가격이 비싼 조선을 쌀 수입처로서 자리매김하고 있었다는 것을 알 수 있다. 이처럼 가격이란 조건에서 불리한 조선산 쌀을 구매하고자 요망하게 된 이유는 일본인의 쌀에 대한 기호라는 문제이다. 일본은 그동안 일본의 노동시장에 공급할 식량을 조

---

97 여기서 각국의 미가는 위의 책, 14쪽에 제시된 가격에 따랐다. 원문에는 예를 들면 톤당 조선 미가를 186엔으로 제시하였으나, 같은 책 〈표 2〉를 근거로 산출한 〈부표 2〉, 〈참고 1〉에서 나온 톤당 미가와 비교하여 볼 때 168엔이 맞으므로 이에 따랐다.

선산 쌀을 이입함으로써 확보해 왔고, 식민지기를 통해 조선산 쌀은 일본의 쌀과 동일한 품종을 재배하도록 하였기 때문에, 전후에도 일본은 가격 면에서 상대적으로 비싼 조선산 쌀 수입을 가장 선호하리라는 것이다. 전후에 해외로부터의 일본인의 귀환 등으로 인해 만성적인 식량 부족을 예상했던 일본으로서는 조선으로부터 쌀을 수입하고자 하는 욕망이 강했다고 할 수 있다.

전체적으로 동아시아 지역으로부터의 일본이 수입을 요망한다는 것에는 일본의 제품 수출전략과의 링크된 부문을 고려해 볼 수 있다. 관계이다. 즉 동아시아 여러 나라가 일본의 제품을 수입하기 위해서는 구매력이 확보되어야 할 텐데, 이 구매력은 일본이 이들 동아시아 지역의 식량과 원료를 수입함으로써 확보될 것이라는 점이다.[98] 즉, 전전부터 형성되어 온 일본의 제품과 동아시아 제국의 식량 및 원료의 교역이라는 관계를 유지하고자 하는 욕망이 들어있다는 것이다. 이런 부분을 가장 명확하게 표현한 것은 스즈키 타케오의 '일선식량협정안' 구상에 명확하게 볼 수 있다.[99]

한편 〈부표 3〉 '전후 수출입국별 대조표戰後輸出入國別對照表'(1946년 12월 현재)는 무역청의 통계에 기초하여 실제로 이루어진 일본의 대외무역 상황을 1946년 12월까지의 통계를 모아 수출입을 나라별로 분석한 것이다.[100] 당시 성행하고 있었던 밀무역 통계를 계산해서 통합할 수 없다

---

98 外務省特別調査委員会 편 『改訂日本経済再建の基本問題』 1946.9, 151, 197쪽. 인용 페이지는 有沢広巳 감수 · 中村隆英 편, 『資料 · 戦後日本の経済政策構想 1-日本経済再建の基本問題』東京 : 東京大学出版会, 1990에 따름.

99 鈴木武雄, 「『独立』朝鮮経済の将来」, 157~162쪽.

100 【要輸入國別表】가 1946년 9월 15일을 기준으로 작성되어 있었으므로, 이 두 표를 가지고 현실과 전망을 대체적으로 분석할 수 있다.

는 한계를 부정할 수는 없지만, 이 통계는 미국과 조선, 그리고 중국 이세 나라만으로도 전체 무역량의 97.3%를 점하고 있는 것을 보아, 극히 편향된 무역구조를 보여주고 있다. 특히 미국과의 무역량은 전체의 83.7%를 차지하고 있어서 압도적인 양상을 보인다. 동아시아 지역과의 수출입에 국한하여 보면, 조선이 8.7%, 중국이 4.9%로 전체의 13.6%를 차지하여, 동아시아 지역과의 무역관계는 조선과 중국 이 두 나라에 한정되어 있었다는 것을 알 수 있다. 무역수지라는 측면에서 살펴보면, 미국과의 무역에서는 압도적인 수입초과 상태를 보이고 있었던 데에 반해, 조선·중국과의 무역에서는 압도적인 수출초과 상태를 보인다.

이렇듯 1946년 당시의 현실적인 대외교역 상황은 이들이 1946년 당시에 필요한 것으로 고려했던 자원의 수입 희망과는 사뭇 괴리가 컸다고 할 수 있다. 또한 1946년 당시의 전망이라는 것은 미국을 포함한 연합국의 여전히 엄격한 배상정책이 실행될 것으로 생각되고 있었으며, 동아시아 지역에서 중국의 공산화와 조선의 분단이 아직 확정되지는 않았던 시기, 즉 아시아태평양전쟁과 동아시아 냉전 사이의 좁은 시공간에서 이루어진 것이었다. 이러한 측면에서 보면, 1946년 당시의 동아시아 지역과의 경제적 재편에 대한 일본의 구상이 동아시아 냉전기에 나타나기 시작한 미국이 지도하는 동아시아 지역주의 구상과는 사뭇 다른 것이기도 했다. 이러한 구상들은 1947년 이후의 정세변화 직전이란 조건에서 전시기부터 형성되어 온 일본과 동아시아 지역의 관계를 전후 일본이 어떻게 접근하고 있었는지를 보여주는 '틈새' 또는 시약이라고 할 수 있을 것이다.

6. 맺음말

이상 조선 경제에 대한 일본 측의 인식을 스즈키 타케오를 중심으로 고찰했다. 스즈키의 패전후의 논리는 다음 두 가지 전제 속에서 이해할 수 있다. 첫째로 스즈키는 패전 후 조선경제론에서 식민지 통치를 기본적으로 긍정적으로 평가하고 있었다. 스즈키의 논리가 당시 미국의 엄중배상정책이 실시될 가능성에 저항하기 위한 일본 정부의 기본적인 입장을 지원하는 조사연구와 밀접한 관계를 맺고 서술되었기 때문이었다.

두 번째로 스즈키가 1946년을 중심으로 조선 문제를 다루고 있던 시기는 아직 미국의 동아시아 정책이 확정되지 않았다는 점에 주목할 필요가 있다. 미국이 비군사화와 민주화를 대일정책의 주요 과제로 삼아 1946년경까지 일본은, 여전히 구미경제권에 속한 채 미완성 상태의 '대동아공영권' 지역인 동남아시아보다는 중국 중심의 동북아시아에서 원료와 시장의 가능성을 찾고 있었던 것이다. 그러나 일본 정부가 중국을 중심으로 한 동북아시아 시장을 포기하고 동남아시아를 주된 아시아 시장으로 설정하게 되었던 것은 한국전쟁의 발발을 계기로 중국과의 무역이 어쩔 수 없이 극도로 제한된 후였다.[101]

패전 직후 한일 양 지역에 걸친 경제적인 문제점으로서 먼저 들 수 있는 것은 일본에서 조선이 분리 / 독립하는 문제였다. 그것과 관련한『조선상실의 경제적 영향과 금후의 일선경제관계』의 내용을 구체적으로 분석해 보았다.

---

101 加藤洋子,『アメリカの世界戦略とココム, 1945 – 1992 – 危機にたつ日本の貿易政策』, 東京 : 有信堂高文社, 1992, 69~178쪽.

조선 경제는 일본제국의 정치경제적 일환으로서 장족의 발전을 성취한 결과, 그 근간 부분은 문자 그대로 일선불가분적(日鮮不可分的)인 밀접한 상호관계에 입각한 것으로 발전했다. 그런데 지금 조선의 독립으로 인해 양자는 정치경제적으로 갑자기 분단되었던 것이다. 이 결과 일선(日鮮) 양국 경제는 종래의 기반에 일대 단층을 생겨, 그 경제적 상태에 중대한 변혁을 초래한 사정이 존재한다.[102]

이렇게 일본제국 경제의 일부로서 운영되었으며, 또한 아우타르키 경제라는 조건하에서 개발되었던 식민지 조선 경제가 일본의 패전과 함께 경제적인 가치를 유지할 수 있을지 여부에 대해서는 상당히 회의적이었다. '대동아공영권'의 붕괴, '만주'의 중국 복귀, 조선의 독립이라는 정세에서 조선의 경제적 채산성은 소멸되었던 것이다.

스즈키의 조선정치경제론은 두 가지의 성격을 가지고 있었다. 첫째, 이론적으로 '경제적 내선일체론'으로서 표현되었다. 식민지기에 정치적 이데올로기 통합을 목적으로 제기된 '내선일체론'을 경제적인 측면으로 확장했다. 둘째, 스즈키의 조선정치경제론은 식민지 시기부터 패전 후에 이르기까지 '시국'의 필요에 민감하게 반응하는 형태로 등장했다. 스즈키의 여러 저작들은 전시기에는 전쟁 수행을 위해, 패전 후에는 배상정책에 대처하기 위해, 그리고 전후 아시아지역과의 경제적 통합을 재구축하기 위해 생산되었던 것이다.

패전 후에도 스즈키는 조선에 대한 제국주의적 편견을 극복했다고

---

102 日本経済研究所 편, 앞의 책, 1쪽.

할 수 없었다. 경제적 채산성보다 정치·군사적인 측면을 우위에 둔 식민지 조선 경제에 대한 스즈키의 인식은 패전 후에도 이어졌던 것이다. 그러나 통제경제, 블록경제에서 자유무역 경제로의 이행과정에서, 아우타르키적인 경제구조 속에서 발전했던 조선 경제는 아우타르키 경제의 붕괴와 함께 붕괴할 수밖에 없을 것으로 해석했다. 조선에 대한 주된 관심이 정치·군사적인 측면이었다는 것은 일본의 조선 침략을 정당화하는 기본인식이었다. 이것은 조선 침략을 정치·군사적인 논리 속에서 오로지 일본이라는 틀 안에서만 기능할 수 있는 것으로 파악하는 독선적인 이해였으며,[103] '조선' 중시론은 식민지 조선근대화론 즉 식민지 개발론과 '아시아 해방론'이라는 측면이 온존되어 있었다고 할 수 있다. 패전 후에도 전전부터 전후에 이어지는 스즈키의 조선 인식은 큰 변화 없이 연속되고 있었던 것이다.

　패전 직후에 식민지 조선의 독립 문제에 대한 일본 측의 경제적 분석은, 스즈키가 표현한 '경제적 내선일체'에 의한 조선 경제의 성공신화 success story과 동전의 다른 면을 이루는 것이었다고 할 수 있다. 일본 측은 식민지 경제체제와 아우타르키 경제권의 붕괴로 인해 조선 경제가 커다란 타격을 입을 것으로 예상하고 있었다. 이런 평가는 이른바 조선의 '자립경제' 가능성을 부정적으로 평가하도록 이끌었다. 일본 측은 일본 이외에 조선 경제를 지원할 국가의 존재가 필요할 것으로 파악하면서, 미국, 소련, 중국 모두 조선에 대한 경제적 이해관계가 적을 것으로 판단하였고, 일본이 다시 '독립국 상호 간의 관계에서 절대적으로 평등

---

103 加藤陽子, 『戦争の日本近現代史』, 東京 : 講談社, 2002, 82쪽.

하고 대등한 관계'에 바탕을 둔다는 것을 전제로, 조선과 '산업면에서 제휴와 협력'할 경제관계의 재편구상이 출현했던 것이다. 경제안정본부도 경제부흥계획 속에서 조선과의 경제제휴는 전전 블록 경제에서 이루어진 교역의 재생이 아니라 미국의 '태평양지역 경제통합'에 협력하는 형태가 될 것이라고 평가했다.[104]

그때, 조선과의 경제관계 재편 구상에서 드러난 미곡을 둘러싼 언설에서 확인할 수 있었던 것처럼, 종래와 같은 경제적 관계는 여전히 중요한 의미를 가지고 있었다고 생각된다.

스즈키는 블록 경제에서의 정치·군사적 측면에 의해 인위적으로 창출되었던 채산성이라는 측면에서 식민지 공업의 공업화가 가진 문제를 명시하였다. 해방 후 블록 경제의 해체와 함께 경제적 채산성의 보증이 불가능해진 식민지 공업구조의 취약성은 미국이 조선의 공업 발전을 비관적으로 전망하는 데 중요한 역할을 하였다. 1940년대 후반 한일 양지역의 경제적 재통합 정책은 그 정치·군사적인 측면은 물론 경제적 측면에서도 성공을 거두지 못했다.

전후 일본 정부의 대한 경제정책은 제국주의 식민정책의 연장선상에서 조선과 일본의 경제적 재통합을 구상하였고, 그때 스즈키의 조선 인식이 저변에 흐르고 있었다. 여기에는 탈식민지화와 동아시아 재편이라는 문맥에서 스즈키가 전망한 한일 관계의 한계도 드러나고 있었다.

---

104 経済安定本部, 「経済復興計画第一次試案(1948年5月)」, 中村隆英 외 편, 『資料 戦後日本の経済政策構想 3 - 経済復興計画』, 東京 : 東京大學出版会, 1995, 134쪽.

		연차	단위	영토							만주	총계	비고
				일본	상실구역					영토계			
					조선	타이완	사할린	남양	소계				
1	면적	1944	1,000km²	383	221	36	36	2	295	678	1,310	1,988	
			%	56	33	5	5	1	100	156			
2	인구	1939	1,000명	73,114	23,709	5,896	407	121	30,133	103,247	46,175	149,422	
			%	71	22	6	1	0	29	100			
3	쌀	1937~1939	1,000석	67,051	21,764	9,401	-	0	31,165	98,216	4,987	103,203	
			%	68	22	10	-	-	32	100			
4	보리	1937~1939	1,000석	23,284	13,174	23	21	-	13,218	36,502	8,323	44,825	라이맥제외(만주)
			%	64	36	0	0	-	36	100			
5	설탕	1939	1,000피클	2,074	-	23,645	-	1,172	24,817	26,891	258	27,149	
			%	8	-	87	-	5	92	100			
6	콩	1937~1939	1,000톤	356	493	4	0	0	497	853	4,528	5,381	
			%	42	58	0	0	0	58	100			
7	옥수수	1936~1938	1,000톤	632	766	14	2	-	782	1,414	19,541	20,955	
			%	45	54	1	0	-	55	100			
8	소금	1940	1,000톤	574	311	156	-	-	467	1,041	1,223	2,264	
			%	55	30	15	-	-	45	100			
9	가성소다	1940	1,000톤	410	14	-	-	-	14	424	4	428	
			%	96	4	-	-	-	4	100			
10	소다회	1940	1,000톤	231	2	-	-	-	2	233	65	298	가성화용제외
			%	99	1	-	-	-	1	100			
11	유지	1938	1,000톤	260	256	38	8	14	316	576	-	-	동,식물유지
			%	45	44	7	1	2	55	1			
12	황화암모늄	1941	1,000톤	1,240	448	-	-	-	448	1,689	137	1,826	
			%	73	27	-	-	-	27	100			
13	목재	1939	1,000m³	26,470	2,804	323	5,588	-	8,715	35,185	4,000	39,185	1석 =0.28m³
			%	75	8	1	-	-	25	100			
14	펄프	1941	1,000LTN	754	47	48	408	-	503	1,257	78	1,335	인조섬유, 제지용 합계
			%	60	4	4	-	-	40	100			
15	보통강강재	1940	1,000톤	4,522	76	-	-	-	76	4,598	404	5,002	
			%	98	2	-	-	-	2	100			
16	선철	1940	1,000톤	3,512	246	1	-	-	247	3,759	1,069	4,828	
			%	93	7	0	-	-	7	100			

		연차	단위	영토							만주	총계	비고
				일본	상실구역					영토계			
					조선	타이완	사할린	남양	소계				
17	철광석	1940	1,000톤	1,042	1,258	–	–	–	1,258	2,300	3,367	5,667	
			%	45	55	–	–	–	55	100			
18	구리	1940	1,000톤	99	3	5	–	–	8	107	0.3	107	
			%	92	3	5	–	–	8	100			
19	납	1940	1,000톤	17	8	–	–	–	8	25	4	29	1943년도분 (만주)
			%	68	32	–	–	–	32	100			
20	아연	1940	1,000톤	61	9	–	–	–	9	70	10	80	1943년도 생산능력 (만주)
			%	87	13	–	–	–	13	100			
21	금	1940	1,000톤	27	26	3	–	–	29	56	2	58	
			%	48	46	6	–	–	52	100			
22	시멘트	1940	1,000톤	5,980	1,142	226	–	–	1,368	7,348	1,017	8,365	
			%	81	15	4	–	–	19	100			
23	석탄	1940	1,000톤	57,309	6,117	2,827	6,435	–	15,379	72,688	21,132	93,820	
			%	78	8	5	9	–	22	100			
24	석탄 매장량	1944	1,000,000톤	16,220	1,760	400	2	–	4,520	20,740	18,680	39,420	
			%	78	8	3	11	–	22	100			
25	수력 발전 시설	1943	1,000KW	5,605	1,241	267	–	–	1,508	7,113	650	7,884	1944년도분 (만주)
			%	79	17	4	–	–	21	100			
26	화력 발전 시설	1943	1,000KW	2,994	76	56	–	–	132	3,126	850	4,151	
			%	96	2	2	–	–	4	100			

자료 : 国民経済研究協会[稲葉秀三 편, 『日本経済の現実』, 東京 : 大平書房, 1947, 14~15쪽.

〈참고 1〉 요수입액 국별표

품목		총액	조선	사할린	남양	타이완	만주	중국 본토	홍콩	프랑스령 인도차이나	네덜란드령 동인도	삼	필리핀
식량 관계	미곡	2,450 333.0	800 149.0			200 34.0				500 50.0		400 40.0	
	콩	830 91.2	80 8.8				750 82.4						
	설탕	1,080 153.0				500 95.0					300 30.0		28 28.
	소금	1,500 20.3				100 1.2	400 5.4	400 5.4		50 0.7	50 0.7		
	쇠고기	25 12.5						25 12.5					
	유지	50 18.5	20 7.4				30 11.1						
	지방 종자	400 55.2			10 1.4		100 13.8	200 27.6			40 5.5		5 6.
	계	683.7	165.2		1.4	130.2	112.7	45.5		50.7	36.2	40.0	34
	사료	700 59.5					200 17.0	200 17.0		100 8.5	100 8.5		10 8
	깻묵	500 34.0	100 6.8				300 20.4	100 6.8					
	인광석	1,000 27.0			100 2.7					200 5.4	100 2.7		
	칼륨염	200 26.4											
	계	146.9	6.8		2.7	–	37.4	23.8		13.9	11.2		8
	합계	830.6	172.0		4.1	130.2	150.1	69.3		64.6	47.4	40.0	43
의료 (衣料) 관계	면화	772.0											
	양모	98 201.0											
	인견 펄프	100 25.7											
	마류	108 31.2						10 2.9					7 20
	피혁	30 23.1						30 23.1					
	합계	1,053.0						26.0					20
기타 집품	목재	196.0									200 5.6	150 4.2	50 14
	제지 펄프	200 28.6		100 14.3									
	생고무	61 69.5									31 35.3		
	석유류	2,760 149.0									360 14.6		
	강재	300 54.0											
	선철	500 21.5											
	고철	1,200 63.6											
	철광석	3,300 41.5	1,200 15.1					1,500 18.9					
	석탄	–											
	점결탄	3,000 37.2						3,000 37.2					
	무연탄	1,500 18.6	700 8.7								800 9.9		
	연료탄	3,500 43.4		1,500 18.6			2,000 24.8						
	동	20 12.3											
	납	40 11.2											
	주석	6 19.8									2 6.6		
	기계류	120.0											
	염료	15.0											
	기타	616.0	38.4	6.6	0.8	26.6	32.8	33.6	3.0	14.8	21.8	8.8	15
	합계	1,517.2	62.2	39.5	0.8	26.6	57.6	89.7	3.0	24.7	83.9	13.0	29
총계		3,400.8	234.2	39.5	4.9	156.8	207.7	185.0	3.0	89.3	131.3	53.0	93
1936년실적		3,788.3	518.0	119.4	25.0	358.9	239.4	154.8	3.3	20.2	113.5	8.8	36

위 숫자의 단위는 톤. 인구 8,000만 명, 1930년 생활수준, 1936년 가격. 북미의 미곡 항목은 밀. 外務省調查局, 1946.9.15 작성.
자료 : 外務省調查局第三課 · 外務省総務局經済課 · 終連経済部経済課 편, 앞의 책, 표 2.

말레이	영국령 보르네오	인도	버마	동아시아 계	아시아	아시아 계		남미	오세아니아	유럽	아프리카
				1,900		1,900	550				
				273.0		273	60.0				
				830.0		830					
				91.2		91					
				1,080.0		1,080					
				153.0		153					
				1,000.0		1,000					500
				13.4		13					6.9
				25.0		25					
				12.5		13					
				50.0		50					
				18.5		19					
				400.0		400					
				55.2		55					
				616.8		617	60.0				6.9
				700.0		700					
				59.5		60					
				500.0		500					
				34.0		34					
				400.0		400	300		300		
				10.8		11	8.1		8.1		
				–		–				200	
				–		–				26.4	
				104.3		104	8.1		8.1	26.4	
				721.1		721	68.1		8.1	26.4	6.9
		400		400.0	400	400	400				30
		372.0		372.0	372	372	372.0				28.0
				–		–			98		
				–		–			201.0		
				–		–	40			60	
				–		–	0.3			15.4	
		28		108.0		108					
		8.1		31.2		31					
				30.0		30					
				23.1		23					
		380.1		426.3		426	382.3		201.0	15.4	28.0
	300			1,150.0		1,150	5,850				
	8.4			32.2		32	163.8				
				100.0		100	50			50	
				14.3		14	7.2			7.1	
30				61.0		61					
34.2				69.5		70					
		400		760.0		760	2,000				
		22.4		37.0		37	112.0				
				–		–	300				
				–		–	54.0				
		500		500.0		500					
		21.5		21.5		22					
				–		–	1,200				
				–		–	63.6				
600				3,300.0		3,300					
7.5				41.5		42					
				–		–					
				–		–					
				3,000.0		3,000					
				37.2		37					
				1,500.0		1,500					
				18.6		19					
				3,500.0		3,500					
				43.4		43					
				–		–	20				
				–		–	12.3				
			10	10.0		10	20		10		
			2.8	2.8		3	5.6		2.8		
4				6.0		6					
13.2				19.8		20					
				–		–	100.0			20.0	
				–		–	15.0				
11.0	6.2	80.4	0.6	301.0	45.0	346.0	94.0	56.0	21.0	45.0	54.0
65.9	37.0	101.9	3.4	638.8	45.0	683.8	627.5	56.0	23.8	72.1	54.0
65.9	37.0	482.0	3.4	1,786.2	45.0	1,831.2	1,077.9	56.0	232.9	113.9	88.9
41.2	15.8	374.6		2,029.2	55.7	2,084.9	942.5	112.2	210.5	330.1	108.1

〈부표 2〉 요수입액 국별표

품목		총액	조선(b)	b/e	b/a	동북아시아(c)	c/e	c/a	동남아시아(d)	d/e	d/a	동아시아(e)	e/a
식량관계	미곡	2,450	800	42.1%	32.7%	1,000	52.6%	40.8%	900	47.4%	36.7%	1,900	77.6%
		333.0	149.0	54.6%	44.7%	183.0	67.0%	55.0%	90.0	33.0%	27.0%	273.0	82.0%
	콩	830.0	80	9.6%	9.6%	830	100.0%	100.0%	-			830	100.0%
		91.2	8.8	9.6%	9.6%	91.2	100.0%	100.0%	-			91.2	100.0%
	설탕	1,080.0				500	46.3%	46.3%	580	53.7%	53.7%	1,080	100.0%
		153.0				95.0	62.1%	62%	58.0	37.9%	37.9%	153.0	100.0%
	소금	1,500.0				900	90.0%	60.0%	100	10.0%	65.4%	1,000	66.7%
		20.3				12.0	89.6%	59.1%	1.4	10.4%	6.9%	13.4	66.0%
	쇠고기	25.0				25	100.0%	100.0%	-			25	100.0%
		12.5				12.5	100.0%	100.0%	-			12.5	100.0%
	유지	50.0	20	40.0%	40.0%	50	100.0%	100.0%	-			50	100.0%
		18.5	7.4	40.0%	40.0%	18.5	100.0%	100.0%	-			18.5	100.0%
	지방종자	400.0				310	77.5%	77.5%	90	22.5%	22.5%	400	100.0%
		55.2				42.8	77.5%	77.5%	12.4	22.5%	22.5%	55.2	100.0%
	계	683.7	165.2	26.8%	24.2%	455.0	73.8%	66.5%	161.8	26.2%	23.7%	616.8	90.2%
	사료	700.0				400	57.1%	57.1%	300	42.9%	42.9%	700	100.0%
		59.5				34.0	57.1%	57.1%	25.5	42.9%	42.9%	59.5	100.0%
	깻묵	500.0	100	20.0%	20.0%	500	100.0%	100.0%	-			500	100.0%
		34.0	6.8	20.0%	20.0%	34.0	100.0%	100.0%	-			34.0	100.0%
	인광석	1,000.0				100	25.0%	10.0%	300	75.0%	30.0%	400	40.0%
		27.0				2.7	25.0%	10.0%	8.1	75.0%	30.0%	10.8	40.0%
	칼륨염	200.0				-			-			-	
		26.4				-			-			-	
	계	146.9	6.8	6.5%	4.6%	70.7	67.8%	48.1%	33.6	32.2%	22.9%	104.3	71.0%
	합계	830.6	172.0	23.9%	20.7%	525.7	72.9%	63.3%	195.4	27.1%	23.5%	721.1	86.8%
의료(衣料)관계	면화					-			400	100.0%	48.2%	400	48.2%
		772.0				-			372.0	100.0%	48.2%	372.0	48.2%
	양모	98.0				-			-			-	
		201.0				-			-			-	
	인견펄프	100.0				-			-			-	
		25.7				-			-			-	
	마류	108.0				10	9.3%	9.3%	98	90.7%	90.7%	108	100.0%
		31.2				2.9	9.3%	9.3%	28.3	90.7%	90.7%	31.2	100.0%
	피혁	30.0				30	100.0%	100.0%	-			30	100.0%
		23.1				23.1	100.0%	100.0%	-			23.1	100.0%
	합계	1,053.0				26.0	6.1%	2.5%	400.3	93.9%	38.0%	426.3	40.5%

품목		총액	조선(b)	b/e	b/a	동북아시아(c)	c/e	c/a	동남아시아(d)	d/e	d/a	동아시아(e)	e/a
기타잡품	목재	196.0				-			1,150	100.0%	16.4%	1,150	16.4%
						-			32.2	100.0%	16.4%	32.2	16.4%
	제지펄프	200.0				100	100.0%	50.0%	-			100	50.0%
		28.6				14.3	100.0%	50.0%	-			14.3	50.0%
	생고무	61.0				-			61	100.0%	100.0%	61	100.0%
		69.5				-			69.5	100.0%	100.0%	69.5	100.0%
	석유류	2,760.0				-			760	100.0%	27.5%	760	27.5%
		149.0				-			37.0	100.0%	24.8%	37.0	24.8%
	강재	300.0				-			-			-	
		54.0				-			-			-	
	선철	500.0				-			500	100.0%	100.0%	500	100.0%
		21.5				-			21.5	100.0%	100.0%	21.5	100.0%
	고철	1,200.0				-			-			-	
		63.6				-			-			-	
	철광석	3,300.0	1,200	36.4%	36.4%	2,700	81.8%	81.8%	600	18.2%	18.2%	3,300	100.0%
		41.5	15.1	36.4%	36.4%	34.0	81.9%	81.9%	7.5	18.1%	18.1%	41.5	100.0%
	석탄	-				-			-			-	
		-				-			-			-	
	점결탄	3,000.0				3,000	100.0%	100.0%	-			3,000	100.0%
		37.2				37.2	100.0%	100.0%	-			37.2	100.0%
	무연탄	1,500.0	700	46.7%	46.7%	700	46.7%	46.7%	800	53.3%	53.3%	1,500	100.0%
		18.6	8.7	46.8%	46.8%	8.7	46.8%	46.8%	9.9	53.2%	53.2%	18.6	100.0%
	연료탄	3,500.0				3,500	100.0%	100.0%	-			3,500	100.0%
		43.4				43.4	100.0%	100.0%	-			43.4	100.0%
	동	20.0				-			-			-	
		12.3				-			-			-	
	납	40.0				-			10	100.0%	25.0%	10	25.0%
		11.2				-			2.8	100.0%	25.0%	2.8	25.0%
	주석	6.0				-			6	100.0%	100.0%	6	100.0%
		19.8				-			19.8	100.0%	100.0%	19.8	100.0%
	기계류	120.0				-			-			-	
	염료	15.0				-			-			-	
	기타	616.0	38.4	12.8%	6.2%	138.8	46.1%	22.5%	162.2	53.9%	26.3%	301.0	48.9%
	합계	1,517.2	62.2	9.7%	4.1%	276.4	43.3%	18.2%	362.4	56.7%	23.9%	638.8	42.1%
총계		3,400.8	234.2	13.1%	6.9%	828.1	46.4%	24.4%	958.1	53.6%	28.2%	1,786.2	52.5%
1936년 실적		3,788.3	518.0	25.5%	13.7%	1,415.5	69.8%	37.4%	613.7	30.2%	16.2%	2,029.2	53.6%

⟨부표 3⟩ 전후 수출입국별 대조표(1946년 12월 현재, 단위 : 천엔)

	수출		수입		수출 – 수입	수출 + 수입	
	금액	%	금액	%		금액	%
미국	1,995,461	68.9%	3,433,405	97.5%	-1,437,944	5,428,866	83.7%
중국	205,398	7.1%	112,779	3.1%	92,619	318,177	4.9%
조선	552,888	19.1%	8,457	0.2%	544,431	561,345	8.7%
홍콩	90,817	3.1%	4,585	0.1%	86,232	95,402	1.5%
영국	28,143	1.0%	–	–	28,143	28,143	0.4%
오스트레일리아	12,881	0.4%	–	–	12,881	12,881	0.2%
버마	10,225	0.3%	–	–	10,225	10,225	0.2%
뉴질랜드	724	0.0%	–	–	724	724	0.0%
소련	353	0.0%	–	–	353	353	0.0%
오키나와	6	0.0%	–	–	6	6	0.0%
에리트레아	–	–	2,641	0.1%	-2,641	2,641	0.0%
이집트	–	–	3,329	0.1%	-3,329	3,329	0.1%
모로코	–	–	22,299	0.6%	-22,299	22,299	0.3%
합계	2,896,896	100.0%	3,587,495	100.0%	-690,599	6,484,391	100.0%

자료 : 国民経済研究協会 편, 『日本経済の現実』, 東京 : 大平書房, 1947, 78쪽. 원통계는 무역청자료.

제2부

제2기 지역주의 유형

미국의 동아시아 지역주의 구상 속에 나타난 한반도의 지정적 위상

제5장

미국의 한일 간
경제 분리 정책의 형성과 변용

---

1. 머리말

식민지기 조선 경제는 일본 경제의 일부로 통합되어 갔다. 이는 스즈키 타케오에 의해 '경제적 내선일체'로까지 표현될 정도로 그 결합력은 강력한 것이었다고 할 수 있다.[1] 그러나 제2차 세계대전에서 일본이 연합국에 패전함으로써 한일 관계는 새롭게 재편되는 계기가 만들어졌다. 식민지 조선이 일본에서 독립하는 프로세스에 대해서는 전시 중에 이미 미국의 전후 구상의 하나로 다루어지고 있었고, 식민지 조선 경제를 일본의 경제적 지배로부터 독립시키는 문제도 논의되었다.

브루스 커밍스는 고위 정책 레벨과 국제적 협의 과정에서의 프랭클린 D. 루스벨트 미국 대통령의 국제주의를 거론하며 조선에 대한 신탁

---

[1] 鈴木武雄, 『朝鮮の経済』, 東京 : 日本評論社, 1942, 304~306쪽.

통치 구상을 분석하였는데, 미국의 절대적인 우위를 전제로 소련도 끌어들인 공동신탁통치구상은 "소련을 제약하고, 반식민주의적인 내셔널리즘을 국제협약의 우리 속에 포획하는 것"을 목적으로 하고 있었다고 분석하였다.[2]

신탁통치 구상에 대해 주로 미국의 역할에 주목했던 기존의 연구에 이의를 제기하며 유병용은 전시기에 신탁통치 구상이 형성되는 과정에서 영국의 역할에 대해 주목하고, 영국이 자국 식민지에서 발생할지 모를 즉시독립 요구에 대응하기 위해, 일본의 식민지였던 조선에 대한 신탁통치 문제에 접근하였다고 분석했다.[3]

구대열은 여기서 더욱 나아가 열강들의 조선 문제에 대한 인식을 검토하면서 각국의 전략적 고려와는 관계없이 각자 신탁통치나 그와 유사한 발상을 하고 있었다고 분석했다.[4] 선행연구들은 모두 신탁통치 구상의 기초에는 조선의 독립능력에 대한 의심이 존재했다고 분석했다고 할 수 있다.

한편, 국무성 특별조사부 그룹의 조사 보고서 분석을 바탕으로 한 미국의 일본점령정책 구상에 관한 연구에서 이오키베 마코토五百旗頭真는 조선에 대한 전후 정책에서 정치적 독립 이전에 신탁통치라는 프로세스를 실시한다는 2단계론이 논의되었다는 것을 간단히 언급했다.[5] 즉시 독립이 아니라 2단계론으로 조선 독립의 과정을 설정했다는 사실은

2　Bruce Cummings, *The Origins of Korean War, vol. 1 – Liberation and the Emergence of Separate Regimes 1945-1947*, Princeton, N.J. : Princeton University Press, 1981, Chapter 4 참조.

3　유병용, 「2차대전 중 한국 신탁통치문제에 대한 영국의 외교정책 연구」, 『역사학보』 134, 1992.9.

4　구대열, 『한국 국제관계사 연구 2 – 해방과 분단』, 역사비평사, 1995, 특히 제6장.

5　五百旗頭真, 『米国の日本占領政策一戦後日本の設計図』 上・下, 東京 : 中央公論社, 1985.

조선의 정치적 자치능력에 대한 불신이라는 식민지 인식에 근거한 것이었음은 물론이다. 한편 신탁통치 문제에 관해서는 많은 연구 성과가 있지만, 전시 중의 전후 구상부터 신탁통치 문제에 천착한 연구는 그다지 많지 않다.

이형철은 이오키베의 2단계론에 연합국의 점령 기간을 포함할 것을 제안하여 점령기, 그리고 신탁통치를 거쳐 독립·국제연합가입이라는 3단계론으로 재해석하였다.[6] 정용욱은 이 구상의 정책결정과정을 면밀히 살피면서, 신탁통치하의 국제 민간행정 기구 안이라는 구체적인 대안의 형성과정을 분석했다.[7] 안소영은 미국의 대외정책의 기조가 태평양전쟁 초기의 반파시즘에서 점차 반공으로 변화했다고 전제하고 그 과정에 관여했던 인물들의 조선 인식 변화에 주목하면서, 그 속에서 신탁통치 정책의 확정 과정을 분석했다.[8]

한편 이들 연구는 해방 직후부터 신탁통치 문제를 거론하며 분석하였던 기존의 경향에서 벗어나 전시기 미국의 전후 구상 속에서 신탁통치 구상이 형성되어 가는 과정을 여러 측면에서 면밀히 분석하고 있다. 그러나 조선의 정치적 독립문제에 집중한 나머지 전후 정책에서 신탁통치가 가진 경제적 의미를 충분히 분석했다고 보기에는 어렵다. 즉, 신탁통치 구상은 경제적인 자립가능성에 대한 부정적 평가를 바탕으로 조선 경제의 자립을 도모하는 한 방법이기도 했다는 측면을 더욱 분석

---

6 이형철, 「미국 국무성의 한국신탁통치계획(1942−1945), 『한국정치학회보』 21-2, 1987.12.
7 정용욱, 『해방전후 미국의 대한정책 − 과도정부구상과 중간파정책을 중심으로』, 서울대 출판부, 2003.
8 안소영, 「태평양전쟁기 미국의 대일·대한정책 및 점령통치 구상」, 『한국정치외교논총』 31 −2, 2010.2.

할 필요가 있다.

한편 신탁통치안에 대해서는 언급하고 있지만, 그 전단계에 해당하는 점령기 경제운영에서 미국 점령 당국이 수행한 정부무역을 분석한 이정희는 식민지 조선경제의 일본경제로부터의 자립 문제에 눈을 돌려, 한일 경제 분리 정책의 형성과 그 변용에 대해서 언급하고, 변용의 계기를 한일 양 지역 점령기구 즉, 맥아더 사령부와 하지 사령부의 상하관계를 통해서 찾고 있다.[9] 그러나 점령기구 간의 상하관계만으로 경제정책의 변용 계기를 모두 파악했다고 하기에는 어렵다.

이 장에서는 조선과 일본에 대한 경제적 분리정책의 형성과 변용을 전시기 미국의 전후 구상을 좇아가면서 재검토한 뒤에, '경제적 내선일체'로 인해 전후에 분리·독립할 조선경제의 자립 가능성을 미국이 비관적으로 파악했던 점이, 신탁통치 구상의 경제적인 배경이 되었다는 점을 분석한다. 또한 경제적 분리정책을 실시할 예정이었던 신탁통치 기간과 그에 앞선 점령기를 나누어 인식함으로써, 그 점령기를 미국의 통제하에서 점령행정의 편의를 도모하기 위해, 경제적 분리 정책보다는 통합적 점령 운영이 우선되었던 시기로 재조명할 수 있을 것이다. 그 결과 미국이 신탁통치 정책을 파기하고 점령기에 잠정적으로 운영하고 있던 통합적 점령운영이 그대로 지속됨으로써 경제적 분리 정책이 변용되는 한 요인이 되었던 점을 밝히고자 한다.

9　李正熙, 「米軍政期における韓日貿易関係の形成およびその性格」, 『京都創成大学紀要』 2, 2002.1.

2. 미국의 전후구상 형성과정과 지역주의적인 접근

　제2차 세계대전의 발발을 전후하여 전문가집단이 미국 정부를 위해 일하게 되면서 전후정책 구상의 형성과정에 참여하게 되었다. 그중에서 외교관계협의회Council on Foreign Relations는 국무부에 전후 계획에 관한 협력을 제안한 1939년 9월 이후, 국무부의 전후계획 구상에 깊이 관계를 맺게 되었고, 또한 영향력을 가지게 되었다.[10] 특히, 외교관계협의회의 '전쟁과 평화의 연구' 위원회War and Peace Studies : Studies of American Interest in the War and the Peace는 이를 위한 조직이기도 했다. 국무부에서는 고위위원회로서 대외자문위원회Advisory Committee on Problems of Foreign Relations, ACPFR(이른바 제1차 자문위원회)가 설치되었다. 이 시기에는 전후 정책의 그랜드 플랜, 즉 국제기구와 세계 자유무역체제 등에 관한 구상을 외교관계협의회가 국무부에 제언하고 있었다. 그러나 각국 및 지역에 관한 구체적인 전후 정책 준비 단계까지 들어가지는 않았다.[11]

　미국의 참전은, 외교관계협의회와 국무부에서 내부적으로 이루어지고 있었던 전후 구상에 관한 논의에 결정적인 전환을 가져왔다. 이는 미국이 참전을 결정하기 이전까지 논의되고 있었던 일반론만으로는 해결할 수 없는 전후 문제에 대한 대응이 구체적인 과제로서 등장했기 때문

10　五百旗頭真, 앞의 책 上, 25~27쪽; 紀平英作,「西ドイツへの道—アメリカの対ドイツ占領政策に沿って」, 紀平英作 편,『ヨーロッパ統合の理念と奇跡』, 京都 : 京都大学学術出版会, 2004, 201쪽.

11　당시에는 미국이 아직 참전하지 않았던 시기로, 독일이 유럽으로 전쟁을 확대하는 과정이었으므로, 미국은 그 후의 전후계획을 수립할 시기가 아직 숙성되지 않았던 것이다. 또한 실질적인 연구요원이 결여되어 있었다는 점도 작용하였다. 1940년 중반에 이르러서는 제1차 자문위원회의 활동은 실질적으로 휴지상태가 되었다. 五百旗頭真, 앞의 책 上, 10~12쪽.

이었다.[12] 물론, 미국의 참전 이전에도 1941년 2월에 실질적인 조사연구 요원이 활동하는 장으로서 특별조사부Division of Special Research, SR가 설치되기는 하였다. 참전 후인 1942년에는 국무성의 고위위원회로서 '전후 대외정책에 관한 자문위원회Advisory Committee on Post-War Foreign Policy, ACPWFP(이른바 제2차 자문위원회)가 설치되었고, 조사연구기관인 특별조사부도 정치 부문과 경제 부문으로 확충되었다.

1943년 1월이 되면, 특별조사부의 두 부분이 각각 정치조사부Division of Political Studies, PS와 경제조사부Division of Economic Studies, ES로 분리되어, 전후 구상의 조사기능이 한층 강화되었다. 정책 입안에서 중요한 것은 고위위원회와 조사연구기관의 사이에 이들을 연결하는 기관이었다.[13] 이를 위해 정치소위원회Subcommittee on Political Problems, PS와 영토소위원회 Subcommittee on Territorial Problems, TS, 안전보장소위원회Subcommittee on Security Problems, SS, 경제재건소위원회Subcommittee on Economic Reconstruction, 경제정책소위원회Subcommittee on Economic Policy 등 기능별로 전문소위원회가 설치되어, 여기에서 조사연구에 기반을 둔 논의가 이루어졌고, 정책수립의 준비가 추진되었다. 특히 조선과 일본에 대한 전후 정책 준비에 관련이 깊었던 영토소위원회는, 역사적인 변화를 중시하여 '영토'를 국가 단위만이 아니라, 필요한 경우에는 지역단위에서도 정치, 사회, 경제를 분석하고 있었다는 점에서 주목할 만한 가치가 있다. 점차 회합이 줄어들게 된 제2차 자문위원회를 대신하여 정치소위원회가 전후 세계의 틀을 탑다운 형식으로 고찰해 간 경우에 비하여, 영토소위원회는 아래로

---

12 紀平英作, 앞의 글, 201쪽.
13 五百旗頭真, 앞의 책 下, 8쪽.

부터 논의를 집약해가는 구체적인 처리안을 준비하고 있었다. 따라서 조사 부문의 지역전문가들이 가장 많이 동원되었던 곳도 영토소위원회였다. 특히 1943년 여름부터는 극동지역에 관한 문제가 영토소위원회에서 집중적으로 검토되었다.[14] 특히 조선 문제에 관해서는 상당한 비중을 두고 연구하고 있었으며, 전후 대일점령정책 수립 준비와 함께, 조선의 미래에 대해 밑그림을 그리는 정책을 준비하고 있었다.[15] 조사 부문의 전문가도 참가한 영토소위원회의 논의는 다음 장에서 분석할 T-문서T Document 시리즈로서 남았다.

1944년 1월에 고위위원회로서 전후계획위원회Post-War Programs Committee, PWC가 설치되고, 조사연구 부문도 더욱 확충되었다. 특별조사국은 개조되어, 특별정치국Office of Special Political Affairs, OSPA과 경제국Office of Economic Affairs, OEA이 설치되었다. 특별정치국에는 지역조사부Division of Territorial Studies, TS, 안보·국제기구부Division of International Security and Organization, ISO가 설치되었다. 극동지역 전문가들은 지역조사부에 소속되어 있었다.[16] 고위위원회와 조사부문 사이에는 각종 전문위원회와 함께 각종의 '국가와 지역 위원회Country and Area Committee, CAC'가 설치되어 구체적인 사안을 논의하고 있었다. 이들 위원회는 '부국 간 지역위원회Inter-Divisional Area Committee'라고도 불렸는데, 이는 각 부국으로부터 멤버가 모여 해당 지역 문제에 관해 의견조정과 합의를 도모하는 기관이었기 때

---

14 五百旗頭真, 앞의 책 上, 74~75쪽.

15 일본으로부터의 분리를 고려한 중요한 지역은 조선과 함께 '만주'가 있었다. 그러나 조선이 상당한 비중을 두고 논의되었던 것과 달리, 1943년경까지 '만주'에 관한 논의 문서는 생산되지 않았다고 한다. 五百旗頭真, 앞의 책 下, 244쪽.

16 五百旗頭真, 앞의 책 下, 8쪽.

문이었다. 이러한 지역위원회는 처음에는 '부국 간 국가별 위원회'로서 설치되었으나, 점차 '부국 간 지역위원회'로 개편되었다. 지역이라는 용어도 처음에는 'regional'에서 최종적으로는 'area'로 변경되었다. 여기서 주목되는 점은 이들 부국 간 위원회가 정치, 경제, 안전보장, 영토 등의 기능별이 아니라 국별 및 지역단위로 편성되었다는 사실이다. 극동지역에 대해서는, '극동지역에 관한 부국 간 지역위원회Inter-Divisional Area Committee on the Far East, FEAC'가 1943년 10월에 설치되었다. 한편 유럽지역에서는 '부국 간 독일위원회'와 같이 국가별로 부국 간 위원회가 설치되어 있었다. 부국 간 위원회에도 '국가 및 지역 제 위원회'라는 이름처럼 대상 단위가 다른 편성이 존재하고 있었던 것이다.

이오키베는 이 차이에 대해, ① 극동 전체가 일본의 점령하에 놓여있었기 때문에, 일괄적으로 다루는 편이 편리했다는 점, ② 당시 미국의 외교에서 유럽지역이 중시되고 있었고, 유럽의 한 국가는 극동지역 전체와 비교해 중요도가 떨어지지 않았기 때문이라는 점, ③ 극동을 국가별로 다루고자 할지라도, 인적 자원이 부족했을 것이라는 점을 들었다. 그러나 극동지역 이외에도 지역위원회의 설치가 추진되어, 대략 중요도가 높은 국가에는 국별위원회, 그렇지 않은 경우에는 몇 개의 국가를 합해서 지역위원회가 설치되었다고 분석하고 있다.[17] 이에 대해서 키히라 에이사쿠紀平英作는, 1944년부터 국무부 내부에 유럽국과 동아시아국 조직을 대폭적으로 확대한 점과 유럽지역은 마지막까지 국가별 위원회로 남았다고는 하나, 지역위원회 설치가 미국 외교에서 정책 관심

---

17 五百旗頭眞, 앞의 책 下, 10쪽.

이 국가별에서 국경을 넘어 지역으로 점차 전이하고 있었다는 점을 명확히 보여준 것이라고 분석하고 있다.[18]

1944년 중반까지는 대강의 정책이 잠정적으로 준비되었는데, 영토 문제에 관한 한 전후계획위원회가 본격적으로 활동을 개시할 시점에는 제안과 결정을 내릴 준비가 마련되어 있었다고 한다.[19] 1944년 11월에는 국무성과 군부와의 정책조정과 협력을 위한 최고결정기관으로써 국무부·육군부·해군부 사이에 정책조정과 결정을 내리는 삼부조정위원회State－War－Navy Coordination Committee, SWNCC가 설치되어, 드디어 최고정책결정기관이 만들어졌다. 삼부조정위원회와 그 산하기관인 극동소위원회Subcommittee on Far East, SFE에서 실질적인 정책결정이 이루어졌다.

3. 전시기 미국의 조선·일본 간
경제적 분리정책의 형성과 신탁통치문제

19세기 말부터 20세기 중반까지 적지 않은 기간 동안 미국은 일본이 조선을 영향력 아래에 두는 것을 승인하고 있었다.[20] 미국은 일본이 조선을 식민지화하는 것을 긍정적으로 평가하였으며, 식민지 시기에도 조선을 일본의 일부라고 인식하고 있었다. 미국이 조선을 일본과 분리하여 인식하는 경향이 나타나는 것은 역시 태평양전쟁이 발발하여, 일

---

18 紀平英作, 앞의 글, 202쪽.
19 정용욱, 앞의 책, 27쪽.
20 구대열, 『한국 국제관계사 연구1－일제시기 한반도의 국제관계』, 역사비평사, 1995, 특히 제2장.

본과 전쟁상태에 돌입할 무렵까지 기다려야 했다.

이미 전쟁 개시 직전인 1940년 외국인등록법The Alien Registration Act of 1940
은 재미 조선인이 외국인 등록을 할 때, '조선인Korean'으로 등록하는 것
을 허용하여, 일본인과의 구별을 분명히 했다. 또한 1942년 2월에는 비
들Francis Biddle 법무장관이 적성 국가에 적용되는 각종 제재에서 조선인
을 제외하도록 명령을 내렸으며, 헐Cordell Hull 국무장관도 '하와이지역
전재부흥공사The War Damage Corporation in Hawaii'가 업무를 수행할 때, 재미
조선인을 적성 국가의 국민인 재미 일본인과 구별해야 한다고 언명했
다. 이러한 경향은 재미 조선인 단체의 로비와 조선인의 항일독립운동
에 대한 일정 정도의 이해 및 이용가능성에 대한 긍정적 평가에 기인한
것이었다고 생각할 수 있다. 이렇게 조선과 일본을 분리하여 인식하는
움직임이, 미국의 전후 구상 단계에서도 이미 인식되었다는 점은 주목
할 만하다.[21]

외교관계협의회 극동반에서는 조선의 독립문제와 함께 일본의 전후
처리를 둘러싼 구체적인 논의가 펼쳐지고 있었다. 여기서 조선을 즉시
독립시키는 안에 대해서 신탁통치라는 프로세스를 거쳐 독립시키는 안
이 부상했다. 태평양전쟁 발발 후, 외교관계협의회 극동반은 1942년 3

---

21 "T-319 : Korea : Problems of Independence(1943.5.26)", *Records of Harley A. Notter, 1934~45*,
Box no.63, 정용욱·이길상 편, 『해방전후 미국의 대한정책사 자료집』 1, 다락방, 1995, 404
쪽. 일본 국립국회도서관 헌정자료실 소장자료인 (YE5-21) Post World War II Foreign Policy
Planning, State Department, *Records of Harley A. Notter, 1939~45*(RG59) 자료의 마이크로시
트 목록인 Post World War II Foreign Policy Planning, State Department, *Records of Harley A.
Notter, 1939~45 : Bibliography*에는 T-319가 사용되지 않은 문서번호(Number not used; T
Document with this number could not be located)라며 공백으로 되어 있어, 알 수 없는 이유로
마이크로화 과정에서 빠진 것으로 보이지만, 정용욱·이길상 편, 위의 책에서 확인할 수 있는
것처럼 실제 이 문서는 존재했다.

월에 '대일 전후처리를 둘러싼 구체적인 제 문제'라는 주제로 회합을 개최했다.[22] 그중 제4회(1942년 3월 3일)와 제5회(동 3월 17일) 회합에서, 일본의 식민지와 그 '세력권'의 장래에 대해 논의가 이루어졌다. 이오키베가 미국의 대일 전후 계획의 시작이라고 평가했던 이들 논의는 기본적으로 세력균형Balance of Power이라는 입장에서 이루어졌으며, 어느 지역까지를 일본의 영토와 '세력권'으로 허용할 것인가라는 문제였다. 먼저, 스파이크만Nicolas J. Spykman(예일대학교)은 전후에도 강력한 일본이 동아시아 지역에 존재하는 것이 미국의 이익이 될 것이라는 입장에서, 타이완, 류큐, 일본의 위임통치 남양제도를 일본에서 분리하더라도, 조선과 '만주'는 일본에 그대로 남겨두어야 한다는 의견을 내놓았다. 이들 지역은 일본의 배후지로서 중요한 지정학적 의미가 있기 때문이라는 것이었다. 스파이크만은 일본이 중국을 제압할 여력이 없어지더라도, 동북아시아에서 영향력을 증대할 것으로 전망되는 국민정부의 중국과 소련에 대항할 수 있는 세력으로서 일본을 주목하였고, 일본이 조선과 '만주'를 보유하도록 하여, 동북아시아의 세력균형을 도모해야 한다는 입장이었다. 또한 미국이 태평양에 대한 일본의 영향력을 탈취하여 동아시아 지역 정치에 영향력을 높이는 것이 바람직하다는 것이었다.

한편, 전쟁이 끝난 직후 중국의 동아시아 지역에서의 영향력 증대 가능성을 전망한 스파이크만의 논의에 부정적이었던 페퍼Nathaniel Peffer(컬럼비아대학교)는, 패전한 일본의 공업력이 여전히 아시아 지역에서 우위를 점할 것이라고 평가하면서, 동아시아 지역에서 일본이 미국의 위협

---

22 외교관계협의회 극동반의 '대일 전후처리를 둘러싼 구체적인 제문제'에 대한 회합에 관한 인용은 五百旗頭真, 앞의 책 上, 204쪽.

이 되지 않도록 억제할 필요성이 있다고 주장했다. 페퍼는 일본의 군사력과 함께 경제, 산업의 중추까지 파괴해야 하며, 전후 일본에 허용 가능한 영토의 범위를 청일전쟁 이전의 수준까지 축소할 필요가 있다는 입장이었다.

스파이크만과 페퍼의 의견대립에 대해서, 회의참가자들 대다수는 전후 일본의 군사력을 약화하는 데는 대체로 찬성이었다. 그러나 전후의 일본경제마저도 괴멸시켜야 한다는 주장에는 반대 의견이 많았다. 회의의 결론 무렵에는, '만주'에 대해서는 중국에 반환해야 한다는 주장이 일본의 '만주' 통치를 지지한 소수파를 누르고 다수파를 형성했지만, 조선의 자치능력에 대해서는 여전히 불신감이 컸다. 이 회의의 기록을 담당했던 보튼Hugh Borton(컬럼비아대학교)은 조선에 대해서는 궁극적으로는 독립을 목표로 해야 하나, 당면과제로서는 '일종의 자치적인 지위를 고려'해야 한다는 코멘트를 표명하여, 신탁통치의 가능성을 시사했다.

한편, 전략첩보국 극동과Far Eastern Section, Office of Strategic Services, OSS에서는 조선 경제를 일본 경제로부터 경제적으로 분리하는 문제를 제기했다. 1942년 8월 5일자로 제출된 연구조사보고서 「R&A No.774 : 조선－경제개관」에서는, 연합군이 대일전에 승리함으로써 조선에는 새로운 기회가 도래하리라 전망했으나 반면에 심각한 재조정readjustment에 직면할 것으로 전망했다.[23] 즉 일본의 식민지 지배로부터 독립에 이르는 길은 그리 간단한 문제가 아닐 것이고, 따라서 연합국에 의한 일정 정도의

23 "Korea : Economic Survey", R&A No.774, August 5, 1942, Far Eastern Section, Office of Strategic Services, OSS/State Dept. *Intelligence and Research Reports, I. Japan and Its Occupied Territories during WWII*, Reel no.16.

후견 기간tutelage이 불가결할 것이라고 진단했던 것이다. 여기서 주목할 만한 점은, 그 후견 기간에 재조정될 조선 경제의 활로를 열기 위한 무역 상대국으로 일본이 아닌, 중국을 염두에 두고 있었다는 점이다. 식민지기 조선 경제는 자본, 기술, 산업, 그리고 시장 등 여러 부문에서 일본 경제에 종속되어 있다는 문제가 가로놓여 있었다. 이러한 문제를 극복하기 위해서는 일본이 아니라, 전후 경제재건을 위해 막대한 수요가 있는 중국에서 활로를 열어야 한다는 입장이었던 것이다. 따라서 일본 경제로부터의 경제적 분리는 순수한 식민지 경제 상태로부터 조선 경제가 우화emergence할 수 있는 계기가 될 것이고, 조선경제에 새로운 기회가 될 것이라고 인식하였던 것이다. 그 근저에는 중국 경제의 영향력이 전전의 일본 경제처럼 조선 경제를 종속시켰던 정도까지는 당분간 커지지는 않을 것이라는 인식이 있었다고 생각할 수 있다.

조선 경제를 일본에서 분리한다는 인식은, 국무부 특별조사부 극동반이 제출한 여러 연구보고서에도 한층 명확하게 드러난다. 먼저, 극동반을 총괄하고 있던 블레이크슬리George H. Blakeslee(클라크대학교)[24]는 1943년 9월 28일자 보고서인 「T-357a : 일본의 전후처리에 적용해야 할 일반원칙(개정판)」에서 일본으로부터 박탈할 지역을 다음과 같이 분류하고, 그 분류에 해당하는 지역을 일본의 영토에서 분리해야 한다고 하는 입장을 밝혔다.[25]

---

[24] 국제관계, 극동·태평양문제 전문가인 블레이크슬리는 당시 이미 71세로 고령이었다. 국무성에 들어왔을 때의 직급은 P-7로, Head Professional 대우였다. 五百旗頭眞, 앞의 책 上, 183, 316쪽.

[25] "T-357a : General Principles Applicable to the Postwar Settlement with Japan (Revision) (1943.9.28)", (YE5-21) Post World War II Foreign Policy Planning, State Department, *Records of Harley A. Notter, 1939-45*(RG59). Sheet no.600-T-357. 日本 國立國會圖書館 憲政資料室 소

① 일본이 군사적으로 침략하여 획득한 지역(예 : '만주')

②'민족자결원칙'에 의해 독립할 수 있도록 할 지역(예 : 조선)

③ 다른 나라에 귀속시킬 지역(예 : 타이완)

다음으로 이렇게 해외식민지와 종속지역의 '상실'이 일본에 초래할 경제적 영향에 대해서 피어리Robert A. Fearey[26]가 분석했다. 1943년 6월 21일자 보고서 「T-341 : 해외 종속지역 상실이 일본에 끼칠 영향」에서 종래 일본이 해외영토에 대한 의존은 반드시 필연적인 것이 아니라, 일본이 아우타르키Autarkie 경제권을 형성하기 위해서 발달시켜 온 것이었다고 분석했다. 피어리는 패전으로 인해 해외 지배지역을 상실할 일본에도 경제적인 기회를 평등하게 허용한다면, 해외 지배지역을 가지지 않아도 일본 경제는 존립 가능할 것이라고 분석했다.[27] '외지'에 대한 강제적인 지배의 종언은 일본에도 '득'이 될 것이고, 이러한 강제적인 '외지' 지배를 통해 획득 가능한 이익보다는, 세계 각국과의 무역 관계 속에서 획득할 수 있는 이익이 더욱 클 것이라는 견해였다.

장; 大蔵省財政史室 편, 『昭和財政史—終戦から講話まで 第20巻—英文資料』, 東京 : 東洋経済新報社, 1982, 7쪽.

26 피어리는 당시 24세로, 주일대사로 근무한 그루Joseph Grew 휘하에서 개인비서 경력(1941~1942)을 가지고 있었으며, 일본경제 전문가였다. 대우는 P-2로 Assistant Professional이었다. 五百旗頭真, 앞의 책 上, 183·316쪽. 피어리의 저작으로는 *Occupation of Japan—Second Phase, 1948-50*(Institute of Pacific Relations, 1950)이 있다.

27 '대동아공영권'에 대한 의존의 예로서, 타이완과 조선으로부터는 쌀을, 남사할린에서는 삼림자원, 위임통치령에서는 보트사이트, '만주'로부터는 콩, 중국으로부터는 석탄을 공급받고 있었다는 점을 들고 있다. "T-341 : The Economic Effects upon Japan of a Possible Loss of Control over its Present Dependencies(1941.6.21)", (YE5-21) Post World War II Foreign Policy Planning, State Department, *Records of Harley A. Notter, 1939-45*(RG59). Sheet no.600-T-341, 日本 國立國會圖書館 憲政資料室 소장; 五百旗頭真, 앞의 책 下, 74쪽; 入江昭, 『日米戦争』, 東京 : 中央公論社, 1978, 160쪽.

여기서 피어리는 일본 경제의 존립을 지원하는 문제에는 근본적인 딜레마가 가로놓여 있다고 덧붙였다. 즉, 일본이 국제경제에 복귀할 수 있도록 경제재건을 원조해야 한다는 생각이 있는 한편, 이러한 지원에 의해 일본이 또다시 침략국으로서 부흥할 가능성에 대한 의심도 불식할 수 없는 상황을 딜레마라고 표현했다. 이에 대해 피어리가 제시한 해결책은, 연합국 특히 미국이 일본경제를 컨트롤하는 것이었다. 원래부터 일본은 원료의 해외의존도가 높으므로, 미국이 일본의 수입을 제대로 컨트롤할 수 있다면, 일본의 군수목적 생산을 규제할 수 있다고 생각했던 것이다.

요컨대, 이 두 개의 보고서로부터, 조선과 일본을 경제적으로 분리한다는 것과 미국이 일본 경제의 대외무역을 컨트롤한다는 구상을 읽을 수 있다.

이제 경제적 분리 방식에 대한 문제를 논의할 단계에 이르렀다. 특별조사부 극동반에 소속된 보튼은, 전후 구상 속에서 일본 문제와 함께 조선 문제를 주로 담당했다.[28] 보튼은 1943년 5월 26일자 보고서 「T-319 :

---

28 보튼(1902~1995)은 퀘이커교도로서 성장하여, 하버포드 대학Harverford College를 졸업한 후, 퀘이커교 계통의 미션스쿨인 프렌드여학교普連土女學校 교사로 일본에 처음 체재했다. 일본에서 영국 외교관이자 역사가인 샌슨George B. Sanson의 영향으로 일본 연구를 결심하고, 컬럼비아 대학교 대학원에 진학했다. 당시 미국에서는 일본 연구로 박사학위를 수여할 만한 수준에 달하지 못했던 관계로, 하버드대학교에서 연구한 후, 다시 박사학위를 수여할 수 있는 네덜란드의 라이덴대학교Universiteit Leiden로 유학했다. 현지 연구를 위해 다시 일본을 찾아 토쿄제국대학에서 연구생활을 계속했다. 이 기간에 2.26 사건과 조우하여, 일본 군국주의에 대한 강한 반감을 가지게 되었다. 1937년에 라이덴대학교에 돌아가 「토쿠가와 시대의 농민 잇키 Peasant Uprisings in Japan of Tokugawa Period」로 박사학위를 취득했다. 같은 해 컬럼비아대학교 일본사 담당 교원이 되었다. 보튼은 미국에서도 희소한 일본사 연구자로서, 태평양문제조사회에서도 활발히 활동했으며, 전쟁 발발과 함께 이윽고 국무부 특별조사부에 들어가게 되었다. 국무성에서의 대우는 P-5로 Senior Professional이었다. 원래 보튼은 조선문제 전문가는 아니었다. 조선 문제를 담당하게 된 것은, 특별조사부에서 보튼이 가진 수준 이상의 조선 관련 지식을 보유한 연구자가 없었기 때문이었다고 인터뷰를 한 이오키베 교수에게 술회했다고 한

조선—독립문제」에서, 조선에 대한 신탁통치 문제를 본격적으로 논의하고 있다.[29] 먼저, 보튼은 동북아시아에서 조선이 가진 지정학적 지위를 재확인했다. 조선이 지리·정치·경제적으로 중국·러시아·일본의 교차로에 있다는 점을 주목하여, 조선의 안정을 위해서는 강력한 외국 또는 효율적인 국제기구의 지지가 필요하다고 생각하고 있었다. 이러한 인식을 바탕으로 연합국의 일부 또는 국제기구에 의한 신탁통치를 실시하고, 제한적인 권리를 자치정부에 부여하여, 일정 정도의 과도기를 거쳐 조선을 독립시킨다는 구상을 내놓았던 것이다.

조선의 신탁통치 문제를 정면으로 제기한 보튼은, 1943년 5월 25일자 보고서 「T-317 : 조선—경제발달과 전망」에서, 신탁통치의 경제적 측면에 관한 분석을 시도했다.[30] 당시 미국에서는 조선 문제 관련 자료는 보튼이 표현한 것처럼 "국무부로서는 어떻게 할 수조차 없을 정도로"

다(五百旗頭眞, 위의 책 下, 191-201, 244쪽). 그 자신도 1930년대에 조선을 여행했던 경험과 토쿄에 있을 때, 감독하고 있던 기숙사에 조선인 학생이 있었기 때문에, 조선 사람이 모두 독립을 끈질기게 염원하고 있다는 정도의 지식을 가지고 있을 뿐이었다고 회상하고 있다 (ヒュー・ボートン, 五味俊樹 역, 『戰後日本の設計者―ボートン回想錄』, 東京 : 朝日新聞社, 1998, 164쪽). 물론 미국에 조선 전문가가 전혀 없었던 것은 아니었다. 예를 들면, 맥큔 형제 (George M. McCune, Shannon McCune) 등이 있었다. 역사학자였던 조지 M. 맥큔은 전략첩보국OSS, 전시경제국The Board of Economic Warfare을 거쳐, 국무성 극동국 조선담당관으로 근무했다. 지리학자였던 새넌 맥큔은 전시경제국과 대외경제국Foreign Economic Administration에서 근무했다(안종철, 「식민지시기 평양지역 尹山溫(George S. McCune) 선교사의 활동과 그의 가족의 한국학 연구」, 『한국기독교역사연구소소식』 70, 2005.4, 37~38·40쪽). 그 밖에 문학자였던 강용흘Yanghill Kang도 전시경제국에 근무하고 있었다(油井大三郎, 『未完の占領改革―アメリカ知識人と捨てられた日本民主化構想』, 東京 : 東京大学出版会, 1989, 73쪽; 김욱동, 『강용흘―그의 삶과 문학』, 서울대 출판부, 2004).

29 "T-319 : Korea-Problems of Independence(1943.5.26)", *Records of Harley A. Notter, 1934-45*, Box no.63, 정용욱·이길상 편, 앞의 책, 402~417쪽.

30 "T-317 : Korea-Economic Development and Prospects(1943.5.25)", *Records of Harley A. Notter, 1934-45*, Box no.63, 정용욱·이길상 편, 위의 책, 372~394쪽; (YE5-21) Post World War II Foreign Policy Planning, State Department, *Records of Harley A. Notter, 1939-45*(RG59), Sheet no.600-T-317, 日本 國立國會圖書館 憲政資料室 소장.

부족했다. 다소 길어지지만, 보튼에 따르면 그 원인은 다음과 같은 것이었다.[31]

　테오도르 루즈벨트 대통령의 축복을 받으면서 한반도가 일본의 보호국이 되었던 1905년 이래, 그 후 일본의 식민지가 되었던 1910년 이후에는 특히, 한반도에 관한 공식정보는 모두 일본을 경유한 것이었다. 사회, 정치, 문화, 경제, 재정 상태에 관한 일반 정보도 모두 일본의 총독부가 공표한 자료에 바탕을 둔 것 이외에는 없었다. 또한 한반도에 부임한 미국 영사관원도 모두 유명무실한 존재였다. 그럴 수밖에 없는 것이 식민지에서 미국의 영사업무에 법적 권리를 부여하는 인가장은 일본 외무성에서 발행되었다.

　거기다가 한반도에 주재하는 미국 영사관원은 일본의 관리 이외에는 만날 수 없는 상태였으므로, 전전의 한반도에 관한 우리들의 지식은 더욱 제한되어 있었다. 그들은 이전에 일본에 부임했던 경험이 있었으므로 모두 일본어는 아주 잘했지만, 한국어는 전혀 할 수 없었다.

　보튼은 식민지기 조선 경제를 분석하면서, 전전에 일본 측이 작성한 자료를 바탕으로 할 수밖에 없었다.[32] 여기에서 보튼은 식민지기의 '경

31　ヒュー・ボートン, 앞의 책, 163~164쪽.
32　T-317 보고서에는 삭제될 예정이었으나, 보튼이 붙인 후주가 남아 있어, 보튼이 참고한 자료를 확인할 수 있다. 그 많은 부분은 다음과 같은 일본 측의 자료들이었다.
　　・全國經濟調査機關聯合會朝鮮支部 편, 『朝鮮經濟年報』1939-1940年版, 東京 : 改造社, 1937~40.
　　・東洋經濟新報社 편, 『經濟年鑑』1941年版, 東京 : 東洋經濟新報社, 1941.
　　・京城日報社・每日申報社 편, 『朝鮮年鑑』1941年版, 京城 : 京城日報社, 1941.
　　・朝日新聞社 편, 『朝日年鑑』1942年版, 東京 : 朝日新聞社, 1942.
　　・Government-General of Tyosen, *Annual Report on Administration of Tyosen, 1937-8*, Keijo : Government-General of Tyosen, 1937~38.

제적 내선일체' 상태를 선전하고 있던 일본 측의 자료를 역으로 읽어내어, 일본 전시경제 운영에서 조선 경제가 어떤 역할을 하는지를 분석할 수 있었다. 즉, 조선 경제가 일본의 전시경제의 필수 산업의 많은 부문에서 중요한 역할을 하고 있는 점과, '엔블록' 체제 속에서 기능하고 있는 점에 주목하여, 조선 경제는 일본의 완전한 경제적 지배하에 놓여있다는 판단을 내렸던 것이다. 따라서 조선 경제를 일본 경제의 지배에서 분리하는 것은 일본의 전시경제를 약화하는 데 기여할 수 있다는 결론에 도달했다는 것이다. 또한 일본으로부터 경제적으로 분리된 조선 경제가 즉시 자립하는 데는 명백한 한계가 있을 것이라고도 분석했다.

보튼은 이런 견해를 바탕으로, 조선의 전후 경제에는 다음의 세 가지 선택지가 남아 있다고 지적했다. 첫째는, 조선이 정치적으로는 독립하지만, 경제적으로는 일본 경제의 일부로 통합된 채로 남아 있는 안이다. 이 선택지의 이점은 일본이 조선의 산업과 경제발전에 대해서 주도권을 계속 가짐으로써, 일본의 패전 시까지 수행하고 있던 생산증대에 지속성을 유지할 수 있다는 것이다. 조선은 일본 경제가 필요로 하는 자원, 즉 저임금노동, 수력발전, 금, 쌀, 이출 차익 등을 전후에도 계속해서 공급하게 될 것이다. 그러나 공기업은 물론 사기업 부문에서도 일본 경제가 지속적으로 조선을 수탈하는 구조가 여전히 잔존하게 되고, 특히 제

- The Foreign Affairs of Japan, *The Japan Year Book, 1939-40*, Tokyo : The Foreign Affairs of Japan, 1940.
- 朝鮮殖産銀行調査部, 『殖銀調査月報』.
특히, 1939년부터 1942년까지 간행되었던 『朝鮮經濟年報』의 실제적인 편집은 오우치 타케지大內武次, 시카타 히로시四方博, 그리고 스즈키 타케오鈴木武雄와 같은 경성제국대학 조선경제 연구소 그룹인 경제학 및 재정학강좌 담당 교수들이 담당하고 있었다. 필자에는, 조선총독부, 경성고등상업학교, 경성상공회의소, 조선금융조합연합회, 조선식산은행, 조선무역협회, 경성전기주식회사, 조선은행 관계자들이 대거 포진해 있었다.

조업 부문에서는 일본이 독점적인 이익을 향유하게 될 것이다. 결국에는 조선 산업의 경제적 독립은 불가능하게 될 것이며, 일본경제에 대한 의존도가 심화할 것이라는 점이 문제점으로 남을 것이라고 지적했다. 결국 조선의 식민지경제구조가 지속됨으로써 일본의 경제적 지배가 이어지는 결과를 초래할 것이다. 최종적으로는 어렵게 달성한 조선의 정치적 독립마저도 위태롭게 할 위험성이 지극히 높다고 진단하였다.

두 번째는, 조선에 즉시 독립을 부여함과 동시에 조선 경제도 일본의 경제적 지배로부터 즉시 완전히 분리하는 안이다. 즉시 독립할 경우, 조선 정부를 구성할 다수의 독립운동 세력은 '토지의 국유화'를 긍정적으로 평가할 것이라고 하면서, '토지의 국유화'로는 지속적인 생산을 보장할 수 없을 것이라고 평가했다. 더욱이 일본이 철수한 후의 조선 산업은 자산이 되기보다는 오히려 일시적으로는 부채가 될 것으로 예측했다. 이는 일본과의 경제적 분리가 조선 산업을 위축시킬 위험성이 높다고 분석했기 때문이었다. 산업의 마비가 초래할 실업자의 대량 발생, 식민지기에 유지되고 있던 판로로서의 일본시장의 폐쇄, 그리고 일본으로의 자본재 철수에 의한 극도의 자본 부족 등이 독립한 조선 경제를 극도로 불안정하게 만들어, 최종적으로는 독립한 조선의 신생 정부마저도 위기상태에 빠뜨릴 것이라고 분석했다.

셋째로는, 조선을 정치적으로, 그리고 경제적으로도 신탁통치를 거쳐 독립시키는 안이다. 보튼은 이 세 번째 안에 대해서 조선이 정치적으로도 경제적으로도 가장 신속하게 완전한 독립을 달성하고, 세계 자유무역 체제에 평등하게 참가할 수 있도록 지원할 수 있는 대안이라고 평가했다. 또한 신탁통치는 경제적으로도 '엔블록에 의존하는 체제'에서

'세계 경제에 의존하는 체제'로 전환하는 과정에서 발생할 수 있는 여러 곤란을 최소한도로 억제할 수 있을 것으로 예측했다. 조선을 부흥시키는 책임을 신탁통치기구가 대신 떠맡음으로써, 조선정부의 체제안정에도 중요한 역할을 할 것이라고 주장했다.

요컨대, 보튼은 신탁통치라는 이행기를 두는 편이, 조선의 정치적 독립과 경제적 자립을 달성하는 데 이점이 있을 것으로 생각했다. 신탁통치문제가 제기된 배경으로서는 조선의 정치적 독립능력 뿐만 아니라 조선의 경제적 자립에 대한 불신감도 존재했던 것이다. 신탁통치 문제는 여기서 처음으로 정치적 독립문제 만이 아니라 경제적 자립을 달성하는 중요한 수단으로서 인식되었다.

신탁통치기에 경제 부문을 담당할 기구에 대해서 보튼이 생각한 내용을 좀 더 구체적으로 살펴보고자 한다. 보튼은 경제기구로서 두 가지 안을 상정하고 있었다. 하나는 정치부문을 담당할 신탁통치기구와 분리된 별개 조직인 '연합국개발공사United Nations Development Corporation'을 설립하는 안이다.[33] 조선 경제를 재건할 책임을 질 '연합국개발공사'는 조선 경제에 저리의 자본재를 제공하고, 경영과 기술 훈련을 위한 전문가를 파견하여 운영될 것이다. 신탁통치의 종결이 가까워져 오면, '연합국개발공사'의 소유와 경영은 신탁통치기구의 감시하에, 조선인으로 구성된 신생 정부에 이양하여 운영하는 이행기에 들어간다. 최종적으로 신탁통치가 종료되면, 필요한 전문가들은 신생 정부가 계속 고용하는 등의 조치를 통해 조선경제 자립에 연착륙하는 안이었다.

---

33 연합국개발공사에 대해 주목한 기존 연구로는, 안종철, 「태평양전쟁기 휴 보튼의 대일정책 구상과 한국문제 인식」, 『역사학보』189, 2006.3, 94쪽.

다른 하나는, 신탁통치기구 내부에 농업·공업·상업·금융·통신 등 경제생활에 관련된 업무를 담당할 각 부국Bureaus을 설치하는 안이다. 이 안의 이점은 각 부국이 운영하기 위한 예산을 신탁통치기구가 제공할 수 있다는 점이었다. 또한 조선인을 각 부국에 채용하여 신탁통치를 펴는 근거의 하나가 되었던 행정 경험의 결여를 극복할 수 있도록 실무 경험을 쌓을 기회를 부여할 수 있다는 것이었다. 신탁통치가 종결되면, 각 부국은 그대로 조선의 신생 정부의 각 부처로 개조될 것이었다.

이 두 가지 안이 그 후 정책결정 과정에 어떻게 반영되어 갔는지에 관해서는 확인할 수가 없지만, 두 가지 모두 신탁통치가 조선 경제를 재건할 수단으로서도 고려되었다는 것은 명확하다. 보튼은 조선 경제가 일본의 경제적 지배로부터 해방되었다는 '심리적인 위신'을 부여할 수 있는 측면과 함께 실제적으로도 일본의 철수가 초래할 경제상의 공백을 채우는 데 필요한 숙련기술자와 행정요원, 그리고 자본재를 인수할 기구를 설치한다는 신탁통치의 경제적인 측면을 고려했던 것이다. 또한 신탁통치기구가 국제적 기구이기 때문에, 경제적인 자립도가 낮은 조선 경제가 손해를 입지 않고 외국과 경제협정을 체결할 수 있도록 알선하거나, 식민지기에 일본이 한 것처럼 일국에 의한 경제 수탈을 방지할 수 있다는 점도 신탁통치가 갖는 경제적 이점이라고 생각하고 있었다. 신탁통치는 세계 경제에서 미국이 가지는 일반적 이해관계와 양립하는 선에서, 조선 경제의 자립과 발전을 보장할 수 있는 최선의 수단으로서 자리매김되었던 것이다. 미국의 전후경제구상과 조선에 대한 신탁통치는 상호 모순되는 것은 아니었다.

이렇게 정책구상을 담은 여러 보고서는, 미국의 전후 정책의 입안에 반영되어 최종적으로는 삼부조정위원회에서 정책 수립으로 이어졌다. 그중에서 미·영·중·소에 의한 신탁통치 문제를 협의할 다자간협정을 통해 조선의 과도적 국제행정조직 즉 신탁통치기구를 설치할 것을 정책으로 확정한 SWNCC 101 / 4(조선의 과도적 국제행정기구, A Temporary International Authority in Korea, 1945년 8월 24일)와 상보관계를 맺는 것은, 조선 점령 초기기본지령으로서 확정된 SWNCC 176 / 8(조선의 미군 점령지역에 대한 민정을 위한 태평양방면 미군 최고사령관에 대한 초기기본지령, Basic Initial Directive to the Commander in Chief, U.S. Army Forces, Pacific, for the Administration of Civil Affairs in Those Areas of Korea Occupied by U.S. Forces, 1945년 10월 13일)이었다. SWNCC 176 / 8은 초기지령으로서 조선을 정치·행정·경제·재정금융 면에서 일본으로부터 분리할 것을 명확히 하고 있다.[34]

이러한 정책은, 연합군 측 내부에서도 국제적으로 합의되었다. 카이로 선언(1943년 12월 1일)에서는 조선의 독립을 확인했지만, "일정한 절차를 거쳐서in due courses"[35]라는 문구를 두어, 신탁통치의 가능성을 열어 두었다. 1945년 7월 25일에 발표된 포츠담 선언에서도 일본의 영토를 '혼

---

34 SWNCC101/4 및 176/8 이외의 조선관계 정책결정 문서에는 다음과 같은 문서가 있다.
- SWNCC 76(Politico-Military Problems in the Far East : Treatment of the Japanese Population by the Military Government of Korea, 1945.3).
- SWNCC 77(Politico-Military Problems in the Far East : Treatment of the Korean Population by the Military Government of Korea, 1945.3).
- SWNCC 78(Politico-Military Problems in the Far East : Utilization of Koreans in the Administration of a Military Government, 1945.3).
- SWNCC 79(Politico-Military Problems in the Far East : Composition of Forces to Occupy Korea, 1945.3~10).

35 이 표현은 홉킨스 초안(1943.11.24)의 "가능한 한 빠른 시기에(at the earliest possible moment)"를 미국측이 "적절한 시기로(at the proper moment)" 수정(11.25)한 후, 더욱 애매한 표현으로 수정된 영국측 안(일자 불명)에 의해 "일정한 절차를 거쳐서"로 수정된 채, 12월 1일 카이로 선언 발표문 속에 포함되었다. 어느 표현도 조선의 즉시 독립을 보장하는 문구가 아니었다는 점에서는 동일하다.

슈, 홋카이도, 큐슈, 시코쿠와 연합군이 결정한 여러 섬'에 국한할 것을 밝혀, 조선을 일본에서 분리한다는 점을 재확인했다.

4. 전후 직후의 초기점령정책 문서에서 보이는
경제적 분리정책과 그 변용

1) 미국의 초기점령정책 문서와 경제적 분리정책

조선과 일본에 대한 미국의 초기지령 관련 정책문서를 비교 분석할 때, 각 문서 속에서 양립되고 있는 '조선과 일본 사이의 경제 관계의 단절'과 '대외무역의 개방'이라는 논리는 얼핏 모순된 것으로도 보인다. 왜냐하면 경제 관계의 단절은 일본과의 무역 관계마저도 단절하는 것을 의미하기 때문이다. 이런 난점을 실제 점령 레벨에서는 어떻게 해소하고자 했는가를 분석하고자 한다. 미군의 조선 상륙 이전에, 조선 점령에 관해서 미·소 양 점령군은 각각 민간행정 업무에 관한 권한을 보유하고, 양국의 통제하에 종합적인 민간행정 업무를 실시하되, 미·소 양 점령군 사령부에서 각각 차출된 장교로 구성되는 협의회에서 종합 민간행정을 실시하기로 하였다. 그리고 얄타 회담에서 구두로 합의한 바에 따라, 4개국에 의한 연합국 임시 신탁통치 수립을 준비하고, 국제 연합의 감독을 받기로 하였다.[36]

미국의 초기 점령정책은 전후가 되어서야 결정되었다. 워싱턴에서

36　Draft Memorandum to the JCS, Records of the SWNCC, Lot52-M45, *FRUS*, 1945, 6 : 1037~39.

의 입안 과정을 추적해 보면, 먼저, 극동소위원회에서 기안된 초안이 1945년 9월 1일, SWNCC 176/3으로서 회람되었다. 9월 27일에는 극동소위원회에 의해 초안의 제3부가 수정되어, SWNCC 176/6으로 회람되었다. 10월 13일, 두 초안 모두 수정되어 하나로 통합되었고, SWNCC 176/8로 승인되었다. 이 지령은 10월 17일 맥아더에게 최종적으로 전달되었다.[37]

조선의 상황을 보면 1945년 9월 8일에 조선에 상륙한 미 육군 제24군단은 군정을 개시하는 과정에서 서서히 조선의 정치·경제·사회 문제에 직면하게 되었다. 9월 15일이 되어, 주조선 점령군 사령관인 하지John R. Hodge는 토쿄의 맥아더에게 식민지 해방 이후, 일본과의 경제적 결합을 제거하기 위해 필요한 조치에 대해 문의하였다. 이 문의에는 재조선 일본인 재산을 조선인에게 반환하는 문제에 대한 지원과 새로운 통화정책의 긴급 실시, 그리고 장래 조선 정책에 재조선 일본인 추방을 포함할 것인지 여부가 포함되어 있었다.[38]

그리고 9월 25일, 군정법령 제2호 '재산이전의 금지'를 통해 즉각적으로 무역을 포함한 대외관계를 일절 금지했다. 9월 26일, 조선의 인위적인 분단 상황에서 파생된 경제문제로서 남조선이 당면한 필수품 부족문제(특히 석탄 부족)가 제기되었다. 주조선 미군정 정치고문인 베닝호프H. Merrel Benninghoff는 긴급함과 동시에 장기적으로도 남북조선의 경제적·사회적 통일이 필요하다는 원칙에 입각하여 주조선 미·소 양군 사령

---

37 Department of State, *FRUS* 1945, 6 : 1073n.
38 PolAd in Korea(Benninghoff) to the Sec. of State, 740.00119 Control(Japan)/9-1545, *FRUS* 1945, 6 : 1049~53.

부 사이의 협조가 필요하다고 보고하였다.[39]

  10월 4일, 주일 미군 사령관 정치고문인 애치슨George Atcheson Jr.은 일본과 조선의 법적 분리에 관한 훈령을 신속히 선포하는 것이 해방 후 조선인의 미국에 대한 실망을 완화할 수 있을 것으로 판단하여, 훈령의 조속한 작성과 전달을 요구하고 있다.[40] 이러한 경위를 거쳐 조선에 대한 초기지령으로 1945년 10월 13일, SWNCC 176/8(조선의 미군 점령지역 민정을 위한 태평양 방면 미군 최고사령관에 대한 초기기본지령, Basic Initial Directive to the Commander in Chief, U.S. Army Forces, Pacific, for the Administration of Civil Affairs in Those Areras of Korea Occupied by U.S. Forces)이 발포되었던 것이다.[41]

  한편, 일본에 대한 초기지령은 SWNCC 150/4/A(항복 후 미국의 초기 대일 방침, United States Initial Post-Surrender Policy for Japan, 1945년 9월 21일)와 JCS 1380/15(일본 점령 및 관리를 위한 연합국 최고사령관에 대한 항복 후 초기기본지령, Basic Initial Post-Surrender Directive to Supreme Commander for the Allied Powers for the Occupation and Control of Japan, 1945년 11월 3일)로 구성되어 있다. JCS 1380/15는 SWNCC 150/4/A를 바탕으로 하고 있다고 할 수 있다.

  SWNCC 150/4(1945년 9월 21일)과 JCS 1380/15(1945년 11월 3일), 그리고 SWNCC 176/8(1945년 10월 13일)에는 조선을 일본으로부터 경제적으로도 분리한다는 것이 기본정책으로 채택되어 있었다. 또한 일본 경제에 대

---

39 PolAd in Korea(Benninghoff) to the Sec. of State, 895.01/9-2645, *FRUS*, 1945, 6 : 1059~60.

40 Acting PolAd in Japan(Atcheson) to the Sec. of State, 895.01/10-445 : Telegram, *FRUS*, 1945, 6 : 1068.

41 SWNCC 176/8 초안은 SWNCC 극동소위원회에서 작성되어, SWNCC 176/3로서 회람되었다. 또한 제3부는 극동소위원회에서 수정되어, SWNCC 176/6으로서 회람되었다. 두 초안은 SWNCC 176/8로 통합되어, 10월 13일에 SWNCC에서 이 초안을 승인하였다. 이 문서는 10월 17일에 맥아더에 전달되었다. *FRUS*, 1945, 6 : 1073n.

한 엄격한 배상정책이 표명되어 있었고, 초기 점령정책에서 동아시아 여러 지역보다 일본 경제의 재건을 우선한다는 생각은 아직 존재하지 않았다. 정책결정 단계에서, 각 초기지령은 아직 미국 육해군의『군정 / 민사 매뉴얼United States Army and Navy Manual of Military Government and Civil Affairs』(FM 27-5, NAV 50E-3, 1943년 12월 22일)에 따라 작성되었을 가능성이 컸다. 이 매뉴얼은 실제로 일본 초기 점령, 오키나와 점령, 그리고 독일 분할 점령을 분석할 때 중요한 의미를 가진 자료라고 할 수 있다.[42]

그중에서 JCS 1380/15와 SWNCC 176/8은 구성상 동일한 패턴을 가지고 있다. 먼저, JCS 1380/15의 경우, 제1부는 일반 및 정치(9개조), 제2부는 A. 경제, B. 민생물자공급 및 구제(22개조), 제3부는 재정금융(17개조)으로 전 50개조로 구성되어 있었다. SWNCC 176/8의 경우에는 제1부가 일반 및 정치(9개조), 제2부는 경제 급 민생물자공급(19개조), 제3부는 재정금융(14개조) 등 전 43개조로 이루어져있었다. 각 지령의 제2부도, JCS 1380/15의 경우 제목이 부여되어 있지 않았던 제2부 속에서 A. 와 B. 로 나뉘어져 각각 제목이 부여되어 있었던 데 비하여, SWNCC 176/8은 A. 와 B. 로 나누어져 제목이 각각 부여됨과 동시에 제2부의 제목도 부여된 형태를 띠고 있다. 두 지령은 형식에서 완전히 동일할 뿐 아니라, 내용에서도 동일한 개소가 다수 포함되어 있다.[43] 따라서 두 지령을 비교함으로써 미국이 전후 초기 조선과 일본의 관계를 어떻게 고려하고 있었

---

42 竹前栄治,「解説」, 竹前栄治・尾崎毅 役,『米国陸海軍 軍政 / 民事マニュアル』, 東京 : みすず書房, 1998, 6쪽.
43 JCS 1380/15는 JCS 1067(독일점령지령)에서 따온 것이었는데, 형식만이 아니라 내용에서도 유사성을 보이고 있다. 특히 경제조항이 더욱 그러했다. 油井大三郎,「占領改革の政治力学」, 歴史学研究会 編,『日本同時代史 第1巻 −敗戦と占領』, 東京 : 青木書店, 1990, 303~304쪽.

는지를 도출할 수 있을 것이다. 더욱이 두 지령을 비교하면서 그 내용을 분석해 보면 서로 부합되는 구성을 가진 조항도 존재한다.

먼저 양 지령의 수신자에 주목해보고자 한다. 양측 다 맥아더가 수신자로 지정되어 있었지만, 그 직책에는 차이가 있었다. JCS 1380/15는 연합국최고사령관Supreme Commander for the Allied Powers, SCAP 으로 되어 있었지만, SWNCC 176/8은 미국 태평양육군최고사령관Commander in Chief, U.S. Army Forces, Pacific, CINCPAC 으로 되어 있었다. 지령의 목적에서도 JCS 1380/15는 "항복 후 초기 기간 동안 점령 및 관리"로 되어 있었지만, SWNCC 176 / 8 은 "일본항복 후부터 신탁통치 수립 이전 초기 기간 동안(…중략…)의 민정" 으로 되어 있었다. 즉, 맥아더는 일본에 대해서는 연합군 최고사령관으로서, 조선에 대해서는 미군 사령관으로서 임무를 부여받았던 것이다. 이 차이를 푸는 열쇠는, 각 지령의 제2조 「군사적 권한의 기초 및 범위」에 있다. JCS 1380/15의 경우, 최고사령관은 항복 및 포츠담 선언의 규정을 실시하는데 유리하고 적당하다고 판단되는 어떠한 조치도 취할 권리에 더하여, 적국 영토의 군사 점령자로서의 통상적인 권력도 부여되어 있어, 적국의 점령이라는 것이 명확히 제시되어 있다. SWNCC 176/8의 경우에는 조선의 독립을 명시한 카이로 선언만이 그 권한의 근거로 제시되어 있다. 이것은 조선에는 국제적인 틀에서 신탁통치를 시작하기 이전까지의 과도기에 미군이 민정을 편다는 의미이며, 적국의 점령이라는 의미는 가지고 있지 않았다.[44] GHQ / SCAP은 일본에 대한 민정기관이었지만, 조선에 대한 직접적인 민정기관은 아니었던 것이다.

---

44 SWNCC 176/8, 2. b. 에서는 '해방 후 미소에 의한 잠정적 분할점령' ⇒ '미·영·중·소에 의한 신탁통치' ⇒ '유엔가맹 자격을 갖춘 독립 조선의 수립'이라는 프로세스가 그려져 있다.

조선에 대한 대우에서도 "귀관은 (…중략…) (재일—인용자) 조선인을 군사상의 안전이 허용하는 한 해방 국민으로 대우"(JCS 1380/15의 8.d)하는 조항과 "귀관의 민정은 귀관의 군대 안전과 양립하는 한 최대한 조선을 해방된 국가로서 대우"(SWNCC 176/8의 2.d)하도록 규정하여 조선을 '해방지역'으로 상정하고 있었다.

다음으로 일본으로부터 조선을 분리하는 정책은 정치·행정·사회·경제 부문에 걸쳐 결정되었는데, 이는 카이로 선언 이후 '조선의 해방'을 전제로 하고 있었기 때문이었다.

(JCS 1380/15의 4.d) 귀관은 (1) 1914년 세계대전 개시 이후 일본이 위임통치 기타 방법에 의해 탈취 또는 점령한 태평양 제도의 전부, (2) 만주, 타이완, 펑후(澎湖) 제도, (3) **조선**, (4) 카라후토 및 (5) 이후의 지령에서 지정될 여타 지역의 **일본으로부터의 완전한 정치상 및 행정상의 분리**를 실시하기 위해 적당한 조치를 일본에서 해야 한다.[45]

(SWNCC 176/8의 3.c) 귀관은 조선 주민에 대해 조선에서의 귀관의 민정이 다음 여러 사항을 주로 의도하고 있다는 점을 명시해야 한다. (…중략…) (2) **조선을 일본으로부터 정치적, 행정적으로 분리하며, 또한 조선을 일본의 사회상, 경제상, 및 재정금융상의 지배로부터 해방할 것.**[46](강조는 인용자)

---

[45] 4(d) You will take appropriate steps in Japan to effect the complete governmental and administrative separation from Japan of (1) all Pacific Islands which she has seized of occupied undermandate or otherwise since the beginning of the World War in 1914, (2) Manchuria, Formosa and the Pescadores, (3) Korea, (4) Karafuto, and (5) such other territories as maybe specified in future directives.

[46] 3. c. You will make it clear to the Korean Population that your administration of civil affairs in

양 지령은 대위법처럼 내용이 부합하는 형태로 일본에서 조선을 분리, 해방시키는 정책이 조정되었던 것을 알 수 있다.

다음으로 제2부와 제3부의 경제 관련 지령을 분석하고자 한다. JCS 1380/15에서 경제정책의 중심은 경제적 비무장화와 민주화 및 배상이었다. SWNCC 176/8은 일본통치하의 전쟁경제기구의 폐쇄와 함께 조선의 경제생활에 대한 일본 통제의 흔적 일체를 제거하는 것과 조선의 대일의존이 경감될 수 있는 조건을 양성할 것을 경제통제의 주된 목적으로 들고 있어, 일본으로부터의 경제적 분리 정책을 분명히 하고 있다.[47]

먼저 경제통제의 목적으로서 점령군의 수요를 충당할 것, 정상적인 잉여 생산을 극대화할 것, 조선의 경제생활에서 일본의 흔적을 제거할 것, 조선경제를 일본경제에 대한 의존에서 독립시킬 조건을 양성할 것이 거론되어 있다. 그리고 군정 통제하에서 세계무역에 조선이 참여하도록 장려할 것도 중시되었다. 가능한 한 빨리 대외무역을 재개할 것이며, 미국 재계의 조선 진출도 요청하고 있었다.

국내적으로는 소련 점령지역과의 경제 문제를 해결하고, 남북 조선의 경제교류를 도모하기 위해, 소련 측과의 협의를 구하고 있다. 민간물자공급Civilian Supplies에 대해서는 기본적으로는 조선에 존재하는 자원을 최대한으로 활용하여, 국내에서 발생한 잉여를 점령군의 필요에 우선적으로 충당하고, 수입공급품은 지역 내의 자원보조와 '질병과 사회

Korea is intended principally : (…중략…) (2) To effect acomplete political and administrative separation of Korea from Japan and to free Korea from Japanese social, economic and financial control[.]

47 제2부 11. a의 (3)과 (4)의 규정. 물론, 제1부의 3. c. 의 군사점령의 기본 목적에는 조선을 일본의 사회적, 경제적, 재정금융적 지배로부터 해방한다는 내용과 평화 추구에 전념할 건전한 조선 경제의 발전을 촉진한다는 내용이 포함되어 있다.

불안'을 방지하는 데에 국한되어 있었다.

대외무역도 미군정의 통제하에 두어졌다. SWNCC 176/8에서는 남조선 경제를 조사하여, 시설과 장비의 상태와 그 가동 능력, 원료 · 완성품, 반제품의 물량을 파악하여, 합동참모본부에 보고하도록 지시하고 있다. 남조선에서는 특별승인 없이 해외재산의 취득과 국제카르텔 또는 협정에 참여하는 것을 금지하는 등, 대외무역 전반에 통제를 확실히 수행하도록 하였다(SWNCC 176/8, 23).

JCS 1380/15에서도 일본의 대외무역 전반에 통제를 확립하도록 하고 있다. 사적인 국제카르텔과 제한적인 사적 국제계약 혹은 협정 등에 참여하는 것을 금지하여, 수출입이 엄격히 제한되었다. 특히 일본의 산업부문에 대해서는 일본의 잠재적 전쟁 능력에 현저하게 기여하거나 전략물자에 대한 타국의 대일 종속도를 높이는 정도까지 일본 경제를 부흥 · 발전시키는 것은 불허하였다. 그리고 일본당국은 사전승인 없이 외국정부 또는 외국업자와 어떠한 경제협정의 체결도 금지(JCS 1380/15, 5, 25, 26, 27)하여 상당히 엄격한 통제를 받게 되었다.

미국이 주도하는 세계 자유무역 체제에 양 지역을 다시 참여시킨다는 목적에서 볼 때, 조선과 일본의 경제 관계를 분리하는 것은 두 가지의 의미가 있었다. 즉, 경제적 분리는 조선을 일본에 대한 경제적 종속 관계에서 탈피시켜, 건전한 경제발전을 도모하는 조치로서, 그리고 일본에 대한 경제적 비무장화 및 민주화 조치로서 동전의 양면을 구성하고 있었던 것으로 파악할 수 있다. 이렇게 조선에 대한 일본의 경제적 영향력을 제거하고, 세계무역에 조선이 참여하도록 장려한다는 것이었다. 다시 말하면, 일본의 식민지였던 조선이 또다시 일본의 경제 블록에 들어가 종속되는 것을 염려한 것이기도 했다. 그것은 일본에 대한 정책과 세트를 이루는 것이었다. 즉, 1945년 6월 11일부 SWNCC 150에 따르면, 일본의 산업 능력을 제거하는 방침의 일환이기도 했던 것이다. 이미 연합국측은 포츠담선언에서 일본의 무역을 완전히 통제하여 재군비로 이어질 위험성이 있는 산업을 금지한다는 방침을 취하고 있었다.[48] 9월 22일 작성된 SWNCC 150/4/A에서도 무역은 금지되어, 수입에 필요한 정도로만 수출을 허가하여, 일본은 평화적인 생활양식을 채용해야 한다고 규정되어 있었다.[49] 그리고 1945년 11월부터 12월에 걸쳐, 폴리 사절단이 일본, 중국, 구 만주, 조선, 필리핀을 시찰 조사했다. JCS 1380/15에서도 무역은 GHQ / SCAP의 완전통제하에 두어져, 수출입에 의한 일본의 전쟁수행능력을 증재하거나 전략물자에 관하여 일본이 타국에 대한 의존도를 높여서는 안 된다고 하였다.[50]

그러나 양 지역의 경제 관계가 완전히 분리된 것은 아니었다. 일본에 대한 민간물자의 수입은 "현지자원의 보충을 위해서만, 그리고 점령군을 위협하거나 군사행동을 방해할 광범위한 질병 또는 민생불안의 방지를 위해 보충이 필요한 한도에서만"이라고 엄격하게 제한되어 있었지

---

48 Politico-Military Problems in the Far East : United States Post-Defeat Policy Relating to Japan(SWNCC 150), June 11, 1945, *FRUS*, 1945, vol.6, p.551; Edwin Pauley, Personal Representative of the President on Reparations, "U.S. Reparational Policy for Japan", ibid, pp.997~998; Sangmin Lee, "Political Economy of Occupation – United States Foreign Economic Policy in Korea, 1945-1949", Ph.D. diss., Northern Illinois University, 1991, p.225.

49 1945년 9월 21일부 「항복 후의 미국의 초기 대일방침」(SWNCC 150/4)과 11월 3일부 「일본 점령 및 관리를 위한 연합국 최고사령관에 대한 항복 후의 초기 기본적 지령」(JCS1380/15)에 대해서는 『日本外交史 第26巻－終戦から講和まで』, 東京 : 鹿島研究所, 1973, 467~489쪽을 참조; 加藤洋子, 『アメリカの世界戦略とココム, 1945-1992 : 転換にたつ日本の貿易政策』, 東京 : 有信堂, 1992, 7쪽.

50 加藤洋子, 위의 책, 71~72쪽.

만, "수입이 필요한 물자는, 다른 아시아 및 태평양 지역에서 획득할 수 있는 잉여물자를 가능한 한 입수한다"(JCS 1380/15, 29.b와 c)라고도 규정되어 있었다. 남조선에 대해서도 같은 제한 하에서, "조선 전토의 요구를 충족시킨 후, 다량의 잉여물자가 존재하는 경우, 이들 물자는 먼저 태평양 및 아시아 지역의 미군의 군수를 충족시키기 위해 배정될 것"(SWNCC 176/8 25.b와 c)이라고 규정되어 있었던 것이다. 그리고 양 지령은 모두 "잉여물자가 다른 미군 사령관의 관할지역에서 공급할 수 있는 한도에 대해서는 귀관은 이러한 다른 사령관과 직접 협의할 수 있다"라고 규정하고 있었다. 이러한 규정을 바탕으로 양 지역 사령관 사이에 정부무역이 이루어질 수 있었던 것이다.[51] 대외경제 거래가 엄격한 통제하에 두어졌지만, 수출입 자체는 부정되지 않았던 것을 알 수 있다. 1945년 10월 30일, 주한 미군정청(United States Army Miltary Government in Korea, USAMGIK)의 군정장관 아놀드Archibald V. Arnold 소장은 기자회견에서, 정치 관계와 별도로 경제 관계의 성립·발전을 환영하며, 점령하에서도 일본과 남조선의 경제관계가 보다 발전할 수 있기를 희망한다고 표명했다.[52]

재정금융 부문에서는, 먼저 금융기관의 폐쇄를 통해 금융적인 분리를 지시하고 있다. JCS 1380/15의 41조에서는, "전시생산을 위한 금융 또는 식민지 혹은 일본 점령지역의 재원 동원 혹은 규제를 최고의 목적으로 하던 은행, 기타 금융기관을 폐쇄하고 또한 그 재개를 허용하지 않는다"라고 지시하고 있다. 한편, SWNCC 176/8의 36조에서도 완전히 동

---

51 이에 대한 문제는 송병권, 「해방직후 한일 석탄무역의 구조와 성격」, 『한국사학보』 17, 2004; 李正熙, 앞의 글 참조.
52 『東京朝日新聞』, 1945.10.31.

일한 기술이 보인다. 이를 통해서 남조선의 경우, 위에 해당하는 금융기관[53]은 조선에 소재한 조선은행, 조선식산은행 등 조선에 본점을 둔 금융기관을 제외하고는 모두 폐쇄되었다.

또한 외환 거래가 정지되었다. 조선에서는 조선은행권과 미군 사용을 위한 군표 A형을 설정하고(SWNCC 176/8, 32), 일본에서는 일본은행권과 군표 B형을 설정하였으며(JCS 1380/15, 38), 각각 1달러당 15원으로 설정한 양 지역의 군정부용 환율을 제외한 어떠한 다른 통화와의 환율 설정도 금지했다(SWNCC176/8, 33과 JCS1380/15, 39). 이를 통해 조선과 일본 사이의 민간무역은 밀무역을 제외하고는 완전히 폐쇄되었으며, 정부 무역을 통해 발생하는 외환도 관리되었다. 그리고 "수출대금으로 쓰이는 외환도 이 지령의 목적달성에 필요한 수입자금으로 지불되어야 한다. 또는 합동참모본부를 통해 내려지는 본국 정부의 특별승인 없이는 어떠한 외환 자산도 지불에 사용해서는 안 된다"(SWNCC 176/8, 41과 JCS 1380/15, 47)고 규정되었다. 물론 이것은 식민지 지배의 영향을 제거함으로써, 조선경제를 일본경제로부터 분리하는 정책이었다고 할 수 있다.[54] 요컨대, 미국이 취하고 있던 조선과 일본의 단절정책은 일본에 대한 점령정책의 일환이기도 했다.

---

53 조선은행, 타이완은행, 남양흥발회사南洋興発会社, 남방개발금고, 만주중앙은행, 몽강은행蒙疆銀行, 중국연합준비은행, 중국중앙저비은행中国中央儲備銀行, 전시금융은행戦時金融銀行, 전국금융통제회회全国金融統制会 및 그 회원인 각종 통제회統制会가 이에 해당한다.

54 李鍾元,「戦後米国の極東政策と韓国の脱植民地化」, 三谷太一郎 외편,『岩波講座 近代日本と植民地』8, 東京 : 岩波書店, 1993, 16~17쪽.

2) 신탁통치 문제의 파탄과 경제적 분리 정책의 변용

조선에 대한 신탁통치 문제는 남조선 지역만을 단독 점령한 미국이 독자적으로 결정할 수 있는 사안이 아니었다. 최종적으로 조선 신탁통치의 실시를 결정한 것은 1945년 12월의 모스크바 삼상회의에서의 합의였다. 모스크바 삼상회의의 결정은 미국이 전시부터 구상하고 있던 조선 신탁통치 문제가 실제 정책으로서 국제적으로도 합의되었다는 것을 의미했다. 이는 동시에 이 결정으로 구성될 미소공동위원회의 협의를 통해, 4대국으로 구성될 신탁통치 기구와 조선 임시정부를 설치하면서 신탁통치가 개시될 때까지의 과도기를 어떻게 운영할 것인가라는 문제가 발생했다는 것을 의미하기도 했다. 이는 남조선과 일본 양 지역을 미국이 점령하고 있었기 때문에, 미군이 점령군으로서 컨트롤할 수 있다는 것을 전제로, 과도기에서는 남조선과 일본을 엄밀하게 분리하는 것보다는 점령행정의 편의성을 우선시하는 결과를 초래했다. 이것은 양 점령지역에 대한 경제의 통합운영에 이어지는 것이었다. 경제의 통합운영은 1947년부터 본격적으로 구상될 한일 간 경제통합구상의 선구적인 모습이었다.

신탁통치는 조선인의 내셔널리즘이 받아들이기 어려운 내용이었고, 한국 국내 정치의 장에서도 신탁통치를 둘러싼 대립, 그리고 너무도 일찍 찾아온 미·소 냉전이 영향을 주어, 조선을 일본에서 경제적으로 분리하는 수단을 제공할 예정이었던 신탁통치는 실현되지 못했다. 그 결과, 경제적인 분리 정책은 좌절되었고, 경제통합정책으로의 변용의 계기가 되었던 것이다.

미국은 정책에서는 정치·행정·경제·재정금융 등의 각 부문에서 조선과 일본을 분리하는 정책을 결정했음에도, 조선에 대한 신탁통치를 개시할 과도기에서는 점령행정의 편의상 양 지역을 통합하여 운영하였다. 식민지기의 '내선일체' 체제와의 차이는 그 주체가 일본 정부가 아니라 미국 점령당국이 양 지역을 컨트롤하는 조건으로 이루어졌다는 점이었다.

미국의 경제적 분리 정책에는, 조선에 대한 신탁통치를 통해 일본의 조선에 대한 경제적 영향력을 제거하고, 조선의 경제적 자립을 지원한다는 의도가 들어있었다. 그러나 점령 직후부터 신탁통치 실시까지의 기간은 과도기로서 남아 있었고, 이 과도기에는 경제적 분리 정책은 원칙적으로 유지되었지만, 실제로는 양 지역을 점령하고 있던 미국은, 점령행정상의 통합운영이라는 측면이 경제적 분리 정책과 충돌하는 것은 아니라고 이해하고 있었던 것처럼 보인다. 미국 점령기구가, 일본이 조선에 경제적으로 '재진출'할 수 없도록 통제할 수 있다는 전제하에서, 양 지역 간의 경제활동을 통합하여 운영하고 있었던 것이다. 그러나 1947년 중반이 되자, 신탁통치를 협의할 유일한 공간이었던 제2차 미소공동위원회가 무기한 휴회에 돌입하여, 신탁통치 문제는 최종적으로 파탄 나게 된다.[55] 그 후 미국은 경제통합 정책에 관한 구상을 미국의 조선·일본 정책의 중심의제로 두고, 이미 운영 중에 있었던 경제적인 통합운영을 본격화하였던 것이다.

---

55 정해구, 「남북한 분단정권 수립과정 연구 1947.5~1948.9」, 고려대 박사논문, 1995.8, 62~99쪽.

5. 점령행정의 통합적 운영

점령행정에서 남조선과 일본의 통합운영이 가장 명확히 드러난 곳은 토쿄에 본부를 둔 연합국 최고사령관 총사령부GHQ / SCAP 막료부 각국에 조선 관련 임무가 일본과 병기되는 형태로 부여되고 있었던 부분이다.

토쿄의 GHQ는 이중구조로 되어 있었다. 먼저 점령군으로서 부대를 전개했던 것은 미국 태평양육군 총사령부CINCPAC, 즉 GHQ / AFPAC로, 10월 2일에 되어서 민정을 담당하는 연합국 최고사령관 총사령부GHQ / SCAP가 설치되었다.[56] 워싱턴에서 송부한 SWNCC 176/8(10월 13일)이 GHQ / SCAP 사령관인 맥아더의 데스크에 도착한 것은 GHQ / SCAP이 설치된 지 얼마 안 된 시점이었으므로, 시차가 있었다고는 할 수 없다.

미국의 점령지역이었던 남조선에서도 점령군의 구조는 마찬가지로 이중구조로 되어 있었다. 전술부대의 사령관으로서, GHQ / AFPAC 휘하에 하지 중장을 사령관으로 하는 제24군단XXIV Corps이 남조선 지역의 점령군United States Army Forces in Korea, USAFIK으로 진주하였으며, 민정을 위해 9월 18일 미군정청United States Army Military Government in Korea, USAMGIK이 설치되었다.[57] USAMGIK의 군정장관은 USAFIK 사령관 예하에 놓였다. 남조선과 일본을 점령한 것은 미군이었고,[58] 남조선을 점령한 제24군단XXIV Corps 즉 USAFIK이 맥아더 사령관의 태평양 방면 미군사령부GHQ / AFPAC 예

---

56 竹前栄治,『GHQ』, 東京 : 岩波書店, 1983, 15〜46쪽.

57 李圭泰,『米ソの朝鮮占領政策と南北分断体制の形成過程』, 東京 : 信山社, 1997, 145쪽.

58 영국군이 점령군의 일부로서 일본에 진주하기는 하였으나, 그 역할정도를 고려할 때, 일본 점령을 실질적으로 미국이 단독 점령했다는 점에는 크게 지장을 주지 않을 것이다.

하에 두어졌다는 사실은, GHQ / AFPAC에 의해 양 지역이 동일한 명령 계통에 놓여있었다는 것을 의미한다. 즉, 남조선을 점령한 하지 중장이 지휘하는 제24군단은 맥아더 원수가 지휘하는 태평양 방면 미육군의 지휘하에 들어가 있었던 것이다. 물론 점령지 사령관으로서 하지 사령관의 역할을 무시할 수는 없다. 그러나 맥아더 사령관도 남조선지역도 자신의 점령지역으로서 점령정책을 실행하게 되어 있었다. 이러한 사정으로, 대한·대일정책문서들에서 규정되어 있던 것처럼 남조선과 일본을 완전히 단절할 수가 없었던 것이다. 이에 대해서 USAMGIK 정보장교로 근무했던 미드E. Grant Meade의 회고는 주목할 만한 가치가 있다.[59]

지배의 관점에서 본다면, 일본과 한국의 점령은 결코 분리되는 문제가 아니었다. 두 지역 모두 연합군 최고사령관인 맥아더 원수의 통치하에 있었으며, 조선에 군정을 실시할 것이라는 최초의 정책 성명도 미 제24군단이 한반도에 상륙하기 이전에 일본에서 그에 의해 발표되었다. 실수는 두 지역의 행정을 분리하지 않은 것과 서울과 워싱턴 사이에 좀 더 직접적인 연락망을 설치하지 않은 데 있었다. 맥아더가 한국 문제를 부수적인 것 이상으로 생각해 주기를 기대할 수 없었고, 실제로 일본과 한국을 같은 범주에 놓으려는 경향이 팽배해 있었다.

맥아더 사령관 아래에는 AFPAC와 SCAP이 이중구조를 이루고 있었다. 그 각각에 두어졌던 막료부들은 서로 중복된 부분이 많았다.[60] 예를

---

59 미드, 그랜트, 안종철 역, 『주한미군정연구』, 공동체, 1993, 108쪽. 이 인용문에 대한 아이디어는 李正熙, 앞의 글, 3~4쪽에서 얻었다.

들면, 대적첩보부Counter-Intelligence Section, CIS 부장은 민간첩보국Civil Intelli-gence Section, CIS 국장을, 방공부Anti-Aircraft Section, AAS 부장은 경제과학국Eco-nomic and Scientific Section, ESS 국장을, 정보교육부Information and Education Section, IES 부장은 민간정보교육국Civil Information and Education Section, CIES 국장을, 그리고 통신부Signal Section, SS 부장은 민간통신국Civil Communications Section, CCS 국장을 각각 겸임했던 것이다.

한편 1945년 10월부터 1948년 3월까지, GHQ/SCAP 막료부 중 민정국Government Section, GS, 경제과학국, 천연자원국Natural Resources Section, NRS, 물자조달국General Procurement Agent, GPA, 공중위생국Public Health and Welfare Section, PHWS, 민간통신국, 일반회계국General Accounting Section, GAS, 민간정보교육국, 통계자료국Statistical and Reports Section, SRS 등 9개 부국이 일본에 관한 임무에 부가하여 조선에 대한 미군정 관련 특정문제에 대해서 임무를 부여받고 있었다.[61] 조선에 관한 임무가 GHQ/SCAP 막료부에 부여된 사실은 각 부국의 설치 명령에서 확인할 수 있다. 즉, 막료부의 각국은 "일본과 조선의 ～에 대해 총사령관에 조언한다"는 목적으로 설치되었던 것이다. 그중에서 민정국의 임무는 "조선의 군정 및 일본의 민사 정부의 내부구성에 관하여 연합국 최고사령관에게 조언한다"라고 되어 있었다. 민정국에 설치된 최초의 두 개과는 조선 관련 업무를 담당하

---

60 竹前栄治, 앞의 책, 88~90쪽.

61 竹前栄治·中村隆英 감수, 高野和基 해설 역, 『GHQ日本占領史 第2巻－占領管理の体制』, 東京 : 日本図書センター, 1996, 72쪽(이하『GHQ日本占領史 第2巻－占領管理の体 制』). 이 자료는 원래 GHQ/SCAP이 편찬한 영문 타이핑 역사논문 "History of the Non-Military Activities of the Occupation of Japan, 1945-1952"를 편집하여 간행한 『日本占領GHQ正史』 全55巻, 東京 : 日本図書センター, 1990年을 번역한 것이다. GHQ/SCAP 일부 부국에 조선관련 업무가 포함되어 있었던 문제에 최초로 착목한 것은 이정희의 연구였다. 李正熙, 앞의 글, 3쪽.

는 조선과Korean Division와 일본 관련 업무를 담당하는 행정과Administration Division로 구성되어 있었다. 민정국의 설치를 명한 '일반명령 제8호'(1945년 10월 2일)는, 조선에 관한 임무를 다음과 같이 규정하고 있었다.[62]

2. 조선에 관한 민정국의 임무는 아래와 같다.

a. 일시적인 임무를 위해, 그리고 조선과 우리 국 사이의 인사교류를 위해, 군정상의 여러 문제에 대해 USAFIK와 밀접한 연락을 유지할 것.
이하를 담당할 기관으로서 행동할 것

　(1) 타 부국의 협의와 조회에 대응하기 위해 조선에 대해서 수행중인 군정작전에 관한 정보

　(2) 복수 부국에 걸쳐 관련된 조선군정에 관해 신속한 처리를 해야 할 문제

　(3) 조선의 군정작전에 관한 보고를 준비, 심사, 분석할 것

b. 조선군정의 군정작전에 관련되어 연합국 최고사령관에게 조언하고, 점령 명령의 촉진에 관한 조치를 권고하는 것.

62　竹前栄治·中村隆英 감수, 高野和基 해설 역, 앞의 책, 165쪽. 민정국과 USAMGIK와의 관련에 대해서, 나가사와 유코長澤裕子는 미군 점령 후 남조선 지역 지방지사회에서 미국인 지사와 민정국 조선과원의 논의가 이루어지고 있었던 사실과 민정국 조선과가 USAMGIK의 대조선정책의 최종결정기관으로서의 역할을 했다고 분석하고 있다. 나가사와 유코, 「일본의 '조선주권보유론'과 미국의 대한정책－한반도 분단에 미친 영향을 중심으로(1942~1951년)」, 고려대 박사논문, 2007, 145·194쪽. 민정국은 1947년 2월 13일부 직제개편과 함께, 조선관련 업무를 GHQ / SCAP 부참모장(The Deputy Chief of Staff, SCAP)에 이관하였다. Staff Momorandum No. 22 : (SCAP & FEC) Military Government in Korea and the Ryukyu Islands, 1947. 2. 13; Government Section, SCAP ed., *Political Reorientation of Japan, September 1945 to September 1948 － Report of Government Section, Supreme Commander of the Allied Powers* vol. II, Washington D.C. : Government Printing Office, 1949, p. 799·806.

민간정보교육국의 임무는 "일본과 조선에서 홍보·교육·종교와 기타 사회적 문제에 대한 정책을 연합국 최고사령관에게 조언"하는 것이었다.[63] 공중위생복지국의 임무는 "일본 및 조선의 공중위생 및 복지에 관한 정책에 대해 연합국 최고사령관에게 조언"하는 것이었다.[64] 통계자료국의 임무는 "일본 및 조선 점령의 비군사적 측면에 관해 필요한 통계 보고 및 데이터를 작표, 편집, 준비"하는 것이었다.[65] 민간첩보국의 임무는 "일본 및 조선의 공안기관 관련 정책에 대해 연합국 최고사령관에게 조언하고, 일본정부에 보낸 명령 및 지령의 이행 여부에 대해 조사"하는 것이었다.[66] 이를 위해서 검열지대는 서울에도 지국을 두고 있었다.[67]

경제관계 부국을 보면, 천연자원국의 임무는 "일본 및 조선의 농업·임업·어업·광업(지질 및 수자원 포함)에 관한 정책 및 활동에 대해 연합국 최고사령관에게 조언 및 정보제공을 수행"하는 것이었다.[68] "일본과 조선에서 수행해야할 경제, 산업, 재정 및 과학정책에 대해 연합국 최고사령관에게 조언"하기 위해 설치된 경제과학국에는 다음과 같은 임무

---

63 「一般命令 第4号」1945.10.2, 『GHQ日本占領史 第2巻 ─ 占領管理の体制』, 157쪽. 마츠타니 모토카즈는 GHQ / SCAP와 다른 신도정책을 취한 USAMGIK에 대해 정책조정을 하기 위해 민간정보교육국원인 카William C. Kerr가 파견된 경위를 분석하고 있다. 松谷基和, 「南朝鮮における米占領軍の神道政策 ─ GHQ / SCAPの神道政策との比較の視点から」, 『現代韓国朝鮮研究』 3, 2003.11, 74쪽.

64 「一般命令 第7号」1945.10.2, 『GHQ日本占領史 第2巻 ─ 占領管理の体制』, 163쪽.

65 「一般命令 第12号」1945.10.2, 위의 책, 171쪽.

66 「一般命令 第13号」1945.10.2, 위의 책, 173쪽.

67 검열문제에 대해서는 小林聡明, 「미군정기 통신검열체제의 성립과 전개」, 『한국문화』 39, 2007.6; 小林聡明, 「米軍政期南朝鮮におけるパーソナルメディア検閲体制の変容 ─ GHQからの逸脱 / 第二四軍団への移管を中心に」, 『メディア史研究』 19, 2005.12를 참조. 민간첩보국은 1946년 8월 29일에 폐지되어, AFPAC와 SCAP 양쪽을 겸무하고 있던 참모 제2부(G-2)에 그 기능과 임무가 이관되었다. 『GHQ日本占領史 第2巻 ─ 占領管理の体制』, 30쪽.

68 「一般命令 第6号」1945.10.2, 『GHQ日本占領史 第2巻 ─ 占領管理の体制』, 161쪽.

가 부여되어 있었다.[69]

a. 일본 및 조선의 경제, 산업, 재정과 과학문제에 관해 합중국 및 기타 여러 나라에서 파견된 모든 비군사적인 사절단과의 연락업무를 처리하고, 그 활동을 조정할 것

(…중략…)

d. 연합군이 직접 수출할 경우를 제외하고, 일본의 수출입에 대해서 그 형태와 양을 권고할 것.

물자조달국의 임무는 다음과 같았다.[70]

2. 관할

물자조달국은 일본 및 조선에서 활동한다. 본국의 관할은 연합국군대가 점령한 모든 일본지역에 걸친다.

3. 임무

물자조달국의 임무는, 이하의 목적을 위해 일본 및 조선의 연합국 군대에 의한 군수·설비·자재·역무·부동산 및 시설에 관한 조달규칙을 조정·관리·발출한다.

a. 조달을 둘러싼 경합을 회피하기 위해
b. 보급품·설비·자재·역무·부동산 및 시설을 공평하게 배분하기 위해

---

69 「一般命令 第3号」 1945.10.2, 위의 책, 155쪽.
70 「一般命令 第5号」 1945.10.2, 위의 책, 159쪽.

c. 민수용 보급품·설비·자재·역무·부동산 및 시설을 결정하기 위해

　　d. 조달수속을 표준화하기 위해

　　e. 일본에서 조달한 자원의 공평한 배분을 위해

　이러한 규정에 따라 경제과학국과 물자조달국은 지시무역(혹은 정부무역)을 수행하기 위한 주요 담당 부국이 되었다.

　각 부국은 1947년부터 점차 조선 관계의 업무에서 해제된다. 민정국은 1947년 2월 13일에 조선에 관한 업무가 해제되었고, 다른 8개 부국은 1948년 3월 13일에 관할지역에서 조선 지역이 해제되었다.[71] 민정국에서 조선에 대한 군정업무가 해제된 1947년 2월이란 시기는, 미국이 제2차 미소공동위원회에서 주도권을 확보하기 위해서 남조선에 과도정부가 들어선 시기와 겹친다. 타 부국의 경우에는 정치적인 퍼포먼스를 할 필요가 없었던 실무적인 부문이었기 때문에 그 후에도 업무를 이어간 것으로 보인다. 남조선에 대한민국 정부가 수립됨에 따라, GHQ / SCAP의 조선에 관련된 군정 업무가 해제되었다. 따라서 GHQ / SCAP이 USAMGIK의 군정 활동에 일정 정도 관여하게 되었던 것은 명령계통상의 상하관계에 있었다는 점과 함께 신탁통치 이전의 점령 통치라는 과도기적 단계에서 나온 모습이기도 했다는 점이 중시되어야 할 것이다. 신탁통치 정책의 실시가 불가능해지자 이에 대한 대응으로 점령행정의 기간 연장이 이어지게 되었고, 이는 미국의 동아시아 지역통합 구상의 선구적 경험을 형성하게 되었던 것이다.

---

[71]　위의 책, 72쪽.

6. 맺음말

미국의 전후 구상에는 다음과 같은 세 가지 관점이 존재했다고 여겨진다. 첫째로 동아시아 지역에서 일본의 지배적 지위가 붕괴함으로써 발생한 국제환경의 변화에 대한 국제정치적 재편이라는 관점이 존재했다. 일본 중심의 동아시아 지역구조를 타파한 이상, 세계 자유무역 체제에 편입시키는 것을 대전제로 하고 있었다. 물론 조선의 경제적 독립 문제도 이러한 재편의 일부분으로서 논의되었다.

두 번째로 '군국주의적'이라고 분석된 일본 경제를 약체화하기 위해, 일본 경제에 기여했다고 판단된 조선 경제를 일본에서 분리하여, 별개의 '국민경제 단위'를 형성시킨다는 관점이 존재했다. 즉, 일본이 비군사화와 민주화라는 대일 전후 구상과의 관련이다. 식민지 조선의 경제에 대한 미국의 평가는 주로 일본과 식민지 조선의 지배 당국이 작성한 자료와 데이터에 근거를 두고 있었다. 조선 경제는 일본의 전시경제에 중요한 역할을 하고 있었고, 이미 '국민경제 단위'를 상실하고, 완전히 일본 경제의 일부분으로 편입되어 있었다. 그리고 자본과 경영은 물론 기술과 판로라는 측면에서도 일본 경제에서 분리한 채 자립하는 것은 곤란했다는 평가였다. 이러한 인식은 일본과 미국이 공유하고 있었다고도 할 수 있다. 또한 조선 경제의 '상실'이 일본 경제 특히 전시경제 체제에 커다란 타격을 가할 것이라는 전망을 고려하면, 조선 경제를 일본에서 분리하는 문제는 미국의 전후 조선 구상뿐만 아니라, 일본제국을 해체한다는 전후 일본 구상과도 밀접히 관련되어 있었다고 생각할 수 있다.

세 번째로, 경제적 분리 정책은 조선에 대한 신탁통치 구상과 밀접히 관련되어 있었다. 점령군은 조선이 정치적인 자치 경험이 부족하다며 조선의 즉시 독립에는 부정적이었던 것처럼, 경제면에서도 조선 경제의 자립 능력에 대해 불신하고 있었다. 따라서 조선 경제의 자립을 위해서는 일시적으로 일본 경제로부터 분리하여, 연합국이 통제할 필요가 있다는 인식이 신탁통치의 경제적 의미를 구성하였다는 것이다. 신탁통치 구상에 대한 기존연구가 정치적 독립문제를 가장 중요한 테마로 연구한 점에 비하여 제5장에서는 경제적인 의미에 주목하여 보았다.

전시중 미국은 초기점령정책의 준비단계부터 동아시아 지역을 국가별로 분리하여 구상하기보다 지역단위로 정책을 구상하고 있었다. 이 시기부터 이미 미국의 전후 동아시아 정책에서는 지역주의적 접근을 볼 수 있는 것이다. 또한 조선에 대한 신탁통치문제와 관련하여, 점령기와 신탁통치기라는 2단계로 구분하여 사고하고 있었던 점은 주목할 만한 가치가 있다. 점령군에 의해 수행된 남조선과 일본 양 지역 사이에 걸친 경제 통합적 운영은, 점령으로부터 신탁통치 개시 직전까지의 점령기에 수행하고자 했던 것이었다. USAFIK이 AFPAC 휘하에 있었고, 또한 AFPAC과 SCAP이 중첩되어 있었던 상황 속에서 SCAP의 막료부가 일본과 함께 조선에 대한 점령행정에 관여하게 되었던 것이다.

미국이 전후 정책으로서 결정했던 경제적 분리 정책의 시행은 신탁통치기에 적용될 예정이었던 것이었다. 이는 초기 대일점령 정책에서 구상했던 비군사화와 민주화정책과도 대응되는 것이었다. 그러나 1947년 초반 제2차 미소공동위원회의 교섭 결렬로, 조선에 신탁통치 기구를 수립하겠다는 정책 자체도 실패로 끝나게 되었다. 당초 어디까지나 잠정적으로 운영될 예정이었던 통합적 운영은 그대로 한일 간의 경제통합 운영을 지향한 경제통합구상으로 이어지게 되었던 것이다.

제6장

미국의 대일배상정책과 조선의 경제

1. 머리말

여기서는 전시기 미국의 전후 구상 중 대일배상정책 구상 속에 보이는 동아시아 지역에 대한 초기 수준의 지역통합 구상이 어떻게 형성되었고, 변용했는지에 대해 분석하고자 한다. 대일배상안에 대한 한국 측의 연구는 조선의 일본에 대한 배상 요구가 어느 정도 가능했는지라는 점에 주목하였다고 할 수 있다. 즉, 탈식민지화 과정에서의 대일배상 요구를 중심으로 하여 전후 처리와 그 청산이라는 큰 틀에서의 한일 관계를 중심으로 연구되었다. 여기서는 대일배상 요구의 정당성과 당위성을 둘러싼 논쟁이 주된 관심이었다고 할 수 있다.[1]

---

1 박원순, 「일본의 전후 배상정책과 그 실제」, 민족문제연구소 편, 『한일협정을 다시 본다—30주년을 맞이하여』, 아세아문화사, 1995; 이원덕, 「일본의 전후처리 외교 연구—대 아시아 전

한편 일본 측을 중심으로 한 연구들은 일본의 패전을 전후한 당시부터 일본 경제를 중심으로 논의되어 온 경향이 강하다. 미국이 수립한 대일배상 정책이 초기에는 매우 엄격한 정책으로 입안되었지만, 동아시아 냉전 심화의 영향으로 점차 완화되어 갔으며, 그 결과 배상 정책에서도 일본 경제에 대한 비군사화 및 민주화 정책에 대한 중시보다는 일본 경제의 재건 및 자립을 더욱 중시하게 되었다는 것이었다. 대일배상의 대상에 대해서도 주로 동남아시아 지역에 착목하여, 1950년대를 거쳐 전후 부흥에 성공한 일본 경제가 대일배상을 매개로 동남아시아 지역에 '재진출'하는 모습에 주목하였다.[2]

그러나 전시부터 전후 직후에 걸쳐 형성된 배상 정책과 그 결과 만들어진 폴리 배상안을 고찰할 때, 전전 시기 일본 중심의 아우타르키 경제가 가지고 있던 지역적인 틀을 어떻게 재편할 것인가라는 문제가 배상 문제에 가로놓여 있었던 것도 사실이었다. 스즈키 타케오가 스프링發條을 비유로 들면서, 일본이라는 중심에 근접하면 할수록 그 강도와 탄력성이 강해지고, 스프링의 운동력으로 그 원주가 확장되는 위계제와 같은 모습으로서 '일본 제국'을 상정하고, 그 제국의 중심부에는 동남아시아가 아니라 '만주'와 '북조선' 지역을 중심으로 한 동북아시아 공업 지대의 존재를 더 고려해야 한다고 주장했다.[3]

하라 아키라原朗는 대장성 재정사실(당시)이 수집한 방대한 자료를 바탕으로 배상정책의 형성부터 배상 중지에 이르는 과정을 면밀하게 서

후 배상정책의 구조와 함의」, 『일본학연구』 22, 2007.

2 小林英夫, 『戰後日本資本主義と「東アジア経済圏」』, 東京 : 御茶の水書店, 1983; 永野愼一郎·近藤正臣 편, 『日本の戰後賠償—アジア経済協力の出發』, 東京 : 勁草書房, 1999.

3 鈴木武雄, 『朝鮮経濟の新構想』, 京城 : 東洋経済新報社京城支局, 1942, 43~46쪽.

술하여, 그의 연구는 2차 자료로서도 이용가치가 높다.[4]

미우라 요이치三浦陽一는 하라의 연구에 대해서 공적 출판물이라는 제약 때문에 배상정책에 대한 역사적 평가에 소극적이었다고 비판했다. 미우라는 폴리 배상안의 형성과 붕괴 과정을 분석하면서, 미국의 대일정책을 포함한 동아시아 지역정책의 전환이라는 '역사적 맥락史脈' 속에서 배상문제를 재고찰했다.[5] 미우라는 전쟁 종료 직후의 동아시아, 특히 중국 대륙의 변화에 대응하는 미국의 정책 전환과 대일배상안을 관련시켜 부감함으로써 아시아 냉전에서 폴리 배상안이 가진 의미를 드러내 주었다.

이종원은 지역주의적 분석을 통해, 폴리 배상안이 일본 중심의 블록경제의 해체라는 목표에 더하여 조선을 포함한 아시아 일반의 공업화에 가장 적극적이었다는 점을 평가하였지만, 이러한 입장은 미국 내부의 소수파에 속했고, 대일배상 정책의 전환과 함께 그 모습을 감추었다고 분석했다.[6]

한편 니시카와 히로시西川博史는 전후 대일배상 구상에서 상정하고 있던 중국과 동남아시아 지역의 부흥을 목적으로 한 아시아 지역통합 문제와 대일 점령 정책 사이의 모순점을 들면서, 폴리 배상안이 처음부터 비현실적인 안이었다고 평가했다. 전전부터 전후에 걸쳐 일본과 아시

---

4   原朗, 「賠償・終戦処理」, 大蔵省財政史室 編, 『昭和財政史―終戦から講話まで 第1卷―総説、賠償・終戦処理』, 東京:東洋経済新報社, 1984.

5   三浦陽一, 「〈1945年の精神〉とその崩壊―ポーレー賠償案の形成と破産 1945−47」, 『岐阜大学教養部研究報告』23, 1987. 미우라가 사용한 '사맥史脈'이라는 말은 역사적 문맥이라는 의미이다.

6   李鍾元, 「戰後米國の極東政策と韓國の脱植民地化」, 三谷太一郎 外編, 『岩波講座 近代日本と植民地 第8卷―アジアの冷戦と脱植民地化』, 東京:岩波書店, 1993, 19~20쪽.

아 지역 사이의 경제 관계를 재편하는 계기였다는 의미를 가진 '배상 문제'에서 일본은 이러한 새로운 경제 관계의 구축에 관여할 여지가 없었으며, 그 조건도 갖추고 있지 못했다고 분석했다.[7]

이러한 연구들은 지역주의적 분석 틀을 사용했다는 점에서 중요한 시사점을 제시하고 있지만, 근대 이후 동아시아 지역을 둘러싸고 형성되어 온 지역주의의 역사적 변천 과정을 고려하지 못했다는 한계를 지적할 수 있다.

이런 시각에서 지역 내 패권국가, 즉 '스프링의 중심'을 제거하고, 균등한 지역경제 재건 및 부흥을 위한 수단으로써 배상을 자리매김하고, 이를 통해 전후 초기에 미국이 구상한 동아시아 지역에 대한 초기 지역주의 구상의 모습 속에서 전후 새로운 지역주의의 형성 가능성이라는 부분에 주목하면서, 미국의 동아시아 정책과 조선의 지역주의적 재편 문제를, 폴리 배상사절단의 활동을 중심으로 살펴보고자 한다. 또한 그러한 배상안에 대해 조선인이 접한 정보와 그에 대한 조선인의 반응을 살펴보기 위해서 배상안에 관한 미국의 정책형성그룹의 공문서와 함께 당시에 간행된 신문 자료에도 주목하고자 한다.[8]

---

[7] 西川博史,「戰後アジア経済と日本の賠償問題」,『年報日本現代史』5, 1999, 4~10쪽.
[8] 그 이유는 다음과 같다. 첫째, 해방공간에서 당시의 배상안의 형성과 그 추이를 해방 공간의 조선인들이 알 수 있는 통로가 바로 당시 간행된 신문이었기 때문이다. 둘째, 배상안에 대해 조선인들이 반응을 명확히 보일 수 있는 주요 공간도 신문지상이었다는 점에 주목하고자 했다. 폴리 사절단이 신문지상에서 보여준 언명에 대한 조선인들의 반응이 역시 신문지상에 나타났고, 이에 대해 폴리 사절단도 신문지상을 통해 반응했다는 점에 주목하여, 배상에 대한 미국의 대한정책안의 형성에 조선인들의 반응이 어떠한 영향을 주었는지에 대해 살펴보고자 한다. 자료로서는 주로 국사편찬위원회 한국사데이터베이스 해방 공간 신문 자료를 활용했다.

2. 전시기 미국의 전후 대일구상과 배상문제

미우라는 대일배상정책의 배경으로 세 가지 요인을 지적하고 있다.[9] 첫째로, 미국의 전후 구상을 들고 있다. 미국은 아시아에서 유일한 '제국주의 국가'였던 일본을 해체하고, 일본이 다시는 미국의 위협이 되지 않도록 비군사화·민주화 정책을 시행하기 위해 배상정책을 구상했다. 둘째로, 중국의 전후 구상이다. 중국에서는 일본의 경제력을 약체화시킬 수 있는 수단이면서 동시에 전쟁 피해가 상당했던 중국 경제의 재건 수단으로서 대일배상을 고려하고 있었다. 세 번째로, 미국 자본의 이해관계를 들 수 있다. 미국 자본은 다각적인 자유무역을 통한 동아시아 특히 중국 시장에 주목하고 있었으며, 이를 위해서는 '만주'의 공업시설과 결합해 중국 대륙을 부흥시킬 수단으로 대일배상문제를 고려하고 있었다는 것이다.

미국의 대일 전후정책에서 배상문제는 일본 국내적인 측면과 국외적인 측면이란 두 가지 측면에서 언급되었다. 먼저, 국내적인 측면에 대해서 전후 외교 정책 자문위원회Advisory Committee on Post−War Foreign Policy 산하 영토소위원회Subcommittee on Territorial Problems에 제출된 국무성 특별조사위원회 극동반에 소속되었던 피어리Robert Fearey가 작성한 1943년 7월 21일부 보고서 「E-155 / T-354 : 전후 일본의 경제적 고찰」을 살펴보고자 한다.[10] 피어리는 먼저 일본의 비군사화를 위해 필요한 경제적인

---

9 三浦陽一, 앞의 글, 2~4쪽.
10 "E-155 / T-354 : Japanese Postwar Economic Considerations(1945.7.21)", (YE5-21) Post World War II Foreign Policy Planning, State Department, *Records of Harley A. Notter, 1939-1945* (RG59), Sheet no.600-T-354, 일본 국회도서관 헌정자료실 소장; 原朗, 앞의 글, 151~154쪽.

제한 수준에 대해서 거론하였다. 즉, 일본 경제의 전면적인 파괴를 회피하고, 군수 관련 부문의 해체 및 민수용으로의 전환이라는 구상을 제시하였다. 농지개혁과 재벌해체를 통해 국내 경제의 생산성을 끌어올림으로써 소득분배를 평등하게 만들어, 대중의 구매력을 고양하는 방식을 가지고 일본의 국내 시장을 확대하는 것이었다. 요컨대, 전쟁 돌입 이전의 생활 수준을 유지할 수 있는 정도로 일본의 경제부흥을 허용한다는 것이었다.

일본의 재외재산 중 전부 또는 일부에 대한 몰수는, 배상 수단의 하나라고 자리매김했다. 그 근거로서 전시기 군수자원 확보라는 견지에서 발생한 채산성이 전쟁 종결과 함께 소멸되었기 때문에, 이미 일본의 해외투자는 경제적으로 유지할 수 없을 것이었다. 따라서, 재외재산을 배상으로 몰수한다 해도, 전후 일본 경제에 타격을 가하지는 않을 것이라고 분석했다. 따라서 '재외재산'을 일본으로부터 피해를 본 아시아 제국에 제공하는 방향에서 구상이 검토되었다. 이러한 논의에서 배상을 통해 제공된 일본의 시설을 전후 동아시아 지역주의의 초기조건으로 인식하고 있었다는 것을 알 수 있다. 왜냐하면, 일본을 중심으로 형성된 전시기 수직적인 동아시아 지역주의를 미국 자본이 백업하는, 중심이 없는 수평적인 균등 발전에 바탕을 둔 동아시아 지역주의로의 재편이라는 인식이 포착되기 때문이다.

이러한 문맥에서 피어리는 국외적인 측면에 대해서 다시 한번 분석을 시도했다. 「현존 지배영역 상실로 일본이 입게 될 경제적 영향The Economic Effects upon Japan of a Possible Loss of Control over its Dependencies」(E–132 / T–342, 1943년 6월 21일)과 그 요약(1943년 6월 17일)에서 구 '외지'의 상실이

일본에 초래할 경제적 영향을 구체적으로 분석하고, 그 상실이 일본 경제에 초래할 영향은 생각만큼 심각하지는 않을 것이라고 전망했다.[11] 이러한 분석은 배상 중에 가장 실행 가능한 수단으로서 재외재산을 몰수한다는 생각의 근거를 제시한 것이라고도 할 수 있다. 요컨대, 피어리는 일본의 비군사화와 관련하여 국외 지배영역을 일본의 경제적 지배로부터 분리한다는 문맥에서 배상정책을 논의했다고 볼 수 있다.

한편, 윌리엄스Frank S. Williams가 1943년 9월 6일에 기초한 「E-173 / T-379 : 극동지역 부흥을 위한 전쟁 직후 일본의 기여」에서는, 러일전쟁부터 태평양전쟁 발발에 이르기까지, 일본과 동아시아 지역의 '경제적 교류관계'가 중시되어, 일본으로부터 전쟁 피해를 본 극동 제국의 피해를 복구하기 위해 일본이 기여해야 할 내용을 구체적으로 제시하였다.[12] 일본의 보유식량, 상품, 군수시설을 징발하여 일본군이 점령했던 지역에 분배한다는 생각이었다. 이를 위해서 일본의 국내 재고량은 최소한도로 축소되어야 하며, 일본은 극동 제국과의 무역을 통해서 경제적으로 기여해야 한다고 논했다. 윌리엄스는 일본이 각종 자원을 수입 가공하여, 극동 제국에 긴급물자를 공급해야 한다고 주장했다. 이런 주장은 연합국 또는 미국의 통제하에 전전의 동아시아 경제구조를 재가동하여, 해당 지역의 경제안정을 도모한다는 논리라고도 할 수 있다.

---

11 原朗, 앞의 글, 154쪽. 요약은 (YE5-21) Post World War II Foreign Policy Planning, State Department, *Records of Harley A. Notter, 1939-1945*(RG59), Sheet no.600-T-342, 일본 국회 도서관 헌정자료실 소장.

12 "T-379 : Possible Immediate Post-World War Japanese Contribution to the Rehabilitation of the Far East(1943.9.6)", (YE5-21) Post World War II Foreign Policy Planning, State Department, *Records of Harley A. Notter, 1939-1945*(RG59), Sheet no.600-T-379, 일본 국회도서관 헌정자료실 소장.

여기서 1943년이라는 시점에서 대일배상 문제를 동아시아 경제부흥 문제와 연결하는 발상이 있었다는 것을 알 수 있다.

1944년에 들어가서, 영토소위원회의 구상은 부국간 극동위원회FEAC로 이관되었다. 모팟A. L. Moffat이 1944년 5월 15일에 기초한 「CAC 165 초안 : 일본 : 합중국의 경제정책」에서는 일본에 대한 경제적 무장해제의 수단으로, 해외영토의 박탈, '재외재산'의 몰수, 그리고 약탈재산의 반환과 함께 배상이 거론되었다. 대일배상 대부분을 점할 것으로 생각되었던 재외재산은 총력전이라는 상황에 비추어 볼 때, 공유·사유을 불문하고 몰수할 수 있다는 견해가 피력되었다. 여기서는 '재외재산'의 몰수가 배상의 중요한 수단으로 자리매김되었다.[13]

1944년 5월 19일에 제출한 보고서 「CAC 197 초안 : 일본 본토 이외에 소재하는 일본인 사유재산의 처분」에서 피어리는 사유재산도 처분 가능하다는 근거를 더욱 부연 설명했다. 재외재산의 몰수는 연합군이 받아들이기 쉽다는 점과 함께 일본 경제에도 가장 영향을 적게 주는 배상 형태라는 것이었다. 제2차 세계대전은 총력전이었기 때문에, 사유재산이라고 해도 반관적인 성격을 가진 재산은 '공유재산'으로 간주할 수 있다고 판단했던 것이다. 또한 사유재산이라는 기본권에 대한 침해라는 비판에 대응하기 위해, 일본의 사유재산 소유자가 받은 피해는 일본 정부가 보상해야 한다는 견해를 피력했다.[14]

---

13 "CAC165 Preliminary : Japan : United States Economic Policies(1944. 5. 15)", *(CAC-1) State Department Documents of the Interdivisional Country and Area Committee, 1943~46*(RG59), Reel no. 2, 일본 국회도서관 헌정자료실 소장; 原朗, 앞의 글, 160~161쪽; 大蔵省財政史室 편, 『昭和財政史―終戦から講和まで 第20巻―英文資料』, 東京 : 東洋経済新報社, 1982, 92~95쪽.

14 "CAC197 Preliminary Disposition of Japanese Private Property Outside Japan Proper(1944. 5. 19)", *(CAC-1) State Department Documents of the Interdivisional Country and Area Committee,*

장기적인 대일배상 정책을 논의한 것은 CAC 160 계열의 「일본 : 미국의 경제정책Japan : United States Economic Policies」이었다.[15] 여기서 배상문제의 많은 부분이 논의되었는데, 그 내용을 다음과 같이 정리할 수 있다. ① 일본의 침략에 희생이 된 여러 나라들에게 일본은 배상해야 하며, 약탈재산은 반환해야 한다. ② 일본이 협박과 사기로 취득한 피점령국에 소재한 재산에 대한 모든 권리, 청구권, 지배권의 포기를 요구할 것이다. ③ 대일배상은 주로 일본의 재외재산, 현존 원재료의 재고, 그리고 매년 생산물을 가지고 이루어질 것이다. ④ 일본의 재외재산은 공유·사유를 막론하고, 종래에 '일본제국'에 속해 있던 일부 해외영토의 재산도 포함된다. 자국 내에 그러한 재산이 있는 나라들은 이것을 가지고 자국의 배상요구에 충당할지 여부에 대한 선택권을 가진다.

또한 단기 경제정책을 논의한 CAC 222 계열은, 배상문제에 대한 언급 자체는 적고, 내용적으로도 본질적인 변경은 없었던 것으로 보인다.[16] 그중에서 마틴Edwin M. Martin이 1945년 5월 19일에 기초한 「CAC 222a 개정＝PWC 296b 개정 : 일본 : 군사점령하의 경제정책」에서는 단기 경제정책 속에서 배상문제를 다음과 같이 정리하고 있다. 단기적인

  _1943~46_(RG59), Reel no.3, 일본 국회도서관 헌정자료실 소장; 原朗, 앞의 글, 161~164쪽.
15 CAC160 계열의 흐름을 간단히 정리하면 다음과 같다.
  초안(1944.4.1) → 초안a(6.28) → 초안b(7.15) → 초안c(7.18) → CAC160(7.24) → 경제국ECA 수정안 → 부국간극동위원회FEAC 토의(9.4) → 〈심의중단〉; (CAC-1) _State Department Documents of the Interdivisional Country and Area Committee, 1943–46_(RG59), Reel no.2, 일본 국회도서관 헌정자료실 소장; 原朗, 앞의 글, 165~171쪽.
16 CAC222계열은 다음과 같은 흐름으로 작성되었다.
  초안(1944.6.3) → 초안a·b·c(6.12~6.23) → CAC222＝PWC296(7.4) → 〈심의중지〉 → CAC222＝PWC296a(11.1) → CAC222 Revised(12.13) → PWC296b(12.16) → CAC222a＝PWC296b Revised(12.22) → 〈심의연기〉 → CAC222a Revised＝PWC296b Revised(1945.5.19); (CAC-1) _State Department Documents of the Interdivisional Country and Area Committee, 1943-46_(RG59), Reel no.3, 일본 국회도서관 헌정자료실 소장; 原朗, 앞의 글, 171~176쪽.

대일 경제정책의 목적은, ① 비군사화계획을 실시한다. ② 기아·질병·혼란을 예방하기 위해 일본 경제를 통제한다. ③ 연합국·해방 지역의 구제 및 약탈재산의 반환과 배상에 관한 관련당국의 결정에 대비하여, 전후에는 비군사화위원회가 군정부와 협력하여, 일반적 정책지령에 따라 군수품 및 군수시설을 민수로 전환하든지 해방 지역 등에 이전 또는 파괴하든지 등의 적절한 처분방법을 결정한다. ④ 모든 '재외재산'은 몰수하여, 배상 및 반환위원회의 처분에 맡긴다.[17]

1943년부터 1944년에 걸쳐 영토소위원회와 부국간 극동지역위원회에서 논의된 배상정책 구상은 재외재산 처분을 주체로 하고, 실물 배상으로 그것을 보완한다는 기본방침이 당초부터 주장되었고, 순차적으로 확정되었다. 일본 경제에 대해서도 최저 생활 수준의 보증, 평화적 산업 유지, 세계무역 참가 허용과 자원획득에서의 비차별원칙, 과대한 금액에 달할 현금배상 회피 등을 고려하고 있었다는 점을 보면, 배상정책 구상의 특징은 반드시 징벌적이었다고는 할 수 없을 것이다.[18] 배상정책 구상의 또 하나의 특징은 동아시아 지역경제와의 관련 속에서 논의되었다는 점이다. CAC 160 계열이 심의 중단에 빠져, 8개월간 연기되었던 장기 경제정책의 입안은 1945년 1월부터 4월에 걸쳐 논의된 PR2 문서(1945년 1월 7일)을 거쳐 「대일경제정책(총괄설명)Economic Policy toward Japan : Summary Statement, CC45=SC101」으로 집약되었다. 이 문서에서는 배상

---

[17] "CAC222a Revised=PWC296b Revised : Japan : Economic Policies during Military Occupation, Proposed Revision(1945.5.19)", *(CAC-1) State Department Documents of the Interdivisional Country and Area Committee, 1943~46(RG59)*, Reel no.3, 일본 국립국회도서관 헌정자료실 소장.

[18] 原朗, 앞의 글, 176쪽.

계획에서 생산물 배상에 대한 부정적인 인식이 제시되었다. 생산물 배상이 시행되기 위해서는 일본 경제가 배상을 위한 생산을 계속할 필요가 있으므로, 일본의 공업시설을 그대로 보존/가동하게 되며, 일본경제를 약체화시킨다는 전후 정책에 반하는 것이 되기 때문이었다. 그리고 일본 경제의 옛 시장이었던 배상 수령국의 경우, 생산물 배상이 일본 경제에 대한 경제적 의존을 심화할 것이라는 문제가 있었고, 배상이 종료된 후에는 대일배상에서 대일 수입으로 대체되는 과정에서 경제적 혼란이 발생할 가능성이 크다는 이유였다. 따라서 일본 국내의 잉여 중공업 시설과 육해군 시설의 자재 속에서 민수 전환이 가능한 물자 즉, 의료衣料, 구두, 의료 설비 등의 이전을 염두에 두고 있었다. 이런 인식은 비군사화 정책과 모순된 것은 아니었다. 즉, 아시아 제국으로 자본 설비를 이전시키는 안이었다고 할 수 있다. 더욱이 해방 지역에 잔존한 일본 정부, 재벌기업, 반관적 성격을 가진 기업의 재외재산을 배상의 일부로 몰수하여, 해방된 해당 지역에서 활용한다는 것이었다. 단, 단기적으로는 의약품, 섬유제품, 구두, 시멘트와 같은 민수 물자 재고의 일부를 생산물 배상의 형태로 이전하여 보완한다는 것에는 긍정적이었다. 재외 재산의 분포 자체가 나라마다 지역마다 다르고 그 시설도 양질 두불균등하기 때문에, 해당 지역의 불만을 완화시키기 위해 생산물 배상을 가지고 보완할 생각이었던 것이다.

대일 경제정책의 총괄문서였던 SC101 문서는, 1945년 4월 23일과 30일에 열린 국무부 간부회Staff Committee에서, 애치슨Dean Acheson 국무차관으로부터 너무 관대하다는 비판을 받고, 채택에 이르지는 못했다. 그러나 여기서 논의된 내용은 삼부조정위원회SWNCC에서 입안된 「초기 대일

방침」(SWNCC 150/4/A, 1945년 9월 21일)과 「초기 기본지령」(JCS1318, 1945년 11월 3일)의 경제 및 재정 조항에 실질적으로 반영되었다.[19]

포츠담 선언(1945년 7월 26일)에도 배상문제는 제11조에 "일본국은 그 경제를 유지하고 (…중략…) 또한 공정한 실물배상의 징발을 가능하도록"이라고 표현되어, 이를 위해 필요한 산업의 유지를 인정하며, 산업을 비군사화한다는 입장이 확인되었다.[20] 「항복후의 미국의 초기 대일방침」(SWNCC 150/4/A, 1945년 9월 6일)에는 포츠담 선언의 발표 내용에 맞추어 최종적으로 개정되어, 다음과 같이 정리되었다.[21]

제4항 배상 및 반환

배상

일본국의 침략에 대한 배상방법은 다음과 같다.

① 일본이 보유할 수 있는 영역 바깥에 존재하는 일본 재산을 연합국 당국의 결정에 따라 인도할 것

② 평화적인 일본 경제나 점령군에 대한 보급에 불필요한 물자·현존 자본 설비·시설을 인도할 것

배상계정에서 또는 반환으로서의 수출 지령된 것 이외에 수령국이 그 대가로 필요한 수입품의 제공에 동의하거나 외국환에 의한 지불에 동의하는 경우에만 수출을 허용하고, 일본국의 비군사화 계획과 모순하거나 그에 지

---

19 原朗, 앞의 글, 182~183쪽.

20 外務省特別資料課 편, 『日本占領及び管理重要文書集 第1卷-基本篇』, 1949, 8~12쪽; 原朗, 앞의 글, 199쪽; 니시카와에 의하면, 포츠담 선언에 담긴 배상지불 원칙은, 1945년 8월 9일에 이루어진 트루만 성명에도 배상청구권을 사실상 포기하고, 피침략국의 부흥에 전용할 것이라고 표현되었다(西川博史, 앞의 글, 5쪽).

21 外務省特別資料課 편, 위의 책, 91~108쪽.

장을 초래할 종류의 배상을 강요할 수는 없다.

(…중략…)

제7항 재외일본국자산

일본국의 현존 재외재산 및 항복조항에 따라 일본국에서 분리된 지역에 존재하는 일본국의 현존자산은 전부 또는 일부 황실 및 정부의 소유에 속하는 자산을 포함하여 점령군 당국에 의한 명시 및 연합국 당국의 결정에 따라 처분을 기다린다.

이러한 대일배상 방침은 먼저 재외재산을 배상으로서 인도를 요구했던 점, 배상의 한도는 일본에 대한 비군사화계획과 모순 또는 지장이 없도록 했다는 점에 있었다.[22] 배상 시행에 따라 일본 경제를 붕괴시키는 것은 바람직하지 않다는 생각 때문이었다. 한편, 「초기 기본지령」(JCS 1380/15, 1945년 11월 1일)에서 배상 조항은 수정 없이 채택되었다. 현물배상계획 및 식별 가능한 약탈재산의 반환계획 실시를 확정하는 것과, 재외재산을 포함하여 평화적인 일본 경제의 운영과 점령군에 대한 공급에 필요하지 않는 상품, 현존 공장, 설비, 시설을 배상으로 설정했다.[23]

요컨대, 대일배상 정책은 시설 배상을 중심으로 하고 그 부족분은 생산물 배상으로 보완할 것, 그리고 군수관련 산업을 배상의 대상으로 했지만, 평화산업으로 이전 가능한 시설과 평화산업은 유지할 수 있다는 것, 마지막으로 공·사유 '재외재산'은 모두 몰수하여 배상에 충당한다

---

22 原朗, 앞의 글, 200~201쪽.
23 위의 글, 204~205쪽.

는 것이었다. 1943년 후반기 국무부의 초기 입안 과정에서부터 대일배상은 단순한 손해배상을 위한 것이 아니라, 더 적극적으로는 황폐한 아시아 지역의 부흥 수단으로 자리매김하였던 것이다.

3. 폴리 배상사절단과 전후 초기의 동아시아 지역 재편 구상

1945년 9월 15일, 트루먼Harry S. Truman 대통령은 폴리Edwin W. Pauley를 대일배상 문제 담당 대통령 개인 대표 대사로 임명했다. 대일배상 정책의 구체안을 작성하기 위해서였다. 폴리는 이미 대독 배상 문제 담당 대사의 임무를 마치고 트루먼에게 대독 배상에 관한 최종 보고서를 제출한 상태였다.

폴리는 1945년 10월 31일에 발표한 예비적 성명을 통해 대일배상에 관한 입장을 분명히 밝혔다.[24] 먼저, 전시에 일본이 파괴한 동아시아 지역에 정치적인 안정과 평화로운 발전을 도모하기 위해, "내핍 가능한 경제생활을 보장하고, 개선"해야 한다는 취지에서, 동아시아 전체의 경제적인 안정에 기반을 둔 정치적 안정의 창출에 일본으로부터의 배상이 기여할 수 있다는 인식을 보여 주었다. 일본 군국주의와의 전쟁을 승리로 이끌기 위해 바친 고귀한 희생을 배상으로 벌충한다는 논리 자체가 어불성설이라는 인식에 바탕을 두고, 배상을 전리품으로서보다 동

---

24 "U.S. Reparation Policy for Japan(Preliminary Statement)", 1945.10.31, RG 59, *Records of the Pauley Repatriations Missions, 1945-48*, Lot M-17& M-18, Entry 1106I, Box 89, NARA, 국사편찬위원회 소장.

아시아 지역의 경제부흥에 도움을 주는 방식으로 활용해야 한다는 것이었다.

일본의 산업을 비군사화하고, 배상청구권이 있는 동아시아 여러 나라에 일본의 산업 시설을 이전하여 재분배함으로써, 각국의 경제부흥에 도움을 주도록 한다는 취지였다. 여기서 중요한 점은 각국의 경제부흥이 동아시아 지역 전체의 경제계획a broad and consistent economic program for East Asia에 바탕을 두고 실행될 것이라고 언급한 것이었다.[25]

일본의 재지배를 방지하기 위해서는 일본이 아시아 지역에서 군림·지배하는 것을 억제할 필요가 있었다. 이를 위해서 스노우Edgar Snow가 지적한 것처럼, "배상은 아시아 산업을 일본 수준까지 끌어올리는 방법으로 수행해야 한다"라는 것이고, 또한 "일본 산업은 중국, 조선, 필리핀 기타 아시아 각국이 따라잡을 때까지 [일본 경제를] 제자리걸음 하게 해야 한다"라는 것이었다.[26] 일본과 근린 제국과의 수직적 분업관계의 형성을 방지하기 위해서, 동아시아 단위의 경제부흥 계획에서 일본을 제외하지는 않지만, 근린 제국의 원재료 가공단계에서 결정적으로 중요한 설비를 모두 일본에서 철거한다는 방침이 표명되었던 것도, 이러한 문맥에서 이해할 수 있다.

물론 배상의 결과, "일본의 생활 수준은 곧바로 아시아 근린 제국민

---

25 이 계획과 관련하여, 에드가 스노우는 유엔이 주체가 되어 아시아 공업화에 관한 계획을 수립하고 배상 이전이 실시될 것이라고 전망했다. エドガー·スノー, 賠償庁調査課 역, 「米国著名筆者に依り著はされた対日賠償問題」, 『占領下の対日賠償関係一件 ー調書集(第1巻)』, 19쪽, 外交記錄 B'-0003/378~390. 이 기록은 1946년 6월 21일 이후 『니폰타임즈Nippon Times』 기사를 번역한 것이라는 역주가 달려있다. 또한 이 기사는 저팬타임즈 기사라는 역주와 함께 『쵸류潮流』 제2권 제9호(1946)에도 게재되는 등, 일본에 상당한 반향을 일으켰을 것으로 생각된다.

26 エドガー·スノー, 앞의 글, 9쪽.

보다 조금 나은 정도까지 하락하게 될 것이다. 이것이 실제적인 배상의 대상이 될 것"으로 인식되어,[27] 일본의 경제 회복을 다른 동아시아 지역보다 우대하지는 않겠지만, 일본의 경제부흥 자체를 부정하는 논리는 아니었다. 스노우는 "일본의 이른바 '비경제적 산업'을 제거하는 것이 일본 인민의 부담도 경감시키는 것이라는 점이 [폴리] 배상위원회 일행의 견해이다. 일본 인민은 더이상 중세는 물론 그들에게 전쟁 이외에는 거의 아무 쓸모없던 괴물같은 '기구'에 대한 조성금을 지불하지 않아도 된다"라고 파악했다.[28] 따라서 일본에 필수적인 수입품의 구매자금을 확보하기 위한 수출품을 생산할 산업를 남겨놓도록 허용할 것이라고 표명했던 것이다. (보충은 인용자)

이러한 인식은 배상사절단의 일원으로 시찰에 참여하였고, 또한 폴리 배상사절단 보고서 집필에도 참여한 라티모어Owen Lattimore에게서도 확인할 수 있다.[29]

만약 가능하다면, 일본 산업의 비군사화 정책을, 일본 산업의 산출에 황폐한 지역의 부흥과 소비재의 공급을 결부시키는 정책과 연계할 수 있을 것이다. 배상은 부분적으로는 이러한 방법으로 실행할 수 있을 것이다. 중국·조선에 존재하는 모든 일본 재산을 중국·조선에 이전함이 없이 몰수에 의한 배상을 실행할 수는 없다. 약탈과 황폐로 고심하고 있는 아시아 제국에는 일본의 노동력 배상을 요구할 정도의 노동력 부족은 없다. 일본의

---

27 エドガー・スノー, 앞의 글, 9쪽.
28 エドガー・スノー, 앞의 글, 9쪽.
29 Owen Lattimore, *Solution in Asia*, Boston : Little, Brown and Company, 1945, pp.185~186, 이 책은 1945년 2월에 초판을 간행하였다. 西川博史, 앞의 글, 33쪽.

생산을 계획하고 지도함으로써, 일본은 살아남을 수 있을 것이고, 동시에 모든 아시아 지역의 경제적인 필요에 대응할 수 있을 것이다. 이러한 경제 협력이 어떻게 성공적으로 수행될 수 있을 것인가에 일본이 (새로운 환경에－인용자) 적응 가능 정도를 판단하여 장래의 세계기구에 참가를 인정받는 기준도 될 것이다.

폴리의 예비적 성명에 관련해서, 미우라 요이치는 페트리W. F. Petrie가 표현한 '1945년 정신the 1945 Spirit'에 주목하고 있다. '1945년 정신'은 다음 세 가지 요소로 요약될 수 있는 것이었다. 즉, 첫째로 일본이 전쟁을 일으킨 구조적 원인을 근절하는 것이 급무이며, 둘째로 일본이 동아시아 지역에 참화를 초래하였으므로 그 부흥에 책임을 져야 하며, 셋째로 일본은 그러한 능력이 있다는 것이었다.[30] 이러한 인식이 당시에 국제적으로도 공유되어 있었다는 것이었다.

요컨대, 폴리의 예비적 설명은 동아시아를 한 지역 단위로서 파악하고, 동아시아 지역 전체의 경제부흥계획에 따라 일본을 포함한 동아시아 제국의 균등 발전을 도모하기 위해 배상 문제를 활용하고, 이에 기반을 둔 동아시아 지역의 정치적 안정을 확보하고자 의도하고 있었던 것이라고 볼 수 있다.[31]

폴리 사절단은 11월 7일에 토쿄에 도착하여, 일본 각지의 산업 설비

---

30 W. F. Petrie, "Reparations since the Surrender", *The Australian Outlook*, 1950.3, p.58; 三浦陽一, 앞의 논문, 7·16쪽에서 재인용.

31 1945년 11월 4일에 샌프란시스코에서 폴리가 NBC 방송을 통해 "배상은 동아시아 여러 나라에서 취득해야 한다"라고 표명했던 것은, 이러한 문맥에서 이해할 수 있을 것이다(原朗, 앞의 글, 211쪽).

및 남조선의 서울, 그리고 중국의 상하이, 텐진天津, 베이징, 충칭重慶을 시찰한 후, 12월 7일에 중간보고 성명을 발표했다. 12월 8일에는 워싱턴에 보고했다. 12월 21일에 트루먼은 폴리 중간보고를 승인했다. 중간보고에서 대일배상 원칙은 다음과 같이 제시되었다.[32]

① 대일배상의 목적은 일본이 군국주의적 부활을 불가능하게 하는 것과 장래의 일본 경제를 안정시키고 또한 정치적으로는 민주주의 양식을 빠짐없이 발전시키는 것.

② 과거 일본의 공업발전은 극히 농후하게 군비 확충의 색채를 가진 것이었고, 전재로 인해 상당한 피해를 본 오늘날에도 평화 경제의 요구에서 볼 때 너무나 큰 잉여 능력을 가지고 있다.

③ 일본으로부터 잉여 공업시설을 제거함으로써 일본의 무장해제를 완성하는 것이 일본 공업의 완전한 부인을 의미하지는 않는다.

④ 이러한 능력을 제거하고, 그 설비를 일본의 침략을 받은 제국에 이전 설치함으로써 그 국가들의 생활수준을 향상시킬 수 있을 것이다. 게다가 일본 자체도 잉여 부분이 철거되므로, 생활수준을 저하시킬 필요는 없을 것이다.

⑤ 배상 설비의 철거 개시를 촉진하기 위해 최종적인 계획을 설정하기 전에, 먼저 잠정적인 중간계획을 설정하는 것이 적당할 것이다. 이번 계획은 이런 의미를 가진 것이다.

⑥ 배상을 시행할 때, 재벌해체 작업을 원조하기 위해 재벌 소유 시설을

---

32 外務省調査局第三課・終戦連絡中央事務局賠償部, 『今次賠償問題の経緯(改訂)』, 調三資料 第19号, 1947.1.10, 37~38쪽.

우선적으로 철거대상으로 해야 한다.

이러한 원칙에 따라 철거해야 할 산업의 내용을 거론하고 있다.[33]

① 공작기계 제조 능력의 절반

② 육해군 공창의 전부

③ 항공기 공장의 전부

④ 볼 베어링, 롤러 베어링 공장의 전부

⑤ 점령에 지장을 주지 않는 범위에서의 조선소 20개소의 전 시설

⑥ 연간 생산량 250톤을 초과하는 철강생산능력

⑦ 석탄 연소 화력발전소의 절반

⑧ 접촉법(contact process) 황산공장 전부. 단 금속정련공장에 부속된 시설은 제외

⑨ 솔베이 법(Solvay process) 소다 공장 4개소 중 가장 최신 공장 1개소

⑩ 전해(electrolysis) 가성소다 공장 41개소 중 20개소

⑪ 경금속공장의 전부

⑫ 일본 재외자산의 전부

그 후 극동위원회가 중간 배상계획을 채택했는데, 그 내용은 폴리의 중간보고에 따른 것이었다. 차이점을 들면, 접촉법 황산공장이 일본 비료 사정을 감안하여 상당 부분 완화되었고, 베어링 공장의 일부 잔치가

---

33 外務省調査局第三課 · 終戰連絡中央事務局賠償部, 『今次賠償問題の経緯(改訂)』, 調三資料 第19号, 1947. 1. 10, 38쪽.

허용되었다는 점에서는 완화되었다. 그러나 인조고무, 인조석유, 민간 병기공장 등이 배상 대상으로 새로 추가되었다.[34]

극동위원회에서는 소련군이 '만주'에서 철거한 시설을 소련 측 배상 비율에 포함할지를 둘러싸고 격렬한 대립이 전개되었다. 그 와중에 1946년 10월 15일부터 미국은 배상 징수를 시행하기 위해 모스크바 회의에서 부여받은 중간지령권의 발동을 고려하기 시작했다.

1945년 12월 26일에 총괄 보고 제1차 초안이 작성된 후, 1946년 3월에 총괄 보고가, 그리고 5월 2일에는 「완성 총괄 보고Entire Comprehensive Report」가 작성되었다. 최종적으로 미국 상하 양원 외교위원회에 1946년 11월 28일에 보고되었다. 총괄 보고는 예비적 성명에서 내세웠던 원칙을 충실하게 따른 것이었다.

이 기간에 트루먼은 폴리에게 재차 '만주'와 북조선 지역에 대한 일본 재산의 실태 조사를 요청하였다. 폴리는 1946년 4월 30일부터 7월 19일에 걸쳐 2차 배상사절단을 이끌었다. 5월 4일에 트루먼은 폴리의 '만주' 와 북조선 지역 시찰 조사를 공표하면서, "소련군이 양 지구에서 반출한 물자를 조사할 것이다. (…중략…) 우리가 조선과 만주에 대해서 상세한 정보를 얻을 때까지 폴리는 최종적인 결정을 내릴 수 없을 것이다. 양 지구의 생산력에 대한 정보를 획득한 후, 드디어 최종안이 성립할 것이다"라고 언급하였으며, 애치슨 국무차관도 "미국의 정책은 중국이 만주에서 공업 방면이 발전성을 완전히 이용하며, 조선도 또한 조선 자신의 자원을 이용할 기회를 획득해야 한다는 것이다. 미국의 최종적인 목

---

34 위의 책, 39쪽.

적은 조선과 중국 각자의 통일과 경제적 발전을 조장하는데 있다"라고
표명했다.[35]

폴리도 5월 11일에 토쿄에서 다음과 같은 도착 성명을 발표했다.[36]

포괄적 배상계획의 목적에 포함된 것은 침략 국가에 의해 억압받은 지역
의 경제적 발전이라는 것이다. (…중략…) 일본의 배상계획은 극동에서의
기아 방지에 대한 물질적 원조로서 계획할 수 있다. 현재 일본에 존재하고,
그리고 종래 전쟁 수행에 사용되었던 화학공장을 이전함으로써, 일본 이외
의 아시아에서 인공비료의 증산을 자극할 수 있을 것이다. 일본으로부터
공작기계를 이전함으로써 우리는 종래에는 후진 제 지역에서 농부가 얻기
어려웠던 농기구의 증산을 자극할 수 있을 것이다. (…중략…) 배상계획은
일본의 전쟁기구를 형성하고, 일본의 국내 경제에는 불필요한 과잉생산설
비(공장 및 공업)를 일본에서 징수하여, 이것들을 중국, 조선, 필리핀 기타
일본의 침략에 희생이 된 여러 나라에 할당하여 식량 생산기구를 생산할
수 있도록 제안한다. 일본에서 징발한 과잉설비에 이들 여러 나라의 천연
자원과 토지를 결부시킨다면, 아시아의 식량문제는 영구적으로 해결될 것
이다.

이렇듯, 폴리의 두 번째 시찰 목적은 대일배상을 통해 아시아 지역의

---

35 『서울신문』, 1946.5.5; 국사편찬위원회 한국사데이터베이스(http://db.history.go.kr(이하 특
별한 언급이 없는 경우 우리말 신문은 이 사이트에서 인용)).
36 「一九四六年五月十一日付ポーレー大使聲明」, 『占領下の對日賠償關係一件ー号1-3 ポーレー大
使来朝関係』, 外交記録 B'-0002/408, 外務省外交史料館所藏資料(http://gaikokiroku.mofa.go.jp
(이하 특별한 언급이 없는 경우 일본의 외교기록은 이 사이트에서 인용)).

경제발전에 기여하도록 한다는 점을 재차 드러냈다고 볼 수 있다. 폴리 2차 배상사절단의 구체적인 임무는 다음과 같은 것으로 설정되었다.

① 조선 및 만주에서 일본이 수행한 공업화의 정도와 일본산업과의 결합 정도를 조사하여, 이에 연관된 일본 내 설비를 찾아내어 배상용으로 지정하는 것.

② 만주 및 북조선의 현상을 전쟁 종결 후에 전해지는 상황 변화와 관련하여 조사하고, 그러한 상황 변화가 중국 및 조선의 생산 능력에 초래할 영향을 평가하는 것.

③ 만주 및 북조선의 광공업 생산능력의 현상에 비추어, 일본으로부터 중국과 조선에 이전시켜야 할 설비의 종류를 권고하는 것.

1946년 5월 16일에 폴리 2차 사절단은 서울에 사무소를 설치하고, 북조선 월경에 관해 주한 미군사령관 하지 중장과 협의한 후, 북조선에 진주한 소련 극동군 연해주관구 제25군 사령관 치스짜꼬프И. М. Чистяков 대장의 허가를 얻어, 6월 4일까지 북조선 소련군 민정사령관 로마넨꼬 А. А. Романенко 소장의 동행하에 평양, 겸이포, 진남포, 순천, 신의주, 용암포, 원산 등 38도선 이북 지역을 조사 시찰하였다.[37] 북조선의 공업시설이 이동되었다는 점은 확인하였지만, 소련이 북조선 지역의 공업시설을 철거하지는 않은 것으로 결론을 내렸다.[38]

---

37 Edwin W. Pauley, "Report on Japanese Assets on Soviet−Occupied Korea to the President of the United States, June, 1946", pp.1∼1d, RG 59, *Records of the Pauley Reparations Missions, 1945-48*, Lot M-17 & M-18, Entry 1106G, Box 77, *Records Relating to Soviet-Occupied Korea*, NARA, 국사편찬위원회 소장.

5월 29일에는 '만주'로 넘어가, 선양瀋陽, 푸순撫順, 랴오양遼陽, 안산鞍山, 번시후本溪湖, 진저우錦州, 진시錦西, 베이피야오北票, 푸신阜新, 후루다오葫蘆島, 카이위안開原, 쓰핑지에四平街, 시안西安, 창투昌圖, 창춘長春, 지린吉林, 다평만大豊滿, 하얼빈哈爾濱, 무단장牧丹江 등의 공장과 광산을 시찰했다. 안둥安東 시찰을 거부당한 것 이외에는 중국 공산당 측도 편의를 도모해 주었다고 한다. 7월 10일에는 '만주'에서 베이핑北平을 거쳐, 다롄大連 시찰을 시도했는데, 소련군이 재차 거부했다. 할 수 없이 사절단은 7월 15일에 베이핑을 거쳐, 토쿄를 경유하여 7월 17일에 워싱턴에 귀임하였다. 유럽을 경유하여 7월 19일에 워싱턴에 돌아온 폴리와 합류했다. 7월 2일에 보고서를 트루먼에게 제출했다.[39]

사절단은 소련이 '만주' 지역의 설비를 선택적으로 철거하고 있다는 것을 목격했다. 소련은 발전기, 변전기, 전동기, 시험설비, 공작기계, 광산 배수기 등의 설비와 실험시설, 병원, 그리고 금괴 등을 철거했다. 그러나 북조선 지역의 시설철거와 산업 시설 파괴는 없었다는 인식을 보였다. 사절단은 중국의 부흥을 위해 필요한 설비로 철도, 운수, 국내 해운 등의 여러 시설을 들고, 특히 '만주'에서는 수몰된 탄광을 복구하기 위해 발전기를 일본에서 긴급하게 공급할 필요가 있으며, 소련의 철거로 인해 중국의 부흥은 약 1세대 정도 늦어질 것이라고 진단했다. 6월 20일에 폴리는 맥아더에게 서한을 보내, '만주'를 시찰한 결과, 극동의 파국을 방지하기 위해서는 중국에 필요한 시설을 일본에서 배상으로

---

38 Edwin W. Pauley, "Report on Japanese Asset in Manchuria to the President of the United States, July 1946", pp. 1~2, RG 59, *Records of the Pauley Reparations Missions, 1945-48*, Lot M-17 & M-18, Entry 1106H, Box 83, *Report on Manchuria(Rough Draft)*, NARA, 국사편찬위원회 소장.
39 위의 자료.

이전해야 한다고 주장했다. 특히, 소련에 발전설비를 철거당한 푸순과 푸신에 소재하는 수몰 광산을 복구하기 위해, 화력발전 설비를 '만주'에 긴급히 보낼 필요가 있다고 역설했다.[40] 한편, 조선에서는 본질적인 철거는 보이지 않는다고 부언하고 있다.[41]

1946년 3월에 폴리 배상사절단의 총괄 보고가 작성되었고, 국무부와의 의견 조정을 거쳐 5월 2일에 완성 총괄 보고가 작성되었다. 그러나 연합군 최고사령관 총사령부(General Headquarters, Supreme Commander for Allied Powers, GHQ / SCAP)에 요청한 코멘트가 8월에 가서야 도착하였고, 그 내용도 중간 배상안 정도의 완화를 요구하고 있는 등의 사정으로 총괄 보고 채택이 늦어져, 11월 12일에야 트루먼 대통령에게 제출되었으며,[42] 11월 17일에 국무성에 의해 총괄 보고가 공포되었다.

하라 아키라는 늦어진 이유에 대해서, 미국 정부 내부에서 상당한 의견대립이 존재했을 가능성을 거론하면서, 미국이 대일 경제정책의 방향을 선회하는 징후를 보이고 있었다고 추측하였다.[43] 그러나 중간 배상 30% 사전 철거 정책이 중간지령으로 실시되었던 상황을 보면, 그 변화는 아직은 내부적이었고, 배상정책의 실시 그 자체를 위태롭게 하는 것은 아니었다고 생각된다. 이 총괄보고서에 대해서도 미국 국내에서 일본 경제의 자립을 위태롭게 하는 배상을 완화해야 한다는 의견이 제시되었고, 폴리도 이러한 방향으로 수정할 뜻을 보였다는 전언마저 나

---

40 위의 자료.

41 Pauley to Acting Secretary of State(Acheson), 1946.6.22, 740.00119 P.W. / 6-2246 : Telegram, *FRUS*, 1946, 8 : 541~542.

42 Letter, Pauley to Truman, 1946.11.12, President's Secretary's Files, Pauley Mission, *Papers of Harry S. Truman*, Harry S. Truman Library, 국사편찬위원회 소장.

43 原朗, 앞의 글, 254·271쪽.

돌았다. 이런 소문에 대해서 1946년 12월 10일 애치슨 국무차관은 미국이 이미 최종적으로 대일배상계획을 결정하였고, 그 내용이 폴리의 배상안보다 가혹하지 않을 것이라는 관측은 사실이 아니라는 반박 기자회견을 하였다.[44]

폴리 총괄보고서가 제시한 기본원칙은 다음과 같은 내용이 포함되어 있었다.[45]

① 일본의 전 군수 물자 제조공장과 전 인조고무, 알루미늄, 마그네슘 공장을 완전히 철거할 것.

② 전기, 철, 강철, 철광, 합금, 광물, 공작 기구, 철도 기자재, 상선을 공급하는 공장 대부분을 철거할 것.

③ 수공업, 고무가공, 채금(採金), 기타 일본 경제재건에 필요한 몇 종류의 경공업을 포함한 일부 공업은 배상 요구에서 제외할 것.

④ 수직물, 인조직류, 펄프, 목면, 지류 공업의 처분은 장차 결정할 것.

⑤ 전(前) 일본 지배하에 있었던 제국 내의 일본 공업자산을 이동하지 않을 것. 이러한 자산은 소재국에 남겨두고 그의 가격을 이들 국가의 배상 요구에 가산할 것. 미국은 이전에 피정복영토를 착취하기 위하여 사용된 일본 내의 어떠한 공장과 시설을 이들 영토에게 유리하게 이전할 수 있는가를 결정할 것임.(강조는 인용자)

⑥ 미국은 일본 국민이 합리적 경제를 재건하고 모든 국가와 평화롭게 살

---

44 外務省調査局第三課, 「ポーレー對日賠償最終計畵案の日本経済に及ぼす影響」 調三資料第18号, 1948.1.7, 5쪽, 『占領下の對日賠償關係一件ーポーレー大使來朝關係』, 外交記録 B'-0002/444~476.

45 原朗, 앞의 글, 255쪽; 『서울신문』, 1946.11.19.

수 있도록 하여야 함.

⑦ 이하 4종의 배상에는 반대함.

　가. 노동배상

　나. 현재 생산으로부터의 배상

　다. 현재 물자 스톡으로부터의 배상

　라. 일본 상사의 주식으로부터의 배상[46]

⑧ 군사 당국이 파괴 또는 해체할 수 있는 공장은 완전 철거 범주에서 제외할 것.

다음으로, 배상의 대상이 되는 산업과 규모에 대해서이다.[47]

① 미국은 일본에 대해서 다액의 배상을 요구할 수 있지만, 미국의 취득분은 대부분 다른 나라로 돌려, 그 부흥을 돕도록 함.

② 아시아 각국이 철강의 공급원을 일본에 의존하지 않고, 반대로 일본이 아시아 각국으로부터 철강 공급을 바라보도록 사태를 역전시킴으로써 일본의 잠재적 전쟁 능력을 파괴하고자 함.

③ 철강공장의 철거는 20대 재벌 소유 공장을 제일 먼저 해야 할 것.

④ 볼 베어링 및 롤러 베어링 생산 능력을 완전히 제거할 필요가 있음.

46　그 이유로는 ① 일본으로부터 배상을 요구할 수 있는 나라들은 과잉 노동력을 보유하여, 일본으로부터 이들 나라에 노동력을 수출하는 것은 노동수준 및 생활수준의 향상을 오히려 늦추게 된다는 점, ② 신규 생산물로부터의 배상은 일본의 공업력 증가를 필요로 하여, 배상종료 후에도 이들 공업은 군수산업으로 전환될 가능성을 가진다는 점, ③ 현존하는 재고품은 일본이 최소한도로 필요로 하는 수입물자 대금확보를 위해 수출해야 한다는 점, ④ 주식, 증권류는 현물 배상 원칙에 반하여, 연합국이 일본의 산업을 확대하는 결과를 초래할 것이라는 점을 들었다. 原朗, 앞의 글, 255쪽.

47　위의 글, 256쪽.

⑤ 요컨대, 일본의 생산 능력은 그것을 단지 국내 소유에 대응할 수 있는
정도로 감퇴시켜야 함.

　폴리 사절단의 중간 및 총괄보고의 내용은 일본 측이 예상한 것보다
엄격한 것이었다. 일본 측에서도 이에 대한 비판이 거세게 일어났던 것
도 사실이다.[48] 폴리는 배상이 일본으로부터의 철거removal에 시종일관
집중하는 것이 아니라, 패전국 일본만이 아니라 전쟁피해를 본 동아시
아 지역의 기본적인 경제계획a basic economic program하에서 그 중요 부분이
이루어질 것이라는 인식을 보여 주었다.[49] 이런 인식은 배상정책에 동
아시아 지역주의적인 접근이라는 측면이 존재하고 있었다는 것으로 주
목할 만한 가치가 있다.

　중간배상계획의 결정에 따라 배상 대상이 될 공장의 지정과 함께, 배
상 실시를 위해서는 배상설비의 국가별 배분이 결정될 필요가 있었다.
총 배상 내역에서의 각국이 자국에 포함되어야 한다고 주장한 배상 비
율을 그대로 합치면 약 204.5%에 달하여, 배상총액과 국가별 배분 비율
의 결정은 단기간에는 해결될 문제가 아니었다.[50] 다음 표에 제시된 비
율의 합계는 약간의 조정을 거쳐 189% 정도로 약간 수치가 내려갔으나
여전히 별반 차이를 보이고 있지 않다.

　'만주'에서 소련이 철거한 시설을 두고 '전리품이므로 배상철거 대상

---

48 「ポーレー大使の對日賠償報告に關する見解」, 1946. 12. 4, 『占領下の對日賠償關係一件－ポー
　　レー大使來朝關係』, 外交記錄 B'-0002/418〜424.

49 Pauley to Deputy to Assistant Secretary of State for Economic Affairs(Thorp), 1946. 9. 18, 740.00119
　　P.W. / 9-1846, *FRUS*, 1946, 8 : 568.

50 原朗, 「戰後賠償問題とアジア」, 三谷太一郎 외편, 앞의 책, 272쪽.

266　제2부 | 제2기 지역주의 유형

국명	각국 요구비율	타국추천 비율 평균
오스트레일리아	28.0	7.9
캐나다	1.5	1.8
중국	40.0	25.6
프랑스	12.0	3.0
인도	12.5	6.9
네덜란드	12.0	6.8
뉴질랜드	2.0	1.8
필리핀	15.0	8.8
소련	12.0	3.6
영국	25.0	22.5
미국	29.0	22.5
합계	189.0	111.2

자료 : The Department of State, *The Far Eastern Commission – A Study in international Cooperation 1945 to 1952*, 1952, p.143; 박원순, 앞의 글, 276쪽에서 재인용.

에서 제외해야 한다'라고 주장하는 소련의 입장과 '배상철거 대상에 포함시켜야 한다'라는 미국의 주장이 1946년 3월부터 대립하고 있었다.[51] 따라서 「극동위원회 및 대일 이사회 부탁 조항」 제3조 '합중국의 임무' 제3항을 근거로, 미국은 중간지령권을 발령하여[52], 중간배상계획에 의해 지정된 일본의 공장 시설 중 30%를 연합국 측이 할당하여, 철거를 개시한다는 '중간 배상 즉시 철거'를 실시하게 되었다. 그 대상은 중국(15%)과 함께 필리핀, 영국(버마, 말레이, 극동 영국 식민지용), 네덜란드(네덜란드령 동인도용)가 각각 5%씩이었다. 중국에 가장 많은 할당이 이루어졌는데, 그 지역은 '만주' 지역이 아니라 중국 국민 정부의 지배 지역이었다.

---

51 위의 글, 265쪽.

52 外務省特別資料課 편, 『占領及び管理重要文書集 第1卷 – 基本篇』, 1949, 174쪽.

중간 배상은 먼저, 구 육·해군 공창의 공작기계, 금속가공기계를 제1차분으로 지정하였다. 2차분으로는 구 육·해군 공창연구소의 계측기계류, 제3차분은 제1차분의 나머지 부분과 화력발전설비, 배전기, 전동기, 주조기鑄造機, 목공기계, 제2급 공작기계 등이 할당될 예정이었다. 이에 대해 미국은 철거한 시설을 가지고 중국, 필리핀 등 전쟁피해국 산업 부흥을 촉진할 수 있다는 점을 그 근거로 제시하였고, 배상 문제의 미해결 상태는 일본의 산업 부흥에도 악영향을 줄 것이라는 전망을 제시했다. 이 두 가지 문제는 배상이 이루어지지 않는다면 미국이 모두 부담하지 않을 수 없을 것이라 판단했던 것이다.[53] 또한 국공 내전이 전개되었던 중국 국민 정부를 지원한다는 동아시아 냉전적 측면과 영국과 네덜란드의 식민지 경영 부흥을 지원하는 식민주의적 측면이란 두 가지 의미도 있었다고 생각된다.

이러한 폴리 보고의 역사인식과 아시아 구상의 특징을 미우라 요이치는 다음과 같이 정리하고 있다.[54]

① 전전 아시아 경제에 대한 인식으로서, 경제적 요인을 초월한 정치·군사적인 요인을 우선한 일본 중심의 기형적인 경제구조가 구축되어 있었다고 평가하고, 이러한 위계를 파괴하고 아시아 지역의 경제 수준에 대한 전체적인 '평균화'를 지향했다.

② 농지개혁과 재벌해체를 시행하고, 국내 시장의 협소 원인을 파괴하고,

---

53 外務省調査局第三課·終戰連絡中央事務局賠償部, 1947.1.10, 『今次賠償問題の経緯(改訂)』, 外交記錄 B'-0003/455~504·541.
54 三浦陽一, 앞의 글, 7~8쪽.

자립적인 국내 시장을 창출함으로써, 농업과 공업을 국민경제 속으로 통합시킨다.

③ 선철과 같은 필수 수입 물자를 규제함으로써 일본 경제를 컨트롤하기 위한 특정한 방책을 배상 정책에 집어넣는다.

한편, 니시카와 히로시西川博史는 폴리 배상안에 대해 미국이 아시아 지역 경제통합을 정책으로 구상하고 있었다고 해석할 수는 없다고 평가했다. 일본과 지역 통합될 지역으로는 중국·동남아시아 지역과의 관계가 거론되었다. 미국의 '중국 중시' 정책은 대일전쟁의 전략적 가치에서 구축되었던 것이므로, 대소 협력관계를 전제로 한 틀에서만 그 효과가 발휘될 수 있는 것이었다. 또한 니시카와는, 미국이 극동 지역의 안정에 중국이 중요한 역할을 해 줄 것으로 '기대'한다는 전제조건에서만 폴리 보고가 아시아 정책으로서 정합성을 가지며, 배상안의 구상이 실현가능할 것이라고 지적하였다.[55] 따라서 국민당의 중국 지배가 위태롭게 된 조건에서는 폴리 배상안을 그대로 운영하는데 무리가 발생하게 된다. 중일 간의 상호경제교류에 더하여 미국의 대중·대일 원조를 통합하여, 중국과 일본의 경제부흥에 사용한다는 전략 의도는 미국의 정책 입안자의 구상에서는 발생하지 않았다고 니시카와는 주장하고 있다.[56] 또한 폴리 배상안이 실현되기 위해서는 GHQ / SCAP에 구체적인 임무를 부여할 필요가 있었다. 이미 일본 점령 임무를 수행하고 있는 GHQ / SCAP에 아시아 여러 나라가 일본으로부터 또다시 침략받지 않

---

55 西川博史, 앞의 글, 10쪽.
56 위의 글, 6쪽.

도록 하며 해당 지역의 공업 발전까지 최대한 고려를 해야 한다는 것을 추가적인 임무로 주는 것 자체가 폴리 배상안의 비현실성을 이야기하고 있었다고 니시카와는 평가하고 있다. 여기서 GHQ / SCAP에 부여될 구체적인 임무는, ① 일본이 조선과 '만주'에서 개발한 공업화의 정도와 일본 산업과의 산업연관 방식의 규명, ② 그러한 산업연관이 조선·'만주'의 생산력에 미치는 영향의 조사, ③ 조사 결과에 따라 일본에서 철거·분배할 설비의 선정과 같은 것이었다. GHQ / SCAP으로서는 점령 목적의 범위 내에서 구제물자를 공여하고, 일본 경제의 유지와 부흥을 도모하는 것이 우선과제였다. 미국 정부로부터 점령에 관한 기본 방침에도 명시되어 있지 않은 일본과 아시아 시장을 '통합'하고, 아시아 지역의 안전과 경제적 발전을 고려하는 점령정책을 시행하는 것이 GHQ / SCAP으로서는 있을 수 없은 일로 생각되었을 것이라고 니시카와는 주장했다.[57]

그러나 전쟁 기간부터 형성된 배상 정책의 기본 원칙이 동아시아 냉전이라는 커다란 상황 변화로 수정되기까지는, 기본적으로 중국을 중심으로 한 동아시아 지역 재편성 구상을 간단히 포기하고, 일본 중심의 그것으로 전환했다고 생각하기는 어렵다. 아사노 토요미浅野豊美가 미국의 초기 배상정책을 '본격적인 냉전 개시 이전의 미국에 의한 일본 제국 해제와 점령의 과제'로서 구상되었다고 평가한 바와 같이,[58] 이 시기에 대한 연구에 대해서는 결과를 보고 역사를 살펴보지 말고, 당시 존재하

---

57 위의 글, 5~6쪽.
58 浅野豊美,『帝国日本の植民地法制—法域統合と帝国秩序』, 名古屋 : 名古屋大学出版会, 2008, 557쪽.

고 있었던 가능성을 모색하는 것이 필요하다고 생각한다.

4. 폴리 사절단 배상안에서의 조선의 지역주의적 위치

1) 일본으로부터 배상을 받을 주체로서 통일조선을 상정

한반도의 남과 북에는 각각 미군과 소련군의 진주와 점령이 개시되었고, 각각 일본군의 항복과 일본 행정 기구의 접수가 이루어졌다. 배상의 대상으로 설정되었던 '재외 재산'의 경우를 살펴보면, 북조선 지역에서는 소련군이 기자재를 일부 철거해 가져간 것을 **빼고**는 일체의 일본인 재산을 접수하였으며, 그 후 조선인 행정기관이 설치되면서부터는 그 관리를 조선인에게 이양하고 있었다. 한편 남조선 지역에서는 미군정부의 명령에 따라 일본인 재산은 군정부의 관리하에 두어졌다.[59] 이후 양 지역의 정치, 행정, 경제적인 분단을 통합하는 문제가 제기되었지만, 최종적인 결착은 역시 미소 공동 위원회에서의 합의를 통한 조선 임시정부의 수립과 신탁통치의 개시를 기다려야 했다. 따라서 조선 지역에서의 배상 문제의 해결은 임시적인 분단 점령 상태에서는 이루어질 수 없는 것으로 판단되었다.

1945년 12월 10일에 1행한 회견에서 폴리는, "조선에 대한 배상으로써 일본 본토의 시설을 전출하게 할 터인데 그 수송 할당 문제는 조선을 단일체 국가로 볼 수 있을 때까지 연기하는 것이 양책良策이라고 생각"

---

59 外務省調査課, 1947.7.5, 「在外資産の賠償処理に関する件」管経, 8·11쪽; 『占領下の対日賠償関係一件 — 調書集(第1巻)』, 外交記録 B'-0003/436~437.

한다고 언급하여, 조선의 분할 점령 상태가 종료될 때까지는 배상 시설의 할당과 이전은 연기해야 한다는 생각을 드러내고 있었다.[60]

그러나 이러한 '단일체 국가'의 수립이라는 문제는 미소 공동 위원회에서 다루어질 문제였으므로, 폴리의 이러한 견해는 미소 공동 위원회에서의 미소 간의 절충에 압박을 가하는 수단으로 인식되기도 하였다. 서울신문에서는 「포레(폴리 – 인용자) 대사의 북행에 기대」라는 사설을 통해, 소련 측이 2차 폴리 배상 사절단이 요청한 북조선으로의 월경을 허가한 사실을 두고, "조선의 경제적 원조에 대한 양대 우방이 협동적 성의를 표시한 것으로, 38선의 장벽으로 말미암아 반신불수의 상태인 우리 경제 건설에 중대한 영향이 있을 것으로 관측"하면서, 또한 "정돈停頓 중인 미소 공동 위원회를 중심으로 한 미묘한 동향을 타개하고 호양적互讓的으로 난관을 돌파하려는 기운이 더욱 성숙되는 계기"가 마련될 것으로 전망하기도 한 것이다.[61]

1946년 6월 14일에 폴리는 북조선 시찰을 마치고 나서, "조선이 국제 법정 앞에 서서 이런 기계류와 공장 시설에 대한 청구를 제출하려면, 정치적 경제적으로 통일된 조선이라야 되겠다"[62]라고 언급하며, 다음과 같이 조선 지역이 배상을 청구하기 위한 조건으로 역시 정치·경제적인 통일이란 점을 제기하였다.[63]

38도선이 제거되어 경제상 정치상으로 정당한 통일을 못 본다면 극동에

---

60 『자유신문』, 1945.12.11.
61 『서울신문』, 1946.5.22.
62 『동아일보』, 1946.6.18.
63 『서울신문』, 1946.6.16.

있어서의 독립 국가로서 재기할 조선은 결국 천재일우의 호기를 잃고 말 것이다. 조선에 있어서 이들 국내 생산과 수출품 생산을 위하여 제반 기계를 획득하기 위해서라도 조선은 정치적으로 경제적으로 통일되어야 한다.

그러나 북조선 지역을 시찰하고 1946년 7월 15일에 돌아온 폴리가 "조선 시찰에서 느낀 바는 철벽같은 38도선이 철폐되어야 한다"[64]라고 한 언급과, 11월 26일에 "조선 경제는 충분한 발전을, 아니 배상의 완전한 혜택을 받을 수 없을 것이 미소 양역으로 분단된 38선을 볼진대 일일요연하다"[65]라고 한 언급의 뉘앙스는 조금 변화했다는 느낌을 준다. 폴리는 이미 1946년 6월 22일에 보낸, 트루먼에게 보낸 서한에서, "조선은 아시아에서 미국의 성공을 결정할 이데올로기의 전쟁터ideological battleground"라는 인식을 보여 주고 있었다.[66] 즉 "사상의 대상이 극동에서 가장 선명하게 드러나고 있는 곳은 조선일 것이다. 여기서 전개되고 있는 사상전이야말로 미국이 전 아세아에서 과연 성공할 수 있을까 없을까를 결정하는 것"[67]이라고 한 폴리의 조선 지역에 대한 인식과 함께 고려할 때, 조선 지역의 통일 가능성이 약화하여 가는 중에, 조선에 대한 미국의 이데올로기적인 접근이 강화되어 가고 있다는 점을 보여 주고 있다는 것이다. 그러나 남북이 통일된 상태에 '배상'을 실시하는 것이 가장 바람직하다는 폴리의 인식은 그대로 유지되고 있었다는 것을 알

---

64 『동아일보』, 1946.7.26.
65 『동아일보』, 1946.11.26.
66 Harry S. Truman, *Memoirs by Harry S. Truman, vol.2 – Years of Trial and Hope, Garden City,* New York : Doubleday & Company, 1956, p.320.
67 『동아일보』, 1946.11.24.

수 있다.

이러한 상황은 '민주적인 정부형태가 보증되기까지, 합중국이 재조선 일본인 재산에 대한 권리를 방기해서는 안 된다'라고 폴리가 언명한 배경이 되었다.[68]

2) 배상의 범위 – '재외 재산'과 일본소재 시설의 이전 문제

이 앞에서 든 자료에서 배상의 범위가 '재외 재산'과 일본 소재 시설이 될 것임을 언급하고 있었다는 사실을 알 수 있는데, 배상 문제에 대해서는 먼저 '재외 재산'의 배상 처리 문제에 대해서 조선 내에서도 논란이 있었다. 폴리가 1945년 11월 28일에서, "개인적으로 일본은 연합국에 몰수된 조선, 만주, 중국, 타이완, 필리핀, 란인蘭印 등지의 투자만으로도 즉 수십억 불에 상당한 배상을 지출할 수 있을 것"[69]이라고 언급하였다. 실제로 조선에 소재하는 '재외 재산'이 미군정에 의해 징발되자, 조선인민당이 "포레가 일본 배상 문제를 조선에 기대함은 조선의 경제독립을 무시하며 독립의 의의를 몰각한 것"이라고 성명한 것처럼, '조선의 응혈체凝血體'인 '재외 재산'이 배상의 일부로 징발될 수도 있다는 의구심이 조선인들 사이에 존재했다는 것이다.[70]

주한 미군정도 조선 내 일본인 재산의 배상 문제에 대해, 12월 4일 아놀드Archibald V. Arnold 군정장관은 기자회견에서 "일본 정부의 재산은 지금 군정청에서 접수하고 있는데 혹 배상의 대상이 될는지도 모른다. 조

---

68 Harry S. Truman, op. cit., pp.321~322.
69 『서울신문』, 1945.11.30.
70 『서울신문』, 1945.12.4~5.

선은 일본의 영토이었으나 전쟁의 피해가 없으므로 배상 근거가 되는
지 알 수 없다. 여하간 미국의 배상 위원들이 조선에 오기로 되었으니
그때 이 문제가 토의될 것이다. 우리는 그들을 기다리고 있고 아직 확실
한 것을 말하지 못하겠다"라고 언급했다. 즉, 미군정은 조선소재 '재외
재산'의 행방에 대한 명확한 결론을 내리지 못하고 있었던 것이다.[71]

실제로 주한 미군정은 연합국최고사령관 총사령부GHQ / SCAP에 폴리
의 성명이 조선에 소재한 기계 설비도 일본의 배상으로서 철거할 것인
지 여부에 대해 문의하고 있다.[72] 이러한 반응에 대해 폴리는 조선 소재
시설은 조선 내에서 사용하게 될 것이라고 해명했으며, 이에 더하여
"조선에 대한 배상으로써 일본 본토에 있는 시설을 조선에 전출"할 것
이라는 입장을 밝혔다.[73] 이 성명을 통해 배상의 범위를 '재외 재산'과
일본 소재 시설로 상정하고 있다는 것을 명확히 했던 것이다.

1946년 11월 27일부로 조선 상공회의소에서 재조선 일본인 재산 배
상문제에 관한 폴리 대사의 보고에 대하여 미국 국무장관에게 감사 서
한을 전달하였는데, 1947년 2월 18일에 마샬George Marshall 국무장관이 미
군정 정치고문 랭던William R. Langdon을 통하여 최순주崔淳周 조선상공회의
소장에게 보낸 회답에서 일본 내 시설의 조선 이전과 조선 소재 '재외
재산'의 잔치殘置를 언급하였다.[74]

본관은 미 국무장관의 지령에 의하여 귀소발(貴所發) 1946년 11월 27일부

---

71 『서울신문』, 1945.12.5.
72 Pauley to Truman, 1945.12.8, 740.00119 P.W./12~845 : Telegram, *FRUS*, 1945, 6 : 1010.
73 Ibid., p.1011; 『자유신문』, 1945.12.11.
74 『동아일보』, 1947.2.23; 『조선일보』, 1947.2.23.

재조선 일본인재산 배상문제에 관한 포레대사의 보고에 대하여 미 국무장관에게 발하신 감사서한이 접수되었음을 자(玆)에 통지하오며 또 차(此)에 관련된 미국 정부의 입장을 알려드리고자 합니다. 대일배상문제해결에 관한 협상은 극동위원회에 참석한 대표 제국이 행할 것이다. 남조선에 대한 그들 책임의 일부로는 미국정부가 전자 공언한 것과 같이 연합국의 합의를 얻은 후 일본의 공업자산의 일부분과 기계 등을 획득하여 일본으로부터 남조선에 반이(搬移)하도록 준비하는 바입니다.

그뿐 아니라 조선 내에 있는 전(前) 일본인 산업시설은 대일배상 대상 중에서 제외하여 차(此)를 조선인의 재산으로써 잔치(殘置)할 것을 주장하는 바입니다. 미국정부는 포레대사의 보고 중에 포함된 조선인 복리를 위한 제안을 채택하겠으며 또 극동위원회에 관련된 타국가의 승낙을 받기 위하여서도 노력하겠습니다.

여기서 조선이 대일배상을 획득할 수 있을 전제조건이 제시되었다고도 할 수 있는데, 그것은 '연합국의 합의'와 '극동위원회의 승인'을 거친다면 조선에서도 대일배상을 청구할 수 있도록 하겠다는 것이었다. 또한 미군정청 공보부 발표를 통해 "배상으로 공장을 받는 것이 정당하다고 인정하는 증명의 하나는 받을 재산을 속히 운영할 능력"이라고 언급하였다.[75]

---

75 『경향신문』, 1947.6.15. 한편 에드가 스노우는 중국이 새로운 아시아의 패권국으로 등장할 가능성에 대해서 언급하면서, 중국 경제에 완전한 민주적 개혁을 요구함이 없이 일본 공업력을 중국에 이전하는 것은 위험한 잠재 전쟁 능력을 동양의 한 나라에서 다른 나라로 옮기는 것에 불과하다고 주장했다. 賠償廳賠償課, 「米國著名筆者に依り著はれた對日賠償問題(エドガー・スノー著) [1946]」, 『占領下の對日賠償關係一件－調書集(第1卷)』, 1949, 18쪽, 外交記錄 B'-0003/378~390.

미 관변측 언명에 따르면 조선 내에 있는 전 일본인재산 처치문제에 관하여 미소 간에는 다음과 같은 외교교섭이 진행되고 있다 한다.

즉 미측은 소측에 대하여 "조선 내에 있는 일본인재산은 조선인에게 사용케 한다는 조건하에 이를 잔치시킬 용의는 있으나 소측에 잔치시키지는 않을 것이다"고 제안하였다하며 이에 대하여 소측은 "예정되어 있는 일본배상문제토의회의는 해외일본재산 특히 조선에 있는 일본재산에는 권한(관련)이 없을 것"을 주장하였다한다. 하여간 이 문제는 일본배상문제토의회의에 대한 소련태도가 명백히 될 때까지는 최후적 결정은 보지못할 것이라 한다. 그런데 소측은 현재 동회의에의 참가를 거부하여 왔는데 미측은 현재 일본재산 처리를 촉진하기 위하여 전(全)극동위원회 멤버 각국이 미측과 협의하여 배상으로 배정된 주요시설 중 15내지 20명의 일본재산 배상배정요구초안을 맥아더 사령관에게 제출코저 노력중이라 한다.[76]

직전까지 미국 국무성 점령 지역 경제 담당관 갈브레이스John Kenneth Galbraith는 1946년 12월 1일부 『뉴욕 타임즈New York Times』지에 게재된 투고칼럼 「대일배상」(1946년 11월 20일 집필)에서 일본공업의 공장 및 시설을 배상으로 철거할 계획을 중지해야 한다는 견해를 밝히면서, 조선에 대해서 조선소재 '재외 재산'이 배상으로 인정될 것이라고 다음과 같이 시사했다.[77]

76 『동아일보』, 1946.11.12; 『서울신문』, 1946.11.12.
77 J. K. Galbraith, "Letter to the Times—Japanese Reparations—Abandonment of Unwise Aspects of Our Plan Is Suggested(1946.11.20)", *The New York Times*, 1946.12.1.

미국은 일본에서 구식의 강철제작 또는 전력공장을 가져 오는 것을 바라지 않으며, 영국·캐나다·뉴질랜드 또는 오스트레일리아에서도 이것을 절실하게 요구하고 있는지는 의문이다. (…중략…) 신 배상안은 일본으로부터 침략을 받은 나라들의 필요에 바탕을 두고 작성되어야 한다. 중국에 대해서는 그 복구계획을 수립하여 이 계획을 위해 일본이 철궤·화차·방적기계·기타 중국이 필요로 하는 중요 기계시설을 제공할 수 있다. 필리핀 기타 국가에 대해서도 동일하게 부흥계획이 일본에 대한 배상요구의 기초가 될 것이다. 그리고 일본이 배상을 제공하는 최초 1, 2년간은 (배상제공량을) 근소하게 하는데 그치고, 일본이 공업이 회복되어, 자급자족이 가능해짐에 맞추어서 그 양을 증대시킬 수 있을 것이다. 그리고 일본의 배상 공급 총량은 최소한도의 수입요구 이상으로 수출품을 생산하는 일본의 능력에 바탕을 두고 결정되어야 한다.

이 목적을 위해 미·영 및 자치령은 그들의 배상요구를 포기하는 것이 현명할 것이다. 어떻게 하든지간에 이들은 가치있는 물건을 손에 넣을 수는 없을 것이다. 물론 중국·조선·기타 극동제국은 이들 영토에 소재하는 일본의 재산을 보유할 수 있을 것이다. 소련은 이미 자신의 요구를 충족한 것으로 보인다. (…중략…) 만약 우리가 현명하지 않은 것으로 평가한 배상안이 포기된다면, 일본이 남긴 자산은 카르텔 이외의 한층 안전하고 자격을 갖춘 곳으로 위탁이관시킬지, 그렇지 않다면 국유화시켜, 앞으로 정부가 이 자산의 평화적 이용에 대한 엄중한 책을 지도록 해야 할 것이다.

3) 배상의 간접적 수취방식

조선 내에서도 조선상공회의소가 폴리에게 제출한 것처럼, 일본에 배상을 직접 청구할 수 있도록 해야 한다는 욕구가 존재했지만, 연합국 사이에서는 조선이 연합국이나 그 식민지의 일원이었던 필리핀 등과는 달리 직접 배상을 요구하는 것이 어려울 것이라는 인식이 지배적이었 다. 남조선 민주의원 의장 이승만도, 대일배상 회의에 조선이 참가해야 한다고 요구하였으나, "미국이나 기타 각국 연합국은 조선이 이 회의에 직접 참가할 권리를 향유치 않고 있다고 보고 있다"라며 이를 비판했 다.[78] 따라서 미국은 자국 청구분 중 일부를 조선에 할당하는 방식을 고 려하고 있었던 것으로 보인다. 즉, 조선이 대일배상을 직접 청구할 수 도 있다는 생각은 후퇴하였는데, 이는 조선이 일본의 식민지였고, 연합 국의 일원이 아니었다는 견해에 영향을 받은 것이었다. 이미 조선에 소 재하는 일본 재산의 수취를 통해 배상이 실시된 것으로 가름한다는 인 식과 그럼에도 조선에 대한 배상 부족분이 있다고 판단될 경우에는 미 국이 수취할 청구분의 일부를 조선에 전용하겠다는 정책적 고려가 전 개되었다.

폴리는 1946년 11월 13일에 일본 배상 문제에서 조선의 배상 획득 문 제도 1946년 12월 초순에 워싱턴에서 열릴 관계 각국 회의에서 협의하 게 될 것이라면서, "조선도 일본으로부터 배상을 획득할 가능성이 있으 나 조선 자신이 이러한 요구를 제출할 수는 없을 것이다. 그러므로 미국 이 일본으로부터 요구하는 배상액 중에는 조선이 정당하게 요구할 만 한 배상도 포함시켜 미국이 획득하는 배상으로부터 조선의 요구는 수 요需要될 것"[79]이라고 언명했다.

---

[78] 『서울신문』, 1946.11.27.
[79] 『동아일보』, 1946.11.14; 李鍾浩, 『敵産과 賠償』, 대전 : 충청남도 재산관리처, 1948, 37~38쪽.

이에 대해, 민주의원이 1946년 11월 17일에 대일배상 문제에 관한 성명서를 발표하여, 배상 회의에 옵서버로라도 참석할 권리를 요구하면서, "조선이 국제법상 독립한 인격으로 타국과 대등적으로 요구를 제출할 권한이 없다고 할지라도 어떠한 수속으로든지 정당한 요구를 제출케 할 방도는 열어주어야 할 것이며, 설사 이것이 불가능하다고 하더라도 미국이 일본으로부터 요구하는 배상액 중에 조선이 일본에 요구할 정당한 배상액의 결정에는 반드시 조선인의 견지로서 정당한 요구를 조선인에 의하여 제출케 해야 할 것이다"라고 주장하였다.[80]

1946년 11월 24일에 폴리는『뉴욕 헤럴드 트리뷴New York Herald Tribune』지를 빌어 "우리의 유감은 금반 배상문제에 당연히 참가하여야 할 조선이 국제법상의 인격자가 아니라는 법리론적 이유로 정식 참가 아닌 간접적 균점에 만족해야만 한다는 것이다. 대일배상요구가 여하히 우리와 밀접한 인과관계를 가지고 있는가를 충분히 인식해야만 할 것"이라는 견해를 보였다.[81]

4) 동아시아 지역의 산업연관이란 문제

폴리가 남북이 통일된 상태에서 배상을 시행하는 것이 바람직하다는 인식을 견지했던 것은, '재외 재산'과 일본으로부터의 배상을 통해 조선 경제를 부흥시키는 데에 남북 조선의 경제적 연관 관계를 유지하는 것이 기본 전제였기 때문이다. 식민지기에 형성된 조선 경제가 남쪽에 농업과 경공업, 북쪽에 중화학공업으로 지역 내 분업을 형성하고 있

---

80 『동아일보』, 1946.11.17.
81 『동아일보』, 1946.11.24.

었으므로, 남북의 경제적 분리는 양 지역에 괴멸적인 타격을 줄 것이라는 인식이었다. 분리된 상태에서의 배상 시행은 경제부흥으로 이어질 수 없을 것이었다. 1946년 5월 4일에 트루먼은 폴리의 2차 배상사절단 출발에 즈음하여, "미국 정책은 중국이 만주에서 공업 발전의 발전성을 완전히 이용하고 조선 역시 조선 자신의 자원을 이용할 기회를 획득하여야 한다는 점에 있다. 미국의 최후 목적은 조선·중국의 각자의 통일과 경제적 발전을 조장시키는데 있다"라고 언급하였다.[82] 즉, 배상 시행이라는 문제는 남북 조선에만 국한된 문제가 아니었다. 폴리의 중간 및 총괄보고서는 아시아 지역의 균등 발전, 즉 아시아 지역 공업화를 통한 지역 안정을 도모했다는 의미를 가진다. 특히 동아시아 공업지역이 가지고 있던 전전부터의 산업연관을 중시했다. 일본이 재차 그 중심을 점하는 것을 배제하는 형태로, '일(선)만지' 경제구조를 재편함으로써, 동아시아 지역의 경제통합구조를 재구축하고자 했던 것이다. 폴리는 일본의 구 세력권 중에서 일본 이외의 유력한 공업지역으로서 '만주'와 북조선을 주목하고 있었던 것이다.

중국 국민 정부의 만주 지배와 남북 조선의 통일 상태를 전제로 한 지역적 경제 통합, 그리고 이들 지역에 대한 영향력 유지가 미국에게는 중요했던 것이었다. 배상 시설의 가치는 그 가격에 있는 것이 아니고, 산업 연관도에 있었다. 폴리는 소련이 점령한 만주와 북조선 지구에 대한 조사에 앞서서, "소련 측이 반출한 일본인 시설품에 대해서는 반출된 시설품의 가격을 결정 여하보다도 양 지구의 경제적 영향 여부를 조사

---

82 『서울신문』, 1946.5.5.

제6장 | 미국의 대일배상정책과 조선의 경제　281

코자하는 것이 목적"이라고 밝혔는데,[83] 이는 만주와 북조선 지역에 있는 공업시설 중 소련이 반출함으로써 양 지역의 산업연관 상태에 어떠한 경제적 타격을 주었는지에 대해 조사한다는 것을 의미하는 것이었다. 따라서 "조사단의 임무는 만주 급 북조선의 광업과 공업 현세에 비추어 일본으로부터 이상 양국에 옮겨갈 시설과 그 배치 방침을 제안하는데 있으며, 중국, 조선, 필리핀, 기타 일본의 침략으로 인해 희생을 당한 제국(諸國)에 최대한도의 경제발전을 도모"하려는 것이었고,[84] "나(폴리―인용자)의 내조來朝 목적은 국내에 있는 일본 재산의 조사인데 일본의 재산이 어느 곳에 얼마나 어떠한 상태로 있는가를 조사하여 이 재산을 이용함으로써 원료와 제품을 생산할 수 있는가, 이것이 가능하다면 극동 경제를 위하여 얼마나 유효할 것인가를 시찰"[85]하는 것이었다.

1946년 5월 22일에 발행된 「포레 대사의 북행에 기대」라는 제목의 서울신문 사설을 보면, "포레 대사는 첫째로 전 조선에 뻗친 과거 일본인이 소유하던 각종 재산의 분포 상태와 총량을 정확히 파악하고 둘째로 제반 시설을 조선의 번창과 조선 경제의 윤택과 조선인의 생활수준을 향상시키기 위하여 이용하고 또 조선의 산업이 극동 경제계에 얼마나 공헌할 수 있는가 하는 점도 고려하여 통일 조선의 경제적 재건을 원조하려는 목적임을 특히 강조"[86]했다는 점을 중시하고 있는 점을 주목할 수 있다. 따라서 미소 공동 위원회의 합의로 도출될 신탁통치와 통일 임시정부의 수립을 거쳐 통일 조선 정부의 수립으로 이행하는 시나리오

---

83 『동아일보』, 1946.5.13.
84 『조선일보』, 1946.5.15.
85 『동아일보』, 1946.5.18.
86 『서울신문』, 1946.5.22.

를 지지하는 입장에서 위와 같이 언급했던 것이다.

배상 시설로써 '재외 재산'에 더하여 일본 내 시설의 이전을 고려하였던 것은 폴리가 언급한 바와 같이 일본과의 경제적 연관에 따른 것이었다.[87]

> 이번에 조선을 방문하고 특히 북조선에서 얻은 바, 나의 인상은 원료와 공장은 있으나 생산에 적당한 기계 설비가 없다는 것이었다. 일본이 조선을 영유하였을 당시에는 생산품의 최후 완성은 일본 본토 공장에서 하고 있었는데, 이것은 일본이 조선을 착취하고 있었다는 일적례(一適例)이다. 우리가 조사한 바에 의하면 북조선에 있는 생산 기계는 최대한 1만 5천 개였다. 그러나 이 반면에 일본에 있어서는 최대 팽창 시에 약 1백만, 현재는 약 70만이다. 그중 30만은 배상으로 반출될 예정이다. 조선의 경제 문제를 해결하기 위해서는 이러한 시설품을 가급적 속히 획득하여야 할 것이다.

여기서 아래 사료를 통해 어떠한 산업연관이 고려되었는지에 대해서 좀 더 구체적으로 살펴보고자 한다.

> ① 만주의 원료를 소비하던 일본의 공업시설이 배상으로 조선에 제공되었을 때 그 공장은 새로운 지점에 있어서도 그 원료를 종전의 산지에서 구입하는 방식을 취하여야 한다. (1945년 11월 28일, 폴리)[88]
> ② 일본의 군수 공장은 일본의 인국(隣國)과 극동 아세아의 모든 국가에 옮길 예정이다. 그리고 전쟁 중에 가장 피해가 많은 중국·필리핀이

---

87 『서울신문』, 1946.6.16.
88 『서울신문』, 1945.11.30.

일본에서 기계류를 받는다면 이것만으로 산업발전을 할 수 없을 것이고 원료와 반제품이 필요할 것이다. 그러면 원료와 반제품은 하처(何處)에서 구득할 것인가. 과거에 조선이 일본에 원료와 반제품을 제공했던 것과 같이 원료와 반제품을 제공하고 제품을 받아올 것으로 생각한다. 이상이 나와 우리 일행이 남조선을 방문하고 북조선을 보려는 목적이다.(1946년 5월 17일, 폴리)[89]

③ 조선은 원료와 반제품을 가지고 일본에서 기계와 공장을 접수한 나라와 필요한 기계와 공장을 교환할 수도 있을 것이다.(1946년 6월 18일)[90]

④ (일본 소재 시설을 이전하는 형태로−인용자) 배상을 받은 국가는 받을 재산을 매도할 수 없으며, 그 재산의 운반도 책임을 지게 된다.(1947년 6월 14일)[91]

사료 ①이 중국·필리핀이 일본에서 기계류를 배상으로 이전받고, 이를 가동하기 위한 원료와 반제품을 조선에서 제공받는 것으로, 조선 지역은 원료·반제품 수출과 완제품 수입 지역으로 상정되고 있음을 알 수 있다. 이에 대해 사료 ②는 조선이 일본에서 공업 시설을 배상으로 이전받고, 그 원료를 종전대로 만주에서 제공받는 것으로, 조선 지역이 완제품 수출과 원료 수입 지역으로 상정되어 있음을 알 수 있다. 폴리가 조선과 만주 지역을 시찰한 이유는 이 지역이 가진 산업연관에 대한 인식 때문이었다. 배상사절단은 임무 초기부터 조선과 만주의 위치를 파

---

89 『동아일보』, 1946.5.18.
90 『동아일보』, 1946.6.18.
91 『경향신문』, 1947.6.15.

악하고 있었다. 일본의 배후지로서 기능했던 조선과 만주에 일본의 시설을 배상으로 이전시키더라도 그 시설이 제대로 운영되기 위해서는 일본을 그 중심에서 제거하는 조치를 취하여 재편한 상태이긴 하지만, 역시 식민지기의 경제구조를 활용하여야 한다고 생각했던 것이다. 일본 내 공업시설의 배후지로서 기능했던 만주의 기능을, 그 공업시설을 조선에 옮긴다고 하더라고 유지해야 한다는 것이었다. 즉, 트루먼이 1946년 5월 4일에 언급했던 것처럼, "미국 정책은 중국이 만주에서 공업 방면의 발전성을 완전히 이용하고, 조선 역시 조선 자신의 자원을 이용할 기회를 획득해야 한다는 점에 있다. 미국의 최후 목적은 조선·중국 각자의 통일과 경제적 발전을 조장"시키는데 있었던 것이다.[92] 양 사료의 시간적 거리는 6개월이 채 안 되기 때문에, 원료·반제품 수출 / 완제품수입 지역에서 완제품 수출 / 원료 수입 지역으로 조선의 경제적 위치가 구조적으로 변동되었다고 보기에는 어렵다. 이에 대해 조선을 포함한 아시아 지역 경제를 수직적 경제통합 상태가 아니라 수평적 경제통합 상태로 운영될 것이라는 전망을 드러낸 기사들이라고 이해해야 할 것이라고 생각한다. 기존의 경제적 구조를 일본이란 중심을 제거한 형태로 활용하고자 한다는 것을 보여주고 있는 것이다.

사료 ③은 배상 시설의 구매가 가능할 것으로 전망하고 있었던 데 비해, 사료 ④는 배상 이전된 시설의 매매는 불가능한 것으로 인식되고 있었다. 두 사료의 시간적 거리는 1년 정도로 이 사이에 매매가 불가능한 쪽으로 정책이 바뀌어, 다른 나라에서 수취한 배상시설을 구입하는 것

---

92 『서울신문』, 1946.5.5.

은 어려워졌다고 할 수 있다.

따라서 폴리 배상사절단의 "조사단의 임무는 만주 급 북조선의 광업과 공업 현세에 비추어 일본으로부터 이상 양국에 옮겨갈 시설과 그 배치 방침을 제안하는데 있으며, 중국·조선·필리핀·기타 일본의 침략으로 인하여 희생을 당한 제국에 최대한도의 경제발전을 도모하려는 것이다. 또 우리 일행은 만주와 북부 조선의 예정이다. 그리고 중국과 조선에 있는 일본의 시설은 앞으로 배상 결제를 위하여 각각 그대로 보존하려는 것이 미국의 정책"이었던 것이다.[93]

또한 배상 시설의 이전은 스노우가 언급한 국제연합이 수립할 아시아 공업화에 대한 전체적 계획이나 폴리가 언급한 동아시아 지역 전체의 경제계획에 입각하여 진행되어야 할 것으로 전망되었는데, 이러한 계획이 아시아 저임 노동력 착취에 의한 덤핑수출을 통해 세계시장을 착란하게 되는 것에는 부정적이었으며, 오히려 경제적으로 후진적인 아시아 지역의 공업화를 통해 국내 시장 수요에 부응하도록 유도되어야 한다는 것이었다.[94]

(5) 예상되는 배상 시설의 내역 – 공장에서 기계류로?

국무부 점령지역 경제담당관 갈브레이스도 "미국은 일본으로부터 구식의 강철 제작 또는 전력 공장을 가져오는 것을 원치 않으며"[95]라고 언급했던 것처럼, 스노우는 아시아 지역의 공업화가 미국 경제와 경쟁

---

93 『조선일보』, 1946.5.13.
94 賠償廳賠償課, 앞의 자료, 19~20쪽, 外交記錄 B'-0003/378~390.
95 J. K. Galbraith, 앞의 자료.

관계가 될 가능성을 염두에 두고 미국이 대일배상 시설을 수취해야 한다는 일부 주장에 대해 반박하고 있다. 구체적으로 살펴보면 미국에서 효과적인 사용이 가능할 시설은 일본에는 거의 없으며, 설사 이전한다고 하더라도 미국의 제조업자는 물론 노동자도 그 시설이 미국 국내시장에서 덤핑 판매되는 것에 강력하게 반대할 것이므로, 이 시설이 국제연합에 의한 아시아 공업화에 대한 전체적 계획이라는 조건하에서 실제로 필요한 아시아 각국에 분배하는 쪽이 낫다는 것이었다.[96] 이는 폴리의 최종안의 내용과 거의 일치하는 것으로 평가되었다.[97] 실제로 미국 측은 배상시설을 자국에 이전하기보다는 인도 등 아시아 제국에 공여할 의도가 있다고 피력했다. 특히 접수할 배상 시설 중 중공업 시설은 주로 중국과 조선에 이송될 것이라고 언명하였다.[98]

그 구체적인 내역에 대해서는 "미국은 연합국이 전 패전국으로부터 받을 총 배상의 36%를 차지하게 되므로, 미국이 받는 배상의 5분의 1을 조선에 주게 되리라고 한다. 이에 조선은 이미 40년 동안 착취당한, 일본으로부터 그 배상을 받게 될 대상으로 우선 공작 기계류 약 3만 대를 일본에서 가져오기로 결정이 되었다 한다. 이 밖에도 화학·방직 기계 등도 취득하게 되리라는" 전망이 흘러나왔는데, 1947년 10월 시점이므로 이미 그 대상은 남조선으로 국한되어 있었다.[99] 즉, 이 3만 대의 공작 기계는 1947년부터 1950년까지 3개년에 걸쳐 조선에 반입되어, 1955년

---

96 賠償廳賠償課, 앞의 자료, 19쪽, 外交記錄 B'-0003/378～390.
97 外務省調査局第三課, 「ポーレー對日賠償最終計畵案の日本経濟に及ぼす影響」調三資料第18号, 1948.1.7, 2쪽, 『占領下の對日賠償關係一件－ポーレー大使來朝關係』, 外交記錄 B'-0002/444～476.
98 『동아일보』, 1947.5.10.
99 『서울신문』, 1947.10.11.

까지 설치를 완료할 예정이었다고 한다. 이를 위해서 1947년에 향후 10년 후의 조선 공업 구조를 예상하여 이에 대응할 수 있는 남한 내의 모든 공업 입지를 조사중에 있다고 상무부 당국은 밝혔다. 원래 대일배상 취득에 있어 최초에는 알루미늄과 선철, 그리고 방직 등의 각종 공장을 일본에서 취득하려 하였으나, 철거하여 반입할 기계와 시설에 있어 여러 가지 곤란한 점이 있다는 이유로, 공장 등 플랜트의 수취에서 각종 기계를 제작할 수 있는 공작 기계 및 화학·방직 기계를 반입하는 쪽으로 전환하였으며, 이 기계를 통해 신조新造와 보수의 원천을 확보하기로 결정했다고 한다.[100] 즉 중화학공업 중심 구조를 구상했던 초기 배상정책에서 경공업 중심으로 그 구조가 변화해 갔다고 여겨진다.

(6) 주둔비와 배상

배상은 또한 주둔비와도 관련이 있었다. 남한의 주둔비는 '해방된 나라'라는 개념에 준해서, 적성 점령지에서의 주둔군비 염출 쪽이 아니라 원칙적으로 미군 자체의 비용Pas-as-you-go에 의거하기로 되어 있었다. 따라서 통치비가 아닌 주둔비occupation cost를 한국 경제에서 썼을 경우, 즉 조선은행으로부터 차입했을 때는 미군은 이 비용을 장래의 한국 정부에 상환할 의무가 생기는 것이었다. SWNCC176/25(1947년 5월 12일)[101]에서는, 한국 정부가 수립될 때까지의 미국 주둔비는 군인의 봉급과 유지비, 질병과 소요 예방을 위한 수입을 위해 지출한 비용(달러 베이스) 또

---

100 『조선일보』, 1947.11.14.
101 Appendix "A" : Proposed Amendments to SWNCC 176/23, Interim Directive for Military Government in Korea, SWNCC176/26, 1947.5.22(정용욱·이길상 편, 『해방 전후 미국의 대한정책사 자료집·4-삼부조정위원회(SWNCC) 한국 관련 문서(2)』, 다락방, 1995, 124쪽).

는 점령목적을 위한 지출을 제외하고는 미국이 일본에서 받는 배상에서 탕감되며, 한국은 주둔비를 위하여 사용한 원의 상환 요구를 취해야 될 것이라고 규정하고 있었다.[102]

　이러한 규정은 SWNCC 176/26에 의해 새롭게 규정된 것은 아니었다. 오히려 기존의 정책이 SWNCC 176/26을 통해 확정된 것으로 보인다. 이 1945년 12월 23일에 이미, 주둔비에 관련해서, 군정청 재무국장 고든 Charles Gordon 중령은 기자단과 만난 자리에서, "조선에서 쓰는 미군의 비용은 배상금으로써 충당한다. 즉 패전국의 것으로 쓴다는 말이다"[103]라고 언급하고 있다. 한편, 정부무역 형태로 교환되는 수입 물자 즉, 민간불자보급계획Civilian Supply Program에 따른 수입 물자 대금은 배상으로 결제하지 않을 것임을 태평양 미군 육군 총사령부CINCPAC는 이미 1946년 3월 9일 발표를 통해 명확히 하고 있다. 즉, 이 발표한 바에 따르면, "연합군 사령부 당국자는 조선과 중국의 산업 재건을 원조하기 위한 일본의 수출은 배상이 아니고 매도賣渡 내지 물물교환의 형식으로 진행되고 있다고 다음과 같이 언명하였다. 현금 결제는 연합군 사령부 통제하에 일본과 조선 내지 일본과 중국 간의 상품 교환에 따라 대차계산에 의하여 하게 된다. 중국과 조선에 대한 수출은 양국의 필요와 이 필요에 대한 일본의 수출 능력에 의하여, 또 일본의 수입은 일본 경제의 최저한도의 필요에 의하여 결정된다"[104]라고 하였던 것이다.

102 방선주, 「한반도에 있어서의 미·소 군정의 비교」, 『미군정기 한국의 사회변동과 사회사 1』, 춘천 : 한림대 아시아문화연구소, 1999, 33~34쪽.
103 『서울신문』, 1945.12.15.
104 『조선일보』, 1946.3.11.

5. 배상과 초기 지역주의 구상의 변용

초기배상구상은 남북 조선의 분단과 중국 내전의 격화 등 아시아 냉전에 영향을 받아, 극동의 공장으로서의 일본을 중심으로 한 지역경제 구상으로 변용되었고, 동아시아 지역의 불균등 공업발전론으로 기울고 있었다. 만주 지역은 소련군에 의한 시설철거와 함께, 동 지역에서의 중국공산당의 정치적 우위가 점차 명확해지고 있었다. 북조선에서도 정치적으로는 소련군의 북조선 지배와 북조선노동당의 지배가 확실해졌으며, 경제적으로도 남북 조선의 경제적 분리가 고착되고 있었다. 또한 1947년 초에 재개된 미소공동위원회는 무기한 연기되었다. 구 '일(선)만지' 경제구조를 재구축하고자 했던 시도는 동아시아 지역의 냉전과 함께 사라져버렸다. 동아시아 지역에서 '만주'―북조선 지역―일본이라는 일관 공업지역이 인위적으로 분단되었던 것이다. 따라서 전시 구상 단계부터 폴리 배상안에 이르기까지 형성되었던 동아시아에서의 지역주의적 구조재편이라는 시도는 일단 좌절했다고 할 수 있을 것이다.

동아시아 경제통합을 구축하고자 한 미국의 영향력 파급지역이 축소되고, 일본 중심의 공업화 전략을 선택해야 하는 상황이 발생했던 것이다. 이러한 변화가 폴리 배상안의 수정과 배상정책의 완화를 초래했다고 할 수 있다. 이원덕은 그 원인으로서 먼저 냉전의 급격한 도래에 의해 일본의 전략적 비중이 급상승한 점을 들었으며, 다음으로 제1차 세계대전 이래 독일에 대한 가혹한 금전 배상 요구가 독일의 경제 혼란과 배상지불의 정체를 초래하여, 결국에는 나치의 대두를 불러오는 데 일조했다는 반성이 있었다는 점을 들었다. 또한 대일점령비용을 절감하고자 했던 미국의 정책적 의도가 있었다는 점도 지적했다.[105] 여기에 더하여 배상정책이 완화된 또 하나의 요인으로서는, 만주를 포함한 중국 지역과 북조선 지역이 미국의 영향권 바깥에 놓이게 된 상황에 대응하여 배상정책에 대한 재해석이 있었다고 할 수 있을 것이다.

미국 육군성은 1947년 7월 5일에 뉴욕 해외조사상담소Overseas Consultants, Inc., New York에서 일본의 산업경제부흥 원조 및 배상 물건의 철거 가능성에 대한 조사를 위촉했다. 그 주된 임무는 일본의 공업 잠재력을 조사하고, GHQ / SCAP에 대하여 일본의 경제부흥 및 배상 징발 문제와 일본의 경제 수준 및 경제적 자립능력을 설정하는 정책을 시행할 때, 그 고려해야 할 사안을 권고하는 것이었다. 해외조사상담소는 그 소장인 스트라이크Clifford Strike를 대표로, 1947년 8월 10일부터 일본, 조선, 중국을 시찰하고, 11월 하순에 뉴욕에 귀국한 후, 1948년 3월 9일에 조사보고서를 제출했다.[106]

스트라이크 보고서는 제1부 서론에서 "광대하고 조밀한 지방(일본-인용자)을, 현재의 불안과 경제적 혼란 상태로 방치하는 것보다도, 일본을 공업적으로 강력하게 만드는 쪽이, 동아시아의 평화와 번영에 있어서 발생할 위험성은 적을 것이다.(…중략…) 유효한 관리가 유지되는 한, 일본이 전쟁을 개시할 능력은 제거"될 수 있을 것이라고 전망했다. 더욱이 제1부와 제2부의 결론부에서 "일본에서 유효하게 이용 가능한 생산시설(주요 군수시설 제외)을 철거하는 것은 세계 차원의 생산을 저해할 것이다. 그렇게 하는 것은 일본의 자립가능성을 떨어뜨리고, 이 목표를 실

---

105 이원덕, 앞의 글, 384쪽.
106 岡野鑑記, 『日本賠償論』, 東京 : 東洋経済新報社, 1958, 134~135쪽.

현하기 위해 소요되는 시간을 연장할 것이다. 또한 미국 시민은 더 많은 세금을 납부하게 될 것이다. 그리고 우리들의 견해에 따르면 그것은 배상 유권국의 최대의 이익도 되지 않을 것이다"라고 결론을 내린 후, "일본에서 유효하게 이용 가능한 생산시설(주요 군수시설 제외)을 철거하지 말도록 권고"하고 있다.[107] 스트라이크 보고서에 따르면, 배상정책의 '비군사화' 원칙은 주요 군수시설에 국한하도록 하고, 기타 생산시설은 '자립경제의 재건'을 위해 모두 잔치殘置할 것을 권고하고 있다.[108]

스트라이크 사절단의 조사보고는 폴리 사절단이 총괄보고와 근본적인 차이가 있었고, GHQ / SCAP이 주장한 '경제비무장화 · 경제규제안에 준거'해야 할 것이라고 주장했다. 따라서 이 보고는 폴리 배상안과의 괴리를 조정할 필요가 있었다. 1947년 3월 31일부터 4월 1일에 걸쳐 스크라이크, 국무성 · 해군성 각 대표, 그리고 폴리가 스트라이크 사무소에 모여 의견 조정 작업에 들어갔다. 그 결과 총괄보고 수준의 배상을 포기하고, 타협안을 작성하기로 합의했다. 4월 7일, 배상정책의 포괄적 문서로서 SWNCC 236/4가 작성되었고, 4월 8일에 승인되었으며, 9월에는 FEC 218로서 극동위원회에 송부되었다. 이 합의는 대일배상정책의 전환을 의미했던 것이다.[109]

---

107 *Report on Industrial Reparations Survey of Japan to the United States of America*, February 1948, New York : Overseas Consultants, Inc., 1948.

108 岡野鑑記, 앞의 책, 142쪽.

109 SWNCC 236/43 : Reparations Removals of Industrial Facilities and Merchant Shipping form Japan,1947.4.7, Reparations Policies and Programs for Japan, *SWNCC, Policy Files, 1977-1947*, Microfilm, roll no.21 : SWNCC Case Files No.236, 1945.12~1848.8. 국사편찬위원회 소장; The Under Secretary of State(Lovett) to the Under Secretary of the Army(Draper), 1948.1.13, *FRUS*, 1948, 6 : 945; *FRUS*, 1947, 6 : 386, 391; 三浦陽一, 앞의 글, 14쪽; 原朗, 앞의 글, 365쪽.

다음으로 존스톤 사절단과 함께 조선과 일본경제를 시찰한 드레이퍼 육군차관은 1947년 10월 7일에 워싱턴에서 기자회견을 했다. 그 속에서 "일본에서 해방된 지 2년이나 지났으나 조선은 아직 통일되어 있지 않으므로, 이 조선문제를 유엔에 상정하여 토의해결을 요구할 생각이다. 독일 수출공업의 부흥은 유럽 원조에 관한 마샬안의 성공·불성공 여하를 좌우하는 것과 마찬가지로, 일본 공업도 동아시아 경제 부흥을 좌우할 것"이라고 언명했다.[110] 이것은 한반도에 미소 협의에 의한 통일정권을 수립할 가능성에 대한 회의적 전망을 보여줌과 동시에 일본경제부흥을 배상문제보다 우선시하겠다는 의지를 명확히 보여준 회견이었다.

한편 남조선에서는 '재외 재산' 속에 접수된 기업체인 '귀속기업체'가 1947년 3월부터 조금씩 미군정에 의해 민간에 불하되고 있었다.[111] 점령이 종료되는 1948년 7월 7일까지 불하된 기업체는 전체의 44%, 전체 가치의 77%가 집중적으로 불하되었다. 1948년 1월 26일, 남조선과도정부 대일배상위원회의 오정수吳禎洙는 대일배상요구의 근거가 다방면에 미치고 있음에도, 그 금액이 적은 이유는 조선 내에 '적산'에 포함되어 있던 것이 많았기 때문이라고 지적했다. 이러한 '적산', 즉 '재외 재산'은 침략행위의 결과로 해석되어 접수되었지만, 대일배상에 포함되었다는 것이다.[112] 그러나 이 귀속기업체의 불하 비중도 현저하게 줄어들었으

---

110 『조선일보』, 1947.10.8.
111 CINCFE, *Summation of United States Army Military Government Activities in Korea*, No.20, 1947.5, p.44; 김기원, 『미군정의 경제구조-귀속기업체의 처리와 노동자 자주관리 운동을 중심으로』, 서울: 푸른산, 1990, 156쪽.
112 『조선일보』, 1948.1.27.

며, 또한 미군정기 말기에 집중되었다는 것은 무엇보다도 국제법적으로 '재외 재산'의 처리 문제에 대해 미군정이 확고한 결론을 내릴 수 없었기 때문이었고, 미군정이 점령기에 '재외 재산'을 통해 남조선 경제에 대한 지배력을 계속해서 행사하려고 의도했다는 점도 있었다고 할 수 있다.[113]

최종적으로는 1948년 9월 11일, 한국정부와 체결한 '한미재정 및 재산에 관한 협정' 제5조에서, "대한민국 정부는 재조선 미군정청 법령 제33호에 의해 귀속된 모든 일본인 공유 또는 사유 재산에 대해, 재조선 미군정청이 행한 처분을 승인 및 비준한다"라고 규정하고, 미군정이 행한 귀속재산의 불하 조치를 한국정부가 무효로 하지 못하도록 조치했던 것이다.[114]

6. 맺음말

전시기의 전후 구상에서 일본의 비군사화와 민주화 정책은, 일본의 과도한 경제력을 축소하고, 그 여분을 동아시아에 재배분하는 것과 연결되어 있었다. 이를 통해서 동아시아 지역의 균등한 공업 발전과 구매력의 창출을 통한 자유무역 체제를 안정화하고자 한 것이었다. 미국은 전체적인 흐름에서는 동아시아 지역을 국가별로 분리하여 인식했던 것이 아니라, 그 중점과 목표는 변화가 있었다고는 해도, 여전히 지역 단위

---

113 김기원, 앞의 책, 159쪽.
114 朝鮮銀行調査部, 『経済年鑑』 1949년판, Ⅲ-37쪽; 위의 책, 161쪽.

로서 정책을 입안하고 실행했다. 또한 지역 단위 구상의 베이스를 이루고 있던 전전으로부터의 동아시아 경제구조를 미국의 통제하에 재편·재구축하고자 했던 시도는 지역 경제통합 구상이라고도 할 수 있었다.

'비군사화'와 '민주화'를 기본정책으로 한 미국의 대일정책은 일본의 침략전쟁 수행능력과 전시경제구조를 파괴하는 것을 목적으로 하고 있었다. 이런 논리에서 보면, 전시경제의 틀에서 개발된 조선 경제도 '비군사화'와 '민주화' 정책에 비추어, 재편 대상이 될 가능성이 존재하고 있었다. 전시기에 일본 중심의 수직적 분업구조를 일본이라는 중심을 제거하고 미국이 동아시아 지역을 수평적 분업구조로 전환하려는 정책이 구상되었다.

배상 정책 자체가 일본에 엄격한 것이었던 것은 확실하다. 이렇게 이전될 예정의 여러 시설이 동아시아 지역의 균등 발전에 긍정적으로 기여할 수 있을지에 관한 의문도 제기할 수 있을 것이다. 그러나 전후 구상에서 폴리 배상안에 이르는 배상정책의 핵심은, 일본에 대해서는 비군사화와 민주화, 그리고 동아시아 지역에 대해서는 균형/균등 발전의 계기를 구축하고자 한 지역주의적인 정책 의도가 있었다는 점 또한 사실이다.

폴리 배상안과 일본 외무성 조사국 제3과 그룹의 『일본경제재건의 기본문제』의 대립점은, 중화학공업 시설의 잔치 문제였다. 그러나 동아시아 지역의 공업화를 통해 대일구매력 향상을 도모함으로써 일본의 대외수출의 활로를 열고자 한 부분은 공통점이 있었다.

한국전쟁의 발발은 통합된 동아시아 지역경제의 부흥에 의한 미국의 경제적 부담의 경감이라는 구상을 좌절시켰다. 동아시아 각국은 미국으로부터 개별적으로 경제원조, 또는 특수特需에 기대어 경제부흥을 도모하게 되었고, 따라서 지역경제통합을 향한 접근은 약화하였으며, 이른바 미국을 사북으로 하는 부채꼴 모양hub-and-spine의 지역통합의 양 상을 노정하게 되었던 것이다. 한국전쟁을 계기로 한국과 일본은 지역 경제통합을 요구하는 것보다, 미국으로부터 원조와 특수에 의존한 경 제부흥으로 기울어져 갔다.

그럼에도 미국이 가진 재원의 한계는, 그 대외원조자금을 개별국가 단위가 아니라 지역 단위로 최대한 활용함으로써 개별국가에 원조하는 관계보다는 일본의 공업화와 동아시아 지역의 원료·시장을 연계시켜, 일본을 중심에 둔 동아시아 지역 레벨에서 재조정한 미국의 기대를 통 주저음basso continuum으로서 잔존시켜, 1960년대 지역주의로 이어져 갔 던 것이다. 1950년대 이미 전후 부흥을 성취한 일본도 동남아시아와의 배상 협정을 통해 동아시아 지역과의 경제적 결합을 중시하는 움직임 을 보였고, 한국도 1950년 말 미국 원조가 축소되고 차관으로 변경되어 감에 따라 1960년대의 지역통합으로 나아갔던 것이다.

제7장

점령기 한일 석탄무역의 구조와 성격

1. 머리말

점령기의 한일 간 경제통합 구상이라는 제3기의 지역주의에 연결되는 경험으로서, 점령기구 통합운영의 사례연구로 정부무역, 그 속에서도 석탄무역을 중심으로 한일 경제의 통합운영의 양태를 분석하고자 한다. 미국은 전후 정책에서 한일 양 지역의 정치, 행정적인 분리뿐만 아니라 경제적인 분리 정책을 세워 놓고 있었다. 그러나 종래의 식민지와 종주국 간의 경제관계를 붕괴시킨다는 의미에서의 경제적인 분리라는 의미였지, 양 지역을 경제적 고립관계 속에 남겨놓겠다는 의미에서는 아니었다. 또한 경제적 분리 정책은 조선에서는 신탁통치기에 실행할 것이었다. 따라서 정상적인 경제관계가 형성될 때까지는 양 지역의 경제적 분리에 따른 물자부족 등의 여러 문제를 해결하기 위해, 양 지역을 동시 점령한 미 점령군 기구를 통해서 점령기 무역이 잠정적으로 이루어지게 되었다. 이런 형태의 무역은 당시 자료들에서 '정부무역', '군정무역', '과정무역過政貿易', '관영무역', '통제무역' 등으로 기술되어 있는데, 여기서는 '정부무역'으로 통일하여 사용하고자 한다. 연합국 최고사령관 총사령부 즉, GHQ / SCAP은 무역 상대가 외국정부, 외국사절단, 외국인 바이어 등 그 어느 쪽이든지 정부의 무역 담당기관이 무역 업무를 담당하는 수출입방식을 정부무역이라고 정의하고 있었다.[1] 정부무역으로 취급되었던 것에는 미국으로부터 수입하는 식량, 차관에 의한 수입물자, 기타 민간물자보급계획[2]에 의한 수입물자 등이 속하였다.[3] 미군이 점령한 1945년 8월부터 1948년 8월까지의 정부무역은 주한미군정(남조선 과도정부를 포함)과 GHQ / SCAP을 주체로 하여 이루어졌으며, 대한민국 정부가 수립된 이후에는 대한민국 정부와 점령하 일본을 대표한 GHQ / SCAP 사이에 이루어졌던 것이다.

이 시기에는 제한부 민간무역 및 전면적인 민간무역이 각각 허용된 이후에도, 한일 간에는 민간무역이 허용되지 않았으며, 정부무역만이 이루어졌을 뿐이었다. 정부무역이 GARIOAGovernment and Relief in Occupied Areas 원조, 그리고 정부수립 후 남한의 경우에는 ECAEconomic Cooperation

---

1 石堂哲也·西川博史역, 『GHQ日本占領史 第52卷 外國貿易』, 日本図書センター, 1997, 101쪽 (원제는 GHQ / SCAP ed., *Foreign Trade —History of the Non —Military Activities of the Occupation of Japan, 1945-1951*, vol.52).

2 원래 민간물자보급Civilian Supply은, 미국의 전후구상 계획 수립과정에서 구제Relief를 고친 어구였다. 전후 대일정책이 대일유화적이라는 오해를 불러올 수 있다는 점을 회피하기 위해 '구제'를 '민간물자보급'으로 변경했다고 한다. PWC Discussion in reference to PWC 296a, Annex A to Minute of FEAC, Meeting No.161, 1944.11.11; 原朗, 「賠償·終戰處理」, 大蔵省財政史室 편, 『昭和財政史—終戰から講話まで 第1卷—総説、賠償·終戰處理』, 東京：東洋経済新報社, 1984, 173쪽.

3 朝鮮銀行調査部 편, 『朝鮮經濟年報』1948年版, 1948.7, I-127쪽.

Administration 원조자금에 의해 이루어진 물자조달과 연계되어 있었기 때문이었다.[4] 정부무역에서 가장 커다란 비중을 차지하고 있었던 물품이 석탄 즉 유연탄이었다.[5] 석탄무역에 대해서 이정희[6]는 그 수입 배경 및 배탄 상황에 대한 개략적인 분석을 행하고 있으나, 구체적인 수출입과정을 면밀하게 분석하는 데까지 이르지 못하고 있다. 한편, 타카이시 스에키치高石末吉[7]가 일본 측의 수출과정과 그 성격에 대해서 분석하였는데, 일본 측의 상황에 대한 분석에 치중하고 있어서 석탄무역의 전체상을 그려내지는 못하고 있다.

여기서는 당시 일본측의 수출과정에서 GHQ / SCAP과의 연락사무를 담당했던 종전연락중앙사무국終戰連絡中央事務局의 기록인 『관리무역관계잡건管理貿易關係雜件』[8] 및 주한 미군정 측의 수입계획을 확인할 수 있는 중앙경제위원회National Economic Board가 작성한 「수입계획」[9] 및 미국 측이 생산한 문서 등을 무역통계들과 대조 분석하고, 지금은 입수하기 곤란한 당시의 일본 측 문서들을 활용한 타카이시의 연구와 당시의 남한 신문자료 들을 이용하여 부족한 사료를 보완하면서, 한일 양 지역을 동시에 분석 대상으로 삼아, 석탄무역의 개시 이유와 배경, 운영구조 및 성격을 보다 입체적이고 유기적으로 고찰해 보고자 한다.

---

4   石堂哲也・西川博史 역, 앞의 책, 94・101쪽.
5   한국에서는 '석탄'을 주로 무연탄이란 의미로 사용하지만, 일본에서는 유연탄 특히 역청탄이란 의미로 사용하여 그 이미지가 다르다.
6   이정희, 「미군정기 한일 군정무역에 관한 연구」, 경북대 석사논문, 1995.
7   高石末吉, 『覺書終戰財政始末』 8, 大藏省大臣官房調査課, 1962.
8   外務省文書課, 『管理貿易雜件―貿易狀況関係』 第4巻, 外務省外交記録マイクロフィルム E.2.0.0.9. 일본 外交史料館 소장 이하 外交記錄.
9   "Import Program 1", "Program Two, Korea Import Requirement, Korea Export Availibilities", "Korea Imoport Requirement-Program III", "Civilian Supply Program IV", "Korean Civilian Import Requirement(Rehabilitation)".

2. 대한 석탄수출 지시와 대일 석탄수입 이유

1) 석탄무역 개시 지령의 성격

1945년 9월 25일, GHQ / SCAP은 SCAPIN-60[10]을 종전연락사무국을 통해 일본 정부에 조선의 미 점령지역에 유연탄을 수출할 것을 지령하였다. 지령을 받은 일본 정부는 나흘이 지난 9월 29일에 석탄을 적재한 최초의 선박을 홋카이도 오타루小樽에서 출항시켰다.[11] SCAPIN-60은 한일 간에 행해졌던 정부무역에 대한 최초의 지령이기도 했다. 그 내용은 다음과 같다.

> 첫째, 일본정부는 석탄 7만 톤~7만 5000톤을 매달 부산항에 보낼 수 있도록 석탄, 하역, 선박을 즉시 준비할 것.
> 둘째, 석탄은 주한 미군부대에 인도(引渡)할 것.
> 셋째, 인도는 가급적 빨리[12] 개시할 것.
> 넷째, 석탄을 보낸 최초의 날짜와 각 주간의 수송실적을 SCAP에 보고할 것.

이 규정에는 대금지불에 관한 규정이 없었으므로, 일본 정부는 인도 물자를 접수 물자로 인식하여 석탄의 수집과 선적 준비에 착수하였다고 한다. 그것은 SCAP 지령으로 인도할 지역이 주한 미군 부대였다는 것도 그 판단기준이 되었다고 할 수 있다. 이 지령이 나온 배경에는

---

10 SCAPIN-60 : "Provision of Coal at Fusan, Korea for use of Commanding General, U.S. Forces in Korea"(1945. 9. 25).

11 高石末吉, 앞의 책, 401쪽.

12 여기서 '가급적 빨리'라는 표현은 일본정부가 SCAP에 조회한 결과 2~3일간이라는 의미였다.

SWNCC 150/4/A(1945년 9월 21일)를 정책으로 결정하는 과정에서 배상 문제를 둘러싼 수정이 이루어지고 있었다는 경위가 있었다.[13] 배상 방침에 관한 내용은 SWNCC 150/3(1945년 8월 27일) 단계에서 다음과 같이 새롭게 추가되었다.

일본 침략에 희생이 된 연합국 및 해방 지역이 긴급히 필요로 하는 물자의 현존 재고품 혹은 매년 생산물을 통한 인도는, 관련 연합국 당국이 이러한 인도를 배상으로 혹은 대가가 지불되어야 할 수출로 간주할지 여부를 결정하기에 앞서, 이 결정을 내릴 권리를 침해함이 없이 실행할 수 있도록 한다. 이 결정을 내릴 경우, 일본이 허가된 수입품의 대금 지불을 위해 필요한 한도까지는 이러한 인도에 대한 대가가 지불되어야 한다는 결정을 취하도록 한다.

그 사이에 해당하는 8월 29일에 합동참모본부JCS는 맥아더에게 SWNCC 150/3을 은밀히 전달하고 있었다. SWNCC 150/4/A(1945년 9월 21일)에는 위에 인용한 부분이 삭제되었고, 다음과 같은 항목이 새로 추가되었다.

배상 계정에서 또는 반환으로서 수출하도록 지령된 것 이외의 수출은 물자수입국이 그 대가로 필요한 수입품의 제공에 동의 또는 외국환으로 지불하는데 동의할 경우에만 수출을 허가한다.

---

13 原朗, 앞의 글, 200~202쪽.

9월 25일에 GHQ / SCAP이 일본 정부에 해방 지역인 남조선에 석탄을 인도하도록 지시했던 것은 배상이진 수출인지를 결정하기 전에 그 물자의 인도를 지시할 수 있도록 한 조항으로서 GHQ / SCAP 당국이 인지하고 있었기 때문으로 생각된다. SWNCC 150/3이 이미 삭제된 후였지만, SWNCC 150/4/A에도 '배상 계정에서 또는 반환으로서 수출하도록 지령된 것'으로서 이러한 지시는 가능한 것으로 GHQ / SCAP은 해석할 수 있었다고 생각된다.

이런 SCAP 지령에 의한 인도 물자를 미국의 구매물자라고 공식적으로 인식하게 된 것은, 점령종료 후 연합군이 일본계정을 일본 정부에 이양할 때, 남한과 오키나와에 수출한 석탄 등의 물자의 미지불금을 미국의 대일 채무라고 통보한 후였다.[14]

한편, 9월 25~29일이란 기간은 해방 후 끊겼던 한일 간의 석탄 수출입 재개의 첫 번째 이유를 설명해 주는 단서가 된다. 즉 9월 25일이라면, 9월 8일 인천 상륙, 9월 9일 서울 입성 등으로 시작한 미 전술군의 전개가 청주(9월 16일), 춘천(9월 20일), 대구(9월 24일)에 도착하였을 뿐, 광주(10월 5일)와 목포(10월 8일)에는 아직 도착하지 못한 상황이었다. 미 전술군이 남한 전역을 점령하는 데 거의 한 달이 걸린 셈이었다. 사단 규모의 빠른 병력이동에는 역시 철도를 이용하지 않을 수 없었다. 또한 주한 미 군사령관 하지가 '조선은 불만 댕기면 폭발할 화약고'라고 표현한데서도 알 수 있듯이, 남한의 혁명적 열기에 직면한 미 점령군이 군사 체제 정비를 통한 치안 유지를 위해서 필요한 철도운송체제의 복구에는 일

---

14 高石末吉, 앞의 책, 389쪽.

차적으로 유연탄이 필요했던 것이다.[15] 그러나 미군 진주 당시의 석탄 재고는 30일분에 불과하였으므로,[16] 기관차의 동력인 유연탄 부족을 해결하기 위해서 급거 석탄을 수입할 필요가 있었다.

전술군의 전개 및 배치가 완료된 후에도 식량통제 정책에 따른 하곡 및 미곡 수집과 원조물자 분배 등을 위해, 그리고 주요 수출품으로 등장한 수산물과 광산물의 운반을 위해 철도는 여전히 중요한 수송 수단이었다. 그런데 운송시설의 부족으로[17] 군정무역을 통해 수입된 민간물자도 항구에 적체되는 등 제대로 배급되지 못하는 문제가 발생하고 있었다.[18] 이를 위해 GHQ / SCAP은 일본 정부에 유연탄을 주한미군사령부에 수출하도록 지령을 내렸던 것이라고 이해할 수 있다.

원래 식민지 시기부터 남조선 지역에 유연탄을 공급하던 지역은 일본 이외에도 북조선 지역, '만주' 지역이 있었다. 주한미군사령부는 필요한 유연탄을 확보하기 위해 일본에서 유연탄을 수입하는 한편, 북조선 지역의 소련군 당국과도 교섭하고 있었다. 소련군 측은 소련 본국의 명령을 기다려야 한다는 이유를 내세워 교섭은 난항을 겪었다. 이 문제를 타개하기 위해서는 본국 양자 간의 교섭이 필요했다. 1945년 11월 3일 미국 국무부는 주소 미국대사 해리만W. Averell Harriman에게 지시를 내려, 남북 조선 사이의 경제 통합 문제를 협의할 때 소련 측으로부터 전기·소금·염소鹽素 등에 더하여 석탄 즉 유연탄을 반입할 수 있도록 소

---

15 위의 책, 372~373쪽.
16 『자유신문』, 1945.11.28.
17 1946년 8월 무렵 기관차 가동율은 전체의 30%에 불과했다(National Economoic Board, USAMGIK, *South Korean Interim Government Activities*(이하 *SKIGA*), vol.24, 1947.9, P.64; 朝鮮殖産銀行調査部, 1946.8, 『殖銀調査月報』 1-2, 88~89쪽).
18 *SKIGA*, vol.25(1947.10), p.61.

련 정부 당국과 협의하기로 했다.[19] 북조선과 '만주' 지역의 유연탄을 남조선 지역에 반입하는 문제는, 1946년 3월에 개최된 미소공동위원회 예비회담에서도 거론되었는데, 소련 측에서는 남북 조선의 경제통합에 부정적인 견해를 가지고 있었고,[20] 또한 소련 측이 제안한 남조선 미곡의 북조선 반입안을 미국 측이 사실상 거절함으로써 유연탄 반입도 실패로 끝나고 말았다. 이후 남북 조선 사이에 교역은 계속되었지만 유연탄 반입은 끝내 이루어지지 않았다.[21] 이로써 석탄 공급지로 남은 지역은 오직 일본뿐이었다.

한편 일본에서는 8월 30일에 맥아더가 일본의 아츠기厚木 비행장에 내린 후, 점령부대의 배치가 겨우 끝났을 시기였으므로, 아직 군사적 안정도 확보하지 못하고 있었다. 또한 일본에 석탄 여유분이 있었던 것도 아니었다. 그럼에도 불구하고 유연탄 남조선에 수출지령을 내렸던 것은, 첫째, 패전 직후 군수공장 등에 상당량 군수물자가 적치되어 있었으므로, 일본의 전체적인 물자부족 상황을 오해하여, 조선의 물자 부족상황을 타개하기 위해 일본의 군수물자를 처분했다는 것이다. 둘째, 군수물자의 처분은 연합군의 비군사화 정책 및 조선의 구제물자 보급문제

---

19 The Secretary of State (Byrnes) to the Ambassador in the Soviet Union (Harriman), 740.00119 Control (Korea)/11-345 : Telegram, *FRUS*, 1945, 6 : 1106~1108. 이 전문은 SCAP 측 정치고문에게도 주한미군사령관 측 정치고문에게도 재차 전달되었다.

20 제1차 미소공동위원회 개최를 앞두고, 소련 정부는 북조선에 주둔하고 있는 소군정에 보낸 서함에서, "만약 미국 측이 조선의 경제적 통일 문제를 위원회 심의에 넣으려 한다면, (…중략…) 그러한 생각은 거부되어야 하면, 남북 조선 간의 물품 교환은 양 군사책임 구역의 사령관 간의 동의에 바탕을 두고 상호 납품의 형태로 이루어져야 한다는 점을 언명해야 한다"라고 되어 있다. 「조선임시정부수립에 대한 소미공동위원회 소련사령부 대표단에의 훈령 초안」, 『역사비평』, 1994년 봄, 370~373쪽.

21 김보영, 「해방후 남북한 교역에 관한 연구-1945년 8월-49년 4월 기간을 중심으로」, 고려대 박사논문, 1995, 96쪽.

와 모순되는 것이 아니었다. 셋째, 조선과의 지역적 근접성과 물자보급에 대한 긴급성이 고려되어 일본에서 수출하게 되었다는 것이다. 넷째, 미국원조 물자와의 대체성이라는 측면으로, 간단한 조치로 그 운용이 가능한 일본에서 우선 물자를 보냄으로써 조선의 물자부족이란 급한 불을 끄고자 했다는 것이다. 다섯째, 패전국인 일본의 물자부족 보다는 해방 지역으로 간주되었던 조선의 물자부족에 구제의 우선순위가 있었을 것이라는 해석이다.[22] 여기서 네 번째 시각은 중요한 시사점을 던져 주는데, 미국의 점령종료 후 발생한 대일원조대금의 반환문제에 대한 미국 정부의 태도를 엿볼 수 있기 때문이다. 이 태도에서 볼 때, 이미 남조선에 석탄을 수출하라고 지령을 내린 단계에서, 그 맹아가 있었던 것으로 추측할 수 있는 것이다. 즉, 이후에 미국은 일본 정부가 미군에 인도한 남한 구제물자 즉 조선 수출용 물자의 매입금을 구성했던 '조선채권朝鮮債權'을 일본의 대미 반환액에서 상쇄시키고자 했던 것이었다.[23]

2) 남조선의 석탄 수급 상황

〈표 1〉에 의하면, 일제하 조선의 대외교역에서 무연탄은 1940~1941 년에 수출이 피크에 도달한 이후, 1942년부터 급격히 수출량이 감소하긴 했지만 출초 경향은 유지되고 있었다.

한편, 유연탄은 1939~1940년에 수출이 피크에 도달한 이후 급격한 수출 감소 경향을 보이고 있으나, 1939년부터 입초 상황은 변하지 않고

---

22 高石末吉, 앞의 책, 377~378쪽.
23 宋炳卷, 「日米援助返濟交渉と『朝鮮債權』―その一括處理と返濟金の使途」, 『アメリカ太平洋研究』 4, 2004, 84~86쪽.

〈표 1〉 식민지기 조선의 석탄 수출입 상황 (단위 : 톤)

	무연탄		유연탄	
	수출	수입	수출	수입
1939	851,576	49,175	74,377	1,925,355
1940	1,423,802	29,017	104,189	2,242,611
1941	1,251,762	32,079	21,824	2,440,184
1942	151,852	1	1,430	624,149
1943	157,380	8,403	10	877,661

자료 : 朝鮮銀行調査部, 『朝鮮經濟統計要覽』 1949年版, 1950, 132쪽.

있었다. 또한 각 연도에도 무연탄 수출량보다 유연탄 수입량이 1.6~
5.6배가량 많았다. 일제하 조선에서는 무연탄 수출 및 유연탄 수입 구
조가 형성되어 있었다는 것을 알 수 있다.

〈표 2〉 일제하 조선의 유연탄 매장량 및 생산량 (단위 : 톤)

	매장량		1944년생산량	
북한	166,700,000	94.1%	2,489,168	98.8%
남한	10,500,000	5.9%	29,345	1.2%
합계	177,200,000	100.0%	2,518,513	100.0%

자료 : 朝鮮銀行調査部, 『朝鮮經濟統計要覽』 1949年版, 1950, 128쪽.

또한 〈표 2〉를 통해 1944년에 조사된 일제하 조선의 유연탄 매장량
과 생산량을 살펴보면, 1941년 이래로 감소 경향을 보이고 있던 유연탄
확보를 위해 생산량을 급속히 확대한 것을 확인할 수 있다.

그러나 일제하 조선산 유연탄은 역청탄bituminous coal이 아니라 갈탄sub-
-bituminous coal, lignite broom coal이 대부분이었기 때문에,[24] 갈탄의 생산 증대
를 통해 수입 유연탄을 대체하는 효과를 곧바로 기대할 수 없었다. 게다

24 韓國銀行調査部, 『産業綜覽』 제1집, 1954, 3쪽.

가 갈탄마저도 1944년 현재 매장량(94%)과 생산량(98.9%)이 북한 지역에 편재되어 있었는데, 해방 후 분할 점령된 남조선 지역은 오직 1.2%만의 석탄을 생산했을 뿐으로, 일본 등으로부터 수입과 북한 지역으로부터 공급이 두절된 상태에서는 경제 유지 자체가 곤란한 실정이었다. 해방 이후 석탄의 수입 두절이 가져온 경제적 타격을, 1944년의 석탄의 이용 현황을 살펴봄으로써 추정해 보고자 한다.

1944년의 남북을 합한 통계에서의 유연탄 소비는 교통국(35.3%), 제철제강(28.7%), 액체연료(10.0%), 요업(4.2%), 화학공업(3.8%), 사설철도(3.6%)의 순이었고, 무연탄 소비는 교통국(20.3%), 연탄업(18.5%), 화학공업(10.6%), 요업(8.2%), 가정용(7.0%), 전력전등(6.2%), 제철제강(4.8%)의 순이었다. 석탄의 수입이 두절됨으로써 위와 같은 부문의 운영은 마비 상태에 빠졌음은 말할 나위도 없지만, 그중에서도 두 종류의 석탄 모두 교통국 즉 국유철도의 유지에 가장 많이 사용되고 있었음을 알 수 있다. 여기에 사설철도용까지 합하면 총 유연탄 소비량의 약 40%에 달하고 있었다. 석탄의 부족은 무엇보다 운송 수단 마비라는 결과를 초래하였다.

이러한 상황은 해방 후 수입석탄의 배급상황에서도 이런 상황은 재확인할 수 있다. 〈표 4〉에서 해방 후 남조선 유연탄의 당해연도별 수요에서 운수부용은 철도운송의 유지를 위해 1945년에 최고 91.0%가 배당된 이래 73~74%대를 유지하였다. 당시 조선석탄배급회사 배급과장 배응도裵應道의 진술처럼, 유연탄은 대부분 철도운송용으로 배급되고 있었던 실정이었다.[25] 이런 경향은 계속 이어져서 해방 이후 1947년 7월

---

25 『조선일보』, 1946.1.27.

산업별	유연탄		무연탄		합계	
제철제강	1,610,036	28.7%	173,821	4.8%	1,783,857	19.3%
조선기계	20,491	0.4%	43,573	1.2%	64,064	0.7%
광산정련	27,677	0.5%	100,325	2.8%	128,002	1.4%
전력전등	9,377	0.2%	225,634	6.2%	235,011	2.5%
가스 코크스	148,663	2.6%	6,076	0.2%	154,739	1.7%
요업	236,048	4.2%	297,886	8.2%	533,934	5.8%
화학공업	212,532	3.8%	386,739	10.6%	599,271	6.5%
섬유공업	104,020	1.9%	266,861	7.3%	370,881	4.0%
식료품	15,425	0.3%	87,762	2.4%	103,187	1.1%
제염업	2,130	0.0%	26,787	0.7%	28,917	0.3%
연탄업	34,590	0.6%	675,154	18.5%	709,744	7.7%
액체연료	560,819	10.0%	73,611	2.0%	634,430	6.9%
사설철도	201,632	3.6%	75,500	2.1%	277,132	3.0%
난방용	4,559	0.1%	11,653	0.3%	16,212	0.2%
소량 및 가정용	147,282	2.6%	254,371	7.0%	401,653	4.3%
기타	1,419	0.0%	7,998	0.2%	9,489	0.1%
炭礦住家용	135,623	2.4%	110,237	3.0%	245,860	2.7%
교통국	1,980,671	35.3%	741,196	20.3%	2,721,867	29.4%
관수(官需)	16,727	0.3%	35,759	1.0%	52,486	0.6%
군수	145,467	2.6%	41,309	1.1%	186,776	2.0%
합계	5,615,260	100.0%	3,642,252	100.0%	9,257,513	100.0%

자료 : 朝鮮銀行調査部, 『朝鮮經濟統計要覽』 1949年版, 1950, 130쪽.

까지의 2년간에 유연탄 수입량 약 105만 톤 중 약 88%(약 92만 톤)가 운수부에 배당되고, 6%(6만 톤)가 공업용으로, 약 5%(4만 톤)가 미군용, 기타 1.5%(1만 4000톤)가 가스코크스용으로 배당되어, 그나마 약 300만 톤의 석탄 수요에 대해 약 1/2만이 공급되었을 따름이었다.[26]

---

26 『서울신문』, 1947.12.9.

〈표 4〉 남조선의 석탄 수입량, 생산량, 공급량 (단위 : 톤)

		1945	1946	1947	1948	합계
대일수입량	유연탄	100,205	617,033	690,401	854,954	2,262,593
생산량	갈탄	0	25,976	37,055	68,040	131,071
	무연탄	0	251,156	430,221	714,159	1,395,536
	합계	0	277,132	467,276	782,199	1,526,607
공급가능량	유연탄	100,205	643,009	727,456	922,994	2,393,664
	무연탄	0	251,156	430,221	714,159	1,395,536
	합계	100,205	894,165	1,157,677	1,637,153	3,789,200
소비공급실적	유연탄	–	–	570,710	640,160	1,210,870
	무연탄	–	–	465,019	457,047	922,066
	합계	–	–	1,035,729	1,097,207	2,132,936
유연탄배당량	운수부용	94,045	520,528	512,837	558,950	1,686,360
	전기발전용	0	1,651	14,394	83,500	99,545
	군용	513	20,401	89,630	20,050	130,594
	공업연료	7,416	24,645	55,252	–	87,313
	가스코크스 제조용	1,380	36,329	22,575	84,570	144,854
	합계	103,354	603,554	694,688	747,070	2,148,666

자료 : 朝鮮銀行調査部, 『經濟年鑑』 1949年版, 1950, Ⅳ~215쪽; 世界貿易事情協會 편, 『貿易年鑑』 1949年版, 1948, 280~282쪽.

1945년 9월 21일, 미군정청 광공국장 언더우드John C. Underwood가 연료 공급과 절약문제에 대한 담화에서, 다가올 동절기 연료부족을 방지하기 위해 선박을 총동원하여 석탄을 수송할 것을 언명할 정도로 그 부족상황은 심각하였고,[27] 이를 위해 국내 석탄증산을 위해 조선석탄대책위원회를 설립하는 등[28] 대책마련에 고심하고 있었다. 주한정치고문 베

---

[27] 『매일신보』, 1945.9.21.
[28] 『매일신보』, 1945.9.22.

닝호프도 장기적인 남북한의 경제적인 통일이라는 문제와 더불어 단기적으로는 석탄과 같은 필수품의 공급과 관련된 긴급 문제들을 주한미군사령부가 당면 문제로 인식하고 있었다.[29] 주한미군사령관 하지도 소련이 점령한 북조선 지역과의 분리가 가져올 타격의 하나로 석탄부족을 들고 있었다.[30]

그러나 이러한 우려는 북조선 지역과의 경제적 통일유지라는 전망 속에서 북조선 지역에 파견되었던 미군 연락장교들이 석탄 등의 입수 교섭에 실패함으로써 현실화되었다.[31]

결국 남조선 지역 자체 생산량만으로는 석탄 문제를 해결할 수 없게 되었고, 유연탄의 대일수입이 당시로서는 유일한 해결책으로 인식되었다. 이에 따라 1945년 11월 17일에 군정청 광공국장 부속실의 무어 대위R. Moore가 기관차용 유연탄을 대량 대일반입할 계획이 있다고 시사한 후,[32] 11월 27일에 대일 유연탄 수입이란 공식 언명이 나왔다.[33] 또한 1946년 이후 무연탄 및 갈탄의 생산 증대를 도모하여, 이를 유연탄 및 피치pitch와 혼합하여 사용함으로써 유연탄의 일부를 대체하고자 하였고, 1946년에 유연탄 수입량의 44.9%에 불과하던 국내 무연탄 및 갈탄의 생산량을 1948년에는 91.5%까지 끌어올리거나, 1949년 석탄 자급자족계획을 수립하는 등 대책을 모색하였다.[34]

29 The Political Adviser in Korea (Benninghoff) to the Secretary of State, 1945.9.26, *FRUS,* 1945, vol.6, pp.1059~1060.

30 The Secretary of State to the Ambassador in the Soviet Union (Harriman), 1945.11.3, ibid., p.1106.

31 The Acting Political Adviser in Japan (Atcheson) to the Secretary of State, 1945.11.12, ibid., p.1121.

32 『자유신문』, 1945.11.17.

33 『중앙신문』, 1945.11.27.

특히 북조선 지역으로부터의 전력 공급이 두절된 1948년 5월 14일 이후에는 발전용 석탄이 더욱 필요하였으나, 남한의 주요 발전소는 함백 탄전의 무연탄을 사용했던 영월발전소를 제외하면 당인리 및 부산발전소가 유연탄을 연료로 사용하는 상황이었으므로 유연탄 수요는 더욱 절실해졌다. 이에 따라 1948년 11월 4일, 기획처에서 남북교역을 통해 부족한 유연탄 및 전력 등의 반입안을 상공부와 모색하기도 하였다.[35] 이는 매달 8만여 톤이 필요한 대일수입 유연탄을 3만 톤으로 줄이고, 대신에 양질의 무연탄을 일본산 유연탄의 1/3 가격에 북한 지역으로부터 35만 톤(1년분)을 반입하여, 남한산 무연탄과 북한산 무연탄, 일본산 유연탄을 혼합한 마세크탄Masec[36]을 만들어 사용하고자 하는 안이었다.[37]

그러나 대일 수입 유연탄 3만 톤 축소 및 대북 반입 안은 결국 불가능하였기 때문에 1949년 3월까지는 매달 10만 톤 수입, 4월부터는 매달 8만 톤 수입이란 축소된 계획으로 바뀌었고, 이를 보전하기 위해 마섹크 제조시설(당시 약 3만 톤 규모)을 10만 톤 규모로 증설할 계획을 국회에 제출하기도 하는 등[38] 유연탄 수요를 줄이려는 노력이 기울여졌으나, 유연탄 대일수입 여부는 여전히 남한 석탄 소비에 사활적인 의미가 있었다. GHQ / SCAP에서도 석탄의 대한수출을 일본정부에 지령을 내릴 때, 이점을 먼저 고려했을 것으로 생각된다.

예산자문위원회Budget Advisory Committee에서 제기한 1949 회계연도에

---

34 『호남신문』, 1948.12.9.

35 『평화일보』, 1948.11.6.

36 실제 혼합제조 가공탄으로 일명 조개탄으로 불린 마세크탄은 1951년부터 본격적으로 생산되었다(大韓石炭公社, 『石炭統計年報』 조사연구자료 4, 1955, 1쪽).

37 『민주일보』, 1948.12.29.

38 『서울신문』, 1947.12.31.

관한 질문에서도 이런 문제는 거론되었다. 그 내용 속에 석탄과 그 수출입에 관한 문제만을 뽑아 보면, "조선에는 석탄이 없는 것인가?", "일본인은 어떤 종류의 석탄을 채굴하고 있나?", "일본은 조선에 보낼 물자에 대한 크레디트를 설정get credit하는 것인가?", "조선으로 선적하기 위해 일본에 존재하는 군수 운송수단을 정밀조사·수리overhauling하고 있나?" 등을 들 수 있다. 이를 살펴볼 때 일본에서 남조선으로 석탄 수송에 커다란 관심을 보이고 있었다는 것을 알 수 있다.[39]

3) 일본의 석탄 수급 상황

일제시기 일본은 수이입을 통해 모자라는 국내 수요를 충당하고 있었지만, 패전 후에는 식민지 및 세력권으로부터 석탄 수이입이 두절되었을 뿐만 아니라, 국내 석탄생산 능력마저 일제시기의 53~77%까지 위축되어 있었다.[40] 패전 직후 일본 석탄 생산량과 소비량은 거의 일치하고 있었고, 게다가 1949년에는 생산량이 소비량을 따라가지 못하고 있었던 사실을 고려할 때 생산량 자체의 축소와 함께 수급관계마저도 상당히 열악한 상태에 빠져있었음을 알 수 있다. 생산된 석탄도 일정 부분은 점령군용으로 확보해야 할 상황이었고, 일본에서도 기관차 운전을 위한 석탄을 GHQ / SCAP에서 빌리는 경우도 있을 정도였다.[41] 따라

---

39 "Questions Asked By the Budget Advisory Committee, Fiscal Year 1949 Hearing, 15 July 1947", RG554 Records of General HQ, Far East Command, Supreme Commander Allied Powers, and United Nations Command, Office of the Comptroller, Budget and Fiscal Division, *Records Relating to Budget Estimates and Planning, 1948—1950*, Entry A1 9, Box 3, NARA.

40 일본이 일제시기 평균 생산량에 처음 복귀한 것은 4,331만여 톤을 생산한 1951년에 이르러서였다(高石末吉, 앞의 책, 396쪽).

41 增田弘, 『公職追放—三大政治パージの研究』, 東京 : 東京大学出版会, 1996, 109쪽.

서 패전 후 일본이 남한 등에 행한 석탄수출은 잉여생산량을 수출한 것이 아니었으며, GHQ / SCAP의 지시에 따라 경제적인 수요 공급 관계를 무시한 채 이루어졌던 것이다.

그런데, GHQ / SCAP의 지령대로 하면 한해에 84만~90만 톤을 선적해야 한다는 것인데, 일본 정부는 지시받은 물량을 공급할 수가 없었다.[42] 그 이유는 복합적이었다고 할 수 있다. 패전 직후 일본의 석탄생산 감소는, 먼저 석탄의 집하, 인도 등에 대한 정부 통제력이 저하되었다는 점, 일제하 강제징용된 조선인과 타이완인들의 귀국에 따른 채탄 노동자의 부족과 일제말과 같은 노동강도 유지가 불가능하게 되었기 때문이었다. 또한 전시경제 수요가 소멸한 데다 공습에 의한 철도의 파괴로 철도용 석탄 수요마저도 기대할 수 없는 형편이었으므로, 채굴 채산이 맞지 않게 된 데다, 인플레 대책으로 석탄가격 인상률이 기타 소비재보다 낮게 억제되었으므로 생산의욕이 감퇴한 측면도 있었다.[43]

그럼에도 불구하고, GHQ / SCAP이 일본의 석탄수급 능력을 무시한 채 석탄을 수출하도록 지시할 수 있었던 이유는 물론 군사점령 상태라는 객관적 상황이 크게 작용했다고 할 수 있다. 여기에 더하여 점령 초기의 미국의 징벌적인 대일배상정책과도 깊은 관련이 있었다고 볼 수 있다. 「초기 대일방침」[44]과 「초기 기본지령」[45]에서 그리고 1945년 12월

---

42 이에 따라 GHQ / SCAP는 1946년 7월에 일시적으로 매달 3만 5000톤으로 수출량을 하향조정한 지령(SCAPIN-1565-A)을 내리지 않을 수 없었다. 수출량이 매달 6만 톤으로 상향조정된 것은 1946년 8월 14일의 지령(SCAPIN-1981-A)을 통해서였다.

43 高石末吉, 앞의 책, 389쪽.

44 SWNCC 150/5 : Unied States Initial Post-Surrender Policy for Japan, 1945.9.22

45 JCS1380/15 : Basic Initial Post-Surrender Directive to Supreme Commander for the Allied Powers for the Occupation and Control of Japan, 1945.11.21

〈표 5〉 일본의 석탄 생산량, 수이출입량, 소비량 (단위 : 천 톤)

年次	생산량	수입량	이입량	수출량	이출량	소비량
1934~1936	38,497	4,219	1,365	1,041	737	42,302
1940	56,313	5,076	4,820	548	943	64,718
1945	29,880	269	-	54	419	29,719
1946	20,382	-	-	363	-	20,019
1947	27,234	17	-	813	-	26,438
1948	33,726	914	-	1,107	-	33,533
1949	37,972	1,924	-	647	-	39,249
1950	38,459	793	-	508	-	38,744

자료 : 資源廳官房統計課, 『本邦鑛業の趨勢』; 日本銀行, 『本邦經濟統計』 1951年 度版; 高石末吉, 앞의 책, 397쪽에서 재인용.

에 폴리 배상사절단이 제출한 「중간보고」[46]에서 구체적으로 제시된 초기 배상정책은 일본의 비군사화 및 민주화 정책이란 노선에 따른 것이었다. 즉 일본의 경제적 독주를 막고 동아시아 여러나라의 부흥과 공업화를 도모함으로써 동아시아의 안정을 확보할 수 있다는 기조 하에서, 일본의 군국주의적 중화학공업 시설의 일부를 일본에 의해 피해를 입은 지역에 배상이라는 형태로 이전하고자 하였던 것이었다. 이러한 구상은 11월 3일, 조선을 방문한 폴리 사절단에 의해서 반복되었으며, 12월 15일 주한 미군정 당국에서도 남조선 점령 비용은 일본 측에 부과할 작정이라고 시사하였다.[47]

이는 폴리 배상사절단장이 조선 산업재생을 위해 일본의 배상을 이

---

46 Reparation form Japan, Immediate Program, *Report to the President from Edwin W. Pauley*, 1945.12.18, Annex to Appendix, SWNCC236/2/D. 폴리의 「중간보고」에 대한 자세한 해설은, 原朗, 앞의 글, 209~240쪽을 참조.

47 『동아일보』, 1945.12.15.

용할 때, 미국이 일본 산업시설에 대한 미국의 몫 중 일부를 조선에 양도하자고 했던 제안에 트루만 대통령도 동의하고 있었던 사실과도 부합하는 것이었다.[48] 실제로 배상 대상으로 지정되었던 일부 시설이 중국, 필리핀 등지에 반출되기도 했다.[49] 이런 의미에서 일본의 석탄 수출 능력을 초과한 석탄 수출 지시는 배상 정책과도 관련이 있었다고 볼 수 있다. GHQ / SCAP이 일본 경제재건보다 점령군 수요 및 수출에 중점을 두었던 배탄 원칙도[50] 같은 맥락이었다고 생각된다.

또한 1947년 7월24일부 '질병과 사회불안 방지' 공식에서 '독립적인 조선 경제'를 수립으로 전환을 지시한 SWNCC 176/29에는 필연적으로 심각한 입초문제를 야기할 "남조선의 대일 수입을 잠정적으로 일본의 대미 수입에서 발생하는 대미 채무로부터 상쇄"하겠다는 내용을 분명히 드러내고 있다.[51] 동시에 GHQ / SCAP은 일본 정부에 내린 지령에서 미국 지출을 최소화하기 위해 일본은 수출을 최대한으로 확대할 것을 지시하고 있었다.[52] 남조선과 일본에 대한 이런 지시는 모순된 것으로 평가되기도 했지만, 지역 내 교역을 활성화함으로써 원조물자를 지역

---

48 President Truman to Ambassador Edwin W. Pauley, at Paris, 1946.7.16, *FRUS*, 1946, 8 : 713~714.

49 原朗, 앞의 글, 313~314쪽.

50 宮下弘美, 「石炭業」, 長岡新吉・西川博史 편, 『日本経済とアジア』, 京都 : ミネルヴァ書房, 1985, 298쪽.

51 SWNCC 176/29 : "Interim Directive for Military Government in Korea", 1947.7.24.
    "18. (b) Imports from Japan : Such essential imports as Korea can most easily and economically obtain from Japan should, during the period of rehabilitation, be supplied from that country to the extent that they are available. Imports into Korea from Japan will provisionally be considered as deductions from Japanese obligations to the United States for repayment of Japanese imports."

52 "Part II : Import-Export Policies and Procedures", in USAMGIK, "History of The National Economic Board", USAFIK, XXIV Corps, G-2 Historical Section, 1945-47, RG 332 Box no.22 (이하, H. NEB), p.2.

단위로 합리적으로 배분함과 동시에 미국의 원조물자 구매비용을 절약하고자 한 지역 경제적 접근과 궤를 같이하고 있었던 것이었다.

4) 주한미군사령부의 대일석탄 수입이유

남조선과 일본 사이의 정부무역이 수입계획에 꼭 맞추어 이루어졌다고는 할 수 없다.[53] 그러나 주한 미군정 측의 수입계획을 검토해 봄으로써 주한미군정 측의 석탄수입 의도를 고찰할 수는 있을 것이다. 수입계획 Ⅰ~Ⅲ의 근거가 된 SWNCC 176/18에서는 '질병과 사회불안 방지와 점령목적의 달성'과 필요에 따라서는 다른 점령지로부터의 수입이 고려되어 있었다.[54]

먼저, 수입계획 Ⅰ(1946.2.1~6.30)은 1946회계연도(1945.7.31~1946.6.30)의 미 육군부 예산에서 그 재원이 조달되었는데, 수입 품목은 식량과 석탄이 주를 이루고 있었고, 전체 1억 9,000만 달러 중 13%에 해당하는 2,480만 달러 분을 대일조달하도록 되어 있었는데,[55] 그 조달분에 1945년부터 개시된 석탄 수입이 포함되어 있었을 것이다.

주한미군정청 중앙경제위원회National Economic Board가 작성한 수입계획 Ⅱ(1946.7.1~1947.3.31)[56]의 석탄 관련 부문은 다음과 같다.

---

53 수입계획 Ⅰ(1946.1.1~6.30)의 계획이 승인된 것은 1946년 5월이었고, 수입계획Ⅳ(1947.7.1~1948.6.30)도 계획이 제출된 시기가 1947년 7월이었다.

54 SWNCC 176/8 : "Basic Initial Directive to the Commander in Chief, U.S. Army Forces, Pacific, for the Administration of Civil Affairs in Those Areas of Korea Occupied by U.S. Forces", 1945.10.13.

55 USAMGIK, *History of United States Army Military Government in Korea*, Part I, 1946, pp.159~161.

56 National Economic Board, Hq. USAMGIK, "Program Two, Korea Import Requirement, Korea Export Availabilities", in Hq. USAMGIK to SCAP, "Import Program 1 July 1946 to 31 March 1947", 1946.4.25, *Records of the Joint Chiefs of Staff*, Part 2 : 1946-53, Far East, Frederik, MD :

〈표 6〉 수입계획Ⅱ의 석탄항목

범주	종류	대일 수입일정					총톤수	C.I.F. landed($)
		1946.7	1946.8	1946.9	1946.10~12	1947.1~3		
제1류	기관차용 유연탄	100,000	100,000	100,000	300,000	300,000	900,000	4,355,000
제2류	코크스용 유연탄	10,000	10,000	10,000	30,000	30,000	90,000	540,000
	공장동력용 유연탄	20,000	20,000	20,000	70,000	70,000	200,000	1,000,000
	소계	30,000	30,000	30,000	100,000	100,000	290,000	1,540,000
합계		130,000	130,000	130,000	400,000	400,000	1,190,000	5,895,000

유연탄은 수입계획Ⅱ의 수입총액(6,051만 2,000달러)의 9.7%이지만, 1946년 7월~1947년 3월 수입량(250만 8,000 STN[57])의 47.4%를 점하고 있다. 이것은 일본을 조달처로 하는 수입총액 2,137만 5,000 달러의 27.6%, 수입총량 189만 4,000 STN의 62.8%를 점하도록 계획되어 있었다. 그런데, 조달처별 수입금액 면에서는 미국(3,645만 4,000 달러, 60.2%), 일본(2,137만 5,000 달러, 35.3%), 중국(268만 2,000 달러, 4.4%)의 순이었다. 그러나 총톤수로는 일본(189만 4,000 STN, 75.5%), 미국(56만 STN, 25.3%), 중국(5만 4,000 STN, 2.2%)의 순이었다. 이 계획의 수입기관으로는 미군정 기구가 아닌 미군 공병부대Corps of Engineering로 되어 있었다.

다음으로 범주Category의 내용을 구체적으로 검토하고자 한다. 먼저 제1류는 점령군의 군사점령을 위태롭게 하는 "질병과 사회불안"을 방지하기 위해 최소 필요물자로 구성되어 있었는데, 여기에 기관차용 유연탄이 들어 있었다. 계획 당시 원조로 수입한 민간물자를 운송하기 위

University Publications of America, Reel no.8.

57 미국 단위인 STN은 소톤short ton으로, 2,000파운드, 907.2kg이다. 한편, 별기하지 않는 톤은 미터톤metric ton으로, 1,000kg을 의미한다.

해 철도 화물차량용 유연탄을 7만 5,000STN을 사용할 계획이었다. 이 계획에서 신청한 유연탄의 용도는 당시 운송수준이었던 2만 1,000km의 유지분, 추가적인 운송거리 1만 7,000km에 필요한 부분, 기타 빈차 운송용 1만 3,668km에 필요한 양이었다. 57.84kg/km로 시산하면 유연탄 소비량은 2,988STN/일, 6만 9,640STN/월로 계산하였다. 여기에 더해 운수부Department of Transportation와 해양국Marine Division이 접수한 준설선, 바지선이 4,482STN/월, 식민지시기에 사설철도였던 조선철도朝鮮鐵道 2,000STN/월, 경춘철도京春鐵道 1,800STN/월, 경남철도京南鐵道 1,200STN/월, 삼척철도三陟鐵道 1,000STN/월, 그리고 여유분 8만 9,640STN의 합계인 10만 122STN/월이 필요할 것으로 시산하였다. 이에 따라 수입요청은 10만 STN/월로 계상되었다. 그 외에 철도를 유지하기 위해 남한에서 채굴되는 무연탄이 2만 STN/월이 필요하였는데, 이 무연탄으로 제조되는 연탄은 각종 설비와 상점 등에서 사용되어 유연탄 수입의 부담을 경감시킬 수 있을 것이지만, 기관차 운용을 위해 필요한 유연탄은 남한에서 산출되고 있지 않다는 점을 강조하고 있다. 이에 따라 1946년 5월 20일, 일본으로부터 10만 톤/월의 기관차용 유연탄 조달을 가승인받았던 것으로 보인다.

제2류는 '점령목적'을 수행하는 데 필요한 물자에 해당하는 범주로, 코크스용 유연탄과 공장 동력용 유연탄이 이에 해당하였다. 먼저 일제 하에서 일본과 중국으로부터 수이입하던 코크스용 유연탄은 남조선에서 산출되지 않으므로, 운송설비, 농기구, 기타 필수 소비재 및 생산재의 제조를 위해서는 5,000STN/월이 필요할 것으로 시산하였다. 또한 공장 동력용 유연탄도 남한에서 산출되지 않으므로, 경제안정 목적을 달성하기 위해 운용해야할 최소한의 산업시설을 운영하기 위해서는 대일 수입할 수밖에 없는 실정임을 들고 있다.

남한의 석탄 수입에 대해 긍정적인 입장을 드러내 주면서, 수입이유를 회신해 달라는 미 국무부발 전문(9월 11일)과 수입계획Ⅱ와 동일한 내용의 주한미군정 회신(9월 19일)[58]을 통해 볼 때 수입계획 허가에 대해서는 긍정적이었음을 알 수 있다. 그러나 결국 수입계획Ⅱ는 예산부족으로 승인되지 않은 채 사장되어 버렸다.[59]

이에 따라 1947 미회계연도 예산요청 대상이었던 수입계획Ⅱ의 승인에 실패했기 때문에 긴급히 같은 회계연도 잔여기간의 수입계획이 작성된 것이 수입계획Ⅲ(1947.1.1~1947.6.30)[60]이다. 수입계획Ⅲ의 부속 각서("Memorandum to be Attached to Import Program Ⅲ covering Critical Requirements for South Korea for the Remainder of the Fiscal Year 1947")에서 중앙경제위원회 위원장 슈메이커James H. Shoemaker는 수입계획Ⅲ에 포함된 물자를 개관하고 있다. 첫째 이 물자들은 대외청산위원회FLC, Office of Foreign Liquidation Commissioner의 유상원조에 포함된 물자와 제1류에 포함되지 않는 물자는 제외했다. 둘째, 남한에서 필요한 물자는 철도 기관차, 철도차량, 침목, 철도관리 설비 등의 철도 관련 물자였다. 이것은 수입계획에 의한 민간

---

58 Department of State to CINCAFPAC Advance, Pass to CG XXIV Corp, Seoul, 895.50/9-1646 and CG USAFIK Hodge sends for Bunce through Langdon to War Department pass to State Department; CINCAFPAC, 895.50/9-1946, *Records Related to Internal Affairs of Korea, 1945-1949*, RG 59, Wilmington, DE : Scholarly Resources Inc., 1986, Reel no.7.

59 한편, 수입계획Ⅱ는 미국만을 조달처로 했다는 기록(H. NEB, p. 1)도 존재하여, 수입계획Ⅱ에 대해서는 더 분석해 볼 여지가 있다는 점을 병기한다.

60 National Economic Board, USAMGIK, "Korea Import Requirements-Program Ⅲ, To be Procured during Remainder of Fiscal Year Before 30 June 1947", in "Korea #1 : Import Program Ⅲ", vol.Ⅰ-Ⅱ, *GHQ / SCAP Records*, RG331, microfiche ESS(D)-12309-12314, 일본 國立國會図書館憲政資料室.

물자보급의 성패를 좌우하는 운송수단인 철도 설비의 보급이 무엇보다 필요했기 때문이었다. 그 후 식량, 의류 관계(의복, 원료, 섬유기계), 의료품, 비료 등의 물자를 요청하고 있었다. 이러한 물자들은 이미 GHQ / SCAP과의 예비회담에서 대체적인 합의를 보았다는 사실을 강조하고 있었다. 셋째, 남한경제의 급속한 산업붕괴가 일어난 것은 일제말 전시체제기부터 철도 정비와 공장설비의 보수 및 대체가 이루어지지 않았을 뿐만 아니라 비축품마저 모두 소비해버렸기 때문으로 진단하였다. 넷째, 이런 문제로부터 발생한 수입요청이 전체의 3/4을 점할 정도로 사태는 긴박하게 돌아가고 있으며, 높은 실업률과 인플레하에서 남조선 경제는 붕괴 직전까지 와 있다고 분석하였다.

중앙경제위원회 슈메이커 위원장은 수입계획Ⅱ가 운송부대, 통신부대 등 주한미군USAFIK의 부대별 필요물자를 선별하여 필요물자를 수취할 계획이었던 점을 반성하고, 수입계획Ⅲ에서는 상무부, 운수부, 위생부와 같은 주한 미군정청USAMGIK의 부처별 필요물자를 선정하는 방식으로 전환하였다. 구체적으로는, 먼저 각 부처가 작성한 리스트를 중앙경제위원회가 종합적으로 조율하여, 우선순위를 결정하는 방식을 취해 예산요청의 설득력을 높이고자 의도하였다. 또한 이 계획안을 토쿄 태평양방면 미육군 상무부Department of Commerce to Tokyo, AFPAC, 워싱턴 육군성 민정국Civilian Affairs Division, CAD에 송부하여, AFPAC 당국자와 USAMGIK 대표 2명과 함께 대일조달가능 물자를 미리 선별하여, 그 승인을 요청하며, 잔여 부분의 조달처를 미국으로 하는 수순을 밟았다. 수입계획Ⅲ이 승인되면, 이미 수입계획Ⅰ에 따라 구입 완료된 물자와 운송중인 물자를 제외하고는 수입계획Ⅰ과 Ⅱ 자체는 무효로 하여, 수입계획Ⅲ만이 남한 민간물자공급 요청의 공식문서로 삼고, 수입계획Ⅲ에 따라 행해지는 조달 수속에 관한 성명서a written statement를 USAMGIK와 AFPAC이 함께 작성하여 해당부서에 배포하도록 했다. 또한 AFPAC이 성명서를 작성할 때 육군성 민정국CAD의 조언을 얻도록 하여, 이 성명서를 통해 USAMGIK이 USAFIK과 AFPAC를 넘어서 CAD와 직접 조달 수속을 취할 수 있도록 의도하였다.

요컨대, 수입계획Ⅱ가 불승인된 이유를 분석한 중앙경제위원회는 수입계획의 수취자를 부대조직이 아니라 군정 조직으로 전환할 것과 일본을 주 조달처로 하는 내용을 토쿄와 워싱턴에 깊이 인지시키고, 주한 미군정과 육군성 민정국의 직접적인 채널을 확보하고자 했던 것이다.

수입계획Ⅲ의 석탄항목(Schedule no.3B5B1)은 수취기관을 상무부 광업국으로, 조달처는 일본으로 하고 있었다. 유연탄이 남조선에서 산출되지 않기 때문에, 이미 일본으로부터 매달 4만 톤을 수입하고 있다는 사실을 들어, 수입계획에서 제시된 석탄 수입량은 남조선의 경제 붕괴를 막기 위해서 조선과 미국의 경제고문들이 산출한 필요최소한의 수량임을 강조하고 있다. 남조선의 많은 공장 설비들이 휴업, 폐업상태에 빠진 원인은 유연탄의 부족 때문인데, 남조선산 무연탄은 수입 피치와 혼합하여 오직 연탄 제조에 적합할 뿐이었다. 유연탄의 조달처는 일본을 지정하고 있었다.

수입계획Ⅲ의 총액은 1억 5,607만 8,468 달러로, 유연탄 관계는 2,408만 5,880 달러를 점해, 전체계획 중 13.1%를 차지하고 있다. 또한 일본을 조달처로 하는 부분은 4,742만 9,089달러로 전체의 30.4%를 점하고 있는데, 일본 조달 분 중 유연탄이 43.2%를 차지하도록 계획하고 있었

<표 7> 수입계획Ⅲ의 석탄항목

Item no.	stock no.	우선도	내용	톤	STN	C.I.F. landed($)
			코크스용 유연탄	340,842	374,926	3,280,603
			A 공업용	266,642	293,306	2,566,428
			1 화학공업	127,962	140,758	1,231,632.50
			2 전기공업	32,000	35,200	308,000.00
1	NA	1	3 기계공업	80,000	88,000	770,000.00
			4 섬유공업	26,680	29,348	256,795.00
			B 광업용	4,200	4,620	40,425.00
			소계	270,842	297,926	2,606,852.50
2	NA	1	철도용	70,000	77,000	673,750.00
			非코크스용유연탄	1,061,793	1,167,973	10,219,764
			A 공업용	603,793	664,173	5,811,514
			1 화학공업	425,648	468,213	4,096,863.75
			2 전기공업	5,700	6,270	54,862.50
3	NA	1	3 섬유공업	172,445	189,690	1,659,787.50
			4 기계공업	–	–	–
			B 군용	38,000	41,800	365,750.00
			소계	641,793	705,973	6,177,263.75
4		1	철도용	420,000	462,000	4,042,500.00
			피치(연탄용)	1,099,793	1,209,773	10,585,513.75
			A 공업용	30,000	33,000	288,750.00
5		1	B 철도용	75,000	82,500	721,875.00
			C 군용	5,500	6,050	52,937.50
합계				2,502,428	2,752,672	24,085,880

다. 유연탄 대일수입계획은 중요한 비중을 차지하고 있었던 것이다.

수입계획Ⅳ의 제2부[61]는 일본을 조달처로 하고 있다. 이 수입계획은

---

61 USAMGIK, 1947.10.20, "APO 235, Unit 2, Civilian Supply Program IV, Source of Supply : Japan(1 July 1947 to 30 June 1948)", *Joint Chiefs of Staff Records*, Microfilms, Reel no.8.

Project 123	농산물, 비료	1,050.00
Project 133	석유, 석유제품	8,165.00
Project 163	기타 물자, 서비스, 설비	19,910,739.49
합계		19,919,954.49

미국의 1948 회계연도(1947.7.1~1948.6.30)에 대응하여 작성되었다. 일본을 조달처로 하는 수입 부분 중 100%에 가까운 금액이 할당된 프로젝트 163에는 유연탄, 일본제품의 부분품, 일본제의 운수산업 시설의 부분품, 일본제 통신시스템의 부분품이 포함되어 있었다. 프로젝트 163은 '질병과 사회불안 방지' 공식에서 '독립적인 한국 경제'의 수립을 꾀하는 방식으로 전환하고, 한일 정부무역의 결제방식으로는 남한이 일본으로부터 수입하는 물자의 대금을 일본이 미국으로부터 수입하는 대금에서 상쇄한다는 내용을 담은 SWNCC 176/29와 W86851에 맞추어서 계획된 부분이었다. 여기서 수입은 원조물자를 수취하는 행위를 가리키며, 남한이 미국의 원조물자를 수취할 때, 그 원조물자 내에는 일본에서 조달한 물자가 존재한다는 사실과 또한 한국과 일본이 원조물자를 수취할 때, 기본적으로 무상이 아닌 대미채무를 구성한다는 것을 의미한다. 미국이 한일 양국 간에 행한 원조물자의 재배치는 이런 논리 속에서 이루어졌다고 할 수 있다.[62] 이는 타카이시가 미국원조물자의 대체성을 가지고 있었다고 분석한 GHQ / SCAP의 일본정부에 대한 석탄수출지령의 논리에 대한 해석과도 일치한다.[63]

계획 당시에도 매달 6만 톤의 유연탄이 일본으로부터 수입되고 있었

---

62 宋炳卷, 앞의 글, 84~86쪽.
63 高石末吉, 앞의 책, 377쪽.

으나, 당시 남한의 필요최소량은 철도 및 산업 운영에 필요한 매달 9만 톤 정도로 아직 부족한 실정이었다. 연료 및 동력에 필요한 유연탄은 일본을 조달처로 하는 물자의 약 54%를 차지하는 1,080만 달러 분으로 계획되었다. 수입계획Ⅳ는 석탄의 수입요청 이유에 대해서 남한산은 무연탄과 토상흑연 정도로, 유연탄과 코크스용 석탄이 산출되고 있지 않다는 점을 들고 있다. 게다가 석탄에 점결성이 약해 채굴 석탄의 95%가 분말로 변해버리는 경향이 있을 뿐만 아니라 휘발성과 연소성이 낮기 때문에 연탄을 만들기 위해서도 수입된 유연탄과 피치를 각각 10% 첨가해야만 했다. 그 생산량은 철도 및 채굴시설의 확충으로 채탄량이 증가하고 있으나, 유연탄을 수입할 필요가 감소하는 것은 아니었다. 계획 수립 당시의 유연탄 대일수입량은 1947년 전반기 평균 5만 1,428톤이었으므로, 후반기 수입량은 61만 7,136톤을 기대하고 있었다.

수입계획Ⅳ는 유연탄 수입상황을 일제하까지 거슬러서 다음과 같이 분석하고 있다. 일본 및 만주로부터 유연탄을 그리고 북한 지역으로부터 무연탄을 공급받고 있었던 식민지 조선은 1941~1944년 평균 283만 5,000톤의 유연탄을 수이입하였고, 542만 1,000톤의 무연탄을 사용하고 있었다. 전시기에 석탄 부족으로 많은 소비재 공장이 가동되지 않았는데, 특히 남한 지역은 군수시설이 집중되어 있었던 북한 지역과 달리 경공업에 소량의 석탄을 배급받았을 뿐이었다. 해방 후 남한 지방의 경공업에 필요한 석탄은 철도의 수송능력이 충분하다는 전제하에서 남한산 무연탄과 수입 유연탄의 약 25~40%가 필요할 것으로 추정되었다. 계획 수립당시의 석탄 소비량은 무연탄 매달 6만 톤에 유연탄 매달 5만 톤인데, 특히 철도가 유·무연탄을 합한 석탄총량의 약 50%를 사용하고 있으며, 군용으로 15%, 산업경제와 일반가정난방용으로 30%정도가 사용되고 있었다.

결론적으로 석탄이 부족한 남한에서는 철도, 코크스 및 가스발생장치, 용광로 등에 사용하기 위한 휘발성이 높은 유연탄이 필요하다는 점을 들었으며, 남한 내에서의 채탄 능력과 운송설비를 재건하고, 새로운 광맥을 탐사하기 위해서는 숙련된 미국인 감독기사를 파견하여 조선인의 채탄작업과 운영을 교육할 필요가 있다는 점도 덧붙였다.

<표 9> 수입계획V

Project	미국		기타 제국		일본		합계	
	비용($)	톤	비용($)	톤	비용($)	톤	비용($)	톤
500	1,961,689	11,707	2,744,150	109,195	280,043	399	4,985,882	121,301
510	336,600	650	–	–	1,515,225	6,175	1,851,825	6,825
520	3,297,222	45,981	163,000	1,970	651,232	3,013	4,111,454	50,964
530	4,019,490	8,308	–	–	3,806,663	63,134	7,826,153	71,442
550	1,990,380	66,356	1,534,950	111,165	–	72,721	3,525,330	250,242
합계	11,605,381	133,002	4,442,100	222,330	6,253,163	145,442	22,300,644	500,774

수입계획V(1948.7.1~1948.12.31)[64]는 무선통신 WARX 85777(1948.7.15)의 규정에 따라, 남한 부흥계획으로 작성되었다. 수입처를 미국, 일본, 기타로 하여, 총액 2,230만 644달러 중 2,020만 달러를 ECA 원조 예산자금으로 조달하기로 했으나, 수입초과분 210만 644달러는 원래 프로젝트 550의 일본 항목에 제시된 7만 2,721톤의 대금에 해당하는 부분으로 수입계획V에서 예산을 배당하지 못했던 항목이었다. 일본산 유연탄이

---

[64] USAMGIK, 1948.7.30, "Korean Civilian Import Requirement(Rehabilitation), APO 235, Unit 2, Period : 1 July 1948-31 December 1948, United States and Other, Japan", *Joint Chiefs of Staff Records*, Microfilms, Reel no.8.

포함되었을 것으로 추정되는 이 부분은 한국이 대일수출대금을 이용하든지, 또는 대일구매력을 가진 외화를 이용하여 보전한다는 계획이었다. 원조자금에 의존한다는 인상을 억제하려고, 한국의 제한된 자금을 더욱 유효 이용하여 예산 제외 항목의 대금을 확보하도록 계획되어 있었다.

3. 석탄 수출입 과정과 정부무역에서의 비중

1) 일본의 석탄 수출 및 남조선의 석탄 수입 과정

일본정부는 석탄의 중간 집하 기관 및 집하 대금의 중간 지불 기관으로서 전시 중에 석탄통제기관으로 정부특수회사 형태로 설립된 일본석탄주식회사日本石炭株式會社를 이용하였다. 일본석탄주식회사는 집하, 보관, 운송의 하부기관으로서 민간의 각 석탄회사를 지정하였다. 실제 업무의 수행방식을 보면, 각 석탄 생산자는 생산한 석탄을 연합군의 파견 부대에 직접 거래 형식으로 인도하였다. 그러나 양자는 일본석탄주식회사와 GHQ / SCAP의 대리 업무를 수행한 것에 불과했다. 일본석탄주식회사는 일본 정부의 업무수행기관으로서 기능하고 있었으므로, 결국 모든 거래는 GHQ / SCAP과 일본 정부 간의 거래로 환원된다고 볼수 있다. 결제방식도 각 석탄업자는 일본석탄주식회사로부터 대금을 지불받고, 일본석탄주식회사는 일본 정부로부터 보상금을 지불받았는데, 여기에 더해서 일본 정부가 GHQ / SCAP으로부터 수매대금을 지불받으면 당해 거래의 결제는 완료되는 것이었다.[65]

그러나 GHQ / SCAP과 일본 정부가 직접 거래 상대자로 기능했던 것은 패전 후 반년이 지나서였으므로, 초기의 석탄 수출 과정은 위와 같은 과정대로 이행될 시간적, 제도적 여유가 없었다. 최초의 지령(SCAPIN-60)이 떨어지고 나서 4일이라는 짧은 기간 내에 석탄의 수매로부터 선적까지의 과정이 수행된 만큼 위와 같은 과정은 생략된 채, 실제의 수매, 집하, 선적과정을 담당할 일본 국내 조직과 결제, 예산 등 자금의 확보는 전부 뒤로 미루어진 상태에서 이루어졌던 것이다. 빠른 작업수행을 위해 연합군의 파견부대가 직접 발주업무의 대행기관이 되어, 이미 채탄되어 야적된 석탄을 석탄업자로부터 사들이는 방법과 일본정부의 지방기관이 정부 대리기관이 되어, 석탄업자로부터 석탄을 사들이면, 연합군 파견부대가 인수해가는 방법, 그리고 일본 정부가 집하할 경우에는 몇 개의 대기업을 선정하여 출하명령을 내리고, 그 대기업들은 출하 석탄이 모자란 경우에는 다른 업자에게 석탄을 사들여서라도 출하업무를 수행하도록 하는 방법 등이 구사되었다.

석탄을 출하한 업자들은 정부 대행기관으로서 연합군에 석탄을 인도하였으므로, 정부에 석탄 대금을 청구할 권리가 있었다. 그러나 너무나 촉박한 수출 작업이라 일본 정부도 석탄의 양, 질, 단가 등의 사정 및 수출과정의 감독이 불가능했다. 또한 주한미군 사령부로부터 석탄의 사정내용이 언제쯤 이루어질지도 알 수 없었으므로, 당장은 석탄생산업자에 대한 일본 정부의 보상금과 직접 연결되지도 않았다.[66] 일본 정부가 석탄의 수매대금을 일본석탄주식회사에 지불한 것은 1946년에 들

65　高石末吉, 앞의 책, 399~400쪽.
66　高石末吉, 앞의 책, 403쪽.

어가서야 가능했고, 연합군의 지령에 따른 수출이 종료된 1949년이 지나서도 그 대금 결제는 1950년까지 계속되었다.

일제말의 무역은 군수무역으로 한정되어 있었고, 그 담당부서였던 대동아성과 전시무역의 지도관청이었던 육군성, 해군성이 패전과 함께 해체됨에 따라, 무역업무의 재건 자체가 어려웠다. 대동아성 교역국의 업무는 1945년 8월 26일에 부활한 상공성 상무국 교역과로 인계되어 전시중의 무역 잔무처리 등의 업무를 담당하게 되었다.[67] 그 후 10월 9일부 각서 「필요물자의 수입에 관한 건必要物資の輸入に関する件」(SCAPIN-110)에 포함된 지령으로 수출입을 관리할 일원적인 관청을 설립할 수 있게 되어, 12월 14일에 그 무역 업무는 상공성의 외국外局으로 설립된 무역청에 이관되었다(칙령 제703호 「貿易廳官制」). 무역청은 무역계획 수립 및 무역업자 및 무역 관계 산업에 대한 감독 통제업무를 할 뿐만 아니라, 그 자체가 무역상사처럼 수출 물자 매상과 수입 물자 매도 업무를 담당하였고, 그 대금은 무역자금특별회계로부터 사용하게 되었다. 무역청은 GHQ / SCAP으로부터 1946년 4월 3일부 각서 「무역청에 관한 건貿易廳に關する件」(SCAPIN-854)에 의해 공인을 받아, 일본정부를 대표하여 일본의 전 무역 업무를 담당하는 기관이 되었다.[68]

한편, 남조선에서는 1945년 11월 5일에 미군정은 일반고시 제3호 「석탄」을 통해 석탄을 통제물자로, 군정청 대행기관인 조선석탄배급회사를 유일한 석탄통제기관으로 지정하고, 석탄의 가격, 배급, 할당, 특허,

---

67　国会図書館調査立法考査局, 『管理下の貿易概観』, 国調立資料B15, 1948.10, 10쪽.
68　通商産業省通商局通商調査課　편, 『日本貿易の展開―戦後10年の歩みから』, 東京 : 商工出版, 1955, 512쪽.

구매, 판매, 생산, 배급, 운송, 저장, 수출, 수입, 기타 필요한 통제방식을 결정하도록 했다.[69] 이에 따라 석탄은 민간물자보급소United States Office of Civilian Supply가 직접 취급품목에서 제외되었는데, 일본으로부터 유연탄이 도착하면, 대행기관인 조선석탄배급회사를 통해 그 배급이 이루어졌다.

이러한 전 과정은 미국인이 전적으로 장악하고 있었다. 1946년 1월 3일에 군정장관 대리 헬믹Charles G. Helmick의 기자회견에 따르면, 원조물자와 관련되어 있다는 이유로 중앙경제위원회 및 재정관계에 한해서는 3월부터 시행될 행정권의 이양Koreanization에 들어 있지 않았다.[70] 이런 상황은 1949년에도 개선되지 않았다. 1월 12일에 있었던 김학수金學洙 상공차관은 기자회견에서, 대일 유연탄 수입은 1949년 3월까지는 종래대로 미국 기관에서 취급할 것이며, 그 이후에는 ECA에서 취급해 주도록 요청하였다고 밝혔다.[71] 이처럼 원조물자 수입 및 배급을 한국에서 담당하지 못한다는 사실이 문제가 되었는데, 신설된 외자총국의 운영이 미국인에 의해 이루어지고 있지 않다고 백두진白斗鎭 임시외자총국장이 해명하지 않으면 안될 정도였다.[72]

대한민국 정부가 수립됨과 함께 미군정이 주체가 된 정부무역에서의 대일유연탄 수입은 8월 21일에 중지결정이 내려졌고,[73] ECA 원조에 의한 물자구입 업무는 1949년 12월 2일 국회를 통과한 「외자구매처법」

69　朝鮮銀行調査部, 『朝鮮經濟年報』 1948년판, 1948.7, II-37쪽.
70　『조선일보』, 1947.1.4.
71　『자유신문』, 1949.1.13.
72　『연합신문』, 1949.2.15.
73　『동방신문』, 1949.8.21.

에 의해 설치된 외자구매처로 이양되었다.[74] 1950년 1월 26일 일본으로 부터 수입될 유연탄의 입찰제를 실시가 표명되었으나,[75] 곧이어 한국전쟁의 발발과 함께 ECA 원조사무는 UN군 구매처로 이관되어버렸다.

2) 정부무역에서 석탄수출입이 차지하는 비중

1945년과 1946년의 실제 수출량은 5만 4,000톤 및 36만 3,000톤으로 목표치의 18~19.3%와 40.3~43.2%라는 불과하였으나, 패전 직후의 상황을 고려하면 상당한 수출량이었다고 볼 수 있다. 일본의 석탄수출량에서 대한수출량이 점하는 비중을 조사하기 위해서는 일본의 총 석탄 수출량과 대한수출량의 통계를 비교하여야 한다.

〈표 10〉 석탄수출입량의 비교 (단위 : 톤)

	남조선의 대일수입량		일본의 대한수출량				일본의 총 수출량			
	Ka	Kb	Jb	Jc	Je	Jf	Ja	Jd	Je	Jf
1945	100,205	740,160	111,812	736,510	736,290	?	54,000	371,000	934,847	?
1946	617,033		624,698			271,312	363,000	758,000		338,045
1947	690,401	694,858	686,315	624,698	638,310	695,340	813,000	891,000	745,871	812,028
1948	854,954	-	972,639	972,639	604,169	980,595	1,107,000	1,232,000	711,924	1,106,682
1949	-	-	33,276	33,276	450,681		647,000	558,292	558,292	
1950	-	-	-	-	481,382		508,000	504,684	504,684	

자료: Ka-석탄수입량(『貿易年鑑』, 1949); Kb-일본의 대한수출(『貿易年鑑』,1949); Ja-일본의 석탄생산량과 수이출입량, 소비량(高石末吉, 앞의 책, 397쪽); Jb-대한석탄수출량(高石末吉, 앞의 책, 406~412쪽); Jc-일본정부로부터 석탄집하기관에 대금을 지불한 대한수출량(高石末吉, 앞의 책, 418~419쪽); Jd-大木洋一 외, 「統計表 エネルギー産業需給統計 第4表 石炭工業の諸指標」, 『現代日本産業講座 III─エネルギー産業』, 1960, 岩波書店; Je-『日本貿易の展開』附表; Jf-大藏省 편, 『日本外國貿易年表 上(1944-1948)』, 實業之日本社, 1949.

〈표 10〉에서도 알 수 있듯이, 각 통계는 출처별로 다른 수치를 보여

---

74 『자유민보』, 1949.12.4.

75 『산업신문』, 1950.1.26.

주고 있다. Ka와 Kb는 거의 동일한 통계를 보이고 있지만, 1949년 이후는 확인할 수가 없다. 또한 Jb와 Jc는 GHQ / SCAP으로부터 넘겨받은 장부와 대조하여 일본 정부가 보유한 장부에 의거한 통계이다. Je는 『일본무역의 전개日本貿易の展開』 부표에서 재정리한 통계인데, 1945~1947년은 Jb, Jc의 통계와 유사한 수치를 보인다. 이와 같이 통계수치가 복잡해진 이유는 각 장부가 기입될 때, 가지고 있던 통계별 기준시기가 달랐기 때문으로 보인다.[76] 일단 1945~1950년의 일본의 대한수출량과 총수출량의 통계가 나와 있는 Je의 수치에 따르면, 일본의 총 대외수출량의 78.8~95.4%가 대한수출이었다는 것을 잠정적으로 추정할 수 있다.

각 통계에서는 1948년에 총수출량은 물론 대한수출량에서도 최대수치를 보인 후, 1949년에 감소하는 경향을 모두 보이고 있는데, 이는 1948년에 일본이 미국으로부터 원유를 수입하여 생산한 철강을 다시 석탄생산에 투입하여, 증산된 석탄으로 다시 철강을 생산한다는 경사생산방식傾斜生産方式의 실시와 함께 석탄생산이 급상승한 사실[77]과 〈표 5〉에서 알 수 있는 바와 같이, 1948년부터 일본 국내 소비량이 늘어나기

---

[76] 기준년도가 曆年calendar year이외에도 Jd자료처럼 회계연도fiscal year(일본의 경우 4월~3월)로 되어있는 경우가 있다. 또한 Jb가 석탄물량에 대한 통계임에 비해, Jc는 석탄대금에 따른 기준물량으로 1945년도분의 석탄대금을 1946년에 들어가서야 지불했으므로 1946년 치에 석탄물량이 합산되어 있었다. 한편, 1949년의 수치는 커다란 차이를 보이고 있는데, 통관자료를 바탕으로 작성된 Je가 같은 1949년이라도 주한미군사령부와 SCAP과의 무역량이 전부 포함하고 있으나, Jb와 Jc는 SCAP이 1949년에 주한미군정과의 정부무역에 대한 장부를 이관했을 당시까지의 통계만이 기록되어 있었을 뿐, 그 후 대한민국정부와의 정부무역통계는 포함되어 있지 않았을 가능성이 크다. 일본의 총 수출량에서는 1945~1946년, 그리고 1949~1950년은 Jd와 Je가 유사한 수치를 보여주고 있지만, 1947~1948년은 Ja, Jd가, 그리고 1946~1948년은 Ja와 Jf도 유사한 수치를 보이고 있다. 이렇듯 각기 다른 통계 속에서도 시기별로 유사한 수치를 보여주는 그룹이 존재하고 있다.

[77] 經濟企畵廳調查局, 『資料 經濟白書』, 東京 : 日本經濟新聞社, 1972, 5쪽; 傾斜生産方式에 대해서는 中村隆英·宮崎正康 편, 「傾斜生産方式と石炭小委員會」, 『資料·戰後日本の經濟政策構想』 2, 東京 : 東京大學出版會, 1990.

시작했던 사실을 반영하고 있다. 이는 미국의 대일경제부흥정책의 영향이었다.

또한 정부무역에서 석탄무역이 차지하는 비중을 〈표 11〉에서 보면, 전 수출품의 수출가격변동에 대한 탄가의 변동 및 실물 비교를 고려하지 않은 통계이긴 하지만, 일본의 대한수출에서 차지하는 유연탄 수출의 비중은 1950년 한국전쟁이라는 변수가 크게 작용했던 1950년의 22.5%를 제외하면, 37.0~67.0%를 점하고 있었다.

〈표 11〉 일본의 대한수출에서 차지하는 유연탄의 비중 (단위 : 달러)

	유연탄		총수출
1945	7,955,000	53.7%	14,803,000
1946			
1947	7,001,000	37.0%	18,935,000
1948	12,022,000	67.0%	17,946,000
1949	5,160,000	40.2%	12,837,000
1950	4,612,000	25.4%	18,141,000
合計	36,750,000	44.5%	82,662,000

자료 : 通商産業省通商局通商調査課 편, 앞의 책, 附表.

〈표 12〉 정부지정수입유연탄의 가격변동 (단위 : 원/톤)

	판매가격	인수가격
1945.10.1	600	450
1947.9.1	1,200	736
1948.3.5	4,000	3,000
1949.2.5	8,000	7,000
1950.6.3	162,000	16,200

자료 : 韓國銀行調査部, 『産業綜覽』第1輯, 1954, 42쪽.

한편, 〈표 12〉에서 보는 바와 같이, 미군정 당국은 수입석탄 가격을 일본 국내 석탄가격의 61~89%대로 낮추어 책정하였는데, 이는 일본으로부터 정부무역에 의해 수입된 유연탄은 원조물자로서 입하됨에 따라 공정 환율에 의하여 판매되었기 때문이었다. 또한 점점 현실화되어 가고 있었지만, 인수가격보다 저렴하게 판매가격을 책정하였던 것도 같은 맥락으로 이해할 수 있다.

4. 일본의 유연탄과 쌀, 무연탄의 연계구상과 그 좌절

1) 일본의 석탄-쌀의 연계구상과 남조선의 반응

일본 정부로서도 이미 거부할 수 없는 석탄수출 지시와 연계시켜 자국의 현실적인 이익을 확보하고자 노력하였다. 일제시기 일본은 조선에서 쌀을 이입하고 유연탄을 이출하고 있었으므로, 조선에 석탄을 수출하는 대신에 쌀을 수입하고자 GHQ/SCAP에 요청하였던 것이다.

종전 직후부터 일본 정부 사무당국 측은 다음과 같이 조선을 주요 무역상대로 인식하고 있었고, 특히 미곡의 수입처로서 인식하고 있었다.

조선으로부터 미곡 등, 타이완으로부터 미곡·설탕 등, 만주 및 화북으로부터 석탄·소금·철강·기름 등, 사할린으로부터 목재·해산물 등의 본방(本邦)으로의 수입에 대해서는 그 선적상 필요한 □선박의 공급에 대해 연합군으로부터 특별한 편의를 제공받아야 한다.[78]

---

78 「終戰ニ伴フ外交政策要綱案」(二〇·九·二五) 天羽英二日記·資料集刊行会 편, 『天羽英二日記·資料集』第4卷, 1985, 1211쪽.

우리나라가 장래 잘해나갈 수 있는 시장은, 주로 남방, 중국, 인도 및 조선 방면이라고 생각합니다.[79]

1945년 11월 27일 홋카이도의 탄광에 징용되었던 조선인을 태우고 조선을 향한 귀국선이 회항할 때 조선 쌀을 수입하여 실어 올 수 있도록 요청했던 데서 그 단초를 찾아볼 수 있다.[80] 이후 석탄생산 의욕을 높이기 위해 확보하고자 한 탄광노동자 특별 분배용 쌀을 조선에서 수입하고자 수차에 걸쳐서 GHQ / SCAP에 요청했던 기록은, 일본 정부가 석탄 수출과 조선 쌀 수입을 연계시키고자 했던 의도를 읽을 수가 있다.[81] 당초 GHQ / SCAP의 경제과학국장이었던 클리이머 대령Raymond C. Kramer 도 이러한 요청을 알고 있었지만, 그 후 "제 사정을 감안하여 일단은 별개 문제로 취급"하도록 했다고 일본 측에 통고하고 있었다.[82]

강제징용된 조선인과 타이완인이 귀국한 후, 탄광노동자는 절대적으로 부족한 상황이었고,[83] 석탄의 생산 증대를 도모하기 위해서는 탄

---

79 西村栄一議員(社会党) 발언, 『第一回次衆議院予算委員会会議録』제5호, 1947.8.14.(国会会議録検索システム).

80 「北海道鮮人引揚回航船船底ニ朝鮮米積込輸入ノ件」1945.11.29, 外務省文書課 『管理貿易雑件 貿易状況關係』4, 外交記録 E.'2.0.0.9.

81 「炭鑛特配用朝鮮米輸入ニ關スル件」1945.12.14;「炭鑛特配用朝鮮米輸入ニ關スル件」1945. 12.19; "Additional Collateral for the Proposed Importation of Rice from Korea for Coal Miners", 1945.12.27,「炭坑特配用朝鮮米輸入ニ關スル件」1945.12.26; "Importation of Korean Rice", 1946.1.12, "Additional Collateral for the Proposed Importation of Rice from Korea for Coal Miners", 1946.1.29,「炭鑛特配用朝鮮米輸入ニ關スル件」1946.2.3, 外交記録, E.'2.0.0.9.

82 『終戦連絡委員会(打合会)議事録等綴』1945.9.29; 商工省 『終戦連絡部日報』5, 1945.9.27. 두 자료 모두 西川博史, 「貿易の実態と通商政策」, 通商産業省通商産業政策史編纂委員会 편, 『通商産業政策史 第4巻-第Ⅰ期戦 後復興期(3)』, 東京 : 通商産業調査会, 1990, 72쪽에서 재인용.

83 김태기가 朝鮮人強制連行真相調査団, 『朝鮮人強制連行・強制労働の記録』(現代史出版会, 1974, 656~657쪽)을 인용하면서 제시한 통계에 따르면, "1945년 6월 현재, 일본의 전체 탄광노동자 수는 39만 6712명으로, 조선인 노동자 수는 약 31.8%(12만 4025명)을 점하고 있었다"

광노동자를 위한 식량의 확보가 필요하다는 논리였다. 그러나 이러한 초기의 시도는 실패로 돌아간 것으로 보인다.[84] 그 이유는 우선 남조선의 식량 사정도 원활하지 못했던 사정을 들 수 있지만, 다른 한 이유로서 대일 쌀수출에 대한 조선 여론의 강한 반발을 들 수 있다. 1945년 10월 30일, 아놀드 군정장관은 유연탄과 쌀 등의 바터제 무역을 진행하고 있다고 언명했는데,[85] 일본 정부가 생각하고 있던 방식에 대한 긍정적인 자세를 가지고 있었던 것으로 생각된다. 그러나 이 자세가 바뀌어, 12월 21일에는 엔더스Gordon D. Enders 외무과장이 기자회견에서 미곡 수출은 생각하고 있지 않다고 해명하였다.[86] 이런 자세는 1946년 1월 16일에 이루어진 미국 NBC 방송에 출연한 국무부 일본조선경제과장 마틴Edwin M. Martin이 일본에 조선 미곡을 수출하는 것은 고려하고 있지 않다는 뜻을 분명히 밝힘으로써 재확인되었다.[87] 미곡의 대일 수출에 대한 반발에 대응하지 않을 수 없었던 것이다.

또한 1946년 12월 24일에 효력을 발생한 미군정 법령 제127호「미곡 밀수출 등의 처벌」(1946.11.15)을 공포하고, 실제 쌀의 대일밀수출 행위를 적발하는 등[88] 쌀의 수출 문제에 대해서는 부정적인 반응을 보이지

고 한다. 인용은, 金太基,『戦後日本政治と在日朝鮮人 -SCAPの対在日朝鮮人政策1945-1952年』,東京:勁草書房, 1997, 130쪽.

[84] 외무대신 요시다 시게루吉田茂가 GHQ / SCAP 고급부관인 뮐러P. J. Mueller 소장에게 보낸 편지에서는 조선 쌀에 대한 언급 없이 탄광노동자용 식량 확보만을 요청하고 있을 뿐이었다. letter-Shigeru Yoshida to P. J. Mueller, 1946.6.1, 外交記録, E.'2.0.0.9.

[85] 『매일신보』, 1945.10.31.

[86] 『서울신문』, 1945.12.22.

[87] Confidential Release for Publication at 7:00 p.m. E.S.T. Saturday, January 19, 1946, "Korea and the Far East." RG332, Box 22(李吉相 편,『解放前後史資料集 I-米軍政準備資料』, 原主文化社, 1992, 350쪽). 이 방송에는 국무부 극동국장인 빈센트John Carter Vincent, 주한미군정 전 군정장관 프레스콧Brainard E. Prescott 육군부 민사국장과 함께 대담이 이루어졌다.

[88] 『동아일보』, 1945.12.7;『서울신문』, 1946.11.29;『조선일보』, 1947.8.16.

않을 수 없었다.

이렇게 유연탄과 미곡을 링크시킨다는 일본 정부의 희망이 좌절된 계기는 SWNCC 150/4/A에도 그 가능성이 드러나 있었다. 일본으로부터의 물자 인도를 수출로 인정하기 위해서는 그 물자수입국이 그 대가품을 제공하는 데 동의할 필요가 있었던 것이다.[89] 주한 미군정은 지금까지 언급한 내부 정세를 감안할 때 그 제공에 동의할 수 없는 상황이었던 것이다.

1947년에 들어가서 일본 국회에서도 조선으로부터 미곡을 수입하는 문제을 둘러싼 논의가 전개되었다.

이미 미곡의 산지였던 곳인 옛날의 타이완, 조선으로부터 주식 수입의 길이 끊겨버린 오늘에 있어서는, 국내에서 아무리 노력한다고 해도 식량의 절대양에 있어서 부족할 것이라는 점은 다툴 여지가 없는 사실입니다.[90]

타이완, 조선을 상실한 일본으로서는 무어라 해도 식량증산 측면에서 새로운 개간과 개척을 필요하게 되었으므로[91]

앞으로 조선도 (일본이 – 인용자) 기술을 수출한다면, (일본이 – 인용자) 미곡을 수입하게 해 줄 가능성이 있을 것이라고 하니, 장래 외무대신이나 그런 여러 가지 외교 경로를 담당하는 분들이 미국에 도움을 요청하여, 더

---

89 原朗, 앞의 글, 201쪽.
90 佐藤尚武議員(綠風会) 발언, 『第一回次參議院本会議会議録』第22号, 1947.8.15(일본 国会会議録 검색시스템).
91 平野力三(片山내각의 농림대신, 국무대신) 발언, 『第一回次衆議院本会議会議録』第35号, 1947.9.23(일본 国会会議録 검색시스템).

욱 식량을 늘려 준다면 고마운 일이라고 생각합니다.[92]

특히, 마지막에 인용한 후카가와 타마에深川タマヱ 의원의 발언은, 조선과의 경제적 재편성에 대해 미국의 지원을 희망하고 있었다는 점도 엿볼 수 있다. 전후 일본이 앞으로 조선과의 경제관계를 전망하면서, 이렇게 '조선＝미곡'이라는 담론이 형성되어 갔다는 점은 확실해 보인다. 특히 남북 분단이 확실해지면서, 원료 산지로서 생각하고 있던 북조선 지역을 제외하면, 남조선만을 대상으로 한 경우에 미곡이 일본에 갖는 의미는 특히 중대하게 되었던 것이다.

결국 해방 이후 일본과의 첫 번째 통상협정을 맺은 1949년 3월에도 남한의 쌀 수출에 대해서는 '국내 식량관계를 참작하여 한국에서 여유가 있어 가능할 시에만 수출'할 수 있도록 규정하는 등[93] 전제를 달았지만 1,600만 달러로 가장 많이 계획하였고, 수입품으로 유연탄을 1,300여 만 달러로 가장 많이 계획하였다.[94] 1949년 6월 4일, 한국 정부는 7월부터 일본 수입 유연탄 수입자금을 보유 달러로 결제하게 되었는데, 이는 그동안 ECA 원조자금에서 구입해 오던 석탄 수입이 민간무역으로 전환되었기 때문이었다. ECA 한국사절단은 일본산 유연탄의 수입은 한국 정부에서 구입사무의 전비용을 인계하도록 통고하였다.

그러나 한국 정부 보유 달러로 석탄수입 대금을 결제하는 것이 애초

---

92 深川タマヱ議員(民主党) 발언, 『第一回次衆議院決算・労働委員会連合審議会会議録』第2号, 1947.8.13(일본 国会会議録 검색시스템).
93 大韓民國政府, 『施政月報』 4, 1949.3.22, 89쪽.
94 『서울신문』, 1949.4.13; 외무부 통상국, 「對日通商協定의 발족」, 『주보』 제5호, 1949.4.23, 2~11쪽.

부터 무리였다. 이에 대해서는 한국 정부는 물론 ECA 측도 숙지하고 있었다. 그럼에도 불구하고 이 조치를 취한 이유는 한국이 수출 증대를 도모하여 수입대금을 확보하도록 유도하기 위해서였다. 결국 그 해결 방법으로서 한국산 미곡을 수출하여 일본산 유연탄을 구입하도록 하겠다는 미국 측의 정치적인 의도가 있었다고 할 수 있다.[95] 실제 1950년도에는 한국 측은 10만 801.17톤metric ton의 대일 수출을 허용하고 있었으며, 일본의 통상산업성도 1,420만 달러의 신용장(L/C)을 개설하여 그 중 341만 6,000달러 분, 즉 2,850톤metric ton을 수입할 예정이었다. 그 선적처도 목포, 부산, 여수, 군산 등으로 결정되어 있었다. 이미 통상산업성을 대표하여 18명의 대표단이 미곡 생산 상황을 시찰하기 위해 출장으로 한국으로 입국하였다. 그러나 이러한 보고가 제출된 날짜가 1950년 6월 26일이었다는 점에서도 알 수 있듯이, 그날은 한국전쟁 발발 바로 다음 날이었던 것이다.[96] 이렇게 한국전쟁 직전에 권고되었던 한국의 대일 미곡수출이 개시될 때까지 일본은 조선으로부터 공식적으로는 쌀을 수입할 수 없었다.

2) 남조선의 무연탄, 갈탄의 증산과 유연탄 수입대금 확보 노력

한편 대일 유연탄 수입 논리의 정당화를 위해, 1946년에 남조선에서 일본으로 무연탄이 2만 4,908톤(914만 4,366엔)이 수출되었다.[97] 또한

---

95 『연합신문』, 1949.6.4.

96 Memorandum : A.B. Kram(Chief, Trade Control Branch) to R.W. Hale(Chief, Foreign Trade and Commerce Division), Subject : Korean and U.S. Rice Imports, 1945.6.26, RG331 *GHQ / SCAP Records*, ESS, Foreign Trade and Commerce Division, Entry UD1733, Box 6432.

97 大藏省 편, 『日本外國貿易年表 上(1944-1948)』, 東京 : 實業之日本社, 1949.

1948년에는 무연탄 및 점결탄이 3,133톤(4만 7,000달러)을 수출하였다. 같은 해 일본의 총 무연탄 및 점결탄 수입량이 96만 8,106톤(2,467만 2,000달러)였으므로, 약 0.3%(금액으로는 0.2%)를 각각 점하고 있었다.[98] 이렇게나마 미미한 양의 남조선산 무연탄과 점결탄을 일본에 수출한 것은 대일수입을 정당화하기 위한 것이었다고 판단된다. 1948년 8월 21일 미군정에 의한 대일 정부무역이 중지되자 한국 정부의 대일유연탄 수입 노력은 가속화되었다. 1949년 2월 12일의 기자회견에서 백두진 임시외자총국장은 ECA 원조에 의해 이루어지는 대일조달 중에서 유연탄은 매달 평균 9만 톤을 수입할 예정이었고, 그중 교통부 5만 5,000톤, 전력용 2만톤, 일반 산업용 1만 5,000톤을 할당할 방침을 세웠다는 사실을 밝혔다.[99] 1948년 12월 16일 방한한 미경제협조처장 호프만Paul G. Hoffman과의 면담에서 허정 교통부장관은 1949년도 교통부 물자에 유연탄 82만톤과 피치 2만 4,000톤을 포함시켜 요청하였다는 내용을 밝혔다.[100] 이런 움직임을 지원하기 위해 대한상공회의소는 한국의 산업 및 운송수단의 유지를 위해 미국이 적극적으로 원조하여 유연탄을 수입할 수 있도록 알선해 줄 것을 건의했다. 우선적으로 필요한 양은 150만 톤을 제시하였다.[101]

1949년 한일무역협정을 통해 합의한 수출입계획에서, 석탄관련 항목은 일제시기와 마찬가지로 무연탄을 수출하고 유연탄 및 피치를 수입하는 구조였으며, 역시 정부무역으로 제한되어 있었던 미곡의 수출

98 「附表 1948年商品別通關實績統計表(輸入の部)」, 通商産業省通商局通商調査課 편, 앞의 책.
99 『연합신문』, 1949. 2. 15.
100 『서울신문』, 1948. 12. 18.
101 『독립신문』, 1948. 12. 19.

이 실현됨에 따라 패전 직후 유연탄 수출을 지시받았을 때 일본 정부가 구상했던 미곡수입도 가능하게 되었다고 볼 수 있다.[102] 그러나 결제수단으로 규정된 달러의 부족으로 무역이 제대로 이루어지지 못했다.

1949년 2월 28일, 이승만 대통령은 삼척탄광에서 채탄한 여분의 무연탄을 가급적 일본에 판매하도록 계약을 체결할 것과, 이미 매달 일본에서 수입하는 유연탄 9만 톤에 대해서도 이미 달러로 지불하였음을 일본의 관계 당국에 역설하여 일본과의 석탄 판매는 직접 바터제로 하지 말 것을 지시하여,[103] 수입대금으로 필요한 달러의 확보를 도모하고자 하였다. 또한 이런 형태의 수출과 수입의 연계는 수입계획V에서 강조했던 수입대금의 확보를 위해 수출의 신장이라는 기조와 맥을 같이하는 것이었다.

3) 석탄 무역과 지역경제적 교역구조의 실패

일제하의 무역 특히 1937~1945년 시기의 수이출 상품 중 미곡은 1위 품목으로, 무연탄 및 갈탄은 9위에서 4위로 그 순위를 상승시키고 있었으며, 반면 같은 시기 수이입 상품 중 전체적으로는 기계류가 1위를 차지하고 있었으나, 유연탄은 5위에서 상승하기 시작하여 1943년부터는 1위 품목으로까지 상승하였다.[104] 이렇게 미곡, 무연탄의 대일수출과 유연탄의 대일수입 경향은 한일 간 정부무역 재개의 전제조건이 되었던 것이다. GHQ / SCAP의 대한유연탄 수출지시나, 일본 정부가 유연

---

102 韓國貿易協會, 『貿易年鑑』 1950年版, 1949, 559~560쪽.
103 『조선일보』, 1949.3.8.
104 송규진, 『日帝下의 朝鮮貿易 研究』, 고려대 민족문화연구원, 2001, 217~225쪽.

탄 대신에 미곡을 수입하고자 구상도 일제시기의 수입구조를 기초로 한 것이었다. 또한 수입대금의 확보를 어필하지 않을 수 없었던 주한미군사령부가 쌀 수출이 불가능해지자 무연탄 수출을 재개하고자 한 것도 식민지 무역 구조라는 틀에서 구상되었다.

그러나 이런 구상은 생각만큼 효율적으로 실현되지는 않았다. 1947년 7월 이후, 남조선과 일본 양 지역 미군 사령부는 양 지역 간 무역을 촉진하기 위해, 일제하 이래 일본에 기원을 가진 산업시설과 유연탄 등의 수입처를 일본으로 유도하고, 일본은 이것을 최대한 수출하도록 의도하였음에도 불구하고, 한국 측은 일본에 수입대금을 거의 지불하지 못하였다. 따라서 일본이 수출을 최대화하여 얻은 대금을 수입에 이용함으로써, 미국의 대일원조를 줄이고자 한 구상에 문제가 발생하였고, 결국 대한수출을 제한하기에 이르렀다. 이는 주한미군정의 수입계획에서 일본을 조달처로 하는 부분을 제한하지 않을 수 없게 만드는 요인이 되었다. 이는 수입계획에서 이미 확인한 바이다.

그러나 한일 양측 모두 무역대금인 달러를 확보하지 못했을 뿐만 아니라, 미국이 그 결제수단인 달러의 부족분을 제공할 수도 없었으므로, 달러가 부족한 양 지역의 무역은 정상적으로 운영될 수가 없었다. 이에 따라 한국은 경제재건을 위한 원조물자 확보에 실패하였으며, 일본도 대한수출을 위한 재원확보를 강제 받은 결과 재정지출이 과다해져서 재건에 어려움을 겪게 되었던 것이다.[105]

---

105 H. NEB, pp.4~5.

5. 맺음말

해방 후 남조선의 대일 석탄 수입은 일제하 식민지 경제관계의 붕괴
가 초래한 현실적인 위기에 대한 반응이었다. 주체가 일본에서 미국으
로 바뀐 채, 일제시기의 '경제적 내선일체'라는 식민지적 경제관계의 일
시적이고 부분적인 복원을 꾀한 것이기도 했다. 일제시기의 석탄 수입
처는 '만주'와 일본이 모두 존재하였으나, 해방 후 미군이 점령한 일본
에서 수입하는 것이 현실적으로 유일한 방책이었다.[106] 점령군으로서
GHQ / SCAP은 패전 이후 일제시기의 53%까지 석탄생산이 위축되어
있었던 일본으로 하여금 석탄을 남한에 수출하도록 지시했는데, 이러
한 사정은 남한과 일본의 동시 점령이라는 군사편의적인 상황에서 가
능했다는 면을 부정할 수 없지만, 동시에 대일배상정책과 대외원조의
지역적 재조정이라는 미국의 정책과도 관련이 있었다.

정부무역을 통한 대일수입에서 유연탄은 평균 44.5%를 차지하고 있
었다. 해방 후 남한에서 산출되지 않는 유연탄은 일제시기부터 철도와
발전용 등에 필수적인 것이었다. 이는 수입계획 속에서 그 이유justification
로서 주장되어 있었다. 해방 이후 미 점령군의 신속한 전개와 원조물자
보급, 그리고 수출품의 운송에 필수적이었던 기관차의 동력으로 유연탄
은 전체 수입량의 73~91%가 사용되었다.

정부무역에서 발생한 남한의 대일 적자의 보전방식은 일본의 대미

---

106 전후 구상에서는 '만주' 지역은 중국군의 점령 지역으로 상정되어 있었다. 그리고 이 지역은
소련군, 국민정부군, 중공군 등이 혼재하여 혼란이 이어지고 있었을 뿐만 아니라, 남조선과
의 사이에는 소련군 점령 지역이었던 북조선으로 막혀있었다.

적자에서 상쇄시키는 방식이 고려되었는데, 이는 지역 내 교역을 활성화함으로써 원조물자를 지역단위로 재배분하고 원조물자 구매비용을 절약하고자 한 미국의 지역 경제적 접근과 궤를 같이하고 있었던 것이었다. 1947년 이후 원조재원의 한계와 엄중정책에서 중시정책으로의 대일정책 전환에 따라, 대일수출을 통해 대일수입 자금을 확보하도록 구상하였다. 대일수입자금의 확보를 위해 전통적인 수출품인 미곡이 재고되었던 것이다. 이는 일본도 패전 초기부터 구상하고 있었던 것이지만, 남조선의 식량부족 상황과 미곡 수출에 대한 거부감으로 인해 성과를 거두기 어려웠다. 1949년에 체결한 한일무역협정에서 미곡이 무역계획에 포함되었으나, 한국전쟁의 발발로 제대로 진행될 수는 없었다. 또한 미국의 일본경제부흥의 영향으로 1949년부터 유연탄의 대일 수입이 감소하게 되자, 한국에서는 무연탄을 증산하여, 유연탄을 대체하고 그 수입량을 줄이면서 동시에 무연탄을 수출하는 구상도 추진되었으나 성과를 내지는 못했다.

남조선으로부터 미곡 수입이 어려워짐에 따라, 일단 일본 정부와 GHQ / SCAP은 다른 수입처를 찾게 되었다. 일본 제국주의의 점령하에 놓였던 자바로부터의 미곡 수입에 관한 정보를 요청한 GHQ / SCAP에 대해 농림성은 자바로부터 미곡 수입 기록이 없다는 점을 보고하였다. 또한 자바로부터의 미곡 수입 가능성을 연구하기 위해 GHQ / SCAP은 영국 대사관에도 조회하고 있었다.[107] 1947년에는 필리핀산 미곡 수입

---

107 S. Katayanagi(Director, Staple Food Bureau, Japanese Ministry of Agriculture & Forestry) to The Foreign Trade Division, ESS, GHQ / SCAP(1946.8.5), RG331 *GHQ / SCAP Records*, ESS, Entry UD1733, Box 6432.

가능성을 타진하고 있었다. 특히 미곡 수출 상황에 대한 필리핀 대통령의 제안에 대해 주필리핀·류큐 지역 미군사령부 무역대표Trade Representative, CG PHILRYCOM으로부터의 보고 전문에 대해서는 그 내용을 주한미군사령부에도 회람시키고 있었다.[108] 1947·1948년에는 미곡 수입의 가능성을 스페인, 벨기에령 콩고Belgian Congo, 칠레로 확대하여 조회하고 있었다.[109]

정부무역은 점령행정의 일환이었다. 미국의 구상에서 조선과 일본의 경제적 분리 정책은 '경제적 내선일체' 구상을 붕괴하려는 조치의 하나였다. 그러나 초기 점령정책 문서에 따르면, 그 본격적인 실시는 신탁통치기에 이루어질 것이었고, 점령기에도 경제적 분리 정책으로부터 무역은 전면적으로 금지되어 있었다. 그러나 '경제적 내선일체' 구조의 붕괴와 그 경제적 재조정이 초래할 경제적 혼란과 경제후퇴에 대한 대처는 『민사 매뉴얼』에서도 분명한 것처럼, 미국 점령 당국이 관리 책임을 지고 있었다. 일본의 경제통제 능력과 그 주도성을 배제하고 그 대신에 양 지역을 점령한 미국 점령 당국의 '정부무역' 운영이 이루어질 수밖에 없었던 것이다.

그것은 대일배상정책과 대외원조의 지역적인 재조정을 도모하고 있던 미국의 정책과도 관련이 있었다. 점령 초기의 정부무역은 미국의 통제하에서 일본의 군수물자와 기계를 동아시아 지역 단위로 재분배하

---

108 Incoming Message : CG PHILRYCOM(Trade Representative) to SCAP(ATTN ESS / FT), Info : WAR(WDSCA-SUP), Nr : FTR 065, Subject : Rice(1947.8.22), RG331 *GHQ / SCAP Records*, ESS, Entry UD1733, Box 6432. 이 전문에는 연필로 "Info CG USAFIK"라고 기입되어 있다.
109 Belgian Congo Cargo Rice(1949.10.26), Bunge Far East Agencies, Inc.; Subject : Chilean Rice, Sbath&Amram Co.(1949.6.30), Letter, Diplomatic Section, GHQ / SCAP(1947.7.14).

고, 해당 지역의 균등 발전을 도모하고 있었던 제2기의 지역주의 구상과 모순되는 것은 아니었으며, 일본의 비군사화·민주화와 동아시아 지역의 균등발전론이라는 기조와 동일한 흐름 속에 있었다. 한편, 정부무역에는 다른 측면도 있었다는 점에도 주목할 필요가 있다. 미국 점령당국 사이의 운영에 의한 정부무역에서는 일본의 주도성이 배제된 채, 실질적으로는 남조선과 일본의 경제가 통합적으로 운영되고 있었지만, 일본 측이 요망하고 있었던 '석탄과 미곡의 교환' 구상에서도 드러나고 있었던 것처럼, 제1기 지역주의 논리가 여전히 남아 있었다고 할 수 있다. 이러한 운영의 경험은, 제3기 지역주의 구상에서 미국 주도를 강조하면서도, 일본을 그 교역의 중심에 두는 경제통합구상의 경험으로서 중시되었던 것이다.

제3부

제3기 지역주의 유형

전후 동아시아 정치경제 속에 나타난 지역주의의 변용

제8장

미일원조반환교섭과 '조선채권'—그 일괄처리와 반환금의 사용처

미일원조반환교섭과 '조선채권'

그 일괄처리와 반환금의 사용처

1. 머리말

동아시아 지역주의는 크게 전전의 일본 중심('대동아공영권')과 점령기 미국 중심(미국의 점령지배), 그리고 1960년대부터 미·일 중심(일본의 아시아 재침투)이라는 세 개의 시기로 나누어 볼 수 있다. 이 세시기는 얼핏 단절된 것으로 생각하기 쉽지만, 전후 원조와 무역의 재편이라는 시점에서 보면 연속적으로 파악할 수 있다. 미국의 원조 공여는 점령기 지역주의의 기초를 이루는 것이었다. 또한, 원조물자의 구매와 송부라는 구조를 통해서 조선, 오키나와, 일본을 연결하는 지역주의의 매개체이기도 했다.

타카이시 스에키치高石末吉는 점령하에 놓인 한반도 남부, 일본, 오키나와에 대한 미국 점령정책의 일체성에 주목하여, 대일채권과 채무의 발생 경위를 상세하게 정리했다.[1] 이에 더하여 이 글에서는 점령기의 원조와 무역에 의한 점령기 지역주의가 1950년대를 통해 1960년대로 변천하는 한 사례를 발굴해보고자 한다.

제2차 세계대전 이후 미국의 원조는 주로 'GARIOA 원조'로 알려져 있다. GARIOA 원조가 이루어지기 이전(1945년 10월~1946년 6월)에는 미국의 1946회계연도로 육군부 일반회계로부터 원조가 이루어졌다. '민간물자보급계획Civilian Supply Program'[2]이라고도 불린 Pre—GARIOA 원조였다. 1947회계연도에, 육군부 예산에 '점령지에서의 점령행정과 구호GARIOA, Government and Relief in Occupied Areas'라는 항목이 설치된 후 1952회계연도까지, 미군의 점령하에 놓인 남조선, 일본, 서독 등의 지역에 대하여 기아와 질병의 방지, 사회불안의 제거를 목적으로 지출이 승인된 원조가 GARIOA 원조였다. 대일원조에 대해서는 대일정책의 변화와 함께, 1949~1951회계연도에 GARIOA 자금으로부터 '점령지 경제부흥EROA, Economic Rehabilitation in Occupied Areas' 원조가 이루어졌다. 이들 원조를 모두 GARIOA 원조로 이해하고자 한다.

그 밖에, 대일원조로서는 1946년 3월~1951년 8월 사이에 일본 각지의 미국 군정부대에서 불하된 물자인 미군 불하물자QM, Quartermaster Goods와 1947년 12월~1950년 8월 사이에 일본 국내의 중요산업 노무자에 보

---

1 高石末吉, 『覚書終戦財政始末』 8, 大蔵省大臣官房調査課, 1962. 타카이시의 연구는 일본 정부의 내부자료를 사용하고 있어, 자료집으로서도 가치가 높다.
2 '민간물자보급계획'은 미국 육군부 예산에서 나온 원조를 가리키고 있지만, 실제로는 점령 종료 후 독립한 한국(1949~1951년)과 서독(1950~1951년)의 경우, 경제협조처ECA, Economic Cooperation Administration의 민간물자보급계획을 담당하고 있었기 때문에, GARIOA 원조에만 국한되지 않고, 기아와 질병의 방지, 사회불안 제거는 물론 경제부흥에 이르기까지 폭넓게 사용되고 있었다.

상용으로 배급된 잉여보상물자SIM, Surplus Incentive Materials Program가 있다. 그러나 이들 물자는 처음부터 차관으로서 공여된 것으로, 대일원조 반환을 둘러싼 논쟁과 직접적인 관련은 없는 것으로 생각된다.

2. 원조 반환을 둘러싼 논쟁

1) 미국 측의 인식

미국의 대외원조는 ① 반환이 요구되는 유상원조 즉 차관credit과 ② 반환을 면제한 무상원조 즉 증여grant라는 두 가지 형태로 나뉘어 있었다. 그러나 증여 중에는 반환에 관한 결정을 나중에 하기로 양해한 뒤에 이루어지는 것도 있었다. 반환협정이 체결되면, 그것은 차관으로 확정되는 것이었다.[3] 예를 들면, 미국은 한국, 이탈리아, 그리고 오스트리아와 같은 나라에는 원조 채권援助債權을 포기하는 협정을 체결하여, 그 원조를 무상원조로 하였다. 한편, 서독과 일본과 같은 나라에는 원조반환협정을 체결하여, 원조를 반환하도록 하였으므로, 유상원조로 취급하였다.

대일원조를 차관對日債權으로 확정한 미국 측의 첫 번째 이유로서, 미국 정부의 의회 대책이라는 성격을 들 수 있다. 당시 미국 의회에는 국가재정이 비대해지는 것에 대한 염려가 뿌리 깊었고, 대여가 아닌 증여

---

3 Department of Commerce, United States, *Foreign Aid by the United States Government 1940-1951*, Washington : Government Printing Office, 1952, p.1; Legislative Reference Service, *Library of Congress, U.S. Foreign Aid—Its Purpose, Scope, Administration, and Related Information*, New York : Greenwood Press, 1968, p.7.

로 대외적으로 원조자금을 투여하는 것에 저항감이 있었다.[4] 그래서 미국 정부는 의회로부터 원조 예산의 승인을 받기 위해서도, 원조가 증여가 아니라, 채권으로 후일에 반환받을 것이라고 강조하여야 했다.

점령 초기부터 미국 정부는 민간물자보급계획(=원조)은 점령비를 최종적으로 결산할 때 처리하는 것으로서, 그 반환은 피점령국의 제일 중요한 의무로 간주해야 한다는 방침을 취하고 있었다.[5] 1946년 2월, 힐드링John H. Hildring 국무차관보는 "일본과 독일 양국의 수출은 결국에는 그들의 수입자금을 확보할 뿐만 아니라, 이들 양국이 미국의 과거 및 현재의 원조 지출을 반환하기에 충분한 양이 될 것이다"라고 발언했다.[6] 또한, 1947년 2월 10일에 미국 의회에 메시지를 보낸 맥아더 총사령관은 "일본에 대한 원조자금은 앞으로 청구될 것이지만, 이것은 일본 자산에 대해 미국이 선취특권先取特權으로 보증되어야 한다. 원조는 자선이 아니라 일본의 채무가 될 것이다"라는 논조를 피력했다.[7] 또한 보어히스Tracy Voorhees 육군차관보도 "일본인이 우리가 공여한 원조를, 즉 대충자금 속에 들어 있는 이들 융자분을 반환할 수 없는 경우에는 균형상 이들은 미국의 목적에 합치하도록 이용될 필요가 있다"라고 미국 의회에서 동일한 증언을 했다. 드레이퍼William Draper 육군차관도 "GARIOA 자체도 후일에 반환될 것이라는 전제로, 우리는 계획하고 또한 기록하고 있어

4   David A. Baldwin, *Foreign Aid and American Foreign Policy—A Documentary Analysis*, New York : Frederick A. Praeger, 1966, p.67; 川口融, 『アメリカの対外援助政策 - その理念と政策形成』, 東京 : アジア経済研究所, 1980, 295쪽.
5   藤井正夫, 「ガリオア, エロア援助に関する諸問題」, 『レファレンス』 107, 1959.12, 21쪽.
6   「米側提供の債務性に関する資料(1950年3月23日)」, 『ガリオア協定日米交渉』, 外交記録, B'0128 : 463~471.
7   「正義の占領政策; マ元帥·米議会へ報告」, 『朝日新聞』, 1947.2.25.

야 한다. 본관이 토쿄에 있을 때, 맥아더 원수도 이를 반환받는 것으로 말했으며, 또한 본관이 회담한 일본인도 같은 내용을 말했다"라고 증언하였다.[8]

미국 정부가 대일원조를 대일채권으로 거론한 두 번째 이유는, 강화조약에서 다른 나라의 대일배상 요구를 억제하기 위한 것이었다. 1950년 3월 31일, 덜레스John F. Dulles 국무장관은 휘티어 대학Whittier College에서 행한 연설에서 "미국은 점령 개시 이후 일본 국내의 사회적 불안과 경제적 불안정을 방지하기 위해, 구제비와 경제원조비로 약 20억 달러를 미리 빌려주었다. 미국은 전후 대일채권은 일정 정도 우선하여 다루어야 한다고 생각한다"라고 언급하여, 원조가 채무라는 인식을 보여주었다.[9]

여기서 미국의 대일채권을 다른 나라의 대일청구권에 우선하는 것으로 보는 덜레스의 자세에 주목할 필요가 있다. 강화조약의 교섭 과정에서 미국은 대일원조의 반환이 일본의 여타 나라에 대한 배상보다 더 우선시되어야 한다는 것을 확인시켜, 대미채무의 반환마저도 일본의 경제적인 여유를 고려하면 곤란할 것이라고 강조함으로써,[10] 연합국들의 대일배상 요구를 억제하고자 했던 것으로 생각할 수 있다. 강화조약 제14조 (a)항에서는, 일본의 연합국에 대한 배상을 인정하였지만, "일본국의 자원은 (…중략…) 완전한 배상을 수행하면서 동시에 여타 채무를 이행하기에 현재 충분하지는 않다"라고 되어 있었고, (b)항의 "점령

---

8   東京銀行協会調査部 역, 『米国対日援助の全貌』, 1950, 112쪽; 「米側提供の債務性に関する資料(1950年3月23日)」, 앞의 자료, 外交記録, B'0128 : 463~471.
9   藤井正夫, 앞의 글, 22쪽.
10 「社説—賠償を制限するもの」, 『毎日新聞』, 1951.9.25.

의 직접 군사비에 관한 연합군의 청구권을 방기한다"라는 조항에 따라, 점령의 간접점령비에 포함된 미국의 대일원조비에 대한 청구권은 여전히 존재하게 되었다.[11]

강화조약 서명을 마치고 귀국한 이케다 하야토池田勇人 대장대신은, 1951년 9월 14일, 대일원조비가 채무라는 것을 미국 정부 측과 확인했다는 사실을 밝혔다. 미국 체제 중에 이케다 대신은 다지Joseph M. Dodge의 의향을 타진하고,[12] 와타나베 타케시渡辺武 대장재무관의 정세 보고를 받은 결과, 대일원조의 반환문제를 무시하고는 강화조약과 안보조약을 해결할 수 없을 것이라고 결의했다고 한다. 또한, 대일원조의 처리를 우선시함으로써 연합국들의 대일배상 요구가 억제될 것이라는 견해도 보여주었다.[13] 이러한 입장은 대일원조 반환을 배상보다 우선시했던 덜레스의 자세에 호응한 것이었다고 볼 수 있다.

2) 일본의 원조 유상·무상 논쟁

일본에서는 원조의 채무 여부를 둘러싸고 정부와 야당 사이에 대립이 전개되었다. 1949년 4월 13일, 일본공산당 소속 노사카 산조野坂参三 의원이 GARIOA와 EROA 원조가 증여인지, 대여인지를 국회에서 질의하면서, 헌법 제85조에 따라 국가 채무는 국회의 승인을 받아야 한다고 추급했다. 이에 대해 요시다 시게루吉田茂 수상은 답변을 제대로 하지 못

11 「第14 ガリオア債務確認問題」, 外務省条約局法規課 편, 『平和条約の締結に関する調書 VI －昭和26年5月 －8月(上巻)』, 1969.9, 124쪽.
12 1951년 9월 3일, 이케다 대장대신과의 회담에서, 다지는 "GARIOA 반환을 언제 할 것인가?"라며 강하게 압박을 가했다고 한다. 宮沢喜一, 『東京─ワシントンの密談』, 東京 : 中公文庫, 1999, 102쪽.
13 『毎日新聞』, 1951.9.15.

했으며, 이케다 대장대신이 "미확정 상태이고, 평화회의에서 결정될 것"이라고만 답변했다.[14] 그러나 "원조는 채무라고 본다(援助は債務と心得る)"라는 정부 측의 견해가 명확해짐에 따라, 야당과 여론은 원조가 채무가 아니라며, 정부 측을 비난하였다.

여기에서, 대일원조 반환교섭이 종료되는 1962년까지 전개된 쌍방의 대립점을 정리해두고자 한다. 일본 외무성 자료에 따르면, 정부가 원조를 무상이 아니라 대미채무라는 입장에 선 근거는 다음과 같았다. ① 예외적으로 언명한 물건 이외에, 미국 정부는 대일원조에 대해 증여라고 언명한 적이 없다. ② 원조물자를 인도할 때, 총사령부 각서에 붙은 단서 조항에는 그 지불 조건은 후일에 결정한다는 의미의 문구가 기록되었다. ③ 1947년 6월 19일부 「항복 후의 대일기본정책」에서 극동위원회는 점령에 필요한 비군사적 수입(GARIOA 원조) 비용을 지불하기 위해 일본의 수출대금을 사용할 수 있다고 하여, 원조물자의 반환을 요구할 의향이 있었다. ④ GARIOA 예산이 미국 의회에 제출될 때, 미국 정부 측 인사는 대일, 대서독 GARIOA 원조는 후일에 반환되어야 한다고 반복해서 증언하고 있었다.[15]

이에 대해, 원조가 무상이라고 주장한 야당 측의 논리는 다음과 같았다. ① GARIOA 원조는 헤이그 육전법규에 규정된 점령자의 당연한 의무이므로, 반환할 필요가 없다. ② 1947년 7월 5일, 중의원에서 의결한

---

14 『第5回 国会衆議院予算委員会会議録』10, 1949.4.13;「世界と日本ーガリオア・エロア『援助資金』の返済問題」,『前衛』178, 1961.2, 135쪽.
15 「外務省ー米国の戦後対日援助が債務性を有するものであると考えられる根拠資料(1962.1.29), 有沢広巳・稲葉秀三 편,『資料 戦後二十年史』2, 東京: 日本評論社, 1966, 40~41쪽.

「식량 수입에 관해, 연합국 최고사령관에 대한 감사 결의」는, 원조 증여에 대한 감사의 뜻을 표명한 것이다. ③ 미국의 원조 분류 방식에 따르면, GARIOA는 증여에 해당한다.[16] ④ 미국의 ECA 법은 증여에 대해 피원조국이 대충자금을 적립해야 한다고 규정하고 있다. 대일 GARIOA 원조는 대충자금을 적립하고 있었으므로 증여이다. ⑤ 원조는 점령하 일본이 부담하고 있었던 5,000억여 엔(약 54억 달러)의 종전처리비終戰處理費와 상쇄될 수 있다. ⑥ 밀과 면화와 같은 미국의 원조물자는 잉여물자이므로, 반환 요구는 부당하다. ⑦ 처음부터 원조를 채무라고 확인하고 있었던 서독과 비교할 때, 일본은 사정이 다르다. 한국, 이탈리아, 오스트리아처럼 증여로 된 나라도 있다.[17]

이에 대한 일본 정부 측은 다음과 같이 재반론하였다.

① 헤이그 육전법규 제43조는, 교전 중 일시적인 군사점령을 규정하고 있을 뿐, 일본 점령에 그대로 적용할 수 없다. 점령군이 민생안정을 위해 식량 등 생활필수품을 공급할 경우에도, 이를 무상으로 해야 할 의무가 있는 것은 아니다. ② 1947년 7월 5일에 이루어진 중의원 감사 결의는 방출 식량을 증여가 아니라 수입이라는 인식에 입각해 있었다. 당시 식량 위기 사태에 비추어 연합국 총사령관의 조치에 감사하고 있는 것이다. ③ 미국 상무부에서 발행한 『대외원조Foreign Aid by the United States Government 1940~1951』(1952년 발행)에 나온 증여와 차관의 구분은 통계 편의상의 것에 불과하다. 게다가 증여의 정의에서 "반환에 대해 후일에

---

16 Department of Commerce, United States, op. cit., p.1.

17 「終戰後, 米国のガリオア等経済援助に四億九千万ドルの返済協定」, 『旬刊 時の法令』 433, 1962.8.13, 18~19쪽.

결정될 것이라는 양해하에 이루어진 원조(즉, GARIOA 같은 원조)도 이 증여 범주에 포함된다"라고 명기되어 있다.[18] 또한, 대서독 GARIOA 원조, ECA 원조도 같은 잡지에서는 증여에 포함되어 있다. ④ 미국 ECA 법에서, 증여 베이스의 원조에 대해, 수취국이 대충자금을 적립해야 한다고 되어 있지만, 일본은 ECA 원조를 받고 있지 않다. 또한, ECA 원조를 받고, 대충자금을 적립하고 있던 서독은 ECA 원조를 반환하고 있다. ⑤ 연합군의 일본 점령비 중 엔화로 지불해야 하는 것을 일본 정부가 대신 지출한 종전처리비는, 샌프란시스코 강화조약에서 일본 정부가 부담하기로 하였다. 직접점령비가 아니라, 민생안정을 위한 원조였던 GARIOA 원조를 종전처리비로 상쇄하는 것은 논리상 성립될 수 없다. ⑥ 자국의 여유 물자를 가지고 원조하는 것은 당연한 것으로, 미국 정부가 원조물자를 구매할 때 GARIOA 예산을 지출하였으므로, 미국 국민의 부담으로 대일원조가 이루어졌다는 사실에는 변함이 없다. ⑦ 서독이 GARIOA 원조를 원칙적으로 대미채무라고 승인한 아데나워 성명(1951년 3월 6일)은 점령 당시 중앙정부 수립 이전에 지방정부가 수령한 물자의 채무적 성격을, 중앙정부가 승인할 필요가 있었으므로 나온 것이었다. 또한, ECA 원조는 미—독 ECA협정에서 미국의 청구권을 구성한다고 규정되어 있지만, GARIOA에 합산되어 일괄 감액 대상이 되었다. 따라서 원조 반환이 외교교섭에 맡겨졌다는 점에서, 서독과 일본의 근본적인 차이는 없다.[19] 또한, 코사카 젠타로小坂善太郎 외무대신의 답변처럼, 바돌리오Pietro Badoglio 정권이 연합국 측에 가담하여 종전을 맞이

---

18 Department of Commerce, United States, op. cit., p.70.
19 「終戦後, 米国のガリオア等経済援助に四億九千万ドルの返済協定」, 19~21쪽.

한 이탈리아와 연합군에 의해 해방된 한국은 구 적국이었던 일본·서독과는 상황이 다르다.[20] 이처럼 대일원조의 성격에 대해서는 상당 정도의 논의가 이루어졌다.

3) '원조는 채무'라는 입장의 일본 정부

일본 정부는 원조는 채무이며, 반환하겠다는 태도였다. 1949년 4월 6일, 중의원과 참의원 양원이 아와마루 사건阿波丸事件[21]에 대해 대미청구권 방기를 결의하고, 이에 기초하여 4월 14일, 「아와마루 청구권 처리를 위한 일본 정부와 미국 정부 간의 협정阿波丸請求権処理のための日本政府および米国政府間の協定」이 체결된 것이 그 최초 사례였다. 4월 26일, 요시다 수상 겸 외상은, 미·일 양국 정부 간의 양해사항으로서, "점령비 및 미국 정부로부터 일본에 공여된 차관과 신용은 일본의 유효한 채무이며, 이들 채무는 미국 정부의 결정에 따라 이를 감액할 수 있다"라고 규정되어 있는 문제에 관하여, 일본 점령비 혹은 일본에 공여된 차관, 신용 등이 증여라고 인식하지 않는다는 내용을 포함했다고 답변하고 있다.[22]

1954년 5월 11일에 열린 제1회 미일 교섭을 전후하여 여론에서는 대미채무 문제가 크게 거론되었다. 5월 6일, 호리코시 테이조堀越禎三(토쿄전력 상무)는 지불하기로 정부가 인정한 이상 어쩔 수 없다고 하면서도, "그 반환 조건은 일본 정부의 실정에 맞추어야 할 것"이라고 주장했다. 채무가 아니라고 중장한 사타 타다타카佐多忠隆(우파사회당 외교국장)도,

---

20 『第40回 国会衆議院外務委員会会議録』6, 1962.2.27.
21 전시 중인 1945년 4월 1일, 필리핀 먼 바다에서 일본 적십자선 아와마루가 미군에 격침된 사건으로, 일본은 미군에 보상청구권을 보유하고 있었다.
22 『第5回 国会衆議院本会議会議録』22, 1949.4.27.

그 반환액을 "삭감해도 좋고, 장부상으로 청산해도 좋다"라고 발언했다. 이론적으로는 채무이지만, 국제법적인 문제가 아니라 정치적인 문제로 다루어야 한다고 주장한 요코타 키사부로橫田喜三郎(토쿄대학 법학부 교수)도 "지불에 대해서는 일본의 사정을 고려"해야 한다는 점을 강조했다.[23] 『아사히 신문朝日新聞』에서는 5월 7일 사설에서, 일본 정부가 강화조약 교섭 시에 점령 중인 미국의 대미원조액을 일본의 채무로 확인하고 있었던 사실과 함께, 포츠담 선언으로 일본이 부담해야 할 종전처리비는 대미원조 채무와 상쇄할 수 없다는 점에서 볼 때, 대일원조가 채무라는 것을 확인한 후, 그 반환액을 2/3나 경감받은 서독과 비교하면서, 동남아시아 나라들과의 배상교섭이 남아있는 일본의 입장을 고려하여, 반환액의 절하를 주장했다.[24] 교섭 당일인 5월 11일에도, 각 정당은 반환 문제에 대한 견해를 제시했다. 여당인 자유당自由党은 정부와 마찬가지로 "대일원조는 확정 채무는 아니지만, 도덕적 정치적 채무이다. 단, 지불조건과 방법은 교섭을 통해 서독 이상으로 유리하게 하고자 한다"라고 언명했다. 개진당改進党은 "지불조건에 해석의 여지를 남겨두어 채무로 인정한다"라는 방침을 명확히 했다. 우파사회당右派社会党은 대충자금회계 이후에 해당하는 부분은 반환해야 한다고 하면서도 배상문제나 일본 경제의 감당능력을 감안하여 성급한 반환에는 반대했다. 좌파사회당左派社会党은 명분상으로는 반환 불필요라는 입장을 취하고 있었다. 한편 분당파자유당分党派自由党은 '조선채권朝鮮債権' 문제와 동시에 처리해야 한다는 입장을 표명했다.[25] 이렇게 대일원조에 대해서는 채무

---

23 「討論−対米債権の処理」, 『毎日新聞』, 1954.5.6.
24 「社説−対米債権の処理について」, 『朝日新聞』, 1954.5.7.

인지 아닌지에 상관없이, 일본에 유리한 반환액과 반환조건을 확보하는 데 주된 관심이 경주되었다.

3. '조선채권'을 둘러싼 논쟁

1) '조선채권'의 발생 경위

대장성 자료에 따르면, 1953년 7월 25일까지는, 대한청산계정対韓淸算勘定의 미불잔고未払残高는 불확정 상태로 남아있었다.[26] 대한청산계정에는 두 종류의 미불잔고가 존재했다. 하나는 SCAP 지령으로 실시된 한일 정부무역에서 발생한 일본의 대미채권(즉, '朝鮮債權)으로 패전 직후부터 1949년도까지 미불계정 잔고는 약 4,705만 달러였다. 또 하나는 1950년 6월 2일에 체결된 「한국과 점령하 일본의 무역협정」과 「한국과 점령하 일본의 금융협정」에 의해 1950년 4월부터 개시된 한일 간 제한부 민간무역[27]에서 발생한 청산계정 미불분이었다. 1961년 4월 22일, 한일 양국은 약 4,573만 달러(1961년 1월 말 현재)의 대한청산계정 미불잔고가 존재한다고 확인한 후, 일본에 조기 결제하기로 합의하고,[28] '대한채권対韓債權'으로 확정했다. 한일협정 당시(1965년 6월 22일), 이 해당 금액은 '제2 의정서(부속문서)'에서 10년간 무이자로 반환하기로 하였고, 일본의 대한

---

25 「年内調印は望み薄 – 対米債権処理きょう初会合」, 『日本経済新聞』, 1954.5.11.

26 「対米関係懸案事項に関する調査(昭和28年7月25日 財務参事官室) – 大蔵省資料 Z503-18」, 大蔵省財政史室 編, 『昭和財政史 昭和27 – 48年度』18, 東京: 東洋経済新報社, 1998, 351쪽.

27 浅井良夫, 「国際経済社会への復帰と自立 – 昭和27～33年」, 大蔵省財政史室 編, 『昭和財政史 昭和27 – 48年度』11, 東京: 東洋経済新報社, 1999, 602쪽.

28 吉澤清次郎 감수, 『日本外交史』28, 東京: 鹿島研究所出版会, 1973, 90～92쪽.

무상원조(10년간)에서 공제하기로 하면서 해결되었다. 이렇게 '조선채권' 문제는 한일 정부무역과 깊은 관련이 있었고, 한일 정부무역은 미국의 대한·대일 원조와 깊은 관계가 있었다. 점령기 미국의 원조는 조선과 일본에서는 민간물자보급계획Civilian Supply Program에 의한 수입으로 취급되었다. 미국은 원조물자 일부를 대외 구매하고 있었고, 그 구매처와 송부처 사이에 정부무역 관계가 발생했다. 따라서 '조선채권'은 점령하 남조선과의 정부무역 과정에서 발생한 일본의 대미채권이라고 할 수 있다. 당시 정부무역은 주한미군사령부와 GHQ / SCAP 사이에 이루어진 무역이었다. 미국의 대한 및 대일 점령정책에서 조선과 일본은 모든 대외 경제활동이 금지되었으므로, 종래와 같이 직접적인 무역관계를 유지할 수 없었기 때문이었다.[29] 미국은 조선을 '일본으로부터 독립할 나라'로 간주하면서도, 다른 한편으로 다른 미군 점령지와 마찬가지로 일본, 오키나와와 함께 맥아더 총사령관의 관할하에 두고 있었다. 이런 상황이 세 지역의 점령정책을 일체화시키는 요인이 되었다.[30]

일본 정부는 물자를 민간에서 구매하여 GHQ / SCAP에 공급하였고, GHQ / SCAP은 그 물자를 주한미군사령부에 수출했다. 물자를 수입한 주한미군사령부는 주한미군정청을 통해 물자를 배급했다. 그 반대의 물자 흐름도 같은 경로를 따랐다.

그러나 여기서 대금 문제의 처리를 둘러싼 복잡한 문제가 발생했다.

---

29 SWNCC 150/4/A, "United States Initial Post-surrender Policy for Japan"(1945.9.22); JCS1380/15, "Basic Initial Post-surrender Directive to Supreme Commander for the Allied Powers for the Occupation and Control of Japan"(1945.11.3); SWNCC 176/8, "Basic Initial Directive to the Commander in Chief, U.S. Army Forces, Pacific, for the Administration of Civil Affairs in Those Areas of Korea Occupied by U.S. Forces"(1945.10.17).

30 高石末吉, 앞의 책, 755쪽.

점령군과 일본 정부는 각각 별개의 계정을 가지고 있었다. 또한, 정부 무역에 의한 물자 공급도 원조물자의 구매와 송부의 일부분을 구성하고 있었다. 원조물자의 구매는 미국 국내는 물론 국외에서도 이루어지고 있었다. 일본에 공급한 원조물자의 일부는 남조선에서 구매한 물자가 있을 가능성이 있었고, 반대로 남조선에 공급한 원조물자에도 일본에서 구매한 것이 포함될 수 있었다. 실제, 남조선의 경우 GARIOA 원조에 의한 민간물자보급계획에는 물자의 조달처로서 미국과 일본이 구분되어 있었지만, 그중 일본에서 조달한 물자는 GHQ / SCAP이 남조선 지역에 수출한 일본 물자였다.[31] 점령기에 원조와 민간물자보급계획, 그리고 한일 간의 정부무역은 일체화되어 이루어지고 있었던 것이다.

1949년이 되자, GHQ / SCAP이 관리하고 있던 정부무역에 관한 외화계정이, 발족한 지 얼마 안 된 외국환관리위원회外国為替管理委員会로 이관되었다. 당시의 대월貸越은 1,600만 달러였는데, GHQ / SCAP이 이것을 장부상에서 청산했기 때문에, 일시적으로 장부상 청산 상태가 되었다. 통상산업성이 이의를 제기했지만, GHQ / SCAP은 받아들이지 않았다. 그 후 1951년 6월 19일에는 1,600만 달러 이상의 대월이 판명되어, 통상산업성이 더욱 조사해보자, 일본의 대월은 4,705만 달러였다는 사실이

---

31 AG090.31, "Import-Export Program, 1 July 1946 to 31 March 1947"(1946.4.25) *Records of the Joint Chiefs of Staff*, Part 2 : 1946-53, the Far East, Microfilm, Reel no.8; "Korea #1-2 : Import Program III, To be procured during remainder of fiscal year (Before 30 June 1947), vol.1-2, n.d., RG331, *GHQ / SCAP Records*, NA, Box no.8345, Microfiches, ESS (D) 12309-12314; AG 090.31 Korea (6-3-46) B.P., "United States Army Military Government in Korea, Civilian Supply Program IV, Source of Supply : Japan (1 July 1947 to 30 June 1948)" *Records of the Joint Chiefs of Staff*, Part 2 : 1946-53, the Far East, Microfilm, Reel no.8; AG 090.31 Korea (6-3-46) B.P., "United States Army Military Government in Korea, Korean Civilian Import Requirement (Rehabilitation), APO235, Unit 2, Period : 1 July 1948-31 December 1948", ibid.

판명되었다. 7월 18일, 코바야시 류타로高橋龍太郎 통산산업대신은 이 대월에 대해서 GHQ / SCAP의 마카트William F. Marquat 경제과학국장에 서한을 보내 항의했다. 1952년이 되자, GHQ / SCAP은 서한을 보내 4,705만 달러의 대월이 존재한다는 것을 인정했지만, "이 대월분은 GARIOA, EROA 자금의 반환과 상쇄하여 해결하고자 한다"라는 입장을 명확히 드러냈다.[32] 그때, 미국에는 원조에 의한 대일채권이 있었던 한편, 일본에는 대미채권(즉, 조선채권)이 존재한다는 사실이 확인되어, 대미채권을 대일채권에서 공제하기로 미일 쌍방이 확인했다. 여기서 처음으로 미국 원조와 한일 간 정부무역 계정을 일괄처리한다는 것이 문제가 되었던 것이다.[33] 그러나 원조반환 교섭 자체가 잘 진척되지 않았기 때문에, '조선채권' 문제에 관한 구체적인 교섭도 일절 이루어지지 않았다.

2) '조선채권'의 정치경제적 의미

제16회 국회 중의원 예산위원회(1951년 7월 6~7일)에서, 코노 이치로河野一郎(분당파자유당) 의원는 '조선채권' 문제를 질의하였는데, 이는 요시다 정권을 뒤흔드는 결과를 낳았다. 스에나가 다이스케末永大祐[34]로부터 관련 자료를 넘겨받은 코노 의원은 요시다 정권을 공격할 절호의 재료

---

32 그 심리적 요인으로서, 남조선, 일본, 오키나와 세 지역을 점령한 미국의 점령정책이 일체화되어 있었다는 점을 들 수 있다. 高石末吉, 앞의 책, 755쪽.

33 市川恒三,「対米債権債務の実相」,『政治経済』7-8, 1954.8, 24~25쪽.

34 스에나가 다이스케는 1947년경부터 SCAP 경제과학국 자금관리과·은행환과에서 근무하면서, 미일 간의 무역결제 업무를 담당하고 있었다. '조선채권' 문제가 거론되는 시기에는 일본 정부와 연합군 사이의 결제 교섭 사무를 담당하고 있었다. 그 과정에서 통상산업성 통상진흥국 경리부(후에 기업국 경리과) 촉탁이 되었고, 일본의 무역회계도 처리하고 있었다. 스에나가는 당시 '조선채권' 문제에 대해서 가장 상세한 내용을 숙지한 인물이었다. 高石末吉, 앞의 책, 657쪽; 末永大祐,「対米債権二億円の謎－吉田内閣を震撼した河野旋風の情報者」,『文藝春秋』31-13, 1953.9, 152쪽.

로 '조선채권' 문제를 이용했던 것이다.

일본 정무는 대일원조(즉, 대미채무)와 '조선채권'(즉, 대미채권)을 일괄 처리할 때, 전자에 대한 반환액, 후자의 반환 수취를 별개 문제로 다루어야 한다는 점을 원조 반환 교섭에서 주장할 필요가 발생했다. 이는 원조 반환액을 계산할 때, 대미채권을 원조총액에서 맨 처음 공제할 것인지, 원조총액에서 감액된 순 반환액을 공제할 것인지에 관한 문제와 연결되었다. 순 반환액에서 '조선채권'을 공제하는 편이 원조총액에서 공제하는 방식보다 반환금이 적어지게 되겠지만, 그런 경제적 의미보다는 일본이 '대미채무'를 미국에 반환하는 것을 미국이 '조선채권'을 일본에 반환한다는 것과 분리함으로써 얻는 정치적 의미가 일본에는 컸던 것이다.

일본 정부는 '조선채권' 문제가 정치적 문제로 등장하게 되자, 서둘러 그 법적 근거를 조사했다. 그 결과 1948년 9월 11일, 한미 정부 간에 체결된 「재정 급 재산에 관한 최초협정 및 보충협정」 제2조가 미국이 한국에 물자를 공급하기 위해 일본이 주일 미군에 공급물자를 인도했던 상황의 유일한 근거가 된다는 사실이 밝혀졌다. 거기에는 "미합중국은 1945년 9월 9일부터 본 협정의 발효일까지 사이에 인도된, 한국 경제를 위해 일본국에서 수입한 일체의 물자와 동 기간에 일본에 수출한 한국의 물자를 공제하는 것에 대해 청산 결제로 할 것에 동의한다"라고 되어 있었다.[35]

---

35 高石末吉, 앞의 책, 771~773쪽.

4. 대일원조 반환 교섭 과정

1) 원조총액과 반환액의 결정과정

대일원조 반환 교섭은, 군사 예산을 획득하기 위해 의회에 원조 반환 실적을 어필할 필요가 있었던 미국 정부가 1952년 강화조약 발효를 전후하여 GHQ / SCAP과 미국대사관을 통해 교섭 개시를 요청함으로써 시작되었다. 미국 측은 교섭 개시에 소극적인 자세를 보인 일본 측에 대해, 1953년 10월 이케다·로버트슨 회담池田·ロバートソン会談에서 반환 총액 7억 5,000만 달러와 반환 조건으로는 이자율 2.5%, 35년 상환이라는 구체안까지 제시하고, 1954년 토쿄에서 공식교섭을 열 것을 확약시켰다.[36]

1954년 5월부터 10월 사이에 5회에 걸친 공식교섭에서 커다란 문제가 되었던 것은 원조총액의 계산과 반환액 및 반환 조건의 결정이었다. 여기에 더해 '조선채권'과 원조 반환의 일괄처리, 그리고 반환금의 사용처에 대한 문제를 두고 논의가 이루어졌다. 일본 측은 원조총액을 구체적인 자료를 기초로 산출해야 한다고 주장하였고, 이를 위한 근거 자료의 제출을 미국 측에 요청했지만, 미국 측은 자료 제출에 부정적이었다. 미국에서는 그 근거가 될 자료의 정리가 끝나지 않았으며, 분산된 자료를 통합하여 정리하는 것 자체가 불가능에 가깝다고 생각했기 때문이었다. 미국 측은 원조총액이 아니라 그 일부의 반환을 요구하고 있다는 점, 그리고 반환액은 정치적인 결정사항이므로, 원조총액을 확정시킬 필요는 없다는 입장에 서 있었다. 이에 대해 일본 측은 배상과 경제개발

---

36 「池田·ロバートソン会談」, 『ガリオア協定日米交渉』, 外交記録 B'0127 : 88~125; 「交渉開始に至る経緯(共同声明), 昭和29年5月4日」, 앞의 자료, 外交記録 B'0127 : 126~167.

을 위해서는 자금이 필요하고, 원조를 반환할 경제적 여유가 없다고 생각했다. 따라서 원조총액의 확정과 그 근거 자료의 제출 문제는 원조 교섭이 장기화하는 커다란 요인이 되었다.

결국 미국 측의 제안인 Annex E(7억 317만 달러, 이자율 2.5%, 5년 거치, 30년간 반년씩 상환)와, 일본 측의 제안(5억 달러, 무이자, 20년 상환)을 수정한 오카자키 제안岡崎提案(즉, 5억 5,000만 달러, 이자율 2.5%, 5년 거치, 30년 상환) 사이에서 반환액과 반환 조건에 관한 입장차를 해결하지 못한 채 공식 교섭은 끝났다. 그러나 제5차 회담에서 '조선채권'과 원조 반환의 일괄 처리에 관해서는 기본적인 합의를 보았다.[37]

5회에 걸친 공식회담이 구체적인 합의를 보지 못하고 끝나고, 원조 반환에 적극적이었던 요시다 정권마저 붕괴한 이후 이렇다 할 교섭은 이루어지지 않았다. 1955년부터 1960년에 걸쳐, 미국 측은 교섭 재개를 여러 번 요청하였지만, 일본 측은 비공식 회담에 응할 뿐이었다.[38]

그 후 키시 노부스케岸信介 수상이 1960년 1월에 안보조약 조인을 위해 방미했을 때, 아이젠하워 대통령은 반환 총액 5억 5,000만~6억 4,000만 달러 사이에 합의할 것을 전망하는 교섭 재개를 재촉하였다.[39] 이미 배상 문제가 일정 정도 결착을 보이고, 경제부흥에도 탄력을 받았다는 자신감과 안보조약 개정에 미칠 영향에 대한 배려에서, 일본 정부는 원조 반환 교섭에 적극적인 자세를 보였다. 1960년 3월~7월 사이에 재개된 13회에 걸친 비공식 회담에서 타결에는 이르지 못했으나,[40] 적

---

37 「日米公式会談」, 앞의 자료, 外交記録 B'0127 : 1593~2221.

38 「日米非公式会談(千葉・ウェアリング会談)」, 앞의 자료, 外交記録 B'0127 : 2222~2643;「第一回大隈・トレイザス会談」, 앞의 자료, 外交記録 B'0128 : 3~413.

39 「岸総理訪米資料(日・米首脳会談)」, 『個別会談関係』, 外交記録 B'0127 : 1487~1516.

극적인 교섭 의욕을 가졌던 키시 정권은, 일본 측에서 교섭 재개를 요청하여 자주적으로 해결한다는 모양새를 취하고자 하는 일본의 의도를 미국 측에 이해시켰다. 그리고 미국 측도 일본 측이 요구했던 근거 자료를 제출했다.[41]

비공식 회담이 결렬된 지 1년도 지나지 않아, 1961년 4월에 최종 교섭이 재개되었다. 최종 교섭에서 일본 측은 스스로 조사한 자료를 기초로 원조총액을 산출했다. 반환액은 4억 3,000만 달러로 하였고, 한일 정부 무역 관계 대일채권을 반환액에서 공제할 것, 반환액을 동남아시아 경제개발 및 미일 교육 교환 활동에 이용할 것(제1차 제안)을 제안했다.

미국 측은 일본 측의 제1차 제안 자체에 대해서는 거부하였는데, 5억 8,000만 달러를 제안(미국 제1차 제안)했지만, 반환금의 사용처에 대해서는 합의할 용의가 있다는 자세를 보였다. 미일 양측은 서로 일치하지 않았던 원조총액에 대해 자국 의회에 대한 설명은 각자 자유롭게 하기로 하여, 원조총액의 확정은 보류함으로써 반환 교섭에 결론을 내렸다. 6월 10일, 반환액을 4억 9,000만 달러로 정하고, 반환 조건을 15년 상환(12년간 4억 4000만 달러, 3년간 5,000만 달러), 이자율 2.5%로 하기로 합의했다. 또한, 그 사용처에 대해서는 반환액 중 2,500만 달러를 한도로 미일교육문화교환계획에 사용하고, 대부분의 잔액은 저개발국의 개발원조에 사용하기로 쌍방은 합의하고 서명했다.[42] 미국 정부는 이 합의를 아주

---

40 「第二回大隈・トレイザス会談」,『ガリオア協定日米交渉』, 外交記録 B'0128 : 414~977.

41 「水田・アンダーソン、ディロン会談」,『個別会談関係』, 外交記録 B'0127 : 1517~1533;「小坂・マックアーサー会談」, 앞의 자료, 外交記録 B'0127 : 1565~1592.

42 그사이, 일본 측 제2차 제안(4억 7,500만 달러), 미국 측 제2차 제안(5억 달러, 10년 상환, 이자율 2.5%), 일본 측 제3차 제안(4억 9,000만 달러, 15년 상환), 미국 측 제3차 제안(4억 9,000만 달러, 12년 상환) 등의 경위가 있었다.『ガリオア協定最終処理交渉』, 外交記録 B'0128 : 978~1665.

만족스러워했다.[43] 1962년 1월, 협정문을 정식 조인하였으며, 5월 4일에 일본 국회 승인을 얻었다. 9월 1일에는 그 재원으로 사용할 산업투자 특별회계가 의회를 통과하여 정식 발효가 되었다.

2) 대일원조와 '조선채권' 사이의 일괄처리 문제

미·일이 대일원조와 대미채권('조선채권')을 일괄처리하기로 합의한 것은 1954년 10월 12일에 열린 제5회 타케우치·웨어링 공식회담武內·ウェアリング公式會談에서였다. 그러나 그 처리 방법에 대해서 쌍방의 의견 일치를 보지 못했다. 일본 측은 '조선채권'이 GARIOA와는 무관하므로 명백한 대미상업채권이라는 점을 강조하고, 장래에 확정될 GARIOA 원조 반환액, 즉 순원조액에서 '조선채권'을 공제하는 방식, 즉 순^{net} 공제 방식을 주장했다. 한편, 미국 측은 원래 이 채권은 '연합국' 총사령부에 대한 것이지, '미국'에 대한 것은 아니라고 주장하면서도, 그런 법률적 성격을 초월하여, 제2회 회담(5월 14일)에 원조총액에서 '조선채권'을 공제할 것을 제안한 것이었다고 반론하였으며, 그 처리 방식에 대해서는 합의를 보지 못했던 것이다.[44]

일괄처리를 둘러싼 문제는 '조선채권'의 의미 파악 방식을 둘러싼 대립이었다. 순 원조액에서 공제하는 순 공제방식은 미국 측이 주장한 원조총액에서 '조선채권'을 공제한 반환액을 결정하는 방식보다, 반환액 자체를 경감시키는 장점이 있었다.[45] 더욱이 미국의 대일원조를 채무

---

43 "331. Memorandum of Conversation(1961.6.20)", *FRUS*, 1961-63, 22 : 6.
44 「日米公式会談」, 『ガリオア協定日米交渉』, 外交記録 B'0127 : 2200~2201.
45 高石末吉, 앞의 책, 767~770쪽.

로 인정한 이상, 일본 측으로서는 '조선채권'을 순수한 대미채권으로 확인시키려고 했던 것이다. 이것은 코노 의원의 질의에서 발생한 국내의 정치적 대립에 배려할 필요가 있었기 때문이었다.

그 처리 방식을 둘러싼 양국의 대립은 당초 예상보다 오래 끌었다. 1954년 타케우치·웨어링 회담 이후 6년이나 지난 1960년, 오쿠마·트레자이스 비공식회담大隈・トレザイス非公式會談이 열렸다. 그 제1회 회담(3월 25일)에서 일본 측이 '반대청구권反対請求權' 즉 대미채권 문제를 의제의 하나로 제안하였고, 미국 측도 이에 동의하였는데, 제13회 회담(7월 28일)에서는 미국 측으로부터 명확한 해답을 얻을 수 없었고, 일본 측도 '반대청구권'과 공제항목 처리에 충분한 배려가 필요하다는 입장을 밝히는 데 그쳤다.[46]

1961년 4월 26일, 일본 측의 타케우치 정무차관은 최종처리 교섭에 나서, 통상산업성에서 면밀히 산출한 원조총액 17억 6,800만 달러와 그에 기초한 반환액 4억 3,000만 달러를 제1차 일본 측 제안으로 확정하여 미국 측의 렌하트William Lenhart 대리대사에게 제시했다. 일본 측은 그 공제항목에 '조선채권 등 상업채권 순 공제'가 들어가 있다는 사실을 밝혔다.[47]

이에 대해, 5월 10일, 코사카 외무대신과 신임 라이샤워Edwin O. Reischauer 주일대사의 회담에서 미국 측은 제1차 일본 측 제안 속의 반환액을 수락할 수 없다며, 5억 8,000만 달러를 제안했지만, '조선채권'의 순 공제방식은 받아들이겠다는 입장을 밝혔다.[48] 이로써 '조선채권' 처

46 「第二回大隈・トレザイス会談」, 앞의 자료, 外交記録 B'0128 : 650~659.
47 「日本側第一次案」, 『ガリオア協定最終処理交渉』, 外交記録 B'0128 : 1375~1420.
48 「米側第一次反対提案(第一回会談)」, 앞의 자료, 外交記録 B'0128 : 1421~1454.

리 문제는 일단락되었던 것이다.

미일 양국이 협정작성 교섭에 들어간 1961년 8월 17일, 미국 측은 협정안을 제시했다. 미국 측은 협정안에 원조총액을 담지 않을 것, 원조총액 및 그 반환액의 근거와 '반대채권'의 취급에 대한 의회 설명은, 미일 양국에서 각각 자유롭게 할 것을 제안했다. 이에 대해 일본 측은 원조총액과 의회 설명 문제에 대해서는 미국 측의 의향대로 하여, 각각 양국 정부가 자유롭게 하는 것이 바람직할 것이라고 판단하여, 그 문제는 협정안 작성과 완전히 분리하여 별도로 병행하여 협의하기로 했다.[49] 이후의 교섭에서 일본 측은 미국 측의 협정에 덧붙여, '한국과의 청산계정' 등에 관한 일본 측 청구권('조선채권')을 방기한다는 뜻을 협정문에 넣을 것을 제안했다. 일본 측으로서는 일본 측 청구권이 유효하다는 입장에 따라, 정부가 채권을 방기할 경우, 법률 등 명문의 규정에 의거해야 한다는 이유를 댈 필요가 있었던 것이다. 미국 측도 이를 수락했다.[50]

1962년 1월 9일, 드디어 협정이 서명되었고, 9월 11일 국회에서 「일본국에 대한 전후 경제원조에 대한 일본국과 미합중국 사이의 협정日本国に対する戦後の経済援助に関する日本国とアメリカ合衆国との間の協定」이 승인되었다. 그 제3조 2항에 "일본국 정부는 연합국 최고사령관과 대한민국 사이의 청산계정에서 1950년 4월 1일 이전에 발생한 잔액 및 연합군 최고사령관과 오키나와 사이의 청산계정 잔액에 대해 앞으로 어떠한 청구권도

---

49 미일 양측은 원조 총액과 순 원조액을 17억 9500만 달러와 17억 4,617만 달러(일본 측)와 19억 9,000만 달러와 18억 달러(미국 측)라고 각자 의회에 보고하고 있다. 「外務省－戰後対日援助処理問題に関する援助物資総額及び支払額についての説明(1963.1.29)」, 有沢広巳・稲葉秀三 편, 앞의 책, 41쪽; "353. Paper prepared in the Department of State(1962.3.22)", *FRUS*, 1961~63, 22 : 29.

50 「大臣説明資料」, 『ガリオア協定作成交渉閣議議議』, 外交記録 B'0128 : 1702.

합중국 정부에 대해 제기하지 않겠다는 것에 동의한다"라는 내용이 명기되었다.

3) 반환 대금의 사용처를 둘러싼 교섭

반환 대금의 사용처에 대한 최초 회담은 1954년 8월 24일, 오카자키·앨리슨 회담岡崎·アリソン会談이었다. 오카자키 카츠오岡崎勝男 외무대신은 반환 대금의 사용처에 대해서, "일단 5∼7년간의 반환 대금은 엔화로 하여 국내에 남겨두고, 동남아시아개발은행 등에 이용하고자 한다"라고 제안했다. 이에 대해 앨리슨John M. Allison 대사는 본국에 조회해 보겠다고 약속했다. 8월 27일 그 내용은 미국 국무부에 비공식적으로 통지되었다. 9월 16일, 앨리슨 대사는 오카자키 외무대신에게 보낸 서한에서, "엔화 지불 및 그 이용은 미국이 취하고 있는 서독 방식을 일탈하는 것일 뿐만 아니라, 미국 측의 입법 조치가 필요하다"라는 입장을 들어 동의하기 어렵다고 회답했다.[51]

그러나 동남아시아에 대한 일본의 자본재 참여 문제는 1953년 10월에 있었던 이케다·로버트슨 회담 시에 이미 일본 측이 타진했던 내용이었고, 미국 측도 이에 긍정적으로 반응했었다. 원조 반환금 교섭과 달리, 미국의 동남아시아 원조에 배상을 결합하려는 일본의 자세에 대해서는 미국 측도 적극적으로 대응하고 있었던 것이다. 미국이 개발원조를 수행할 때, 가능한 한 일본의 자본재와 기술을 도입하도록 피원조국에 설득하는 것을 미국의 공식방침으로 하고 있다는 점을 명확히 했

---

51 「Legal Background」, 『ガリオア協定日米交渉』, 外交記録 B'0127 : 169∼170; 「米側提案(アリソン提案)」, 앞의 자료, 外交記録 B'0127 : 254.

다. 그러나 한국 부흥에 대한 일본의 참가 의도에 대해서는 한국 측의 강렬한 반일 감정을 고려한 미국 측의 반응은 꽤 차가웠다.[52]

한편, 일본의 재계는 반환을 엔화로 지불하여, 일본·동남아시아의 방위력 강화에 이용하고자 구상한 '우에무라 구상植村構想'을 정부에 압박했다. '우에무라 구상'은, 반환 대금을 일본 국내에 엔화로 적립하여 두고, 이를 미사일 등 자위대 장비에 필요한 근대 무기의 국산화 자금으로 충당하거나, 일본이 무기를 제작하여 동남아시아에 인도하는 등 일본을 포함한 아시아 전체 방위력 증강을 도모한다는 구상으로, 정부·여당, 방위산업계 등에서 검토되었던 것이었다.[53] 그러나 이케다 통산산업대신의 반대로, 결국 반환 대금은 동남아시아 개발 투자에 충당하고, 일본도 거기에 참가한다는 오카자키 외무대신의 구상이 채택되었다.[54]

미국 국내에서는 사용처 논의가 별도로 논의되었다. 1956년 7월 9일, 미국 상원 사법위원회에서 가결된 일·독 몰수재산 반환 법안은, 몰수재산의 전면 반환과 그 재원으로 GARIOA 반환금을 충당하도록 규정하고 있었다. 이 법안은 상원 본회의에 계류된 채 하원에 회부되었지만, 제한된 심의 기간을 넘겨 심의가 완료되지 않은 상태였으므로, 미일 교섭이 타결되지 않는 한, 그 실현은 어려웠다고 할 수 있다.[55] 이런 점도 미국 측이 대일원조 반환 교섭 재개를 강력하게 요청한 이유 중 하나였다.

1959년 10월 2일에 사토·앤더슨 회담佐藤·アンダーソン会談에 임해, 앤더슨Robert B. Anderson 재무장관은 반환금 엔화 지불에 대해 반대 의사를 밝혔

---

52 宮沢喜一, 앞의 책, 224~243쪽.
53 『日本経済新聞』, 1959.9.1.
54 『読売新聞』, 1959.1.6.
55 『朝日新聞』, 1956.7.12.

다. 한편, 반환금을 동남아시아 개발에 사용하는 문제에 대해서는 미국 정부도 관심이 있지만, 미국의 제도상으로 반환 대금은 모두 국고에 수납해야 하므로 신중하게 연구할 필요가 있다고 하며 즉답을 피했다.[56]

1960년 9월 29일, IMF 총회 출석을 위해 미국을 방문한 미즈타 미키오水田三喜男 대장대신은 앤더슨 재무장관과 GARIOA 문제에 대해서 회담했다. 그때 앤더슨 재무장관은 그 반환 대금을 동남아시아 개발에 충당하자는 일본 측의 제안에 대해 반환 대금에 조건을 붙여 해결하고자 하는 것은 바람직하지 않다고 하면서, 미국으로서도 동남아시아의 발전에는 특별한 관심을 쏟고 있다고 언명했다.[57] 반환금을 동남아시아 개발 자금에 충당하자는 일본 측의 제안은 미국 측에 일정 정도는 긍정적으로 받아들여지기 시작했다는 것을 알 수 있다.

최종처리 교섭 단계에 들어간 1961년 5월 10일, 코사카·라이샤워 회담에서, 미국 측은 "반환 대금의 전부 또는 일부를 헌법상의 절차를 밟아 후진국 경제원조에 사용할 의향이 있다는 것"과 "반환금의 일부를 기술적·법률적 문제를 해결한 후에 미일 간에 교육교환계획에 사용할 용의가 있다"라고 회답했다. 이에 대해 5월 19일, 미국 측의 변화 조짐을 감지한 일본 측은 교육교환계획에 사용할 일부를 제외한 반환 대금의 대부분을 한국을 포함한 '동남아시아 후진국 원조'에 충당할 수 있기를 요망한다고 제안했다.[58]

5월 25일, 라이샤워 대사는 코사카 외무대신과의 회담에서 미국이

---

56 「佐藤·アンダーソン、ディロン会談(含, 訪米経緯)」, 『個別会談関係』, 外交記録 B'0127 : 1401~1486.
57 「水田·アンダーソン, ディロン会談」, 앞의 자료, 外交記録 B'0127 : 1559~1564.
58 「米側第一次反対提案(第一回会談)」, 『ガリオア協定最終処理交渉』, 外交記録 B'0128 : 1435.

제안한 반환 대금 5억 달러 중에서 "반환금의 사용처에 대해서는 의회의 승인을 조건으로 2,500만 달러를 미일문화교류에, 남은 대부분은 저개발지역 개발에 충당한다는 취지로 논의를 정리하고자 한다"라고 제안했다.[59] 그후 절충의 결과로 작성된 6월 10일부 각서에는 "사용처에 대해서는 일부(2,500만 달러)를 미일 간의 교육교환계획에, 국내 입법조치를 조건으로 잔여 대부분을 저개발국에 대한 원조에 사용한다"라는 문안이 삽입되었다.[60]

1962년 1월 9일, 드디어 체결된 협정에서 이 문제는 두 개의 교환공문에 정리되었다. 일본 측의 서한인「지불금의 사용처에 관한 교환공문」支払金の使途に関する交換公文에서의 양해사항으로서, "미합중국이 수령하는 자금의 대부분을, 저개발국에 대한 경제원조에 관한 미국의 계획을 촉진하기 위해 사용할 의도가 있다"라는 점, 그리고 '동아시아 나라들의 경제발전'을 위해 경제원조가 필요하고, 미일 양국은 계속해서 긴밀히 협의할 것을 확인했다는 내용이 담겼다.[61] 같은 날, 미국 국무부에서도 "일본 측의 반환금은 동아시아 나라들에 대한 경제원조에 이용될 것이다"라는 설명을 발표하여,[62] 이를 지지했다.

1962년 2월 27일, 원조 반환금이 동남아시아 군사체제의 강화, NEATO 강화로 연결될 가능성을 묻는 자민당의 아이치 키이치愛知揆一

---

59 라이샤워 대사로부터 일본 측이 동남아시아에 한정한 사용처에는 한국 등이 제외되어 있는지 여부를 묻는 질문이 있었는데, 코사카 외무대신은 한국도 포함하고 있고, 적당한 용어가 없어서 동남아시아라고 했다고 답변했다.「日本側第二次案(第二回)」, 앞의 자료, 外交記録 B'0128 : 1466~1467.

60 「覚書署名」, 앞의 자료, 外交記録 B'0128 : 1589~1665.

61 「支払金の使途に関する交換公文」, 『日米間ガリオア等戦後経済援助処理協定』, 外交記録 B'0126 : 1896~1897.

62 『朝日新聞』, 1962.1.10.

의원의 질문에, 코사카 외무대신은 반환금의 군사적 사용을 부정하면서, 1961년도 대외원조법을 통해 아시아 나라들의 경제개발원조 예산을 미국이 수립하고 있다고 답변했다.[63] 이러한 응수의 배경에는 반환금을 군사적 목적에 사용할 가능성을 염려하는 일본 국내 여론이 존재가 있었다.

먼저, 일본의 동(남)아시아 진출에 대한 염려가 존재했다. 수취국과 지역별 자금액 등을 지정한 직접개발 투자와 해외투자보증제도의 자금원에 반환금을 사용하여, 원조 반환을 이른 시일 안에 진척시키고자 한 이케다 정권의 구상에 대해서 원조 교섭에서 군사비의 증강, 동남아시아 개발원조·자금과 제국주의적 진출을 노리고 있다는 비판이 존재했던 것이다. 이케다 구상에는 키시 전 수상이 발의한 '미국의 자본, 일본의 기술, 동남아시아의 자원'이라는 삼각개발구상을 뛰어넘어, '자본과 기술'을 가지고 동남아시아에 안정된 수출시장을 확보하려는 의도가 보인다고 여론에서는 파악했던 것이다.[64] 또한, 교환공문의 '동아시아'가 실제로는 한국을 지칭할 것이라는 인식이 존재하고 있었다는 점을 들 수 있다. 반환금을 '동남아시아 특히 한국에 사용'할 것으로 생각되는 미국의 대한원조 물자를 일본에서 조달하도록 꾀하는 이케다 정권과 재계의 구상은 극동에서 한미일 군사동맹체제의 강화로 연결되고, 한반도의 분단을 가속화할 것이라는 비판이 있었던 것이다.[65]

---

63 『第40回 国会衆議院外務委員会会議録』6, 1962.2.27.
64 「ガリオア・ヨエロアの返済問題」,『前衛』178, 1961.2, 137쪽;「問題多いガリオア・エロア返済」,『世界』185, 1961.4, 86~87쪽.
65 「ガリオア・エロアが示す日米関係」,『教育評論』121, 1962.2, 15쪽; 横路節雄, 「債務ではないガリオア・エロア」,『週刊 エコノミスト』40-7, 1962.2.13, 36쪽;「二重三重の支払いーガリオア・エロア資金返済問題」,『月刊 社会党』58, 1962.4, 59쪽.

이렇게 반환금의 사용처를 둘러싸고, 일본 국내에서는 일본의 동(남)아시아 경제진출과 군사동맹으로 연결에 대한 염려가 크게 자리 잡고 있었다. 또한, 반환금을 한국에 사용할 가능성이 부상함으로써 한미일 군사동맹으로 연결될 가능성을 우려했던 분위기가 존재했던 것이다.

5. 맺음말

미국 정부는 재정균형주의가 뿌리 깊은 미국 의회로부터 원조 예산을 획득하기 위해, 원조가 대일채권이라는 입장을 취하고 있었다. 샌프란시스코 강화회의에서도 미국은 여타 연합국들의 대일청구권보다 미국의 대일채권을 우선시한다는 방침을 밝혀, 다른 연합국들이 제기한 대일청구권을 미국의 청구권과 함께 방기하도록 압력을 가했다. 그러나 강화조약으로 직접 군사비의 청구는 방기하였으나, 미국은 간접 군사비 즉 GARIOA 등의 원조에 대한 채권까지 방기한 것은 아니었던 것이다. 미국은 강화조약 성립 직후부터 대일채권의 반환을 일본 측에 요구했다.

한편 일본에서는 GARIOA 등 원조가 무상이라는 의식이 강했고, 여론과 야당에서는 원조 반환이 면제된 나라(한국, 이탈리아, 오스트리아 등)가 있다는 점과 원조 반환 그 자체가 '이중 지불'이라는 논리 등을 들어, 일본 정부의 원조 반환 방침을 반대하는 목소리가 높았다. 여기에 더하여 새롭게 논쟁에 포함된 '조선채권' 문제는 원조 논쟁을 확대했다. 한반도 남부와 일본을 점령한 미군사령부 사이의 정부무역에서 일본 쪽의 수출초과에서 발생한 '조선채권'이라는 대미채권의 존재를 밝히고, 원조가 대일채권이라면 일본도 대미채권의 반환을 미국에 요구해야 한다고 주장하는 목소리도 나왔던 것이다.

원조 반환 문제를 둘러싼 미일 간의 교섭은 10년(1952.4~1962.1)에 걸쳐 계속되었다. 교섭 과정에서 원조와 대미채권('조선채권')을 별도의 협정으로 해결해야 한다고 요구하는 일본의 여론을 억누르고, 미국이 애초 상정하였던 것처럼, 원조와 대미채권을 일괄처리하기로 하였다. 미국 측은 대미채권을 공제한 원조총액으로 해야 한다고 주장했지만, 일본 측은 그것을 원조총액에서 공제한 순 원조액으로 해야 한다고 주장하여 양자의 대립이 전개되었다. 결국, 미국 측이 일본 측에 양보하여, 순 원조액에서 대미채권을 공제하는 것으로 원조 반환 문제는 결론을 냈다. 또한, 일본 측은 "대미채권을 방기한다"라는 문안을 협정에 삽입하여, 대미채권 문제가 해결되었다는 사실을 명확히 했다. 또한, 반환금의 사용처에 대해서도 일본 측은 미일교육교류 이외에 동남아시아 개발원조에 그 대부분을 사용하도록 요구했다. 이에 대해 미국 측은 부정적이었지만, 미국 국내법의 성립을 전제로 받아들이게 되었다. '동남아시아'라는 표현은, '저개발국' 또는 '동아시아'라는 표현으로 변경하면서, 일본 측은 그 대상으로 한국도 상정하였다. 전후 불완전하나마 실제로 존재하고 있었던 미국 주도의 한일 간 지역주의적 접근은 1950년대에 계속되었던 한일교섭과 미일교섭을 거쳐 1960년대에 들어와 그 제도화를 시도하게 되었다고 할 수 있다.

　식민지 조선 경제에 대한 전전과 전후의 평가에서 전전부터 전후로
이어지는 사유의 연속성은 존재하고 있었으며, 조선 경제가 일본 경제
의 한 단위로서 '경제적 내선일체'를 이루고 있었다는 동아시아의 식민
지 구조에 관한 담론이 통주저음으로서 흐르고 있었다. 그 구조에 대한
전전의 '성공신화'로서의 조선경제발전론과 전후의 '조선경제의 자립
가능성에 대한 불신감과 회의'라는 평가가 달라진 계기는 일본의 패전
과 함께 발생한 동아시아 지역질서의 변화 때문이었다. 이러한 담론은
서로 모순되어 있는 것처럼 보이지만, 동일한 구조를 미국과 일본이 각
각 자국의 입장에서 해석하고 전망하고 있었던 것이다. 전전 구조의 재
구축 과정에서 이 인식의 상위점이 전후 동아시아 지역에 대한 구조의
재편으로 이어졌다. 이상 제1장부터 제8장까지의 분석 결과를 통해,
1940년대 이래의 지역주의 유형들을 동아시아 지역주의의 흐름 속에서
다시 한 번 자리매김해 보고자 한다.

　먼저 동아시아 지역주의는 다음과 같은 세 가지 유형으로 나눌 수 있
을 것이다. 먼저 제1기 지역주의이다. 전전의 일본 중심의 '대동아공영
권'이 이 유형에 해당한다. 일본이 주도하고 그 중심이 된 수직적 분업
구조를 통한 불균등 발전 구조을 특징으로 하였다.

　다음으로 제2기 지역주의 구상이다. 여기에는 미국이 주도하고 기존
의 일본 중심 구조를 배재하여 수평적 분업을 통한 균등발전 구조에 대
한 전망이 포함되어 있었다. 샌프란시스코 강화조약이 체결된 직후, 미

국의 점령정책에 대한 경제적 총괄을 했던 일본의 경제재건연구회經濟再建研究會는 폴리의 배상안을 그 전형적 사례로서 거론하면서, 폴리적 단계라고 정의하고 있다.[1] 제2기 지역주의 구상은 신탁통치기에 조선 지역에 실시될 예정이었지만, 신탁통치를 앞둔 점령기는 그 실시를 준비하는 단계였으므로, 구상의 기조를 반영하면서도 과도기적으로 제1기 지역주의 질서를 관리할 필요가 있었다. 그러나 제1기 지역주의를 기정사실로서 우선적으로 중시되었던 것은 아니었다. 어디까지나 일본이라는 중심을 배제한 시공간을 미국 점령군이 통제하는 형태로 관리하고, 제2기 지역주의 구상의 준비단계로서 재구성하는 단계였다고 생각된다. 또한 제2기 지역주의는 미국의 전후 구상의 기조를 이루고 있던 반식민지주의, 국제협조주의, 세계자유무역주의에 바탕을 둔 동아시아 지역의 탈식민지화와 해당지역의 안정을 도모하고자 한 것이었다.

마지막으로 제3기 지역주의 유형이다. 제2기 지역주의를 준비했던 시기는 냉전과 복잡하게 얽혀있었다. 본 연구에서는 남조선과 일본을 중심으로 동아시아 지역주의를 미시적으로 분석하여 현지의 점령상황을 중시하고 있지만, 동아시아 지역의 냉전이라는 거시적인 구조를 도외시하는 것은 아니다. 동아시아 냉전이 한반도와 일본에 대한 미국의 정책에 큰 요인이었다는 점을 전제로 논지를 전개했던 것이다. 동아시아지역의 냉전은 제2기 지역주의 구상을 제3기 지역주의로 변용시켰으며, 제3기 지역주의는 일본을 중심으로 한 수직적 분업구조를 통한 불균등발전 구조를 전망토록 했다. 그러나 그것은 반드시 제1기 지역주

---

1   經濟再建研究會 編, 『ポーレーからダレスへ―占領政策の經濟的歸結』, 東京 : ダイヤモンド社, 1952, 15~30쪽.

의로의 회귀는 아니었고, 제2기 지역주의의 핵심적 요소인 미국의 주도성은 견지되고 있었다. 즉, 역외 패권을 장악한 미국의 통제하에서, 일본은 그 하위 파트너로서의 위상을 차지하였던 것이다. 동아시아 냉전과 미국의 패권에 바탕을 둔 냉전형 지역주의는 이데올로기의 경계선에 따라 한반도, 중국 지역을 정치·경제적으로 분단시켰던 것이라고 할 수 있다.[2] 중국 대륙과 북조선 지역이 이탈함으로써, 해당지역은 남조선 지역, 일본, 동남아시아가 되었고, 그 지역을 미국이 역외 패권국으로서 개입하는 구조가 형성되었다. 그 속에서는 여러 하위 유형이 상호 관련되어 있었다. 하나는 남조선 지역과 일본의 경제통합 구상이다. 또 하나는 일본과 동남아시아의 지역경제통합구상이다. 마지막으로 '일미경제협력日米經濟協力'과 같이 일본이 동남아시아 지역에서 원료를 조달할 수 있도록 미국이 지원하는 유형이다. 경제재건연구회의 분석에 따르면, 제3기 지역주의는 일본경제재건을 위한 궤도가 놓은 드레이퍼적 단계에 해당한다.[3] 실제로 드레이퍼 사절단은 일본과 한국지역을 조사한 후, '원조를 획득할 수 있는 가장 간편한 지역은 일본이므로, 앞으로 한국 정부는 스스로의 이익을 위해 전쟁으로 남아있는 증오에도 불구하고, 꼭 필요한 기술자와 기술적 교사를 일본으로부터 모집할 것'과 '한국은 그 필요로 하는 많은 것을 일본에 의존'하고 있으므로, '한국 국민과 그 이웃나라에 가치를 가진 기초에 서서, 장래의 동아시아 무역에 한국이 참가할' 것을 권하고 있다.[4] 이런 문맥은 폴리 배상안에서 엄

---

2   文正仁·徐承元,「東アジア共同体構想－その機会と朝鮮」, 小此木政夫·文正仁 편,『東アジア地域秩序と共同体構想』, 東京 : 慶應大学出版会, 2009, 297~298쪽.

3   經濟再建研究會 편, 앞의 책, 40~56쪽.

4   時事通信社 역,『ドレーパー報告－日本と朝鮮の経済的地位と見透しとその改善に要する方

격히 금지하고 있었던 한국과 일본의 무역과 기술교환을 권하고 있는 것으로 해석할 수 있다.[5]

선행연구에서는 제1기 지역주의 유형이 제3기 지역주의 유형으로 직접 연결되었던 것으로 이해하는 경향이 강했다고 볼 수 있다. 본 연구에서는 그 사이에 또 하나의 단계, 즉 제2기 지역주의 유형을 설정하여 고찰해 보았다. 이를 통해 동아시아 지역에서 나타난 지역주의의 모습을 더욱 입체적으로 이해할 수 있었다.

策に関する報告』, 1948, 56~57쪽.
5 時事通信社 역, 앞의 책, 61쪽.

저자 후기

이 책은 2011년에 토쿄대학 대학원 총합문화연구과 지역문화연구 전공에 박사논문으로 제출한 「1940년대 동아시아 지역주의와 한일미관계1940年代における東アジア地域主義と韓日米関係」에 논문 1편을 추가한 『東アジア地域主義と韓日米関係』(クレイン, 2015년)에 논문 2편을 추가한 후, 그 내용을 대폭적으로 수정 가필한 것이다.

필자가 동아시아 지역주의에 대해 처음으로 접한 것은 입원 중이었던 대학 3학년 때였다. 퇴원할 때까지 시간 보내기용으로, 우연히 허버트 빅스의 1960년대 동아시아 지역주의에 관한 논문을 읽었던 때였다고 할 수 있다. 그 논문은 한일 국교 정상화 교섭과 미국의 아시아 정책을 링크시켜 분석한 뛰어난 글이었다. 그 후, 미군 점령기의 남한에 대한 세제개편 문제를 다룬 석사논문을 집필하기 위해, 전전과 전후 사이의 연속성에 유의하면서 자료를 읽어 나가고 있었을 당시, 식민지 조선과 일본 사이의 양자 관계와, 미군 점령하의 남한과 미국 사이의 양자관계를 연속성을 가지고 인식하는 것이 가지는 난해함을 통감하고 있었다. 그 돌파구가 전전과 전후를 연속적으로 인식하고, 한일 간의 양국 관계를 넘어 지역 단위로 파악하는 수단으로서의 동아시아 지역주의였다. 드디어 지역 단위의 역사 해석이란 가능성이 눈앞에 펼쳐진 것이었다.

이 책을 작성하는 데 많은 분의 도움이 있었다. 여기서 그분들에 감사의 말씀을 전하고자 한다. 대학 2학년이었던 필자가, 고려대학교의 강만길 선생님의 강의를 듣고, 처음으로 근현대사를 연구하려는 의욕이 생겼다. '분단시대의 역사인식'에 저항하며, 역사를 이성의 현실화로 이해하는 역사관을 가지고 계셨던 강만길 선생님은, 대학원의 제자들을 '방목'하시며, 자신을 넘어서라고 끊임없이 채찍질하셨다. 선생님을 넘어서라는 것은 도저히 불가능한 과제였으나, 선생님이 '방목' 덕분에 선배, 동료들과 자유로운 연구 생활을 즐길 수 있었다. 토쿄대학 대학원 총합문화연구과 재학 중일 당시 지도교수였던 유이 다이자부로油井大三郎 선생님께는 물심양면으로 지도와 격려를 받았다. 항상 제자의 관점을 최대한으로 존중하며, 그것을 어떻게 살려갈 것인가에 대해 마음을 써주셨다. 토쿄여자대학으로 옮기신 이후에도, 유이 제미는 계속되었고, 다시 한번 일본에 체재하게 된 필자가 지도를 받을 장소를 만들어주셨으며, 박사논문의 심사에도 참가하여 주셨다. 토쿄대학의 기미야 다다시木宮正史 선생님은 박사논문의 심사위원장 을 흔쾌히 받아주셨다. 논문을 집필하던 당시, 도저히 읽어내기 어려운 지저분한 원고를 몇 번이나 정성껏 읽어주셨고, 논문의 체제를 정리하는 부분까지도 지도해주셨다. 선생님께는 말로 표현하기 어려울 정도의 은혜를 입었다. 그외 논문 심사에 이종원李鍾元 선생님, 후루야 준古谷旬 선생님, 도노무라 마사루外村大 선생님, 아사노 토요미浅野豊美 선생님의 지도를 받았다. 심사용 원고 제본이 너덜너덜해질 정도로 읽어주시며, 일본어 표현부터 논문의 주된 논지에 걸쳐 귀중한 말씀을 들었다. 여기에 감사의 말씀을 적는다.

한국으로부터 일본으로, 다시 일본에서 한국으로 연구 장소를 변경하며 연구 생활을 이어가는 것은 결코 쉬운 일이 아니었다. 넓은 품으로 받아주었던 고려대학교, 토쿄대학, 국사편찬위원회, 연세대학교(미래캠

퍼스), 상지대학교에서 같이 공부한 선배, 동료들에게도 감사의 말씀을 드린다. 일본에서 박사논문을 출간해 주신 문홍수文弘樹 사장님의 배려로 이번에 한국어로도 출판할 수 있었다. 이 책이 간행될 수 있도록 물심양면으로 힘써주신 연세대학교(미래캠퍼스) 근대한국학연구소에 감사의 말씀을 드린다.

뒤돌아보면, 긴 여정이기도 했다. 항상 곁에서 지지해 주었던 아내와 아이들에게 감사한다.

2021년 2월

치악산을 바라보며

송병권

참고문헌

1차자료

A. 미공간자료

일본

이규수 편역, 『일본제국의회 시정방침 연설문집』, 선인, 2012.

日本経済研究所 編, 『朝鮮喪失の経済的影響と日鮮経済関係の将来』(経済安定本部への調査報告書 其ノー), 1946.11, 東京大学経済学部図書館 소장.

「経済再建に関する研究項目案−日本経済研究所関係」, 有沢資料, 東京大学経済学部図書館 소장.

『日本人の海外発展に関する歴史的調査』友邦文庫 M4−165, 学習院大学東洋文化研究所 소장.

〈外務省調査局関係報告書類〉

外務省調査局, 「外地経済懇談会議事概要(21.2.8)」, 1946.2.8, 『外務省資料Ⅱ』, 鈴木武雄寄贈資料, 武蔵大学図書館 소장.

外務省調査局第三課, 『日本経済再建の基本問題』調三資料 第3号, 1946.3.

_____, 『改訂日本経済再建の基本問題』, 1946.9(有沢広巳 감수・中村隆英 편, 『資料・戦後日本の経済政策構想 第1巻：日本経済再建の基本問題』, 東京大学出版会, 1990 수록).

外務省特別調査委員会中間報告案, 「ブレトンウッヅ協定参加の諸問題」, 1947.2.14, 『外務省資料 Ⅱ』, 鈴木武雄寄贈資料, 武蔵大学図書館 소장.

外務省調査局第三課, 「貿易から見た日本経済の将来」 資料一, 1946.11.30, 東京大学経済学部図書館 소장.

外務省調査局第三課・外務省総務局経済課・終連経済部経済課 編, 『日本の対東亜貿易の将来』外務省調査局 調三資料 第15号, 1946.9.20, 東京大学経済学部図書館 소장.

外務省調査局第三課・終戦連絡中央事務局賠償部, 『今次賠償問題の経緯(改訂)』調三資料 第19号, 1947.1.10, 東京大学経済学部図書館 소장.

佐々生信夫, 『経済的観点から見たる我国朝鮮統治政策の性格と其の問題』, 外務省調査局 調三資料 第2号, 1945.12, 一橋大学経済研究所資料室 소장.

鈴木武雄, 「読後感」, 佐々生信夫, 『経済的観点から見たる我国朝鮮統治政策の性格と其の問題』外務省調査局 調三資料 第二号, 1945.12.

_____, 「朝鮮統治の性格と実績−反省と反批判」, 外務省調査局 調三資料 第7号, 1946.3.

_____, 「「独立」朝鮮経済の将来」, 外務省調査局 調三資料 第12号, 1946.6.

〈外交史料館所蔵外交記録公開文書検索システム, http://gaikokiroku.mofa.go.jp〉

『ガリオア協定日米交渉』, 外交記録, B'0128.

『ガリオア協定最終処理交渉』, 外交記録 B'0128.

『ガリオア協定作成交渉閣議請議』, 外交記録 B'0128.

『管理貿易雑件－貿易状況関係』第4巻, 外交記録 E'.2.0.0.9.

『個別会談関係』, 外交記録 B'0127.

『占領下の対日賠償関係一件－ポーレー大使来朝関係』, 外交記録 B'-0.0.0.2.

『善後処置および各地状況関係(朝鮮)』第7巻, 外交記録 A'-0.1.1.7.

『占領下の対日賠償関係一件－調書集』第1巻, 外交記録 B'-0.0.0.3.

「東條首相ノ施政方針演説ニ対スル反響ニ関スル件」(秘第四九三号, 昭和十八年七月五日, 在満特命全権大使梅津美治郎, 大東亞大臣青木一男宛),『第八十二臨時議会/2 昭和18年6月22日から昭和18年7月5日』JACAR(アジア歴史資料センター) Ref.B02031345600,『帝国議会関係雑件/議会ニ於ケル総理, 外務大臣ノ演説関係』第九巻(A-5-2-0-1_2_009).

『日米間ガリオア等戦後経済援助処理協定』, 外交記録 B'0126.

미국

李吉相 편,『解放前後史資料集Ⅰ－米軍政準備資料』, 原主文化社, 1992.

鄭容郁・李吉相 편,『解放前後 美国의 対韓政策史 資料集』1, 다락방, 1995.

_____,『解放前後 美国의 対韓政策史 資料集』4, 다락방, 1995.

竹前栄治・中村隆英 감수, 高野和基 역,『GHQ日本占領史 第2巻－占領管理の体制』, 東京：日本図書センター, 1996.

_____, 石堂哲也・西川博史 역,『GHQ日本占領史 第52巻－外国貿易』, 東京：日本図書センター, 1997.

時事通信社 역,『ドレーパー報告－日本と朝鮮の経済的地位と見透しとその改善に要する方策に関する報告』, 1948.

RG 59, Post World War II Foreign Policy Planning, State Department, *Records of Harley A. Notter, 1939-1945*, micro sheet, 国立国会図書館憲政資料室 소장.

_____, State Department, *Documents of the Interdivisional Country and Area Committee, 1943-1946*, microfilm, 国立国会図書館憲政資料室 소장.

_____, *Records Related to Internal Affairs of Korea, 1945-1949*, Wilmington, DE：Scholarly Resources Inc., 1986, microfilm, Reel no.7.

_____, *Records of the U.S. Department of State Relating to the Internal Affairs of Korea, 1945-1949*, Decimal Files, Reel no.7.

RG 331, *Records of Allied Operational and Occupation Headquarters, World War II, 1907-1966, SCAP, Economic & Scientific Section, Office of the Chief, General Subject Files, 1945-52 (GHQ/SCAP Records)*, microsheet, 国立国会図書館憲政資料室 소장.

RG 332, *Records of U.S. Theaters of War, World War II, 1939-1948, Records of the Historical Section of the Intelligence Division (G-2) of HQ. USAFIK, XXIV Army Corps, 1945-48,* NARA, 国史編纂委員会 소장.

The MAGIC Documents －Summaries and Transcriptions of the Top Secret Diplomatic Communications of Japan 1938-1945, Frederick, M.D.：University Publications of America, c1982, microfilm, reel no.14, 東京大学法学部研究室図書室 소장.

Far Eastern Section, Office of Strategic Services, *OSS / State Dept. Intelligence and Research Reports, I. Japan and Its Occupied Territories during WWII*, Frederick, M.D. : University Publications of America, microfilm, Reel no.16, 東京大学大学院総合文化研究科附属アメリカ太平洋地域研究センター図書室 소장.

United States, Sate-War-Navy Coordinating Committee, *National Security Policy of the United States, basic documents, State-War-Navy Coordinating Committee policy files, 1944-1947*, Wilmington, Del. : Microfilm Project by Scholarly Resources Inc., 1977, 東京大学大学院総合文化研究科附属アメリカ太平洋地域研究センター図書室 소장.

Government Section, Supreme Commander of the Allied Powers ed., *Political Reorientation of Japan, September 1945 to September 1948 -Report of Government Section, Supreme Commander of the Allied Powers*, vol.II, Washington, D.C. : Government Printing Office, 1949.

USAMGIK, *History of United States Army Military Government in Korea*, Part I, Unpublished, 1946.

Records of the Joint Chiefs of Staff, Part 2, 1946-53, Far East, Frederick, M.D. : University Publications of America, microfilm, Reel no.8, 東京大学大学院総合文化研究科附属アメリカ太平洋地域研究センター図書室 소장.

B. 공간자료

한국어

권태억 외편,『서울대학교 중앙도서관 고문헌자료실 소장「경제문고」해제집』, 서울대 출판부, 2007.

대한민국정부,『시정월보』4, 1949.3.22.

대한석탄공사,『석탄통계년보』조사연구자료 4, 1955.

이종호,『적산과 배상』, 대전 : 충청남도재산관리처, 1948.

외무부통상국,「대일통상협정의 발족」,『주보』5, 1949.4.23.

조선식산은행조사부,『식은조사월보』1-2, 1946.8.

조선은행조사부,『산업종람』1, 1954.

────────,『경제연감』1949년판.

국사편찬위원회 편,『자료대한민국사』1, 1968.

한국무역협회,『무역연감』1950년판, 1949.

일본어

天羽英二日記・資料集刊行会 편,『天羽英二日記・資料集』, 第4巻, 1985.

有沢広巳・稲葉秀三 편,『資料 戦後二十年史』2, 東京 : 日本評論社, 1966.

有沢広巳 감수・中村隆英 편,『資料・戦後日本の経済政策構想』全3巻, 東京 : 東京大学出版会, 1990.

伊藤隆・渡邊行雄 편,『重光葵手記』, 東京 : 中央公論社, 1986.

大久保達正 외편저, 土井章 감수,『昭和社會經濟史料集成』17, 東京 : 大東文化大學東洋研究所, 1992.

大蔵省 편, 『日本外国貿易年表(1948年)』 上, 東京 : 実業之日本社, 1949.

大蔵省管理局 편, 『日本人の海外活動に関する歴史的調査』, 東京 : ゆまに書房, 2002, 復刻版.

大蔵省財政史室 편, 『昭和財政史 昭和27－48年度』 18, 東京 : 東洋経済新報社, 1998.

外務省 편, 『日本外交年表竝主要文書』 下, 東京 : 原書房, 1966,

外務省特別資料課 편, 『日本占領及び管理重要文書集 第1巻 : 基本篇』, 1949.

外務省条約局法規課 편, 『平和条約の締結に関する調書 Ⅵ : 昭和26年5月－8月(上巻)』, 1969.9.

経済企画庁調査局, 『資料経済白書』, 東京 : 日本経済新聞社, 1972.

国会図書館調査立法考査局, 『管理下の貿易概観』 国調立資料B15, 1948.10.

時局研究会 편, 『第二十輯 南方共榮圏と朝鮮經濟(座談會速記)』, 京城, 1942.

_____, 『ブロック経済に関する研究－東亜ブロック経済研究会研究報告』, 東京 : 生活社, 1939.

總力戦研究所, 『【機密】大東亞共榮圏建設原案(草稿)』, 1942.

通商産業省通商局通商調査課 편, 『日本貿易の展開-戦後10年の歩みから』, 東京 : 商工出版, 1956.

日本経済研究所 편, 『貿易再開と各産業の将来』 叢書 第3輯, 1947.

一橋大学学制史専門委員会 편, 『一橋大学学制史資料』 第8巻(昭和15-57年経済研究所) 第7集, 1982.

吉田茂記念事業財団 편, 『吉田茂書翰』, 東京 : 中央公論社, 1994.

『世界週報別冊－ストライク報告』, 東京 : 時事通信社, 1948.4.

〈国会会議録検索システム〉

『第1回次衆議院予算委員会会議録』 5.

『第1回次参議院本会議会議録』 22.

『第1回次衆議院本会議会議録』 35.

『第1回次衆議院決算・労働委員会連合審議会会議録』 2.

『第5回 国会衆議院本会議会議録』 22.

『第40回 国会衆議院外務委員会会議録』 6.

영어

大蔵省財政史室 편, 『昭和財政史―終戦から講和まで 第20巻－英文資料』, 東京 : 東洋経済新報社, 1982.

Department of Commerce, United States, *Foreign Aid by the United States Government 1940-1951*, Washington : Government Printing Office, 1952.

Department of State, *Foreign Relations of the United States 1945*, vol.6, Washington D.C. : Government Printing Office, 1969.

_____, *Foreign Relations of the United States, 1946*, vol.8, Washington D.C. : Government Printing Office, 1971.

Legislative Reference Service, Library of Congress, *U.S. Foreign Aid－Its Purpose, Scope, Administration, and Related Information*, New York : Greenwood Press, 1968.

*Report on Industrial Reparations Survey of Japan to the United States of America, February 194*8, New York : Overseas Consultants, Inc., 1948

National Economic Board, USAMGIK, *South Korea Interim Government Activities* No.25, Seoul : United States Army Military Government in Korea, October 1947.

신문 · 정기간행물

한국어

〈국사편찬위원회 한국사데이터베이스〉
『京郷新聞』
『独立新聞』
『東方新聞』
『東亜日報』
『毎日新報』
『民主日報』
『産業新聞』
『서울新聞』
『聯合新聞』
『自由新聞』
『中央新聞』
『朝鮮日報』
『平和日報』
『湖南新聞』

일본어

『朝日新聞』
『教育評論』
『月刊 社会党』
『週刊 エコノミスト』
『世界』
『前衛』
『東京朝日新聞』
『日本経済新聞』
『毎日新聞』
『読売新聞』
『旬刊 時の法令』

영어

The New York Times

회고록 · 전기 등

有沢広巳,『有沢広巳の昭和史-歴史の中に生きる』, 有沢広巳の昭和史編纂委員会, 1989.
小野善邦,『わが志は千里に在リ-大来佐武郎評伝』, 東京 : 日本経済新聞社, 2004.
鈴木武雄・高橋誠・加藤三郎,『鈴木武雄-経済学の五十年』, 1980.
高橋亀吉,『経済評論五十年-私の人生とその背景』, 1963.
ボートン, ヒュー, 五味俊樹 訳,『戦後日本の設計者-ボートン回想録』, 東京 : 朝日新聞社, 1998.
宮沢喜一,『東京-ワシントンの密談』, 東京 : 中公文庫, 1999.
Truman, Harry S., *Memoirs by Harry S. Truman, vol.2 —Years of Trial and Hope*, Garden City, N.Y. :
 Doubleday & Company, 1956.

연구서

한국어

구대열,『한국국제관계사연구 1-일제시기 한반도의 국제관계』, 역사비평사, 1995.
_____,『한국국제관계사연구 2-해방과 분단』, 역사비평사, 1995.
小林聰明,「미군정기 통신검열체제의 성립과 전개」,『한국문화』 39, 2007.6.
김기원,『미군정의 경제구조-귀속기업체의 처리와 노동자자주관리운동을 중심으로』, 푸른
 산, 1990.
김욱동,『강용흘-그의 삶과 문학』, 서울대 출판부, 2004.
김항,「'광역권'에서 '주체의 혁명'으로-근대초극, 미완의 법기획, 그리고 한반도」,『동방학지』
 161, 2013.
松下正壽, 제성호 역,「국제법 사료-대동아국제법의 제문제」,『국제법평론』 2001-Ⅱ, 2001.
미드, 그랜트, 안종철 역,『주한미군정연구』, 공동체, 1993.
박상수・송병권 편저,『동아시아, 인식과 역사적 실재-전시기에 대한 조명』, 아연출판부,
 2014.
박원순,「일본의 전후배상정책과 그 실제」, 민족문제연구소 편,『한일협정을 다시 본다-30주
 년을 맞이하여』, 아세아문화사, 1995.
송규진,「일제하 '선만 관계'와 '선만일여론'」, 이내영・이신화 편,『동북아지역질서의 형성과 전
 개-역사적 성찰과 정치・경제적 쟁점』, 아연출판부, 2011.
_____,『일제하의 조선무역연구』, 고려대 민족문화연구원, 2001.
송병권,「1940년대 스즈키 다케오의 식민지 조선 정치경제인식」,『민족문화연구』 37, 2002.12
_____,「1940년대 전반 일본의 동북아지역 정치경제 인식-동아광역경제론을 중심으로」,『사
 총』 80, 2013.
_____,「해방직후 한일석탄무역의 구조와 성격」,『한국사학보』 17, 2004.7.
방선주,「한반도에 있어서의 미・소군정의 비교」,『미군정기 한국의 사회변동과 사회사 Ⅰ』, 춘
 천 : 한림대 아시아문화연구소, 1999.
鈴木武雄,「朝鮮統治의 反省」, 洪昶 편,『자유일본의 자기비판』, 신세대사, 1949.

슈미트, 칼, 최재훈 역, 『대지의 노모스－유럽 공법의 국제법』, 민음사, 1995.

──────, 김효전 역, 「역외열강의 간섭을 허용하지 않는 국제법적 광역질서－국제법에 있어서 라이히 개념에의 기여(1939년, 제4판 1942년)」, 『정치신학(외)』, 법문사, 1988.

안소영, 「태평양전쟁기 미국의 대일·대한정책 및 점령통치 구상」, 『한국정치외교사논총』 31-2, 2010.2.

안종철, 「식민지시기 평양지역 尹山温(George S. McCune)선교사의 활동과 그의 가족의 한국학 연구」, 『한국기독교역사연구소소식』 70, 2005.4.

유병용, 「2차대전중 한국신탁통치문제에 대한 영국의 외교정책 연구」, 『역사학보』 134·135합집, 1992.9.

이내영·이신화 편, 『동북아 지역질서의 형성과 전개－역사적 성찰과 정치·경제적 쟁점』, 아연출판부, 2011.

이대근, 『세계경제론』, 까치, 1993.

이원덕, 「일본의 전후처리외교 연구 : 대아시아 전후 배상정책의 구조와 함의」, 『일본학연구』 22, 2007.9.

이정훈·박상수 편, 『동아시아, 인식지평과 실천공간』, 아연출판부, 2010.

이형철, 「미국 국무성의 한국신탁통치계획(1942-1945)」, 『한국정치학회보』 21-2, 1987.12.

임성모, 「대공아공영권에서의 '지역'과 '세계'」, 이내영·이신화 편, 『동북아지역질서의 형성과 전개－역사적 성찰과 정치·경제적 쟁점』, 아연출판부, 2011.

──────, 「중일전쟁 전야 '만주국'·조선 관계사의 소묘－'日満一體'와 '鮮満一如'의 갈등」, 『역사학보』 201, 2009.

정용욱, 『해방전후 미국의 대한정책－과도정부구상과 중간파정책을 중심으로』, 서울대 출판부, 2003.

허은, 「제1공화국초기 대일미곡수출의 역사적 배경과 성격」, 『한국사학보』 8, 2003.3.

홉스봄, E. J., 강명세 역, 『1780년 이후의 민족과 민족주의』, 창비, 1988.

일본어

明石欽司, 「『大東亜国際法』理論－日本における近代国際法受容の帰結」, 『法学研究－法律·政治·社会』 82-1, 2009.

浅井良夫, 『経済安定本部調査課と大来佐武郎』, 成城大学経済研究所研究報告 No.11, 1997.

──────, 「国際経済社会への復帰と自立－昭和27～33年」, 大蔵省財政史室 편, 『昭和財政史 昭和27-48年度』 11, 東京 : 東洋経済新報社, 1999.

浅野豊美, 「日本帝国最後の再編－『アジア諸民族の解放』と台湾·朝鮮統治」, 早稲田大学社会科学研究所 편, 『戦間期アジア·太平洋の国際関係』 研究シリーズ第35号, 東京 : 早稲田大学出版部, 1996.

──────, 『帝国日本の植民地法制－法域統合と帝国秩序』, 名古屋 : 名古屋大学出版会, 2008.

市川恒三, 「対米債権債務の実相」, 『政治経済』 7-8, 1954.8.

一又正雄, 「大東亞建設條約とその國際法史的意義」, 『法律時報』 16-1, 1944.

井内弘文, 「戦後日本経済再建構想の諸類型」, 『三重大学教育学部教育研究所研究紀要』 21-1, 通巻44巻, 1970.9.

五百旗頭真,『米国の日本占領政策－戦後日本の設計図』上・下, 東京：中央公論社, 1985.

五十嵐武士, 「ジョージ・ケナンと対日占領政策の転換－『国家安全保障会議決定十三ノ二』の成立」, レイ・ムーア 편,『天皇がバイブルを読んだ日』, 東京：講談社, 1982.

石井知章,「加田哲二の〈東亜共同体〉」, 石井知章・小林英夫・米谷匡史 편저,『一九三〇年代のアジア社會論』, 東京：社會評論社, 2010.

石堂清倫・堅山利忠 편,『東京帝大新人会の記録』, 東京：経済往来社, 1976.

石堂清倫 외,『十五年戦争と満鉄調査部』, 東京：原書房, 1986.

井上寿一,「戦後日本のアジア外交の形成」,『年報政治学1998－日本外交におけるアジア主義』, 東京：岩波書店, 1999.

入江昭,『日米戦争』, 東京：中央公論社, 1978.

蛯名賢造,『日本経済と財政金融－鈴木武雄教授の所説を中心に』, 東京：新評論, 1980.

太田修,「大韓民国樹立と日本」,『朝鮮学報』173, 1999.10.

大平善梧,「國際法より世界法へ－米國に於ける世界政府論の展望」,『國際法外交雑誌』45-10, 1946.

岡野鑑記,『日本賠償論』, 東京：東洋経済新報社, 1958.

高峻石,『朝鮮1945–1950－革命史への証言』, 東京：社会評論社, 1985.

加田哲二,『太平洋經濟戰爭論』, 東京：慶應書房, 1941.

加藤洋子,『アメリカの世界戦略とココム, 1945–1992－危機にたつ日本の貿易政策』, 東京：有信堂高文社, 1992.

_____,『戦争の日本近現代史』, 東京：講談社, 2002.

カミングス, ブルース, 鄭敬謨・林哲 역,『朝鮮戦争の起源―解放と南北分断体制の出現, 1945年–1947年』1, 東京：シアレヒム, 1989.

川崎巳三郎,「日本資本主義と外国主義」,『評論』, 東京：河出書房, 1946.8.

川口融,『アメリカの対外援助政策－その理念と政策形成』, 東京：アジア経済研究所, 1980.

河西晃祐,『帝国日本の拡張と崩壊－「大東亜共栄圏」への歴史的展開』, 東京：法政大学出版局, 2012.

河原宏,『昭和政治思想研究』, 東京：早稲田大学出版部, 1979.

菅英輝,『米ソ冷戦とアメリカのアジア政策』, 京都：ミネルヴァ書房, 1992.

紀平英作,「西ドイツ成立への道－アメリカの対ドイツ占領政策に沿って」, 紀平英作 편,『ヨーロッパ統合の理念と軌跡』, 京都：京都大学学術出版会, 2004.

金太基,『戦後日本政治と在日朝鮮人－SCAPの対在日朝鮮人政策1945～1952年』, 東京：勁草書房, 1997.

清沢洌,『暗黒日記 昭和17年12月9日–昭和20年5月5日』, 東京：評論社, 1979.

国民経済研究協会 편,『日本経済の現実』, 東京：大平書房, 1947.12.

経済再建研究会 편,『ポーレーからダレスへ－占領政策の経済的帰結』, 東京：ダイヤモンド社, 1952.

小林英夫,「『日本人の海外活動に関する歴史的調査』」, 井村哲郎 편,『1940年代の東アジア－文献解題』, 東京：アジア経済研究所, 1997.

_____,『戦後日本資本主義と「東アジア経済圏」』, 東京：御茶の水書房, 1983.

小林聡明,「米軍政期南朝鮮におけるパーソナルメディア検閲体制の変容－CCDからの離脱／第二

　　　　四軍団への移管を中心に」,『メディア史研究』19, 2005.12.

佐藤晋,「戦後日本外交の選択とアジア地域構想」,『法学政治学論究』41, 1999.6.

佐藤太久磨,「『大東亜国際法(学)』の構想力ーその思想史的位置」,『ヒストリア』233, 2012.

ションバーガー, ハワード,「ウィリアム・ドレイパー将軍, 第八〇連邦議会, および日本の『逆コース』の起源」, レイ・ムーア 편,『天皇がバイブルを読んだ日』, 東京:講談社, 1982.

末永大祐,「対米債権二億円の謎ー吉田内閣を震撼した河野旋風の情報者」,『文藝春秋』31-13, 1953.

鈴木武雄,『朝鮮経済の新構想』, 京城:東洋経済新報社京城支局, 1942.

────,『朝鮮の経済』, 東京:日本評論社, 1942.

────,「朝鮮統治への反省」,『世界』5, 1946.5.

────,『再建日本経済研究のために』, 東京:経緯書房, 1947.

鈴木九萬 감수,『日本外交史 第26巻ー終戦から講和まで』, 東京:鹿島研究所, 1973.

スノウ, エドガー,「対日賠償問題」,『潮流』2-9, 1946.

スミス, H, 松尾尊兌・森史子 역,『新人会の研究ー日本学生運動の源流』, 東京:東京大学出版会, 1978.

宋炳巻,「日米援助返済交渉と『朝鮮債権』ーその一括処理と返済金の使途」,『アメリカ太平洋研究』4, 2004.3.

高石末吉,『覚書終戦財政始末』6, 大蔵省大臣官房調査課, 1961.

────,『覚書終戦財政始末』8, 大蔵省大臣官房調査課, 1962.

高瀬弘文,『戦後日本の経済外交』, 東京:信山社, 2008.

高橋亀吉,『現代朝鮮経済論』, 東京:千倉書房, 1935.

────,『東亞経済ブロック論』, 東京:千倉書房, 1939.

高橋久志,「〈東亜共同体論〉ー蝋山政道, 尾崎秀実, 加田哲二の場合」, 三輪公忠 편,『日本の一九三〇年代ー国の内と外から』, 東京:彩流社, 1981.

竹中佳彦,「国際法学者の「戦後構想」ー『大東亜国際法』から『国連信仰』へ」,『国際政治』109, 1995.

竹前栄治,「占領研究40年」,『現代法学』8, 2005.1.

────,「解説」, 竹前栄治・尾崎毅 역,『米国陸海軍 軍政 / 民事マニュアル』, 東京:みすず書房, 1998.

────,『GHQ』, 東京:岩波新書, 1983.

谷口吉彦,『大東亞経済の理論』, 東京:千倉書房, 1942.

────,『東亞綜合體の原理』, 東京:日本評論社, 1940.

田畑茂二郎,『國家平等理論の轉換』, 東京:日本外政協会調査局, 1944.

田村幸策,「大東亜共栄圏の国際関係と「モンロー主義」との関係に就て」,『國際法外交雑誌』42-9, 1943.

ダワー, ジョン・W, 三浦陽一・高杉忠明 역,『敗北を抱きしめて』下, 東京:岩波書店, 2001.

────────, 斉藤元一 역,『容赦なき戦争ー太平洋戦争における人種偏見』, 東京:平凡社, 2001.

長幸男 편,『石橋湛山ー人と思想』, 東京:東洋経済新報社, 1974.

東京銀行協会調査部 역,『米国対日援助の全貌』, 1950.

戸塚順子,「「大東亜共栄圏」構想における領土権概念についてー国際法学者松下正壽の議論を題

材として」,『人間文化研究科年報』20, 奈良女子大学大学院人間文化研究科, 2004.

中村勝範,『帝大新人会研究』, 東京:慶応義塾大学出版会, 1997.

中村隆英・宮崎正康 편,「傾斜生産方式と石炭小委員會」,『資料・戰後日本の經濟政策構想』2, 東京:東京大學出版會, 1990.

永野慎一郎・近藤正臣 편,『日本の戦後賠償－アジア経済協力の出発』, 東京:勁草書房, 1999.

波形昭一,『日本植民地金融政策史の研究』東京:早稲田大学出版部 , 1985.

並木真人,「『日本人の海外活動に関する歴史的調査』朝鮮編」, 井村哲郎 편,『1940年代の東アジア－文献解題』, 東京:アジア経済研究所, 1997.

_____,「『日本人の海外活動に関する歴史的調査』朝鮮篇 補論－『日本人の海外発展に関する歴史的調査』および『日本人の海外活動に関する研究調査』を中心に」, 井村哲郎 편,『1940年代の東アジア－文献解題』, 東京:アジア経済研究所, 1997.

楢崎敏雄,『東亞廣域經濟論』, 東京:千倉書房, 1940.

西川博史,「戦後アジア経済と日本の賠償問題」,『年報日本現代史』5, 1999.

_____,「貿易の実態と通商政策」, 通商産業省通商産業政策史編纂委員会 편,『通商産業政策史 第4巻:第I期戦後復興期(3)』, 東京:通商産業調査会, 1990.

波多野澄雄,「「国家平等論」を超えて－「大東亜共栄圏」の国際法秩序をめぐる葛藤」, 浅野豊美・松田利彦,『民地帝国日本の法的展開』, 東京:信山社, 2004.

_____,『太平洋戦争とアジア外交』, 東京:東京大学出版会, 1996.

_____,「戦時外交と戦後構想」, 細谷千博 외편,『太平洋戦争の終結－アジア・太平洋の戦後形成』, 東京:柏書房, 1991.

_____,「戦後日本の「地域主義」と「国際主義」」, 小島勝 편,『文部科学省研究費補助金重點領域研究総合的地域研究成果報告シリーズ－総合的地域研究の手法確立－世界と地域の共存のパラダイムを求めて－南方関与の論理』27, 1996.

原朗,「賠償・終戦処理」, 大蔵省財政史室 편,『昭和財政史－終戦から講和まで 第1巻－総説, 賠償・終戦処理』, 東京:東洋経済新報社, 1984.

____,「戦後賠償問題とアジア」,『岩波講座 近代日本と植民地 第8巻－アジアの冷戦と脱植民地化』, 東京:岩波書店, 1993.

林雄二郎,「戦後経済計画の系譜とその背景(I)－ポーレー的段階からドッジ的段階もで」, 林雄二郎 편,『日本の経済計画─戦後の歴史と問題点』, 東京:東洋経済新報社, 1957.

日高普,「マルクス経済学の戦前と戦後」,『講座戦後日本の思想2－経済学』, 東京:現代思想社, 1962.

藤井正夫,「ガリオア, エロア援助に関する諸問題」,『レファレンス』107, 1959.

保城広至,『アジア地域主義外交の行方－1952-1966』, 東京:木鐸社, 2008.

フォーセット, L／A・ハレル 편, 菅英輝・栗栖薫子 감역,『地域主義と国際秩序』, 福岡:九州大学出版会, 1999.

馬暁華,『幻の新秩序とアジア太平洋:第二次世界大戦期の米中同盟の軋轢』, 東京:彩流社, 2000.

増田弘,『石橋湛山－リベラリストの真髄』, 東京:中公新書, 1995.

_____,『公職追放－三大政治パージの研究』, 東京:東京大学出版会, 1996.

松井芳郎,「グローバル化する世界における『普遍』と『地域』－『大東亜共栄圏』論における普遍主義批判の批判的検討」,『国際法外交雑誌』102-4, 2004.

松下正壽，「大東亞共榮圏の法的基礎及構造」，『國際法外交雑誌』41-10, 1942.

_____，『大東亞國際法の諸問題』，東京：日本法理研究會, 1942.

_____，「大東亞獨立國の法理的構成」，『法律時報』16-1, 1944.

松谷基和，　「南朝鮮における米占領軍の神道政策－GHQ／SCAPの神道政策との比較の視点から」，『現代韓国朝鮮研究』3, 2003.11.

松村史紀，「米国の戦後アジア地域秩序構想と中国－『戦後』から『戦前』へ」，『早稲田政治公法研究』74, 2003.

丸山眞男，「超国家主義の論理と心理」，『世界』5, 東京：岩波書店, 1946.

三浦陽一，「〈1945年の精神〉とその崩壊－ポーレー賠償案の形成と破産1945-47」，『岐阜大学教養部研究報告』23, 1987.

溝口敏行・梅村又次，「旧植民地の経済構造」，『旧植民地経済統計――推計と分析』，東京：東洋経済新報社, 1988.

三谷太一郎，『日本の近代とは何であったか一問題史的考察』，東京：岩波書店, 2017.

宮下弘美，「石炭業」，長岡新吉・西川博史 편，『日本経済とアジア』，京都：ミネルヴァ書房, 1985.

宮田喜代藏，「山田雄三著『計畫の經濟理論』」，『一橋論叢』11-2, 1943.2.

宮本正明，「敗戦直後における日本政府・朝鮮関係者の植民地統治認識の形成－『日本人の海外活動に関する歴史的調査』成立の歴史的前提」，『財団法人世界人権問題研究センター研究紀要』11, 2006.3.

文正仁・徐承元，「東アジア共同体構想－その機会と挑戦」，小此木政夫・文正仁 편，『東アジア地域秩序と共同体構想』，東京：慶応義塾大学出版会, 2009.

森田芳夫，『朝鮮終戦の記録－米ソ両軍の進駐と日本人の引揚』，東京：巖南堂書店, 1964.

安井郁，『歐洲廣域國際法の基礎理念』，東京：有斐閣, 1942.

_____，「國際聯合と地域主義」，『國際法外交雑誌』45-7・8, 1946.

安田利枝，「大東亜会議と大東亜宣言をめぐって」，『法学研究』63-2, 1990.

柳澤治，『戦前・戦時日本の経済思想とナチズム』，東京：岩波書店, 2008.

山田雄三，「計畫の經濟理論[序說]」，東京：岩波書店, 1942.

山田雄三 편，『国民所得の分析』，東京：日本評論社, 1947.

油井大三郎，『未完の占領改革－アメリカ知識人と捨てられた日本民主化構想』，東京：東京大学出版会, 1989.

_____，「占領改革の政治力学」，歴史学研究会 편，『日本同時代史 1－敗戦と占領』，東京：青木書店, 1990.

吉澤清次郎 감수，『日本外交史』28, 東京：鹿島研究所出版会, 1973.

李圭泰，『米ソの朝鮮占領政策と南北分断体制の形成過程』，東京：信山社, 1997.

李鍾元，「戦後米国の極東政策と韓国の脱植民地化」，『岩波講座 近代日本と植民地 第8巻－アジアの冷戦と脱植民地化』，東京：岩波書店, 1993.

_____，『東アジア冷戦と韓米日関係』，東京：東京大学出版会, 1996.

李正熙，「米軍政期における韓日貿易関係の形成およびその性格」，『京都創成大学紀要』2, 2002.

영어

Baldwin, David A., *Foreign Aid and American Foreign Policy—A Documentary Analysis,* New York : Frederick A. Praeger, 1966.

Bix, Herbert P., "Regional Integration—Japan and South Korea in America's Asian Policy", in Baldwin, Frank ed., *Without Parallel—The American-Korean Relationship Since 1945,* New York : Pantheon Books, 1973.

Borden, William S., *The Pacific Alliance—United States Foreign Economic Policy and Japanese Trade Recovery, 1947-1955,* Madison : The University of Wisconsin Press, 1984.

Carr, E. H., *Nationalism and After,* New York : Macmillan, 1968.

Cumings, Bruce, *The Origins of Korean War, vol.1—Liberation and the Emergence of Separate Regimes 1945-1947,* Princeton, N.J : Princeton University Press, 1981.

Cumings, Bruce, *The Origin of the Korean War, vol.2—The Roaring of the Cataract, 1947-1950,* Princeton, NJ : Princeton University Press, 1990.

Dower, John W., *Empire and Aftermath—Yoshida Shigeru and the Japanese Experience, 1878-1954,* Cambridge, MA : Harvard University Press, 1979.

Katzenstein, Peter J., *A World of Regions—Asia and Europe in American Imperium,* Ithaca, N.Y. : Cornell University Press, 2005.

Lattimore, Owen, *Solution in Asia,* Boston : Little, Brown and Company, 1945.

McGlothlen, Ronald L., *Controlling the Waves—Dean Acheson and U.S. Foreign Policy in Asia,* New York : W. W. Norton & Company, 1993.

Nye, Jr. Joseph and Robert O. Keohane eds., *Transnational Relations and World Politics,* Cambridge, MA : Harvard University Press, 1972.

Schaller, Michael, *The American Occupation of Japan—The Origin of the Cold War in Asia,* New York : Oxford University Press, 1985.

미공간논문

김보영, 「해방후 남북한교역에 관한 연구—1945년 8월~49년 4월 기간을 중심으로」, 고려대 박사논문, 1995.

나가사와 유코, 「일본의 '조선주권보유론'과 미국의 대한정책—한반도 분단에 미친 영향을 중심으로(1942-1951년)」, 고려대 박사논문, 2007.

이정희, 「미군정기 한일군정무역에 관한 연구」, 경북대 석사논문, 1995.

정해구, 「남북한 분단정권 수립과정 연구 1947.5-1948.9」, 고려대 박사논문, 1995.

李鍾元, 「戰後アジアにおける米国の『地域統合』構想と韓日関係, 1945-1960」, 東京大学法学部助手論文, 1991.

인터넷 자료

アジア経済研究所 소장 岸幸一コレクション(http://d-arch.ide.go.jp/kishi_collection/d10.html).
尾高煌之助,「戦時体制下の学問と教育」, 2008.4.1, 社団法人 如水会 一橋フォーラム 第68期フォーラム講義(https://www.josuikai.net/modules/news/article.php?storyid=500).
『データベース「世界と日本」(代表：田中明彦) 日本政治・国際関係データベース』(http://worldjpn.grips.ac.jp).

우리 연구소는 '근대 한국학의 지적 기반 성찰과 21세기 한국학의 전망'이라는 아젠다로 HK+ 사업을 수행하고 있습니다. '한국학이 무엇인가' 하는 점은 물론 관점에 따라 달라질 수 있을 것입니다. 하지만 개항과 외세의 유입, 그리고 식민지 강점과 해방, 분단과 전쟁이라는 정치사회적 격변을 겪어 온 우리가 스스로를 어떤 존재로 규정해 왔는가의 문제, 즉 '자기 인식'을 둘러싼 지식의 네트워크와 계보를 정리하는 일은 반드시 필요한 작업이라고 생각합니다. '자기 인식'에 대한 탐구가 그동안 없었던 것은 아니지만, 현재 제도화되어 있는 개별 분과학문들의 관심사나 몇몇 지식인들을 대상으로 한 제한적인 논의였음을 부인하기는 어려울 것 같습니다. 이러한 현실에서 '한국학'이라고 불리는 인식 체계에 접속된 다양한 주체와 지식의 흐름, 사상적 자원들을 전면적으로 복원하고자 하는 것이 바로 저희 사업단의 목표입니다.

'한국학'이라는 담론 / 제도는 출발부터 시대·사회적 영향을 강하게 받아왔습니다. '한국학'이라는 술어가 우리의 입에 오르내리기 시작한 것도 해외에서 진행되던 지역학으로서의 '한국학'이 반향을 불러일으키면서 부터였습니다. 그러나 '한국학'이란 것이 과연 하나의 학문으로서 성립할 수 있느냐 하는 질문에 답을 얻기도 전에 '한국학'은 관주도의 '육성' 대상이 되었습니다. 이에 대응하여 실천적이고 주체적인 민족의식을 강조하는 '한국학'은 1930년대의 '조선학'을 호출하였으며 실학과의 관련성과 동아시아적 지평을 강조하기도 하였습니다. 그 가운데 근대화, 혹은 근대성은 서로 다른 맥락에서 '한국학'을 검증하였고, 이른바 '탈근대'의 논의는 의심 없이 받아들여지던 핵심 개념이나 방법론에 문제를 제기하기도 하였습니다.

'한국학'이 이와 같이 다양한 맥락에서 논의되어 온 것은 그것이 우리의 '자기인식', 즉 정체성 문제와 관련되어 있기 때문일 것입니다. 대한제국기의 신구학 논쟁이나 국수보존론, 그리고 식민지 시기의 '조선학 운동'은 물론이고 해방 이후의 '국학'이나 '한국학' 논의 역시 '자기인식'에 대한 시대적 요구에 응답하려는 노력이었을 것입니다. 우리가 '한국학'의 지적 계보를 정리하는 것에 만족하지 않고 21세기의 전망을 제시하고자 하는 이유도, '한국학'이 단순히 학문적 대상에 대한 기술이나 분석에 그치지 않고 우리의 현재를 성찰하며 더 나아가 미래를 구상하고 전망하려는 노력에 직간접적으로 연결된다고 보기 때문입니다. 주지하듯 근대가 이룬 성취 이면에는 깊고 어두운 부면이 있습니다. 그리고 이 명과 암은 어느 것 하나만 따로 떼어서 취할 수 없는 한 덩어리일 가능성이 있습니다. 21세기 한국학은 근대에 대한 성찰을 통해 이 질곡을 해결해야 하는 시대적 요구에 응답해야만 하는 과제를 안고 있습니다.

연세근대한국학 HK+ 학술총서는 이러한 과제를 수행하는 과정에서 나오는 성과물을 학계와 소통하기 위한 시도입니다. 학술총서는 연구총서와, 번역총서, 자료총서로 구성됩니다. 연구총서를 통해 우리 사업단의 학술적인 연구 성과를 학계의 여러 연구자들에게 소개하고 함께 논의를 진정시키고자 합니다. 번역총서는 주로 외국인들에 의해 이루어진 조선 / 한국 연구를 국내에 소개하려는 목적에서 기획되었습니다.

특히 동아시아적 학술장에서 '조선학 / 한국학'이 어떻게 구성되고 작동하여 왔는지를 살펴보려고 합니다. 또한 자료총서를 통해서는 그동안 소개되지 않았거나 불완전하게 알려진 자료들을 발굴하여 학계에 제공하려고 합니다. 새롭게 시작된 연세근대한국학 HK+ 학술총서가 소기의 목적을 달성할 수 있도록 여러 연구자들의 관심과 격려를 부탁드립니다.

2019년 10월
연세대 근대한국학연구소 인문한국플러스(HK+) 사업단